장소와
의미

장소와
의미

동주 이용희의
학문과 사상

민병원·조인수 외 지음

연암서가

필자 소개

강상규(방송통신대학교 일본학과)
김명섭(연세대학교 정치외교학과)
김성호(연세대학교 정치외교학과)
김준석(가톨릭대학교 국제학부)
민병원(이화여자대학교 정치외교학과)
박건영(가톨릭대학교 국제학부)
박성우(서울대학교 정치외교학부)
안외순(한서대학교 국제관계학과)
이선옥(호남지방문헌연구소)
장진성(서울대학교 고고미술사학과)
전재성(서울대학교 정치외교학부)
정병모(경주대학교 고고인류미술사학과)
조인수(한국예술종합학교 미술이론과)
조홍식(숭실대학교 정치외교학과)

장소와 의미 | 동주 이용희의 학문과 사상

2017년 12월 20일 초판 1쇄 인쇄
2017년 12월 25일 초판 1쇄 발행

지은이 | 민병원·조인수 외
펴낸이 | 권오상
펴낸곳 | 연암서가

등 록 | 2007년 10월 8일(제396-2007-00107호)
주 소 | 경기도 고양시 일산서구 호수로 896, 402-1101
전 화 | 031-907-3010
팩 스 | 031-912-3012
이메일 | yeonamseoga@naver.com
ISBN 979-11-6087-031-2 93340

값 20,000원

 이 책은 한국 국제정치학의 태두이자 한국회화사를 개척한 동주(東洲)
이용희(李用熙)의 주요 저작을 권별로 해제하고 분석한 글의 모음집이다.
동주의 주요 저작을 중심으로 동주의 학문과 사상을 조명하고, 이를 통해
한국 사회과학과 한국미술사에서 동주가 갖는 학문적 위상과 의미를 탐
색해 본 것이다. 최대한 객관적이고 중립적인 관점에서 동주의 학문과 사
상을 보고자 했다. 이 책은 동주 이용희 탄생 100년 서거 20주기를 맞이
하여 발간된 『동주 이용희 전집』(연암서가, 2017)의 별권으로 기획되었다.

 동주 이용희는 한국 국제정치학과 미술사 연구 양 분야를 개척하고 또
일가를 이룬 학자였다. 이용희는 1949년 부임 이래 서울대학교 정치학과
에서 국제정치학 과목을 담당하였고, 1956년에 서울대학교 외교학과를
창설하였으며, 국제정치학회를 창립하는 등 한국 국제정치학의 초석을
다진 한국 국제정치학의 태두였다. 또한 회화 감상을 중시하는 한국미술
사 연구의 길을 연 개척자이기도 했다. 이용희는 '이동주(李東洲)'라는 필
명으로 한국회화사와 관련된 중요 저작을 다수 간행했을 뿐 아니라 독자
적인 미술사론을 제시하였다. 동주는 한국회화사 연구에 중요한 족적을
남겼다.

동주는 그냥 학자가 아니었다. 서구의 정치학 이론이나 예술론을 소개하는 단순한 지식의 전달자가 아니었다. 동주는 고대와 현대, 동양과 서양, 인문학과 사회과학을 넘나드는 폭넓은 지식과 깊은 이해를 바탕으로 한국 정치와 한국 미술의 장소적 존재 양태를 읽어내는 섬세한 감성과 치밀한 논리를 겸비한 비범한 존재였다. 그의 당호와 미술 용어를 빌려 말한다면, '때를 읽는(讀時)' 지성과 세상을 읽어내는 '감식안(鑑識眼)'을 가진 지성인이었다. 국제정치권, 의미권이라는 권역과 전파, 장소의 논리를 중시하는 동주의 국제정치론, 그리고 문화권, 회화권의 시대적 미관과 감식안을 중시하는 동주의 미술사론은 세계 보편의 시야를 잃지 않으면서도 '우리', '나'의 관점에서 한국의 역사적, 장소적 개별성을 주체적으로 탐색하는 혜안과 성찰로 가득 차 있다.

이제 오래 묵혀 있던 동주의 텍스트들이 옷을 바꿔 입고 부활하였다. 독자들이 동주를 보다 쉽게 접할 수 있게 되었다. 이 텍스트들을 통해 동주는 말로 포장되는 전설에서 벗어나 역사적 인물로서 분석과 성찰의 대상으로 다시 살아날 것이다. 동주의 텍스트들은 과거의 것을 반추하는 자료가 아니라 현재를 성찰하고 미래를 생각하는 재료로서 살아 움직일 것이다. 동주의 학문과 사상은 단순한 지식의 영위가 아니라 체험의 소산이었기에 적실성을 가지며 현재적 의미를 갖고 우리에게 다가올 것이다. 동주의 학문과 사상을 해명하는 일은 비단 동주 연구에 그치지 않는다. 한국 지성사의 중요한 단면을 밝히는 작업이 될 것이다. 과거의 동주를 이해하는 데 머무르지 않는다. 현재의 우리를 성찰하는 의미를 갖게 될 것이다.

이 논문집에는 해제적 성격이 강한 글도 있고 연구의 성격이 강한 논고도 있다. 동주의 학문과 사상을 이해하는 데 도움이 될 수 있다면 다행이다. 향후 본격적인 동주 연구를 열어젖히는, 한국 지성사 연구에 일조를 하는 첫걸음이 될 수 있었으면 싶다. 이 해제논문집은 정치학과 한국미술 사학을 전공하는 중견연구자 14인의 옥고로 채워졌다. 기획에서 출판까지, 기고에서 간행까지 긴 시간이 걸렸다. 바쁜 가운데에도 흔쾌히 동주전집 간행의 취지를 이해하고 동주의 학문과 사상을 해명하는 작업에 참여해주신, 그리고 인내를 갖게 기다려주신 집필자들께 감사드린다. 이 책자가 집필자들의 노고에 작으나마 보상이 될 수 있을지 저어되지만, 동주 연구를 여는 첫 단행본을 함께 했다는 사실로 위안이 될 수 있었으면 한다.

2017년 12월
동주 탄생 100년 서거 20주기에
편자 삼가 씀

차례

제1부

장소와 권역의
국제정치

이용희의 국제정치학과 국제정치론

제1장 　국제정치란 무엇인가

『국제정치원론』에 관한 소고

박건영

1. 머리말: 국제정치란 무엇인가

동주 이용희의 『국제정치원론』(장왕사, 1955)에 다른 이름을 붙인다면 '국제정치란 무엇인가?'가 맞을 것이다. '원론'이라는 제목이 제시하는 것과는 달리, 이 책은 국제정치에 관한 개념, 가설, 이론, 사례 등을 체계적으로 정리한 교과서는 아니고, 저자가 던진 국제정치에 대한 실천적 질문에 답하기 위해 자신의 역사적, 이론적, 정책적 식견을 어떤 정형화된 틀에 구애 받지 않고 자유롭게 피력, 정리/기록한 것이다. 그러나 아마 이보다 이론적으로 더 중요한 것은 저자가 『역사란 무엇인가?(What Is History?)』(1961) 등을 집필한 영국의 외교관/역사학자 카(Edward Hallett Carr)와 문제의식 인식론 등에서 크게 공감하고 있다는 부분일 것이다. 카는 1961년 1월부터 3월까지 자유주의 역사학자 G. M. 트레벨리안을 기념하는 강의 시리즈(G. M. Trevelyan lectures)의 일환으로 케임브리지 대학에서 행한 일련의 강의를 정리하여 이 역사이론서를 출간했다. 잘 알려져 있듯이, 그는 "역사란 역사가와 그의 사실들 간의 지속적인 상호작용의 과정, 현재와 과거 사이의 끊임없는 대화"라고 보았다. 즉 역사는 "현재의 역사가들이 가지고 있는 현실 사회에 대한 문제의식에 따라 구성되며, 과거의 사실들이 어떠했는가 보다는 역사지식을 생산하는 역사가가 현재의 사회와 현실에 대해 어떤 문제의식과 가치관을 가지고 있는지"가 중요하다는 것이다. 카가 "역사는 선택하고 해석하기 나름이다"라는 회의주의를 거부하는 한편, "사실로 하여금 스스로 말하게 한다", 또는 근대 서구 역사학의 아버지로 일컬어지는 랑케(Leopold von Ranke)가 제시하였듯, "원래 그러했던 그대로(wie es eigentlich gewesen war, the way it had been 또는 as it actually happened)"라는 경험주의 역사학이 지배적이던 시대에 이와 같이 '사실-역사가' 간의 불가분의 관계를 명백히 했다는 점에서, 그의 상대주의적 역사관 또는 탈실증주의적 사관은 당시로서는 혁명적 아이디어였다.[1]

현대국제정치학에 더 직접적인 영향을 끼치고 있는 카의 저작은 그가 1930년대에 집필한 『20년의 위기(The Twenty Years' Crisis, 1919-1939)』(Macmillan, 1939)이다. 이 책에서 그는 전간기 이상주의적(Utopian) 국제정치관을 비판

---

1 19세기 말-20세기 초 유럽의 역사학계를 지배하던 독일 사학자 랑케는 그의 1824년 저서, 『라틴 및 게르만 제 민족의 역사 1494-1514』의 서문에서 "과거를 판단하거나 윤택한 미래를 위해 교훈을 제공하기 보다는 단지 과거를 원래 그러했던 그대로 보여주려 한다"고 썼다. John Lukacs, *Through the History of the Cold War* (Philadelphia: University of Pennsylvania Press, 2010), p. 40에서 재인용. 이에 대해 카는 "카이사르 이전 수많은 사람들이 루비콘 강을 건넜지만 그것을 중요하게 생각한 역사가는 없었고, 도하를 그가 했을 때 비로소 그것은 '역사적 사실'로 기록되어 의미심장한 역사가 되었다"고 제시하였다. 그에 따르면 모든 과거에 일어났던 사실은 시대의 기준에 영향을 받은 역사가들의 해석적 선택에 의해 우리에게 역사적 사실로 다가온다.

하면서 힘에 기초한 권력정치의 현실에 대한 분석을 주문하고 있다. 그에 따르면 국제정치는 홉스(Hobbes)적 투쟁이며, 국가들은 항상 도덕이나 이상(理想)이 아닌 자신의 "이익"을 최우선으로 내세운다. 이상주의자들은 이것을 간과하거나 무시함으로써 국제정치적 재앙을 초래할 수 있다는 것이다. 그러나 카는 단순한 현실주의자는 아니었다. "현실주의는 이상주의의 가면을 벗기는 중요한 역할을 하지만, 원색적(原色的) 현실주의는 적나라한 권력투쟁 외에는 대안적인 모습을 제공하지 못하기 때문에 우리는 새로운 우리의 유토피아를 건설하지 않을 수 없다."라고 말할 때, 그는 현실주의적 이상주의자 또는 이상주의적 현실주의자에 가까웠다.[2]

이용희는 『국제정치원론』에서 카의 세계관과 인식론을 공유하고 있다. 현존 국제정치 체제나 질서는 어떤 역사 외적 합리성에 의해 주어진 것이 아니고, 구체적이고 특수한 권력투쟁의 역사적 과정의 산물이며, 국제정치는 결국 강대한 행위주체의 가치관과 그에 따른 시대(時代)를 반영하는 것이므로, 이른바 일반이론으로 간주되는 국제정치론이 결국 서구 강대국들의 특수이론인 까닭에 약소국들은 자신의 문제를 해결하는 데는 분별력을 가지고 사용해야만 진정한 자신의 이익을 추구할 수 있다는 것이다. 이용희는 "내 나라"라는 "공동체의 삶과 죽음"의 문제를 중심에 두고 민족주의적 관점을 일정하게 노정하고 있지만, 그가 『국제정치원론』에서 일관되게 보여주고 있는 현실주의적 탈실증주의의 가치관과 인식론은 1950년대의 한국의 시대적 상황을 고려할 때 카 못지않게 혁명적이고 선도적이었음을 인정하지 않을 수 없다.

이용희의 『국제정치원론』을 '국제정치란 무엇인가?'라고 할 때 '국제정

---

2 Ken Booth, "Security in anarchy : utopian realism in theory and practice," *International Affairs* 67, 3 (1991). 양준희, 박건영, 「신고전적 현실주의 비판」, 『國際政治論叢』, 51권 3호, 2011 참조.

치란 무엇인가?'란 무엇인가? 카와 이용희의 관점에 따라서, 과연 이용희는 누구인가, 이 책의 시대적 배경은 무엇인가, 또 이 책을 쓸 때 이용희는 어떤 심정이었을까?에 대해 살펴보고, 생각해보자.

2. 이용희는 누구인가

카는 "사실들의 연구를 시작하기 전에 역사가를 연구하라."라고 했다. 같은 맥락에서 이용희의 책을 이해하기 위해서는 이용희와 그의 시대를 알아야 한다. 그러나 후자가 전자를 지배하지 않을 수도 있다는 점도 지적되어야 한다. 특히 저자의 개인사나 그의 시대에 대한 지나친 강조가 선입견으로 작용하여 오히려 저자의 의도를 호도하거나 이해를 방해할 수도 있을 것이다. 따라서 이 책을 이해함에 있어 이러한 지식사회학적 과잉에 대한 독자의 분별력이 요구된다. 이를 유념하면서도, 역시 "역사가는 역사를 벗어나 존재할 수 없다"는 차원에서, 그리고 역사가를 모르고 그의 책을 읽는 것보다는 알고 읽는 것이 잠재적 위험성을 덜 수 있다는 차원에서, 이용희와 그의 시대를 참고할 필요는 있다 할 것이다.

이용희는 3·1운동 당시 '민족대표 33인' 중 한 사람이었던 이갑성(李甲成)의 차남으로 1917년 서울에서 태어났다. 부친이 1931년 신간회 사건으로 인한 조선총독부의 탄압을 피해 상하이로 탈출하자 이용희는 국립 중·고·대에 들어갈 수 없었을 뿐 아니라,[3] 여느 독립운동가들의 자손처

---

3 이용희는 줄곧 '사학(私學)의 세계'에 머물게 되는데, 이는 결과적으로 그가 당시의 주류인 일본어 세계로부터 일탈할 수 있는 기회가 된 것 같고, 그의 저작은 이러한 사실을 반영한다고 판단된다. 옥창준, 「일제하~1950년대 이용희의 학문체계 형성과 한국 국제정치학의 기원」, 2017년 2월 연세대 국학연구원 사회인문학 포럼 발표문, 2017, p. 4.

럼 가난 속에서 암울한 시대를 살 수밖에 없었지만, "외롭고 괴로웠던" 만큼 독서와 사색에 열중하였다. 이용희는 1940년대 3-4년을 만주에서 보냈는데 이 무렵부터 국제정치에 대한 관심을 키우게 되었다.[4] 그가 『20년의 위기』를 통해 카를 만난 것은 1943년이었다. 카의 이 저작은 부제가 '국제관계연구개론(An Introduction to the Study of International Relations)'으로 부쳐져 있음에도, 현재 한국에서 통용되는 국제정치개론과는 사뭇 다르다. 국제정치사상이나 이론서에 가깝다. 후술하겠지만, 이용희의 『국제정치원론』의 내용과 서명(書名)도 카의 『20년의 위기』와 무관하지 않아 보인다.

이용희는 해방 후 1948년부터 서울대학교 문리과대학 강사로 강단에 서기 시작했는데, 이때부터 국제정치에 대한 본격적인 연구를 시작하였다. 1949년에서 1975년까지 서울대 교수로 활동하였고, 이 중 1956년에서 1967년까지는 한국국제정치학회 회장을 역임하였다. "국제정치는 강대국의 시각이 아니라 내 땅, 내 시각에서 봐야 한다."라며 이른바 '한국적 정체성을 갖는 국제정치이론'의 화두를 최초로 던진 『일반국제정치학』은 교수/학회회장 시절인 1962년에 출간되었다. 1975년 박정희 대통령의 정치담당특별보좌관으로 정치에 참여하였고, 1976-1979년 동안 국토통일원 장관직을 수행하였다.

『국제정치원론』은 한국전쟁 피란 시 이용희가 부산 구덕산 기슭에 자리잡은 서울대 문리과 대학 가교사(假校舍)에서 행한 강의를 정리한 결과물이다. "역사가가 역사를 벗어나 존재할 수 없다"면, 강의할 때 그의 머리에는 식민지, 해방, 분단, 특히 전쟁이 크게 자리잡고 있었을 것이다. 이 와중에 그가 일련의 국제정치학 강의를 통해 던진 핵심 질문은 "우리"가 "일반" 또는 "보통"의 의미를 부여하는 국제정치학은 과연 인류 모두

---

4 옥창준, 2017, 제3장 참조.

에게 해당하는 일반적이고 보통의 것인가 하는 것이었다. 그는 이 질문에 답하기 위해 소위 일반국제정치학의 형성/확산의 역사적 배경을 밝혀내고, 이것이 구미강국들의 관심사를 중심으로, 그들의 정치적 필요에 따른, 그들의 이익에 복무하는 담론적 성격을 가진 특수한 관념체계라는 것을 드러내었다. 따라서 이런 역사적 배경을 이해할 때, 우리가 이 "일반국제정치학"을 우리에게도 타당한 국제정치학으로 받아들인다는 것은 "자신이 있는 장소조차 분별치 못하는", "학문의 위험한 후진성"이 노출됨을 의미할 뿐 아니라, 이 "일반적" 렌즈를 끼고 우리 문제를 해결하고자 할 때 결국 우리에게 초래될 것은 자신의 이익이 침해되는 줄 모르고 남의 이익을 위해 땀과 피를 흘리는 "기막힐 노릇"이 될 것이라고 그는 강조하였다. 청나라는 명나라의 상투 틀고 망건 쓰는 풍습을 금했지만, 조선은 이를 예(禮)로서 지켰던 바, "기막힐 노릇"의 한 예가 될 수 있을 것 같다.

그가 이 책에서 본격적으로 논의하지는 않았지만, 이러한 문제의식은 결국 "우리의 처지를 냉정하게 살피고, 우리의 눈으로 보고, 우리의 머리로 생각해야 한다"는, 당시로서는 매우 진취적이고 창발적(創發的)인 시각으로 발전하게 된다. 이러한 주체적 문제의식은 이 책의 성격, 지향성, 방법론이 추상적 문헌비평적 실험실적 백면(白面)적 공론(空論)에서 벗어나 체험과 실천, 구상적(具象的) 역사의식에 정초하도록 일관성있게 지도하는 근본원칙으로 작동하게 된다.

3. 『국제정치원론』은 무엇인가

이용희의 『국제정치원론』은 무엇인가? 제목과는 달리 이것은 국제정치의 개념 및 이론을 정리/소개하는 개론적 교과서가 아니다. 카의 『20년의 위기』와 마찬가지로, 이 책은 "국제정치란 무엇인가?"라는 질문에 이론과 정책, 그리고 과거 현재 미래를 오가며 자유롭게 써내려 간 담론적 성격의 글이다. 나아가, 『국제정치원론』은 한국의 국가전략 개발을 염두에 둔 현실 국제정치 해설서이기도 하다. 저자는 한국에 영향을 미치는 구조적 제약으로서의 현존 국제정치질서의 역사적 성격과 그 작동 원리를 설명하고, 나아가 국가 대외정책의 목적과 수단, 국제정치의 제도, 국제정치를 이해하기 위한 관념적 수단으로서 힘과 질서 등에 상당한 지면을 할애하고 있다. 저자는 특히 이 모든 논의의 중심이자 현존 국제정치를 이해하기 위해 필수적인 부분은 근대국가에 대한 이해라고 쓰고 있다. 17세기 중반부터 시작한 주권의식에 근거한 근대국가 및 그것들이 상호작용하는 "원자론적(atomic)" 국제정치질서의 역사적 성격, 발달 및 팽창, 변질 과정을 크게 부각하고 있다. 이어서 저자는 현 국제정치의 정태적 모습, 즉 국제법, 외교제도, 세력균형과 집단안보, 국제기구 등과 동태적 모습, 즉 국제정치에서 강제력과 권위로 구성되는 권력의 동학, 외교정책의 실제를 비교/대조하며, 이것들이 어떻게 교차하면서 국제정치의 다양한 양태를 산출하는지 생생히 그리고 있다. 저자는 책의 말미에 여러 수준의 불균등 및 불균형 해소 등 세계정부 부재 하의 국제평화에 대한 처방을 제시하고 있다. 위와 같이 요약되는 『국제정치원론』은 몇 가지 특징을 가지고 있다.

1) 주체적이고 갈급한 문제의식

첫째, '자신의 장소(場所)'에 대한 냉철한 현실 인식에 기초한 구체적이고 실천적이며 주체적인 문제의식이고, 그 갈급(渴急)함이다. 그의 주체의식은 "국제정치는 무엇보다도 애중(愛重)하고 가치 있다고 여겨지는 '내'

나라를 계기로 하여 존립한다. '내' 나라적 목적, '내' 나라적 욕구가 투영되지 않는 국제정치란 애당초 존재할 수가 없다."라고 한 그의 국제정치관에서 명확히 드러난다.

이용희의 주체성은 그의 문제의식, 그리고 그 절박성과 직결된다. 이용희는 서문에서 다음과 같이 쓰고 있다:

> 내 생애 그래도 비교적 오랜 시일을 정치연구에 바치고 있는 동안에 나로서는 의심쩍기 한량(限量) 없는 것이 하나 둘이 아니었었다. 그 중에서도 가장 오래 나를 괴롭힌 문제가 둘이 있었다. 하나는 무엇인가 하면 오늘날 동양사회를 지배하게 된 서구형 정치양식은 도대체 어떤 것이며 또 오래 세계를 지배하였던 구미정치의 국제정치권력으로서의 성격은 과연 무엇이냐 하는 것이었다. 본래 내가 품게 된 정치학에의 관심은 우리겨레가 왜 이렇게도 취약하냐 하는 의문을 내놓고는 생각할 수가 없는 것이었다. 내 정치학은 내가 살고 있는 고장 또 내가 그 안에 살고 있게 되는 나라의 운명과 무관할 수는 도저히 없었다. 그런데 나는 왜 우리겨레가 이다지도 취약하냐 하는 문제를 헤아려보는 동안에, 취약한 것은 다만 우리만이 아니라 ─ 유럽정치·경제를 재빨리 모방한 일본을 제외하고는 ─ 동양 전체가 그러하게 되었다는 것을 새삼스러이 느끼게 되었다. 그리고 그 까닭을 알려면 불가부득 유럽에서 발단한 근대정치 및 그것을 중심으로 한 국제정치의 연구는 곧 우리의 현상을 진실로 이해하는 것을 의미한다(이동주 1955, 1).

저자는 당시 공동체의 과거사에 대한 자괴지심(自愧之心)과 전쟁으로 엄혹(嚴酷)한 국내외적 상황 하에서 자신이 공부하는 목적이 '공동체의 삶과 죽음'의 문제와 직결되어 있음을 밝히고 있는 것이다. 따라서 저자는 단지 "진리를 탐구한다", "모르는 걸 알고 싶다"는 공부 자세로는 불가능한,

밀도 있고 군더더기 없는, 그리고 초점이 명확하면서도 다방향으로 궁리 (窮理)한 흔적을 명백히 보여주고 있다. 그의 방대한 독서량도 이와 무관치 않을 것이다.

혹자는 저자의 강한 목적의식이 그를 카가 『20년의 위기』에서 비판한 유토피아니즘의 함정에 빠뜨릴 것이라 말할 수 있을 것이다. 그러나 카가 지적한 것은 당위(當爲)가 현실 분석을 무시하거나 간과할 경우에 발생하는 문제이다. 다시 말하면, 냉철한 현실 인식 하에 객관성을 담보하는 강한 문제의식은 오히려 저자로 하여금 문제의 본질에 용이하게 접근토록 도와주는 역할을 할 것이다.

이용희는 『국제정치원론』에서 한국의 국내외적 현실을 구체적으로 분석하고 있지는 않지만, 그의 국제정치에 대한 현실 분석은 상당히 침착하고, 균형적이며, 객관적이다. 그는 근대국가체제의 형성과 팽창, 그리고 그에 따른 강대국중심주의, 권력정치 등 현존 국제정치의 현실을 담담히 인정하는 한편, 공산주의 국가의 침략에 의한 전쟁 중에도 "새로운 국제 권위로서의 공산주의"에 대한 그의 분석에 당시 한국의 반공 이데올로기가 개입하는 것을 차단하고 있다.

2) 실천으로서의 학문

'공동체의 삶과 죽음'의 문제를 다루는 이용희로서는 자신이 하고 있는 강의나 쓰고 있는 책이 일정한 학문적 틀에 맞춰지도록 하는 일에는 관심이 없었다. 그가 가진 문제의식, 그가 던지는 실존적 질문, 그리고 이 질문에 접근하는 그의 역사적 관점은 자연스럽게 실천성을 이 책의 최우선의 가치로 만들었다. 이 맥락에서 이용희는 정치학에서의 권력이라는 개념은 경제학에서의 돈(wealth)과 같아서 권력을 전략계산의 기초로 하면 국가를 막론하고 상대방의 입장에 서 볼 수 있다고 제시한 당시 최고의 국제정치이론가 모겐소(Hans Morgenthau)를 불러온다.

> 이러한 '내' 나라적 입장에서 출발하는 국제정치학은 자연히 정책에의 관심이 한겹 더 크며 또 이 경향이 모겐소 교수의 국제정치학으로 하여금 정책수립가를 위한 입장에 서게 하고, 또 더 나아가서는 미국의 지도적 입장을 우선 정책화하고 행동화하여야 한다는 현실적 요청에 부합하게 된다(이동주 1955, 32).

 이용희는 국제정치학자는 국제현실을 잘 알기 때문에, "지식의 특권을 가진 자는 행동해야 할 의무를 진다"고 한 아인슈타인과 같은 마음으로, 국제정치적 외교적 실천에 가치를 두게 되었을 것이다. 이 책에서 이용희의 실천성은 한국의 국가전략에 직접 연결되지는 않는다. 아마도 당시 한국의 내외적 상황이 그것을 허용치 않았을 것이다. 이용희는 한국의 취약성을 극복하기 위한 방편으로 현실 국제정치에 대한 역사적 체계적 이해를 도모함으로써, 특히 한국에 부과된 구조적 제약으로서의 국제정치질서를 현장감있게 분석함으로써, '한국의 생존 구상'에 실천성을 부여하고 있는 셈이다.
 "과거에도 대체로 그랬거니와 현대에 있어서는 더욱 어떠한 시각에서 출발하든지 먼저 그 때에 엄존하는 국제질서로부터 생각하여 이에 대한 세계 각국의 '내' 나라적 정책과 그 실시를 고려하는 것이 자연스럽고 … 현실에서는 질서의 세계가 '힘'의 자태를 규정한다"고 한 이용희는 강대국중심주의, 권력정치, 세력균형 등을 중심으로 구조적 제약에 대한 분석을 행하고 있다. 그러나 독자가 유념해야 할 것은 이용희의 강대국중심주의는 월츠 등의 강대국중심주의와는 문제의식에서 큰 차이가 있다는 점이다. 월츠의 강대국중심주의는 약소국들에 대한 고려를 제외해도 대세에 지장이 없다고 보는 배타적 강대국 편의주의로 볼 수 있는 반면, 이용희의 시각은 현실을 이해하고 활용한다는 차원에서 "전략적 실용주의"라이름 붙일 만하다.

　한편 이용희의 관점에서, '내' 나라적 주체성을 가진, '개념있는' 이들도월츠를 읽고 이해하는 것은 절대적으로 필요하다. 사실, 힘의 균형을 강조하는 월츠의 이론은 강대국 논리로서 현상유지를 위한 이데올로기로 작용할 수 있다. 약소국들을 허무주의에 빠뜨릴 수도 있다. 그러나 비판만으로는 현실을 바꿀 수 없다. 강대국 논리를 알아야 약소국의 길이 보인다. '있는 그대로(as it is)'의 국제정치 실체에 기초하지 않은 비전의 제시는 감상주의에 지나지 않는다. 약소국의 입장에서 국제정치의 규칙을 만들고집행하는 강대국들 간의 이해관계(은폐되어 있는 강대국 중심의 이데올로기)에 대한냉정한 분석이 없이는 주어진 현실을 타개할 수 없을 것이다. 이것이 약소국 입장에서의 국제관계에 대한 분석에 있어서 강대국 중심의 보수적 이론에 대한 이해가 결정적으로 유용한 이유일 것이다(박건영 2013, 325).

　이용희는 강대국중심주의를 현실로 받아들이기는 하지만, 그것이 주입(注入)하는 일반성이나 합리성에 대해서는 단호히 거부한다. 그는 "최소의 타협으로 객관적 사실관계를 조성할 수 있는 것은 말할 것도 없이 강국이다. 따라서 이 경우 합리성이라 하여도 기껏 하여서 사실관계의 유지를 좌우하는 강대국 중심의 합리성인 것을 부인할 수 없다."라고 하면서, "1938년 9월에 영·독·불·이가 맺은 뮌헨 협정은 영·불의 대독유화로서유명한 일이었는데, 그것은 4대강국의 입장에서는 타협이요 협정이 성립된 도정에서는 합리적인지 모르겠으나, 국토를 희생한 체코슬로바키아의 입장에서는 비합리적이었을 것이다. 혹은 반발할 수 없는 경우에 있는최대의 타협이요 최소의 합리성이었을 것이다."라고 말하고 있다. 세상이강대국 마음대로 움직이기 때문에 우리가 그 작동원리를 잘 이해해야 하나, 그렇다고 우리에게 주어지는 합리성이라는 것이 모두에게 특히 약소국에게 통용되는 합리성은 전혀 아니라는 점을 밝히고 있는 것이다.

그는 권력정치에 대해서도 같은 입장을 취하고 있다. 이용희는 아마도 고민했을 것이다. 우리는 약소 피해자로서 약육강식의 권력정치 논리를 비판해야 한다. 그러나 '무정부적 세계에서 다들 약소국에 '진출'하는데 나만 윤리적으로 행동하면 결국 상대적으로 강력해진 국가들이 나의 안전을 결국 위협하게 될 것이므로, 자위적 차원에서 적극적으로 행동하지 않을 수 없다'는 후발제국주의자들의 논리는 자국 국민들에게는 합리적이지 않겠는가? 이에 대해 이용희는 권력정치의 현실을 직시하면서도 당위(當爲)의 문제를 밀어내지 않았다. 그는 "국제정치의 권력상을 밑받치는 것은 국제적인 부의 불균등 그리고 이에 따른 지역별 생활수준의 불균형이었다 … 세계에 있어서의 빈곤지역의 존재는 곧 권력정치의 온상이 아닐 수 없다."라고 쓰고 있다. 그는 현실주의자였지만, 현실을 숙명으로 받아들이길 거부하고, 은폐된 현실의 부당성을 드러내고자 한, 반 발자국 앞서나간 사상가이기도 했다.

요컨대 『국제정치원론』의 실천성의 문제는, 결국 다시 돌아와, 우리는 "있는 그대로"를 보아야 하지만, 다른 한편, "있는 그대로"를 그대로 받아들이면 안 된다는 이용희의 역설적 지혜로 귀결된다. 그래야 우리가 제대로 알 수 있고, 우리의 기회를 포착할 수 있고, 우리가 운신할 수 있는 폭을 넓힐 수 있으며, 우리 모두가 공영할 수 있는 단초를 붙잡을 수 있다는 판단인 것이다.

3) 실증주의적 은폐를 간파한 탈실증주의적 비판적 인식론

『국제정치원론』이 구상/집필된 시기를 1940년대 말에서 1950년대 초라 할 때 이용희의 연구방법론은 창발적인 독창성을 가지고 있었다. 이 시기는 비록 프로이드와 파블로프가 심리학의 기본전제를 뒤엎고, 세계대전과 러시아 혁명 등이 19세기 사회이론을 해체하고 있었지만, 최초의 산업 강국 영국의 경험주의(empiricism)가 그 위상을 유지하고 있었던 때였다. 경험주의 철학에 바탕을 둔 실증주의(positivism)도 마찬가지였다. 1950년대 초에는 실증주의적 행태주의 혁명이 기술적(예를 들어, 전자계산기) 정치적(예를 들어, 매카시즘) 이유로 미국 사회과학계의 지배적 연구방법론으로 떠오르고 있었다. 당시 한국의 지적 풍토를 고려할 때 이용희가 실증주의의 문제를 간파하고 탈실증주의적 접근을 시도한 것은 그야말로 획기적이었다.

> 우리가 경험하는 국제정치는 어디까지나 '내' 나라적이며 주관적이며 또 의지적인 국가와 국가 사이에 빚어지는 객관적인 사실관계로서 있었다. 나라라는 주체의 입장에 서는 한에는 이 사실 관계조차도 가치포함적이요 '내' 나라적인 정책관에 의하여 주관화될 것이다(이동주 1955, 128).

연구자가 연구대상으로부터 분리되어 있어 연구자의 가치관이 연구에 개입하지 않는다는, 즉 주객분리(subject-object dualism)와 가치중립(value-free) 등을 역설하는 실증주의에 대해 이용희는 "사실관계조차도 가치포함적"이라 하며 국제정치를 제대로 보기 위해서는 "'내' 나라적인 정책관"이 사실관계 자체를 채색할 수밖에 없음을 이해해야 한다고 역설하고 있다. 물질이 아닌 사람과 사람간 관계를 다루는 사회적 영역에서는 연구주체와 연구객체가 분리되지 않고, 가치중립이 성립할 수 없다는 말이다. 그가 "'내' 나라라는 의지적이며 자기중심적인 면에 착목한다면 국제정치는 바로 '내' 나라적 정책/욕구의 교섭/충돌 그리고 이를 위한 권력의 각축이라 하지 않을 수 없다."라고 할 때, 그는 모든 '내' 나라가 국제정치를 객관적으로 볼 수 없음을, 그리고 국가간 충돌은 바로 이러한 주관적 이해/몰이해 에 기인하는 바가 크다고 지적하고 있는 셈이다. 또한 그가 "정치조작의 국제적 기반과 대상이 주로 후진지역이었고, 국제정치적 조작의 터로서 가장 많이 강국이 선택하는 것이 바로 이러한 지역이었다." 라고 하며, "프로파간다화"한 국제정치적 국내정치적 관계나 개념, 국제정치이론을 지적할 때, 그는 "담론이 현실을 구성한다(discourse is constitutive of reality)," 다시 말해, "권력중립적 지식(power-free knowledge)은 존재하지 않는다"는 비판론적 탈실증주의에 기초하고 있다.

이용희의 방법론은 카가 『역사란 무엇인가?』에서 탈실증주의적 역사관을 제시했을 때와 마찬가지로 당시 상황에서는 급진적인 것이었다. 그러나 카가 그러했듯이 이용희도 콜링우드(Robin George Collingwood) 류의 역사적 회의주의에 빠진 것은 전혀 아니었다. 카가 "해석이 사실들을 확정하는 데에서 필수적 역할을 한다고 해서, 이 해석이나 저 해석이나 매한가지이며 역사의 사실들에 대해서는 원칙적으로 객관적인 해석을 내릴 수 없다고 말할 수는 없는 것"이라고 했듯이, 이용희도 실증주의적 방법의 무모함을 경계하고 피하고자 하지만, 책 전반에서 회의주의나 상대주의에 의존하지는 않았다. 요컨대, 카나 이용희나 모두 '사실들은 역사가와 이론가들에게 필수적인 것'이고, '객관적 존재'를 인정하지만, 그 자체가 역사나 이론을 구성하지는 않기 때문에 사회적/이론적 사실들을 자연화(自然化)함으로써 현실을 탈역사화하고 영구화하는 물신주의(物神主意 fetishism)는 배격되어야 한다는 시각을 제시하고 있다.[5]

이용희의 역사사회학적 방법론도 주목할 만하다. 그는 "국가간 관계는 '막연한 추상태(抽象態)'로서 있는 것은 아니고 ⋯ 일정한 역사적 동안(시기) 안에 생길 뿐 아니라 그 역사적 동안의 특징을 지니고 있는 그러한 관계."라고 쓰고 있다. 다시 말해, 그가 근대국가와 주권 개념, 원자론적 근대국제체제의 역사적 형성 과정을 다룰 때, 이것들이 역사 외적으로 주어진 추상적인 것이 아닌, 복잡하고 구체적인 사회적 과정의 결과들일 뿐 아니라, 이 결과들이 미래 사회의 도정에 필연적으로 영향을 미친다(path dependent)고 보고 있는 것이다. 그가『국제정치원론』에서 "권역," "전파," "저항/변용/수용" 등의 개념을 본격적으로 사용하고 있지는 않지만, 국제정치의 추상성에 대한 그의 거부는 명백하다. 또한 이른바 국제정치이론이라고 하는 것도 강대국의 국가경영전략의 일환일 수 있다고 말할 때도, 그는 "역사의 사실들은 순수한 형태로 존재하지 않으며, 우리에게 결코 '순수한' 것으로 다가서지 않는다."는 점을 깊이 인식하고 있다. 요컨대 이용희는 국가, 국제정치, 시장이 물신화(fetishized)되고 탈역사화(dehistoricised)되는 경향에 경종을 울리고 있는 것이다.[6]

---

5 이러한 시각은 인류학자와 사회학자들에 의해 강화되고 있다. 이들에 따르면, 자연과학자들도 그들이 한 부분이 되는 과학자공동체들에 의해 영향을 받는다. 다시 말해, 자연과학자들 자신이 그들의 문화적 역사적 맥락에 의해 틀이 잡힌다는 것이다. 따라서, "앎의 대상에 영향을 주지 않고 그것에 대해 알고 있는 초월적인 지식담지자는 존재하지 않는다"는 것이다. Paul G. Hiebert, *The Missiological Implications of Epistemological Shifts: Affirming Truth in a Modern/Postmodern World, Christian Mission & Modern Culture* (London: Continuum International Publishing, 1999) pp. 30-31. 이와 관련한 지식사회학적 상론에 대해서는 Peter L. Berger and Thomas Luckmann, *The Social Construction of Reality: A Treatise in the Sociology of Knowledge* (Harmondsworth: Penguin Books, 1966) 참조.

6 이용희의 방법론적 철학은 당연하게 받아들여지는 개념의 부상의 근원을 추적하여 그것들을 비당연시(denaturalizing) 한다는 면에서, 그리고 경험주의를 적극 수용한다는 면에서 계보학적 접근과도 친화성이 있다. 미셸 푸코에 따르면, 계보학자들은 경험적 연구가 산출하는 증거에 의해 지지되는 설득력있는 내러티브를 구축하려 한다. 그들의 연구는 "고생창연하고, 정치(精緻)하며, 실화적이다." Michel Foucault, "Nietzsche, Genealogy, History" in *The Foucault Reader*, ed. P. Rabinow (New York: Pantheon Books, 1984), p. 76. 이용희는 근대국제체제 또는 그와 총체적(holistic) 관계에 있는 주권이라는 개념 등 지금 우리가 당연하게 생각하는 특정 제도나 가치, 혹은 도덕이라는 것이 그 연원을 추적해 들어가면 특정한 시대의 특수한 상황에서 특정한 주체나 권력관계에 의해 형성된 것으로 보고 있다. 일들이 다른 방식으로 전개될 수도 있었다는 사실을 일깨워주기 위해 전환점들과 중요한 단절들을 보여주려는 계보학과 이용희의 접근법이 비교 가능하다. 계보학의 기원은 명확하지 않으나 Nietzsche의 *Genealogy of Morals*와 그에 영향을 받은 Michel Foucault의 *Discipline and Punish*에서 찾을 수 있다.

4) 총체적 체계적 지식

이용희는 국제정치와 관련한 광범위한 지식을 자유자재로 활용하면서 논지의 완결성, 정합성(整合性 coherence), 설득력을 높이고 있다. 그가 의식하지는 않았겠지만, 이론, 정책, 역사 탐구가 '동시'에 이루어지고 있다. 이 세 가지는 서로 불가피하게 연결되어 있기 때문에 어느 한 부분의 결여는 논지 전체에 대한 의문으로 이어질 수 있다.

이론은 "중요한 현실"이 무엇인지를 알려줄 뿐 아니라, 다양한 측면에서 현실을 조명해줌으로써 문제의 심도 있는 이해가 가능토록 하고, 또 그러한 이해에 기초하여 생산적인 실천적 대안을 산출하는데 도움을 준다. 실천적 대안은 이론의 현실 적용이다. 그리고 끊임없이 변하는 현실은 이론에 피드백을 제공하여 지속적으로 수정 및 대체토록 한다. 이론과 현실, 즉 이론과 정책은 이와 같이 교호작용하며 사회와 국제정치에 대한 이해를 제고한다. 역사는 이론과 정책에 개입하거나 양자를 매개한다. 즉 역사는 문제가 왜 발생했는지를 가리켜 줌으로써 문제해결의 단초를 제공하는 것이다. 어떤 현인의 말처럼, "역사는 어리석은 만행, 실패, 야망이 범람하는 시행착오의 과정처럼 보일 수 있지만 실제로는 수많은 사람들이 치열하게 살았던 삶의 누적"이고, 그러한 사람들이 우리에게 보내는 "편지"와도 같다. 그때 그렇게 했기 때문에 그러한 일이 일어났다는 내용을 담은 그 편지는 지금 우리가 고민하는 문제의 원인을 짚어주고, 해결의 단초를 제공한다.

요컨대 부분적으로 안다는 것은 아무 것도 알지 못하는 것과 다르지 않고, 부분적 지식에 따라 실천적 처방을 한다면 도리어 위험할 수도 있다. 따라서 지식융합, 학제간 협력, 통섭 등의 개념이 대안으로 제시되기도 한다. 그러나 물질이 아닌 인간을 다루는 사회과학의 경우 이러한 접근의 이점(利點)은 제한적인 반면 위험성은 부각된다. 이 영역에서는 연구주체와 객체가 분리되기 어렵기 때문이다. 서로 다른 가치관과 사관(史觀)을 가진 관찰자들이 특정한 인간과 인간의 관계에 대해 일관되고 정확한 분석과 처방을 내리기는 어렵다. 같은 용어를 써도 다른 의미와 결과를 산출할 수 있는 것이다. 따라서 사회를 다루는 경우에는 한 연구자가 이론, 정책, 역사를 겸비하여 기본적인 전제, 가치관, 관점의 통일성을 유지할 때, 보다 타당한 이해와 처방을 산출할 수 있다. 이용희의 이론, 정책, 역사에 대한 해박함과 체계성은 책 전반에서 현장감을 겸비한 조리(條理)로서 두드러지는 바, 그의 참고문헌 리스트에서 볼 수 있듯이, 영·불·독·중·일어 등 외국어 구사 능력에 의해서도 뒷받침되고 있다.

4.『신 국제정치원론』?

이용희의『국제정치원론』은 문제의식의 주체성과 절박성, 실천지향적 학문성, 사려 깊은 방법론, 지식의 포괄성과 체계성 측면에서 당시는 물론이고 현재의 관점에서 보더라도 국제학도에게 일독이 필수적일 정도의 학술적 교육적 가치를 가지고 있다. 강렬한 문제의식과 한국적 고민이 곳곳에 배어있지만, 사실을 사실대로 침착하게 서술/분석하면서 목적론의 위험성을 분별하는 균형감은 특히 주목할 만하다. 대형서점에 널려있는 서양의 이 책 저 책을 "취사선택(copy and paste)"한 짜깁기 서적들이나, 사실과 근거에 따르지 않은 주의주장만 담은 프로파간다 문헌들과 대비될 때,『국제정치원론』은 진정 그 빛을 발한다.

그럼에도 불구하고, 모든 저작들이 그렇듯이, 이 책에 빈틈이 없는 것은 아니다. 그리고 60년이 지난 현재의 세계사적 시점에서 "새로운 장소,"

"새로운 시대"에 걸맞는 『신국제정치원론』을 상상해 보면 몇 가지 제언(提言)이 유익할 수 있을 것이다.

1) 미국은 무엇인가?

앞서 언급했듯이, 이용희는 당시 시대적 가치관을 고려할 때 공산주의 분석에 있어 상당히 균형있고 객관적인 입장을 취하고 있다. 그럼에도 반공주의적 편견이나 견해(opinion)가 가끔 표출되는 것은 옥의 티라 할 수 있겠다.

> 소련권 내의 통제에 있어서는 … 부단한 위기적 불안감의 조성에 의하여 '내' '남' 대립적인 의식조성에 의한 통합조종이 … 대내정책의 이데올로기적 방향이 될 것이다. 공산권에서 이르는바 '자본주의사회의 포위/침략'이 이러한 위기정책과 일면 긴밀히 관련되어 있는 것은 이점으로도 간취되는 바이다(이동주 1955, 366).

이용희의 위의 언급은 전혀 틀린 것이 아니다. 문제는 소련만 그랬던 것이 아니라, 미국도 그랬다는 데 있다. 2014년 존 맥케인 상원의원은 "세계는 파시즘, 나치즘, 2차 대전, 그리고 소련의 핵 위협" 보다 더 큰 위협의 상황에 빠져 있다고 말하며 '미국의 위기'를 강조했다. 1988년 새뮤얼 헌팅턴(1988, 76)은 미국이 1950년대 이래 그와 같은 형태의 다섯 번 째 위기를 경험하고 있다고 썼다. 1957년 소련의 스푸트니크 발사 성공은 미국을 경악케 했고, 1960년대 초에 이르러 미국인들은 소련이 미국을 경제적, 기술적, 군사적으로 추월했다고 확신했다. 그리고 1970년대 초, 베트남 전황이 악화되자 닉슨 정부는 미국인들로 하여금 미국의 역할이 줄

어든 다극체제의 세계에 대비할 것을 주문했다. 1970년대 오일쇼크가 발생하자 미국인들은 이제 중동의 산유국들이 세계의 새로운 권력중개자로 부상하고 있다고 보았다. 1970년대 말, 소련이 핵무기를 현대화하고 아프가니스탄과 중앙아메리카로 세력을 뻗치자, 미국의 저명한 전문가들은 소련이 냉전에서 승리하고 있다고 우려했다. 1980년대 말 미국인들은 이제 곧 세계 최고의 경제권력은 미국이 아닌 일본이 될 것이라 확신했다.

이와 같은 미국의 공포는 결코 현실화되지 않았다. '근거 없는 공포'였기 때문이다. 문제는 미국이 적의 힘과 전략적 능력에 대하여 황당한 과대평가를 했던 데 있었다. 9.11 이래 제기된 또 하나의 공포가 있었다. 즉 급진적 이슬람이야말로 미국에 대한 실존적 위협이고 미국은 이에 대해 속수무책이라는 것이었다. 사담 후세인의 이라크는 미국의 사활적 이익에 위협이 되고, 지금은 신정국가(神政國家) 이란이 중동에서 미국을 밀어내려 한다는 것이다.

위와 같이 미국의 '조성된 위기의식'을 지적한 예일대 '우파학생회(the Party of the Right)' 출신이자, *Foreign Affairs*의 편집장이었던 자카리아(Fareed Zakaria 2015)는 미국이 근거 없는 공포에 따라 행동함으로써 얼마나 많은 실수와 실패를 거듭했는가라고 질문한다. 1950년대 미국은 "식민지의 모든 스탈린주의자들은 민족주의자들"이라 했던 애치슨 노선에 따라 수많은 제3세계 민족주의자들을 제거하였다. 예를 들면, 이란에서 모사덱(1953)을, 과테말라에서 아르벤츠(1954)를, 그리고 칠레의 아옌데(1973)를 제거하였다. 그들은 모두 민주적 과정을 통해 선출된 지도자들이었다. 미국은 베트남전에 개입했고, 남아프리카공화국의 인종차별적 정권을 지원했으며, 이라크를 공격하였다.

1958년 미 대선에서 케네디는 "미사일 갭"을 "자초한" 아이젠하워 공화당 정부를 세차게 비난하며 안보공포심을 조성하였다. 그러나 집권한 지 얼마 안 돼 "오늘 날 미사일 갭은 없다"고 선언하였다. 포드빅(Pavel Podvig 2008)은 *International Security*에 게재된 그의 2008년 논문 "The Window of Vulnerability That Wasn't"에서 1970년대 말, 1980년대 초에 절정에 달했던 소련 미사일 현대화 프로그램에 대한 미국의 공포는 근거가 없었다고 보고하고 있다. 그가 냉전 후 관련 자료를 분석한 바에 따르면 당시 소련은 핵전쟁 계획이나 능력을 결여하고 있었다.

집필 당시 이용희가 위기조성과 관련한 객관적 자료에 접근할 수 있는 가능성은 희박했다. 그러나 그렇다고 해서 위기조성을 공산 이데올로기에만 결부시킨 것은 당시의 반공주의적 상황을 여과없이 반영한 것이 아닌지 아쉬운 부분이다. 이용희가 반공적 실천을 의식했다 해도 잘못된 것은 없다. 단지 진정한 대공 억지력은 사실에 기초한 정확한 정보와 냉정한 판단을 필수로 한다는 점이 중요하다. 의도하지 않은 것이라 해도, 과장과 왜곡은 국내정치적으로 자유와 민주주의를 위축할 뿐 아니라 국제정치적으로도 소통, 평화, 안정을 저해하게 된다. 조성된 위기의식은 국내정치적, 국제정치적으로 매우 중요한 사안이다. 근거 없는 공포는 실제 위협과 어떤 면에서 차별화될 수 있는지, 그리고 위협의 원천은 체제, 국가간, 사회, 개인 수준에서 어떻게 발생하며, 이들간 상호관계는 어떠한지 등은 오늘 날 한국의 국제정치학도들이 진지하게 성찰/천착(穿鑿) 해보아야 할 핵심 질문이다.

2) 한반도의 국제정치사

이용희의 강대국중심주의나 냉전적 진영간 투쟁관이 당시 국제정치의 핵심을 잘 드러내주고 있긴 하지만, 그의 한국적 또는 비서방적 관점의 필요성을 정당화할 수 있는 냉전적 주요 국제정치 사안에 대한 언급은 미흡하다 하지 않을 수 없다. 한국이나 한반도에 영향을 미친 국제정치적 사건으로서 미국의 봉쇄정책과 그 결과들을 들 수 있을 것이다. 1946년 케넌(George F. Kennan)의 "장문의 전보(the Long Telegram)", 1947년 2월에 시작된 이른바 역코스(the reverse course), 1947년 3월부터 전개된 트루먼 독트린 등은 1949년 8월 소련의 핵실험 성공, 1949년 10월 중국의 공산화 등과 결합되면서 한국과 한반도의 삶과 죽음의 경로에 심각한 영향을 미쳤다. 한국의 국제정치에 거부할 수 없는 구조적 제약으로서의 대공 "방역선(防疫線 cordon sanitaire)"[7]이었던 봉쇄정책은 이 책이 다루어야 했을 주요 사안임이 틀림없다.

보다 구체적이고 직접적인 이슈로서 한국전쟁 후 한반도와 동북아 국제정치를 지배해 온 "샌프란시스코 체제"에 대한 논의도 있으면 좋았겠다는 생각이 든다. 샌프란시스코 조약은 일본과 연합국 사이에 맺어진 평화조약으로서 1951년 한국이 전쟁 중일 때 소집되었다. 일본제국주의의 최대의 피해국인 대한민국, 조선민주주의인민공화국, 중화민국, 중화인민공화국은 초대도 받지 못했고, 그에 따라 이들과 관련된 사안들은 사실상 미해결 상태로서 현재의 허다한 갈등의 씨앗이 되었다.

이용희의 말대로 "종래의 국가유형과는 본질상 색다른 공산주의 국가의 출현과 그 국제적 팽창"은 국제정치사상 획기적인 것이었다. 그러나 그가 이러한 새로운 세력과 그 반대세력 간의 치열한 냉전을 깊이 분석

---

7 연합국들은 1919년 러시아에서 볼셰비키가 권력을 장악한 후에도 반볼셰비키가 어느 정도 성과를 내자 다시 재정적 원조에 나서게 되는데, 이 정책을 클레망소(Georges Clemenceau) 프랑스 총리가 방역선이라 불렀다. 그는 이를 통해 공산주의가 서유럽으로 유입되지 않도록 해야 한다고 제시하였다. John Hiden, Vahur Made, and David Smith (eds), *The Baltic Question during the Cold War* (London; New York: Routledge, 2008), p. 19. 키신저는 이를 *On Diplomacy* 등 자신의 여러 저서에서 "반공주의적 봉쇄선"의 의미로 사용하고 있다.

하고, 나아가 냉전체제가 이른바 샌프란시스코 체제와 어떤 관계가 있는지, 한국에 가해진 국제정치적 구조적 제약은 어떻게 발생하고 어떻게 전개되어 왔는지, 특히 그에 앞서는 "역코스" 정책이 한국에 그리고 한중일 관계 나아가 한국전쟁에 대해 어떤 함의를 가지는지에 대해 논의했다면 『국제정치원론』은 훨씬 더 실천적으로 유용하고 학술적으로 완결성을 갖는 저작이 되었을 것이다.

3) 국제정치의 근본을 바꾼 핵무기

『국제정치원론』에 핵무기와 관련한 역사 이론 정책적 논의가 없다는 것도 다소 의아하다. 물론 집필 당시 핵무기가 국제정치의 근본을 바꾸고 있다는 인식이 피부에 닿을 정도는 아니었을 것이다. 그럼에도 불구하고 1940년대 말부터 1950년에 이르기 까지 미국의 대소전략에서 핵무기가 차지하는 비중은 상당하였다. 일단의 전문가들은 주로 연역적 모델과 게임이론을 가지고 핵억지 이론을 개발하고 저술을 통해 논쟁하였다. 1949년 소련의 핵실험 성공은 미국 내에서 "매카시 선풍(旋風)"을 일으킨 주요인으로서 미국의 정치, 사회, 학술, 외교안보 모든 면에서 센세이셔널한 충격을 주었다. 더구나 핵무기야말로 한국을 옥죄던 식민지를 청산하고 태평양전쟁을 종결시킨 첨단무기였고, 한국전쟁을 효과적으로 종료하거나 또는 그 반대로 제3차 세계대전으로 확산시킬 수 있었던 절대무기였다는 바, 이 책에서 핵무기에 대한 언급이 한 번도 없다는 것은 이해되지 않는다.

물론 한 저작이 지금의 시점에서든 아니든 필요하다고 여겨지는 모든 주제를 망라할 수는 없다. 당연히 포함되어 있는 것에 대한 음미나 비판이 더 타당하고 건설적이라 할 것이다. 그러나 이 책의 전반에서 드러나고 있는 저자의 가치 및 관심, 그리고 당시 시대를 반영한다는 측면을 고려할 때, 적어도 '핵무기의 국제정치'는 저자의 '토론 재료 프레임'에 포함되었어야 마땅하다.

4) 시의적 자료

마지막으로, 『국제정치원론』의 실천성을 고려할 때 이용희가 참고한 문헌들이 대부분 단행본이고, 보다 시의적(時宜的) 정책적 주제를 다루는 저널 논문은 거의 없다는 점이 역시 아쉬운 부분이 되겠다. 이용희가 참고한 문헌은 총 251건인데, 이중 신문 3건, 통계집 2건, 그리고 자신의 것을 제외한 저널 논문은 총 8건이었다. 저자는 책에서 The Royal Institute of International Affairs(Chatham House), Council of Foreign Affairs(Council on Foreign Relations), Institute of Pacific Affairs(Institute of Pacific Relations)를 언급한 바 있으나, 이곳들에서 발간되는 *International Affairs*(1922년 첫 출간), *Foreign Affairs*(1922), *Pacific Affairs*(1932)에 게재된 논문을 인용하지는 않았다. 해방 직후인 1945년 10월호부터 한국전쟁 직전인 1950년 1월호까지 *Foreign Affairs*에 게재된 논문들을 주제별로 구분을 해보니, 그 빈도수가 유럽각국정치(56. 이중 영국 관련 12), 전후 처리(22), 소련(19), 이데올로기(17), 미국외교정책(16), 제3세계(15), 국제기구(14), 국제경제(13)의 순서였다. *Foreign Affairs*가 당시 국제정치의 시대를 대변하는 것은 아니나, 국제정치의 신실세 미국의 존재감이 반영되는 주요 장소라 할 때, 『국제정치원론』이 이러한 세계적 차원의 학술적 정책적 조류를 시의적으로 반영하였다면 보다 높은 수준의 현장감과 긴장감을 유발하는 저서가 되었을 것이다.

5. 『국제정치원론』과 국제정치론의 한국적 정체성

『국제정치원론』이 몇 가지 미비점이 있다 하더라도, 그가 이 책을 통해 후학들에게 물려준 지적 유산은 비할 데 없이 값지다. 그 중 특기할 만한 것은 그가 궁구(窮究)했던 근본 문제 중 하나가 국제정치 연구의 한국적 정체성과 관련된 것이었다는 점이다. 당시는 한국이 국제정치적 비전을 '필요로 하지 않던' 시대였다. 미국을 따라가면 되었다. 이러한 때 이용희 는 '우리의 눈으로 보고, 우리의 머리로 판단할 필요'를 절감한 것이었다. 국제정치학의 한국적 정체성의 문제를 제기한 것이었다.

이용희 이후 한국 국제정치학의 한국적 정체성 문제에 관한 논의는 간 헐적으로 지속되어 왔다. 일각에서는 한국적이면서도 일반적인 국제정치 론은 존재할 수 없다는 무용론 내지는 불가론을 주장하기도 한다. 그러나 중요한 것은 모든 국제정치론은 일반이론이 될 수 없고 모두 특수이론이 라는 점이다. 따라서 당연히 한국적 국제정치론도 특수이론이다. 그러나 이보다 더 중요한 것은 이 모든 특수이론들이 함께 소통/공감하며 어우러 질 때 비로소 일반이론에 대한 상상이 가능해진다는 것을 이해하는 일이 다. 그러한 상상의 결과가 어떤 형태가 될지는 알 수 없지만, 특수이론임 에도 일반이론으로 인식되고 있는 현 국제정치이론의 일반성을 강화할 수 있는 수단으로서의 한국적 국제정치론의 필요성과 바람직성은 인정되 어야 할 것이다. 특히, 강대국의 이익 투영 및 은폐에 관한 논의는 별도로 하고라도, 미국정치학회 우드로 윌슨 상의 수상작인 『미국의 자유주의적 전통』에서 루이스 하츠(Louis Hartz 1955, 306)가 제시하듯, 이른바 국가 간 "공 통의 역사"의 불가피한 부재는 국가간 이해의 부족으로, 그리고 실패와 불행으로, 인류의 재앙으로 귀결될 수 있다는 점이 지적되어야 한다:

미국의 딜레마의 핵심은 사회적 혁명 경험의 부재에서 발견된다. … 미국이 세계와 소통하기 어려운 점은 바로 이 때문이다. 미국은 유럽의 '사회 문제'를 잘 이해하지 못한다. … 미국은 아시아의 사회적 투쟁의 역사를 모르기 때문에 그곳의 반동적인 정권들조차도 '민주적'인 것으로 간주하는 경향이 있다(루이스 하츠, "미국의 자유주의적 전통", 306).

한국적 국제정치론이라고 한국적 경험만 담은 것이어서는 안 된다. 일반화의 잠재성을 갖고 있어야 하고, 타국/타사회의 공감과 이해를 얻을 수 있는 방식으로 구상/구축되어야 한다. 문제의식, 존재론, 인식론이 권력정치, 상대적 이득, 세력균형/전이 등 현실주의 개념과, 상호의존, 민주평화, 국제제도 등 자유주의 개념간 소통이 가능해야 한다. 특히 '나보다 더 까만 피부의 흑인'을 조롱하는 '잘난' 아프리카 흑인의 의식세계를 들춰내는 후기식민주의, 그리고 모든 계급과 계층의 여성을 하나의 동질적인 카테고리로 취급하는 "구미의 여성주의"를 여성에게서 그들의 역사적 정치적 행동능력을 박탈하는 "인종적 보편주의(ethnocentric universalism)"라 비판하는 후기식민주의적 여성주의와도 통찰력을 주고받을 수 있어야 할 것이다. 아울러, 강대국 중심 논리를 한국이 비판하면서 한국적 이론이 보다 약한 국가들이나 주체들에게 비판의 대상이 되어서는 안 될 것이다. 그리고 한국적 국제정치이론이 없었을 때와 있었을 때 세계와 한국은 어떻게 다르게 보이는지, 이것이 인류와 한국인들에게 어떤 식으로 유익한지를 보여 줄 수 있어야 한다.

한국적 국제정치론의 유망한 재료 중 하나는 북한이다. 북한은 중요한 국제정치 행위자이다. 워드와 하우스(Michael Ward and Lewis House 1988)에 따르면, "장기적이고 복잡한 일련의 반응/역반응을 '효율적'으로 야기할 수 있는 능력"을 행태적 권력(behavioral power)이라 할 때, 1948-1978년 동안의 행태적 권력 순위는 미국이 1위, 소련이 3위, 북한이 7위였다. 갈등적 차원에서의 행태적 권력에서는 북한이 단연 1위였다. 국제정치의 장에서 북한은 가장 중요한 '말썽쟁이' 또는 불한당(不汗黨)이었다는 말이다. 중국이 미국 등의 "대중국 가중제재(China differential)"로 고립되어 있을 때인 1967년 "중공(中共)을 제외하고 국제정치를 논할 수 없다"고 선언한 현실주의자 닉슨(1967)의 말처럼 북한의 행태적 권력 현상이 국제정치이론에서 제외될 수 없을 것이다.

냉전에서의 자유주의의 승리에도 불구하고 시대착오적이고 엽기적인 북한의 체제 국가 정권은 지속되고 있다. 사회주의 관념에서는 상상할 수 없는 삼대세습이 이루어졌다. 수십 년간의 국제제재를 받으면서, 또 "제국민을 먹여 살리지도 못하면서" 핵무기를 확보한 것으로 평가된다. 이 과정에서 수차례 전쟁의 위기를 조성하였고, (초)강대국들을 사실상 쥐락펴락하였으며, 일본의 "보통국가화"에 기여하기도 하였다.

이와 같이 국제정치적으로 중요한 북한 또는 북한이 갖고 있는 국제정치적 관계는 서구나 미국 식 렌즈로는 잘 포착되지 않는다. 예를 들어, 북한과 중국 간 관계는 서양식 개념인 '후견인-피후견인 관계(patron-client relations)'로는 설명될 수 없다. 북중관계와 한미관계 사이에는 질적 차이가 있다. 이 밖에도 국제정치이론이 설명할 수 없는 퍼즐이 하나 둘이 아니다. 기존 이론으로 주요 국제정치 행위자의 행동이 설명되지 않는다면, 그것은 당연히 중요한 이례(異例 anomaly)로서 국제정치의 훌륭한 이론적 재료가 될 수밖에 없다. '북한(또는 한반도)과 국제정치'와 관련하여 유용한 이론적 개념으로는 줄타기 외교(또는 주체 외교), 벼랑끝 전술, 햇볕정책, 적대적 상호의존, 근교원공(遠交近攻), 순망치한(脣亡齒寒), 기미부절(羈縻不絶), 이이제이(以夷制夷), 재조지은(再造之恩) 등이 있을 수 있다. 벼랑끝 전술(brinkmanship), 이이제이(divide and rule) 등의 개념은 서양 국제정치에서도 자주 언급되기는 하지만 북한/한반도의 지정학적 특수성과 고유한 국제정치사적 맥락은 이 개념들의 이론적 의미를 부각하는 역할을 한다.

한국은 북한과 언어·역사·문화적인 면에서 상당 부분을 공유하고 있기 때문에 한국의 국제정치학자들은 북한에 대한 접근이라는 차원에서 그 어느 다른 나라의 학자에 비해서도 우위에 있다. 그러나 한국은 북한 자체에 관한 지역학적 지식이나 정보는 상당하지만, 국제정치와의 관계 속에서 북한을 자리매김하는 이론적 지식은 축적하지 못하였다. 최근에 늘어난 것이기는 하지만 '북한의 국제정치'를 연구하기 위해 미국, 일본, 중국으로 유학 가는 사례가 적지 않은 것도 사실이다. 북한은 국제정치의 훌륭한 이론적 재료이고, 한국 학자들이 비교우위를 갖고 있는 대상이다. 이를 살릴 필요가 있고, 성과도 기대된다.

6. 맺음말: 정치란 무엇인가

1780년 연암 박지원이 연행사(燕行使)를 수행하여 청나라 수도인 연경으로 갈 때 처음 도착한 곳은 책문(柵門)이었다. 그는 그곳의 물질생활의 발달과 선진 문명에 압도되고 만다. 임형택에 의하면, "그는 문득 의미가 저상(沮喪)하여 연행(燕行)을 중단하고 돌아갈 마음까지 일어날 정도였다," "나도 모르게 배와 등이 끓고 타올랐다"는 고백도 하고 있다. 박지원은 조선을 "짓밟았던 청국의 변방의 소읍이 그처럼 대단함을 목격하자, 미개/낙후의 상태를 면치 못한 조선의 처지를 돌아볼 때 그만 풀이 죽고 한편으로 질투심이 무섭게 끓어올랐던 것이다." 그는 이내 그런 감정을 '투심(妬心)'이라 보고 '맹성(猛省)'하게 된다. 그는 "겸허한 자세로 한족뿐 아니라 만주족까지 포함해서 저들을 존중하고 저들의 앞선 문물을 배워야 한다고 맹성"한 것이다(임형택 2000, 148). 1950년대 초 한국의 역사와 현실에 대한 이용희의 맹성은, 현학적(衒學的)으로 말하자면, 주체적 문제의식 하에 해박한 지식과 세련된 방법론을 활용한 당대 획기적인 학술적 성과로 나타났다. 그것이 『국제정치원론』이었다.

이용희는 1979년 정무적 관직을 떠났다. 얼마 되지 않아 그는 "정치란 무엇인가?"에 대해 소회를 밝힌 적이 있다:

> 정치에는 명분을 찾는 사상적인 면과 물리적인 힘의 지배관계라는 두 가지 측면이 있다. 이들 간 조화가 중요하다. 예를 들어, 명분만 중시되면 안고수비(眼高手卑)가 된다. 그리되면 정치의 또 다른 중요한 가치, 즉 현실적 힘의 관계가 무너져 카오스가 초래된다. … 정치의 본령은 동기와 원인을 중시하는 명분의 세계와 결과를 중시하는 현실세계, 이 두 가지 상충되는 가치관을 하나로 만드는 데 있다. … 한 사회가 잘 되려면 당위가 우위에 서야 하고 당위와 현실이 어긋날 때는 행동력에 한계가 생긴다. 당위의 시급성을 느껴 방향 감각이 형성될 때 정치다운 정치가 가능하다. 우리 사회의 최대 문제는 명분과 현실적 지배 사이의 관계를 어떻게 조화하며 원인과 결과 사이의 조화를 어떻게 달성하느냐 하는 것이다(『경향신문』 1980년 1월 5일자).

1950년대 초 이용희의 맹성은 현실에 무게중심을 두고 있었다. 1980년 그의 맹성은 이상과 현실의 조화, 바람직하게는, 당위와 이상의 우위로 무게중심을 이동하였다. 그러나 어디까지나 반 발자국만.

참고문헌

박건영. 2013. 「월츠의 '국제정치이론' 약설」. 케네스 월츠. 『국제정치이론』. 사회평론.

양준희, 박건영. 2011. 「신고전적 현실주의 비판」. 『국제정치논총』 51권 3호.

옥창준. 2017. 「일제하~1950년대 이용희의 학문체계 형성과 한국 국제정치학의 기원」. 2017년 2월 연세대 국학연구원 사회인문학 포럼 발표문.

「恩師(은사)를 찾아서: 現實보다 當爲 존중될 때 바른 政治가…」. 『경향신문』 1980년 1월 5일.

임형택. 2000. 『실사구시의 한국학』. 서울: 창작과비평사.

Berger, Peter and Thomas Luckmann. 1996. *The Social Construction of Reality: A Treatise in the Sociology of Knowledge*. Harmondsworth: Penguin Books.

Booth, Ken. 1991. "Security in anarchy: utopian realism in theory and practice," *International Affairs* 67(3).

Carr, Edward Hallett. 1939. *The Twenty Years' Crisis, 1919-1939: An Introduction to the Study of International Relations*. London: Macmillan.

Carr, Edward Hallett. 1961. *What Is History?* Cambridge: Cambridge University Press.

Foucault, Michel. 1984. "Nietzsche, Genealogy, History" in *The Foucault Reader*, ed. P. Rabinow, New York: Pantheon Books.

Foucault, Michel. translated by Alan Sheridan. 1955. *Discipline & Punish: The Birth of the Prison*. New York: Vintage Books.

Hartz, Louis. 1955. *Liberal Tradition in America: An Interpretation of American Political Thought Since the Revolution*. New York: Harcourt, Brace.

Hiden, John. Vahur Made, and David Smith ed. 2008. *The Baltic Question during the Cold War*, London; New York: Routledge.

Hiebert, Paul G. 1999. *The Missiological Implications of Epistemological Shifts: Affirming Truth in a Modern/Postmodern World, Christian Mission &Modern Culture.* London: Continuum International Publishing.

Huntington, Samuel P. 1998. "The U.S.: Decline or Renewal?" *Foreign Affairs*, Vol. 67, No. 2.

Lukacs, John eds. 2010. *Through the History of the Cold War: the Correspondence of George F.Kennan and John Lukacs.* Philadelphia: University of Pennsylvania Press.

Nietzsche, Friedrich. 2003. *The Genealogy of Morals.* New York: Dover Publications.

Nixon, Richard M. 1967. "Asia After Viet Nam," *Foreign Affairs*, Vol. 36, No.1.

Podvig, Pavel. 2008. "The Window of Vulnerability That Wasn't: Soviet Military Buildup in the 1970s-A Research Note," *International Security*, Vol. 33, No. 1.

Ward, Michael and Lewis House, "The behavioral power of nations: an analysis of verbal conflict using the equations of statistical equilibrium," *Quality and Quantity*, Vol 22, Issue 2.

Zakaria, Fareed. GPS, CNNW, August 9, 2015 7:00am-8:01am PDT, https://archive.org/details/CNNW_20150809_140000_Fareed_Zakaria_GPS.

제2장　　국제정치의 정학과 동학

『국제정치원론』과 한국 국제정치학

민병원

1. 머리말: 『국제정치원론』과 한국 국제정치학의 기원

1955년에 발간된 동주의 『국제정치원론』은 가히 우리나라 최초의 국제정치학 교과서라고 할 수 있다. 내용의 체계적인 배열, 진지하고도 처절한 문제의식, 사상사적 기초 위에 전개되는 흥미진진한 주제들이야말로 이 저술이 해방 이후 근대국가를 향해 발돋움하던 우리나라의 상황을 염두에 둔 최초의 종합적인 개설서라고 부르기에 충분하다. 동주는 자신의 강의를 정리하여 발간한 이 책을 통해 독자들이 한반도의 시대적 상황을 인지하고, 이를 바탕으로 국민적 삶의 방향을 개척해야 한다는 점을 명시적이고 설득력 있게 제시하였다. 19세기 말 이래로 식민지 경험과 해방, 분단, 그리고 전쟁으로 이어지는 근대사의 혹독한 시련 속에서 문제의 근원을 우리가 처한 시대적, 장소적 상황에서 찾아야 한다는 거시적 분석을 담고 있다는 점에서 이 저서는 사실상 1950년대 중반에 그려진 한국의 '국가대전략(grand strategy)'이라고도 할 수 있을 것이다.

동주의 『국제정치원론』은 수십 년에 걸친 그의 학문적 궤적 중에서도 국제정치학의 분야의 사실상 첫 작품이라는 점에서 자못 중요한 의의를 지닌다. 국가의 장래를 걱정하는 젊은 학도들에게 한 세대 앞선 스스로의 경험을 기반으로 쓴 교재라는 점에서, 그리고 뒤이어 1962년에 발간된 그의 대표 저작 『일반국제정치학(상)』의 전초적 작업이라는 점에서 그렇다. 특히 권역(圈域)과 전파(傳播), 그리고 장소(場所)의 논리를 근간으로 하는 동주 국제정치학의 기초는 바로 이 『국제정치원론』에서 그 뿌리를 찾을 수 있다. 또한 1994년에 정리되어 발간된 또 다른 저작 『미래의 세계정치』가 유럽연합을 중심으로 하는 새로운 국가모델과 국제정치적 의미를 다루고 있다는 점을 고려할 때, 1950년대 이후 지속적으로 발전해 온 동주의 국제정치론과 그 결과물들은 '문제의식'과 '개론적 서술'에서 시작하여 '일반화'의 노력, 나아가 '미래정치의 진단'이라는 일련의 시리즈를 형성하고 있다고 보아도 무리가 없다.

이런 점에서 1950년대의 양극화와 냉전 구도를 배경으로 탄생한 동주의 국제정치학은 사실상 20세기 전반의 쓰라린 국민적 경험에 대한 성찰과 그 원인으로서 서구의 성장 및 제국주의적 침탈, 그리고 약소국으로서 이를 수동적으로 받아들일 수밖에 없었던 뼈저린 경험의 소산이기도 하다. 그는 동아시아에서 중요한 지정학적 위치를 차지하고 있으면서도 동시에 강대국 틈바구니에서 시달릴 수밖에 없었던 한반도의 비극을 넘어서기 위해 어떤 방법이 가능할 것인지에 대한 실천적인 해법을 추구했다. 그런 점에서 『국제정치원론』은 단순한 교과서의 차원을 넘어 국가 차원의 외교전략 '가이드라인'이었다. 그리하여 단순한 서양이론의 소개에 그치지 않고 오히려 우리의 문제를 설명하고 이해할 수 있도록 해주는 대안의 프레임워크와 이론을 만들어내야 한다는 부담을 지니고 있었다.

동주의『국제정치원론』은 무엇보다도 새롭게 출범한 '대한민국'이라는 국민공동체의 외적측면에서, 즉 국제정치와 외교정책의 담론을 형성하는 데 있어 그저 서양의 논의를 모방하는데 그치려 하지 않았다. 그가 바라던 올바른 국제정치의 접근은 '내 나라'에 대한 존재론적 인식을 먼저 갖추고, 이를 바탕으로 '우리'가 왜, 그리고 어떻게 '남의 나라'의 지배를 받을 수밖에 없었는지, 이를 해결하는 방법은 과연 무엇인지에 관한 질문을 끝없이 던지는 것이었다. 이와 같이 국제정치학 교과서에서 '내 나라'를 강조하는 모습은 서구의 보편적인 국제정치학 교과서와 비교해볼 때 매우 독특한 것이라고 할 수 있다. 서구의 교과서들이 일반적 원칙을 기반으로 하여 세련된 포맷을 갖춘 이론으로 가득 차 있다는 점에 비교할 때, 동주는 그 전 단계에서 필요하다고 간주했던 '내 나라'의 문제의식을 던지고 있는 것이다.

동주의『국제정치원론』은 국제정치학의 문제의식과 역사, 사상, 그리고 주요 이론을 모두 섭렵하고 있다는 점에서 이 저술의 발간 전후로 쏟아져 나온 여타 국제정치학 개론서들과 차별화된다. '내 나라'의 국제정치가 왜 필요한가에 대한 문제의식뿐 아니라 그것이 만들어진 역사적 배경과 사상적 의미를 더불어 논의하고 있다는 점에서『국제정치원론』은 초입부터 매우 풍부하면서도 무게 있는 논의를 던지고 있다. 이 저서를 읽어가다 보면 강의실에서 동주의 국제정치학 강의를 듣고 있다는 착각에 빠질 정도로 모든 주제들이 가깝게 다가온다. 근대국가의 성장과 확장에 관한 역사적 논의 역시 20세기 중반까지 동주의 관심을 지배했던 한반도의 현상에 이르는 불가역적 궤적을 따라 또렷한 파노라마를 그려내고 있다. 또한 1950년대에 최고조에 달했던 냉전기의 초강대국 대립구도와 그로부터 야기되는 한반도의 생존의 문제는 동주의 저술 속에서 '현대국가에의 방향'(제4장 제5절)이라는 주제 아래 앞으로의 전망과 실천적 함의로 이어지고 있다는 점에서 그의 학문적 관심의 폭을 짐작할 수 있다.

케네스 톰슨(Kenneth Thompson)은 『국제정치 사상가들(Masters of International Thought)』에서 18인의 국제정치 대가들을 크게 4가지 부류로 나눈 바 있다. 첫 번째 유형에는 정치의 '규범'에 관한 이론가들로서 버터필드(Herbert Butterfield)와 니버(Reinhold Niebuhr) 등이, 두 번째 유형에는 '권력'에 관한 논의를 전개한 카(E. H. Carr)와 모겐소(Hans J. Morgenthau) 등이 포함되었다. 한편 세 번째 유형은 '갈등'을 주로 다루었던 케난(George F. Kennan)과 아롱(Raymond Aron) 등을, 그리고 네 번째로는 '질서'의 문제를 고민했던 이론가들로서 라이트(Quincy Wright)와 토인비(Arnold Toynbee) 등을 소개하고 있다(Thompson 1986). 이처럼 현대의 국제정치 대가들이 규범, 권력, 갈등, 질서라는 4가지의 키워드로 국제정치의 핵심을 다루었다고 본다면, 동주의 국제정치학은 이 중에서 갈등을 제외한 규범, 권력, 질서의 문제에 천착하고 있다는 점에서 국제정치 대가들의 논의에서 나타나는 면면한 사고의 흐름을 십분 대변한다고 할 수 있다.[1]

동주의 『국제정치원론』이 무려 60년 전에 발간된 저술임에도 불구하고 그 학술적 문제의식과 콘텐츠에 대한 관심에 있어 21세기의 추세와 크게 동떨어지지 않는다. 최근 전 세계적으로 널리 읽히는 국제정치학 교과서인 베일리스(John Baylis), 스미스(Steve Smith), 오언스(Patricia Owens)의 『세계정치론(Globalization and World Politics)』은 33장에 달하는 방대한 주제를 크게 제1부 '역사적 배경', 제2부 '세계정치이론', 제3부 '구조와 과정', 제4부 '국

---

1 물론 '갈등'이라는 요소도 『국제정치원론』의 저변에 자리 잡고 있지만, 이에 대한 논의는 『일반국제정치학(상)』의 '군사국가' 항목에서 본격적으로 이루어지고 있다.

제적 쟁점', 그리고 제5부 '미래의 지구화'로 나누고 있는데, 비록 그 순서가 동일하지는 않지만 동주의 『국제정치원론』도 근대 국제정치의 역사, 이론, 구조, 질서와 전망이라는 줄거리에서 크게 벗어나지 않고 있음을 알 수 있다. 다만 환경, 테러리즘, 핵확산, 무역, 금융, 개발, 인간안보, 인권, 인도주의 개입 등 오늘날의 교과서에서 집중적으로 다루고 있는 구체적인 현안과 쟁점들이 『국제정치원론』에서는 거의 등장하지 않고 있다(Baylis 외 2015). 이 저술이 1950년대의 상황을 배경으로 집필되었다는 점과 당시 한국의 학계 수준을 고려할 때 충분히 납득할 만한 현상이라고 하겠다.[2]

이처럼 동주의 『국제정치원론』은 건국 이후 최초로 집필된 본격적인 국제정치학 교재로서 학술적으로나 교육적으로 중요한 자리매김을 하고 있다. 또한 1962년 발간된 『일반국제정치학(상)』과 『한국민족주의』(1977) 및 『미래의 세계정치』(1994)의 토대로서 한국 국제정치학의 뿌리를 형성하는 것으로 간주될 수 있다. 아쉽게도 동주 국제정치학의 결정체라고 할 수 있는 『일반국제정치학(상)』이 후속 저술로 이어지지 못한 것은 학계나 후학들에게 매우 유감인 상황이지만, 아마도 21세기에 대한 동주의 전망은 『미래의 세계정치』에서 상당한 정도로 묘사되고 있다는 점에서 그의 저술들은 연속성을 잃지 않은 채 『국제정치원론』이라는 출발점에서 시작하여 권역과 전파이론을 설파하는 『일반국제정치학(상)』을 거쳐 미래의 국제정치 모습을 진단하는 『미래의 세계정치』로 자연스럽게 이어졌다고 평가할 수 있다(하영선 2013). 이와 같은 인식 아래, 다음 장에서는 『국제정치원론』의 구성과 내용이 당시의 주요한 국제정치학 교과서와 비교하여 어떤 특징을 지니고 있었는가를 살펴보기로 한다.

---

2 또한 이론 분야에서도 1950년대에는 현실주의나 마르크스주의 이외에 체계적으로 이론화되지 못했던 자유주의, 구성주의, 탈구조주의, 탈식민주의 등 다양한 이론과 패러다임들이 오늘날 국제정치이론 분야에서 난립해 있는 상황이다.

2.『국제정치원론』의 구성과 내용

1) 문제의식과 근대국가의 이해

동주의『국제정치원론』은 크게 제1부 '서론', 제2부 '국제정치의 정태 (靜態)', 제3부 '국제정치의 동태(動態)'로 구성되어 있다. 제1부는 '서론'이라는 제목 아래 다시「국제정치현상」,「국제정치학의 성립」,「근대국가에의 이해」, 그리고「근대국가에의 지향」의 네 장으로 구분된다. 내용만으로 본다면 '서론'이 아니라 오히려 '본론'에 가까운 느낌을 준다. 제1장은 국제정치의 '경험' 측면을 필두로 하여 이 책의 근간을 형성하는 '나-국가'의 관계를 심층적으로 다루고 있다. 국제정치에 대한 이해가 '내 나라'에 대한 존재론적 성찰로부터 시작한다는 그의 화두는 저술 전체를 관통하고 있다. 특히 동주는 제1장에서 국가 대외정책의 목적과 수단을 논하면서 효용을 극대화하는 '권력'의 개념에 주목하고 있는데, 이는 그가 모겐소와 같은 현실주의 사고의 영향을 많이 받고 있음을 잘 보여준다. 하지만 동주의 문제의식은 여기에 머무르고 있는 것은 아니며, 곧이어 '나-남'의 관계로부터 드러나는 '지배'와 '복종'의 관계가 중요하다는 점을 강하게 부각시킨다. 약소국과 강대국 사이의 불평등한 관계야말로 국제정치의 필연적인 요소라는 점을 첫 장에서 명시적으로 드러내고 있는 것이다. 이러한 모습은 그가 단지 서구의 현실주의 관점만을 도입한 것이 아니라 비판적 관점에서, 그리고 '약소국'의 입장에서 국제정치를 바라보아야 한다는 탈(脫)식민주의적 지식인의 고뇌를 십분 표현하고 있는 것으로 해석할 수 있다.

이와 더불어 오늘날의 교과서에 빠지지 않고 등장하는 '국제정치이론'에 해당하는 부분으로서 제2장「국제정치학의 성립」을 별도로 논의하고 있다는 점도 눈에 띈다. 영미 국제정치학의 역사적 기원과 공산권 국제정치론이 구분되어 있다는 사실은 이 저술이 1950년대 냉전기의 대립을 염두에 두고 있었음을 잘 보여준다. 그리 길지 않은 분량이지만 '국제정치학의 현황'에서는 영미권의 국제정치학이 마키아벨리즘의 전통을 이어받은 현실주의 계열의 카와 모겐소를 기반으로 하고 있다는 점, 그리고 유물사관과 계급투쟁의 관념을 기초로 제국주의, 일국사회주의, 세계혁명론 등 주요 공산주의 국제정치론의 핵심적인 테제를 간결하게 정리하고 있다는 점이 그중에서도 주목을 끄는 대목이다. 동주는 유럽정치의 역사와 사상에 대한 해박한 지식을 바탕으로 국제연맹 창설 이전의 서구 국제정치학 전통이 1920년대 이후 세계로 확산되면서 이상주의와 현실주의 사이에 경합구도를 형성하기 시작했다는 점, 그리고 제국주의에 대한 비판이 공산주의 국제관계론으로 발전해 왔다는 점을 상세하게 논의하고 있다.

동주가 '근대국가'의 역사와 현대적 상황에 관해 상술하고 있는 제3장과 제4장을 도입부인 제1부에 포함시킨 점은 다소 궁금증을 자아낸다. 근대국가에 관한 역사적, 사상적 논의는 동주 국제정치학의 중요한 근간을 이루는 부분인데, 이것을 제1부에서 함께 다루고 있다는 것은 이 주제가 그만큼 중요하다는 동주의 인식을 잘 드러내는 것이 아닐까 추정할 따름이다. 아마도 그는 국제정치의 모습을 본격적으로 소개하기 전 단계에서 근대국가에 관한 배경을 상세하게 소개하려 했을 것으로 보인다. 근대국가에 관한 이해 없이 오늘날의 국제정치를 제대로 파악할 수 없다는 그의 강한 신념이 그 기원이 아닐까 추정된다. 근대국가에 관한 두 개의 장을 별도로 분리해도 무방할 것으로 보이지만 아마도 책의 분량이나 목차의 짜임새 등을 고려할 때 이를 제1부에 배치하는 것이 더 보기 좋다고 판단했을 수도 있다.

제3장은 『국제정치원론』의 여타 주제에 비해 상대적으로 긴 편인데, 동

주의 사상적 관심과 독서취향을 엿볼 수 있는 특징이라 할 수 있다. 그는 여기에서 근대국가의 역사적 성격과 발달과정, 식민지 팽창, 그리고 근대국가의 변질과정을 풍부한 각주와 더불어 세세하게 그리고 있는데, 이는 '근대국가'에 관한 체계적인 생각을 전개할 그의 후속작 『일반국제정치학(상)』의 등장을 예고하는 부분이다. 서구의 자유주의적 이데올로기와 힘의 정치가 결합함으로써 근대에 들어와 국제정치가 식민지정치로 몰락하게 되는 과정을 꿰뚫고 있다는 점이야말로 동주 국제정치학의 정수라 할 수 있다. 또한 동주는 제4장에서 논의하고 있듯이, 20세기 초반의 전쟁을 거쳐 초강대국의 대결과 핵무기의 위협, 그리고 지역주의의 도래를 바탕으로 하는 '현대국가'의 모습이 지닌 불균형과 불안정성의 속성이 당시의 국제정치를 쉽지 않게 만드는 근원이라고 보았다.

이처럼 『국제정치원론』의 도입부라 할 수 있는 제1부에서부터 본격적으로 서구 근대국가체제의 본질적 특징과 역사적 기원을 심층적으로 다루고 있다는 사실은, 이 저술이 국제정치적 불평등과 차별성을 야기하는 서구 근대질서의 핵심을 알아야 현대 국제질서의 본질을 꿰뚫어볼 수 있다는 그의 신념을 잘 드러낸다. 이어 『국제정치원론』의 제2부와 제3부가 각각 '국제정치의 정태'와 '국제정치의 동태'라는 제목으로 나뉘어 있는 점도 흥미롭다. 동주가 왜 『국제정치원론』의 후반부를 이처럼 '정태'와 '동태'로 나누어 논의했는가는 분명하지 않지만, 당시 국제정치학에 활발하게 도입되던 시스템이론의 영향을 부분적으로 받았을 수도 있고 또는 권력의 동적 측면을 강조하기 위한 목적에서 이러한 제목을 사용했을 수도 있다.[3] 다만 제2부와 제3부의 세부항목들을 살펴보면 오늘날의 국제정치 교과서에서 등장하는 다양한 이슈들이 충분하게 다루어지지 않고 있는데, 당시 강의록을 출판하는 과정에서 부득불 겪을 수밖에 없는 규모와 지면의 한계가 그대로 반영된 것이 아닌가 한다.

2) 국제정치의 정학과 국제질서

동주의 『국제정치원론』 제2부는 다시 3개의 장으로 나뉘고 있는데, 제5장 「국제법적 질서」, 제6장 「외교제도론」, 그리고 제7장 「세력균형과 집단안전보장」이 그것이다. 대체로 국제법과 외교라는 국제정치의 현상유지(status quo) 장치들을 중심으로 세력균형과 집단안전보장에 이르기까지 근대 국제정치질서 수백 년 간에 걸쳐 구축된 제도적 측면에 초점을 맞추고 있다. 그중에서도 첫 번째 주제로 등장하는 국제법 질서는 동주 이전에도 정치학과 법학 분야에서 활발하게 논의되었을 서구 국제법의 유산을 심층적으로 짚고 있다. 하지만 동주는 국제정치의 '사실'로 존재해 온 국제법 질서가 이것을 받아들이는 입장에서는 하나의 '상', 즉 이미지로서 다양한 방식으로 공존한다는 점을 명시하고 있다. 이처럼 기존 국제질서의 '규범'을 있는 그대로 받아들이기보다 이를 넘어서려는 상대주의적 관점을 제시하는 동주의 국제정치학은 분명 이후에 등장하게 될 구성주의(constructivism)적 국제정치론의 단초를 제공하고 있다고 보아 무리가 없다.[4]

제5장에서 펼쳐지는 동주의 국제법 논의는 그것이 '정치적' 질서를 벗어날 수 없다는 통렬한 인식으로 이어지고 있다. 외견상 국제법이 주권국가들 사이의 평등한 관계를 전제로 하고 있지만 동시에 그것이 권력관계를 정당화하고 권력의 변화를 매개한다는 점에서 철저하게 강대국들의

---

3 일례로 유사한 시기에 발간된 하스(Ernst Haas)와 와이팅(Whiting)의 국제정치학 교과서도 저서의 제목을 『국제정치의 동학(*Dynamics of International Relations*)』으로 정한 바 있다. 하지만 그 내용상 여타의 교과서와 달리 '동학(動學)'에 특화된 국제정치론으로 보기에는 여전히 일반적인 수준을 넘어서지 못하고 있는데, 왜냐하면 국제사회, 권력, 정책수단, 외교정책, 정치제도, 국제법, 국제기구 등 제반 현안들이 망라되어 있었기 때문이다. 이런 점에서 동주의 『국제정치원론』이 '정태'와 '동태'를 구분한 데에는 큰 이유가 있어서라기보다 '동학'에 대한 당시의 관심을 반영한 것으로 추정된다. Ernst B. Haas and Allen S. Whiting, *Dynamics of International Relations* (New York: McGraw-Hill, 1956).

이해관계를 대변한다는 점을 부각시켰다. 이와 같은 논의는 전통적인 현실주의 시각, 예를 들어 카와 모겐소의 국제법 관념과 다르지 않다. 이들은 국제법은 어디까지나 권력정치의 도구로서 존재하며, 정치권력의 변화에 따라 국제법도 변화를 겪을 수밖에 없다는 생각을 지니고 있었다. 이런 점에서 고대로부터 내려오는 자연법(natural law) 관념은 이들 현실주의자들에게는 의미가 없는 것이었다. 자연법사상을 기반으로 하는 이상주의적 세계관이나 국제기구 설립의 노력에 대해서도 현실주의자들과 마찬가지로 동주 역시 회의적인 입장을 보였다. 말하자면 '평등한 국제정치'란 존재하지 않기 때문에 국가들 사이의 관계를 규율하는 국제법질서에 대하여 크게 기대할 것이 없다는 약소국 특유의 냉소적 비관론이 동주 『국제정치원론』의 저변에 깔려 있는 것이다.

동주의 현실주의적 법 해석은 카를 슈미트(Carl Schmitt)의 주권 및 정치 관념을 이어받은 것으로 평가된다. 슈미트는 주권의 본질이 '예외상태'를 결정하는데 있다고 보고, 정상적인 법질서로 다스릴 수 없는 상황을 누가 규정하는가가 중요한 문제라고 보았다. 정치적 예외상태란 기존의 질서를 파괴하거나 넘어서는 과도기로서, 새로운 정치질서를 예고하는 준비상태이기도 하다는 것이 슈미트의 견해였다. 프랑스혁명과 같은 '예외상태'는 파괴와 혼란의 결정체에 그친 것이 아니라, 공화정이라는 새로

---

4 1980년대 후반에 들어와 일단의 구성주의 학자들은 서구 중심의 국제법 질서에 대응하여 상호주관적 관점에서 국제법을 해석하려는 시도를 전개했다. 이들은 국제법의 형성이 일상생활의 언어교환을 통해 이루어지며, 그 과정에서 만들어지는 규범과 규칙들이 일종의 '언어게임(language game)'이라고 보았다. 이러한 언어게임에서는 어떤 서사(narratives)가 어떤 담론(discourse) 속에서 태동하는가를 살펴보는 일이 중요하다. Nicholas G. Onuf, *World of Our Making : Rules and Rule in Social Theory and International Relations* (Columbia, SC : University of South Carolina Press, 1989); Friedrich V. Kratochwil, *Rules, Norms, and Decisions : On the Conditions of Practical and Legal Reasoning in International Relations and Domestic Affairs* (Cambridge : Cambridge University Press, 1989).

운 질서를 만들어내고 정당화하는 일종의 '정치적' 사건이었다. 따라서 기존의 법체계로써 이러한 사건의 불법성 여부를 논하는 것은 무의미한 일이었다. 결국 슈미트는 예외상태를 결정하는 권한이 정치의 본질이며, 법질서와 제도는 이러한 정치적 권한의 일부로 간주할 수 있다고 보았다 (Schmitt 2005, 13). 20세기 초반의 자유주의 정치질서는 민족자결주의와 국제연맹, 그리고 이후의 국제연합이라는 이상주의적 염원으로 이어졌지만, 슈미트는 이러한 자가당착적인 서구 정치의 전개에 대하여 매우 비판적인 입장을 견지하고 있었다.[5] 동주의 『국제정치원론』 역시 국제법질서에 대한 비판적 입장을 고수하고 있다는 점에서 법과 정치의 관계에 대한 슈미트의 시각을 이어받고 있는 것이다.

제6장과 제7장은 각각 외교제도와 세력균형 및 집단안전보장이라는 공식적, 비공식적 국제질서에 관해 논의하고 있다. 국제법과 마찬가지로 외교제도는 국가행위자들 사이의 공식적인 관계를 가리키는데, 동주는 니콜슨의 외교론을 토대로 그것이 발달해 온 역사와 기능에 대하여 상세하게 논의하고 있다(Nicolson 1939). 그러나 니콜슨의 외교론이 유럽의 역사적 기원과 관행에 치중하고 있는 반면, 동주의 외교론은 공개외교, 국제회의, 국제사회의 상호연대 등 새롭게 나타나고 있는 외교의 제 측면을 두루 섭렵하고 있다는 점에서 니콜슨의 전통외교론을 넘어서려는 모습을 보이고 있다. 특히 동주는 초강대국의 힘에 의해 전통외교의 역할과 기능이 붕괴되는 '외교의 몰락' 현상을 강조하면서 탈출구가 보이지 않던 냉전기의 '착잡한' 국제정치 현실에 대하여 일침을 가하고 있다.

제7장에서 동주는 세력균형과 집단안전보장이라는 국제정치의 비공

---

5 냉전기에 큰 주목을 받지 못하던 슈미트의 정치론은 최근 들어 아감벤(Giorgio Agamben)에 의해 부활하여 활발한 논쟁의 대상이 되고 있다. Giorgio Agamben, *State of Exception* (Chicago: The University of Chicago Press, 2005).

식적 질서의 패턴을 상세하게 소개하고 있다. 세력균형은 서구의 경험에서 드러난 대로 다수의 국가들 사이에 권력관계의 안정을 도모하기 위한 공동의 노력으로서, 이를 통해 유지되는 '균형(equilibrium)'이 결국에는 강대국들의 이해관계를 반영하는 결과라는 점을 부각시키고 있다. 이런 역사적 고찰을 통해 동주는 20세기 중반의 '국제연합'이라는 새로운 기구를 통해 추진되던 '집단안전보장'이 과연 무엇인가에 대해 큰 관심을 보였다. 그에 따르면 세력균형과 집단안전보장 모두 '공동의 안전'을 도모하기 위한 것이지만, 후자는 전체의 이해를 반영하는 것인 반면 전자는 개별적 이해관계를 절충한 것에 지나지 않는다고 보았다. 이러한 구분은 제2차 세계대전 이후 새롭게 등장한 국제연합이 이전의 세력균형 체제에 비해 더 발전된 형태라고 간주할 수 있지만, 안전보장이사회의 위계질서적 위상 등 19세기 이래로 지속되어온 강대국 중심의 배타적 구조는 여전히 존재하고 있다는 점을 떠올리게 한다.

3) 국제정치의 동학과 외교정책

제3부는 국제정치의 동적 측면에 관한 세 개의 장으로 이루어져 있는데, 제8장 「힘(권력)」, 제9장 「외교정책과 그 실시(1)」, 제10장 「외교정책과 그 실시(2)」가 그것이다. 소제목만 보면 제3부의 논의가 권력과 외교정책에 국한된 것으로 보이지만, 실제 본문의 내용에서는 권력의 속성에 관한 논의와 더불어 외교정책과 국내정치, 이데올로기와 프로파간다, 제국주의론 등 여러 주제들이 어우러져 있다. 다만 이들을 모두 '동태(動態)'라는 하나의 제목으로 자연스럽게 묶어낼 수 있는가에 대해서는 다소 의아한 점이 남아 있으며, 또한 '동태'라는 의미가 '동학(dynamics)'을 염두에 둔 표현이라면 실제 국제정치에서 '변화'하는 과정이나 메커니즘에 대한

본격적인 논의가 미흡하다는 아쉬움이 든다.

　동주가 제8장에서 권력의 제 측면을 소상하게 밝히고 있지만, 무엇보다도 강제력과 권위(authority)에 관한 상세한 논의는 라스웰(Harold Lasswell)과 베버(Max Weber)의 영향을 받고 있다는 점이 쉽게 드러난다. 동주는 이와 같은 권력의 속성에 대한 논의를 통해 서구 제국이 보여 온 고차원적 지배구조의 본질을 밝히고자 했다. 단순한 무력만이 아니라 지배구조 속에 깃들어 있는 '보이지 않는 권력'의 무서운 영향력을 일깨워주고자 한 것이다. 이런 점에서 동주의 권력론은 후대에 서구 학계에서 나타나게 될 권력분석과 권력유형론을 훨씬 앞선 선구자적 논의라고 평가할 수 있다(Bachrach and Baratz 1962; Baldwin 1979; Boulding 1990; Barnett and Duvall 2005; Lukes 2005). 아울러 냉전기의 대립이 첨예하던 1950년대에 권력의 연성적인 모습을 그리고 있다는 점은 1990년대에 들어와서야 나이(Joseph Nye)에 의해 시작된 서구의 '소프트파워(soft power)'나 '스마트파워(smart power)' 논의와 비교해볼 때 놀라울 정도로 시대를 앞선 권력론이었다.

　동주는 권력에 관한 논의를 전개하면서 서구 열강들이 전개한 제국주의적 팽창과정을 이끌어온 힘의 다이내믹스가 '선교사'와 '군인'의 양면적 관계를 통해 구현되었다는 점을 밝히고 있다. 그에 따르면 군인은 강제력을 실행하는 주체였지만, 선교사는 권위를 창출해내는 또 다른 유형의 권력을 대변했다. 동주는 '권위'가 단순한 무력사용에 정당성을 부여함으로써 권력정치를 제도화하는 주요한 수단이라고 보았는데, 이런 현상은 국제정치에서 더욱 심각하게 나타나는 특징을 지닌다고 주장하고 있다. 그리하여 권력의 두 가지 측면, 즉 강제력과 권위가 상호 보완적으로 작동하면서 국제정치의 원동력을 형성하는 모습을 '동태(動態)'론에서 드러내고자 하였다. 그가 보기에 1950년대의 국제정치에서 새롭게 나타난 국제연합이라는 초국가기구의 설립과 공산권이라는 새로운 유형의 국제정치 권역의 출현 역시 그 레토릭에도 불구하고 여지없이 권력정치의 소산이라는 점을 명백하게 밝히고 있다.

『국제정치원론』의 제9장과 제10장에서 연이어 논하고 있는 동주의 외교정책론은 몇 가지 면에서 오늘날의 외교정책론과 다른 모습을 띤다. 우선 현대의 외교정책론이 좁은 범주에서 이루어지는 외교정책 결정과정에 초점을 맞추고 있는 반면, 동주의 외교정책론은 그 성격이 '나-남'이라는 대립적 관점에서 이루어지는 대외관계를 염두에 둔 것이었다. 말하자면 '친구와 적'의 경우처럼 특정한 관계를 전제로 한 행동양태를 강조했다. 동주는 외교정책 결정과정의 국가별 특징에 관하여 부분적으로 언급하기는 하였는데, 예를 들어 미국, 영국, 소련 등의 국가별 특성을 소개한 것을 사례로 꼽을 수 있다. 하지만 국가별 사례는 매우 단순한 기술에 머물러 있어서 비교분석이라고 보기에는 매우 초보적인 논의에 그치고 있는 실정이다. 반면 외교정책에 미치는 국내정치의 영향에 관해서는 상당한 정도로 심층적인 논의를 전개하고 있는데, 민주주의의 속성과 대중 및 군중의 특징에 대한 논의는 향후 정치문화 및 정치과정에서 주요한 의제가 되는 커뮤니케이션과 여론에 관한 주제로 이어지게 된다.

아울러 동주는 중세나 동아시아에서 '나-남' 사이의 공존을 전제로 하던 '권위형' 질서에 비해 현대에는 '강제력'을 바탕으로 한 새로운 질서가 팽배해있다고 진단한다. 그는 이러한 '강제력형' 질서를 두 가지로 나누었는데, 하나는 원자적(atomic) 국제관계로서 전형적인 주권적 근대국가 사이의 관계를 가리킨다. 이러한 질서에서는 모든 국가가 주권체로서 국내적으로 최고의 권력을 행사하며, 다른 주권체에 대하여 불간섭(non-intervention)의 원칙을 고수한다. 하지만 동주는 이러한 수평적 웨스트팔리아 질서조차도 그 배후에는 권력관계가 자리 잡고 있다는 점을 간과하지 않고 있다. 국가들 사이의 부국강병의 차이로 말미암아 강제력의 격차가 발생하며, 이는 약한 나라에 대하여 위협요인으로 작용할 것이기 때문이다. 여기에서 '피아(彼我)' 또는 '우적(友敵)'의 구분이 발생하며, 이는 자연스럽게 국제정치에서 '권위권(權威圈)'이라는 공동체 관념을 만들어낸다. 동주는 이를 '권역감(圈域感)'이라고 불렀는데, 이것이 이후 『일반국제정치학(상)』에서 구체적으로 이론화될 권역이론의 초기 아이디어라고 보아도 무리가 없을 것이다. 이처럼 웨스트팔리아 체제의 이면에 작동하는 실질적인 불평등 위계질서를 그는 '강제력 제2형'이라고 구분하였는데, 이런 분석은 책의 초반부에 심각하게 전개되고 있는 '내 나라'의 국제정치학에 대한 문제의식과 밀접하게 연결되어 있다.

『국제정치원론』의 마지막 제10장은 이데올로기와 프로파간다, 제국주의, 그리고 양극화를 핵심 주제로 다루고 있다. 이 세 가지의 주제를 '외교정책'이라는 주제 하에 하나로 합친 이유는 불분명한데, 각 주제가 외교정책의 국내적 측면, 대외적 팽창정책, 그리고 20세기 중반 이후의 정세를 다룬다는 점에서 군이 하나의 주제로 뭉치지 못할 이유는 없다. 다만 저서의 마지막 부분에서 지면의 제약이나 한정된 시간으로 말미암아 동주가 전체 내용을 좀 더 통합적인 형태로 마무리하는데 어려움을 겪지 않았나 추정할 따름이다. 어쨌건 동주는 '이데올로기와 프로파간다'를 논의하는데 많은 노력을 기울이고 있는데, 국내정치적으로 이데올로기가 다르게 나타나는 모습을 자유민주형, 나치파쇼형, 소련형으로 나누어 비교, 분석하고 있다. 이와 같은 분석은 전형적인 비교정치학의 접근방법으로서, 동주의 관심이 국제정치 차원에 국한되지 않고 개별 국가의 특성까지 미치고 있었음을 보여준다. 당시 소련이라는 공산국가의 영향력이 전 세계적으로 막대했음을 감안할 때 이러한 관심은 지극히 당연한 일이라 하겠다.

제10장에서 전개되고 있는 동주의 제국주의론은 『일반국제정치학(상)』에서 논급하고 있는 '식민지국가'론의 서막에 해당하는 부분이라 할 수

있다. 동주는 19세기 후반 이후 제1차 세계대전까지의 시기를 제국주의 시대로 규정하고, 그것이 식민지 개척과 운영을 위해 전 세계로 확대되어 나가는 과정이 근대 국제정치질서의 전형적인 모습이라고 보았다. 그는 초기의 좌파적 제국주의론을 바탕으로 이러한 입장을 피력하였지만, 후에 『일반국제정치학(상)』에서는 근대국가의 모습을 군사국가, 경제국가, 그리고 식민지국가로서 보다 체계적인 모형화를 시도한다. 동주의 '권역' 및 '전파' 아이디어는 이런 점에서 『국제정치원론』 시기에 이미 태동했다고 하겠다. 특히 제국주의와 식민지국가에 관한 논의를 전개하기 위해서는 부득불 마르크스적 접근방법에서 시작할 수밖에 없는 상황에서 동주가 좌파적 도그마에 빠지지 않으면서 식민지적 상황을 바탕으로 한 국제정치론을 전개했다는 사실에 주목할 필요가 있다. 그 대안으로서 동주는 슘페터의 제국주의론에 많은 관심을 쏟고 있는데, 아쉽게도 『국제정치원론』에서는 더 이상의 심층적인 토론 없이 제국주의론을 마무리 지음으로써 추후 『일반국제정치학(상)』의 출현을 예고하고 있다.

4) 카, 모겐소, 그리고 동주

동주가 『국제정치원론』을 집필하던 1950년대의 상황에서 널리 알려져 있던 국제정치학 개설서는 1939년에 발간된 카의 『20년간의 위기(The Twenty Years' Crisis, 1919-1939)』와 1948년에 발간된 모겐소의 『국제정치론(Politics among Nations)』이었다. 동주는 이 두 저서를 적극 참조하였으며, 내용과 구조에서 큰 영향을 받았음이 틀림없다. 지금까지 카와 모겐소의 저서가 국제정치학의 고전으로 읽히고 있다는 점을 고려하면 동주의 『국제정치원론』에서 이들 저서를 자주 언급한 것은 이상한 일이 아닐 것이다. 카의 저술이 제2차 세계대전 직전의 암울한 시대상황을 배경으로 하여

표 1 주요 국제정치학 개설서와 『국제정치원론』 비교

수록 항목	E. H. 카 Twenty Years' Crisis (1939)	한스 모겐소 Politics Among Nations (1948)	이용희 『국제정치원론』 (1955)
학문으로서의 정치학 성격	O	O	O
유토피아·이상주의	O		
이상주의 비판과 현실주의 한계	O		
정치의 속성	O		O
근대국가와 주권의 속성		O	O
국가의 강제력과 권위			O
국제정치의 국내적 메커니즘			O
국제정치의 권력	O	O	O
국제정치의 도덕	O	O	
국제법과 조약	O	O	O
국제기구		O	O
외교		O	O
분쟁해결	O	O	
전쟁과 집단안보		O	O
제국주의		O	O
위신과 평판		O	
이데올로기와 프로파간다		O	
세력균형		O	
세계여론		O	
국제정치의 평화적 변화	O	O	
세계정부와 세계공동체		O	
국제질서의 시대적 전망	O	O	O

* 이 표는 세 교과서의 목차를 기초로 하여 작성된 것으로, '수록 항목'은 경우에 따라 목차의 큰 제목 또는 작은 제목에 해당할 수 있다.

19세기 이후 서구에 팽배하던 이상주의적 국제정치관을 비판했던 것과 대비하여, 독일 출신의 망명학자였던 모겐소의 저술은 제2차 세계대전

제1부　장소와 권역의 국제정치

직후 국제정치의 격변기에 현실주의 국제정치론의 다양한 문제들을 심층 분석함으로써 국제정치학이 본격적으로 태동하는 초석을 놓았다. 동주의 『국제정치원론』은 이와 같은 선제적 작업의 기반 위에 한국판 국제정치론을 구축하기 위한 첫 시도였다는 점에서 이들 저술들을 비교해보는 것은 나름대로 의미가 있을 것이다.

카의 저술은 그동안 알려진 것과는 대조적으로 '현실주의' 시각만을 강조하기보다 '이상주의'와의 균형 잡힌 접근을 중시했다는 점을 언급할 필요가 있다. 이런 점에서 카의 저술 전반부에 상당한 분량이 유토피아와 이상주의가 지닌 한계, 그리고 보완적 대안으로서 현실주의의 대두에 관한 논의가 등장하고 있다는 점은 당연한 일이다(Carr 1964). 모겐소의 저술은 '권력과 평화를 위한 투쟁(Struggle for Power and Peace)'이라는 부제를 통해 강력한 현실주의적 접근을 시사하고 있는데, 이는 본격적인 현실주의 패러다임의 대부다운 발상이었다(Morgenthau 1987). 이들 두 저술 모두 학문으로서 정치학이 갖는 특수한 성격에 대해 도입부에 특별한 관심을 기울이고 있는데, 이러한 특징은 동주의 『국제정치원론』에서도 유사하게 나타난다. 다만 동주의 경우에는 '나-남'의 관계를 강조하면서 서구의 저술과 다른 맥락, 즉 식민지 경험을 지닌 특수한 처지의 국제정치를 내세움으로써 카와 모겐소의 '보편적' 국제정치론에 맞서려는 모습을 보여주었다.

세 저술이 국제정치학의 개설서라는 공통점을 지니고 있기는 하지만, 카의 저술은 '이상주의 대(對) 현실주의'라는 구도에 치우친 반면 모겐소와 동주의 저술은 국제정치의 다양한 이슈를 고루 다루고 있다는 점에서 한층 포괄적인 모습을 보여주고 있다. 카는 국제정치의 도덕과 법 등 이상주의적 요소에 대비되는 권력의 요소에 저술의 대부분을 할애하고 있으나 모겐소는 이러한 개념적 측면 이외에도 국제기구, 외교, 분쟁, 집단안보, 제국주의, 세력균형, 세계공동체 등 여러 현안들을 통틀어 논의하고 있으며, 동주 역시 제한된 지면 내에서 모겐소 방식의 '일반 개론서'를 지향하고 있다. 하지만 주제의 범위나 분량 등에 있어서 모겐소의 저술에는 훨씬 못 미치고 있었는데, 예를 들어 국제정치의 도덕, 국가의 위신과 평판, 세계여론, 국제정치의 평화적 변화, 세계정부와 세계공동체 등의 이슈는 『국제정치원론』에서 다루어지지 않고 있다. 한편 동주의 접근은 카와 모겐소에 비해 정치사상적 논의와 국내정치적 측면에 관한 논의가 더 풍부하다고 할 수 있다. 동주는 정치의 속성이나 국가의 강제력 및 권위문제, 그리고 국제정치의 국내적 메커니즘에 있어 카와 모겐소가 미처 다루지 못했던 주제들을 깊숙하게 다루었다는 점에서 차별화된다. 〈표 1〉은 세 학자의 저술에서 다루어지고 있는 주요 주제들을 목차를 기준으로 하여 정리한 것이다.

3. 『국제정치원론』의 국제정치학적 의미와 비판적 성찰

1) 문제의식과 탈식민주의적 고민

동주의 『국제정치원론』은 『일반국제정치학(상)』에 앞서 국제정치학이라는 학문의 통렬한 존재론적 문제의식을 제기하였다. 그는 "왜 국제정치학을 공부해야 하는가?"라는 질문에 스스로 답함으로써 학문적 출발점으로서 '문제의식'이 얼마나 중요한 것인지를 반복해서 전달하려 하였다. 이런 점에서 『국제정치원론』을 관통하는 동주의 목소리는 '우리의 국제정치적 위상'에 대한 관심을 촉구함으로써 60여 년이 지난 21세기에 들어와서도 여전히 타당한 학문적 '존재의 이유'를 화두로 던져왔다(박상섭 2013, 215-216). 무엇보다도 동주 국제정치학의 출발점은 서구 또는 제국주의 강대국과 비교를 통해 드러나는 '우리 겨레의 취약성'에 대한 진지한 고민이었다(하영선 2011, 270). 이러한 고민은 자연스럽게 고난의 현실을 극복하려는 진한 '목적론(teleology)'으로 이어졌고, 추후 『일반국제정치학(상)』에서는 한층 더 정교한 권역 및 전파의 이론으로 발전되었다.

동주는 국제정치학이 '특수' 학문이라고 보았고, 이는 곧 서구의 '보편' 국제정치학이 우리의 현실을 이해하는데 그대로 원용되어야 할 필요가 없다는 판단으로 이어졌다. 일찍이 『국제정치원론』에서 명시된 '나-남'의 관계에 대한 자각은 기존의 제도화된 국제질서가 당연한 것이 아니며 이를 바라보는 '타자(他者)'의 시선이 더 중요하다는 점을 부각함으로써 탈식민주의적 문제의식의 초기 형태를 드러내고 있다. 하지만 동주의 국제정치학을 단순하게 '탈식민주의적' 논의로 분류하기에는 더 고민해보아야 할 점이 있다. 우선 자아 정체성을 기반으로 한 동주의 국제정치학은 '우리'를 바라보는 여러 시각을 제시한다는 점에서 의미가 있지만, 이것이 반드시 정통성을 갖는 시각인가에 대해서 통일된 의견에 도달하기 어려울 수 있다. 사실 서구에서도 동아시아 또는 식민지에 대한 '새로운 시선'들이 오랫동안 관심을 끌어왔는데, 예를 들어 베네딕트(Ruth Benedict)의 『국화와 칼』, 기어츠(Clifford Geertz)의 『문화의 해석』, 헌팅턴(Samuel Huntington)의 『문명의 충돌』 등 비(非)서구를 서구와 동등한 개체로 바라보려는 움직임들이 있었다.[6] 적어도 비서구를 서구에 종속된 권역이 아닌 독자적인 개체로 보고자 했던 점에서 동주의 국제정치학은 유사한 문제의식을 지니고 있었다고 평가할 수 있다.

---

6 비(非)서구에 대한 관심이 국제정치관과 국제정치이론 분야로 확대된 대표적인 저술로는 Amitav Acharya and Barry Buzan eds. *Non-Western International Relations Theory: Perspectives on and Beyond Asia* (London: Routledge, 2010)과 Robbie Shilliam ed. *International Relations and Non-Western Thought: Imperialism, Colonialism and Investigations of Global Modernity* (London: Routledge, 2011) 참조.

여기서 중요한 차이점은 "누가 비서구를 바라보는 주체인가?"라는 질문에 달려 있다. 기존의 서구인들이 바라보는 동아시아가 아니라, 동아시아의 눈으로 바라보는 동아시아, 한국인의 눈으로 바라보는 한국의 국제정치가 분명 동주의 강조점이었을 것이다. 왜냐하면 동주는 변방 식민지의 처절한 생존 투쟁을 통해 '장소' 또는 '토포스(topos)'의 논리를 부각시켰고, 이를 바탕으로 한 '정체성' 또는 '아이덴티티(identity)'의 논리를 이끌어냈기 때문이다. 많은 사람들이 동주의 업적을 높이 평가하는 이유는 여기에 있다. 『국제정치원론』에서는 본격적으로 논의하고 있지 않지만, 비서구의 국제정치라는 '대상'을 바라보는 '주체' 또는 '시각'을 다시 '서구'와 '비서구'로 나눈다면 베네딕트, 기어츠, 헌팅턴은 전자에, 동주는 후자에 속한다고 분류할 수 있을 것이다. 그렇다면 우리는 여기에서 또 다른 질문을 더 던질 필요가 있다: "비서구를 바라보는 주체가 왜 비서구적이어야 하는가?" 또는 "스스로에 대한 비서구인의 관찰은 서구인의 그것보다 더 우월한가?"

여기에서 우리는 중국의 문학계에서 벌어졌던 작은 논쟁을 통해 동주 국제정치학의 '대상'과 '주체'에 관한 성찰의 실마리를 얻을 수 있다. 일찍이 문화비평가 레이 초우(Rey Chow)는 중국의 유명한 망명시인 베이다오(北島)의 시집 『8월의 몽유병자(八月的梦游病人)』가 식민지 경험을 상품화했다고 비판하여 논란을 불러일으킨 바 있다. 중국적 경험을 중국의 시각으로 풀어내기보다는 서구인들의 입맛에 맞게 재단함으로써 '오리엔탈리즘'을 고착화시켰다는 것이 그 이유였다. 오웬(Steven Owen)은 베이다오와 같은 현대의 중국작가들이 자국의 문화유산과 전통을 희생시키면서 식민지 경험을 상품화하는 일은 영미문화권을 추종하는 모더니즘적 오리엔탈리즘이라는 이유에서 통렬한 비판을 가했다(Owen 1990). 오웬의 비판은 토착적인 내용을 상실한 채 세계 보편주의의 기대에만 부응하는 것이 진정한 문화라고 볼 수 없다는 근거를 바탕으로 하고 있다는 점에서 합당한 면이 있다. 오리엔탈리즘의 이면에 내재되어 있는 편견과 권력관계를 이해하지 못한 채 서구의 언어로 비서구를 재단하는 일은 분명 비판 받을 여지를 안고 있기 때문이다.[7]

그런데 문제가 이렇게 단순하게 정리될 수 없는 사정이 존재한다. 오웬의 베이다오 비판에 대하여 초우는 다시 오웬의 비판조차도 오리엔탈리즘의 틀을 벗어나지 못하고 있다고 비판한 바 있는데, 그는 문화적 다원주의를 구현하는 과정에서 필연적으로 동반되는 '맥락'의 발견과 '타자' 관념의 생성 때문에 문화비평이 어려워진다는 점을 강조했다. 동아시아 문화를 이야기하는 주체가 반드시 동아시아인이어야 한다는 당위성도 없을뿐더러 그들조차도 오리엔탈리즘의 덫에 빠져 동아시아 문화담론을 재단하려는 성향이 강하다고 비판하였다(Chow 2005). 이러한 논쟁 속에서 우리는 식민지 경험을 둘러싼 정체성 논란과 학문적 패러다임의 고민을 발견하게 된다. 베이다오의 문화 인식이 서구지향적인 것이었다면, 오웬의 입장은 동아시아인들의 문화 작업이 동아시아를 겨냥한 것이어야 한다고 하며 오리엔탈리즘의 틀을 벗어나 스스로가 주체가 되는 변화를 지지한다. 이에 대한 초우의 비판은 그러한 탈식민주의적 주장도 결국 서구에 의해 규격화된 동아시아의 틀을 벗어나기 어려우며 경계인과 이방인, 제3자들로 이루어진 '디아스포라(diaspora)' 지식인들이 오히려 동아시아를 인식하는데 더 유리할 수 있다는 주장으로 이어졌다.

이러한 문화논쟁을 통해 동주의 국제정치학을 성찰해본다면, 아마

---

7 베이다오 문화논쟁은 서양이 남긴 문화제국주의의 유산 속에서 동아시아인들이 스스로를 어떻게 바라볼 것인가 하는 '나르시시즘적 가치 생산'의 문제와 밀접하게 연관된다. 보편주의와 특수주의의 변증법적 역사관계 속에서 동아시아 문화의 진정한 인식주체가 누구인가를 밝혀내는 일이 바로 그것이다. 민병원, 「동아시아 공동체와 문화네트워크」, 하영선 엮음, 『동아시아 공동체: 신화와 현실』(서울: 동아시아연구원, 2008).

도 동주의 입장은 베이다오를 넘어서는 오웬의 탈식민주의 또는 사이드 (Edward Said)의 오리엔탈리즘 프레임워크와 동일한 맥락에서 이해할 수 있다. 동주의 국제정치학은 제국주의와 식민지 경험을 통해 서구 일변도로 기울어지고 왜곡된 기존의 국제정치학을 넘어서야 한다는 강렬한 메시지를 전달하고 있기 때문이다. 적어도 국제정치 담론의 '주체'로서 '나'의 정체성에 대한 인식이 선행되어야 국제정치가 보인다는 그의 주장은 분명 서구의 이론에만 매몰될 경우 스스로를 돌아보지 못하는 함정에 빠질 것이라는 경고였다. 동주의 국제정치학은 이런 점에서 독창적인 업적으로 꼽히고 있는데, 무엇보다도 '권역'과 '전파'의 개념을 중심으로 한 서구 국제정치론의 원류와 확산 메커니즘을 밝히고 있다는 점에서 그러하다.

2) 주체의 자각과 민족주의적 접근

동주의 『국제정치원론』이 서구의존성을 극복하기 위한 처절한 문제의식의 산물이라는 점은 분명하며, 이런 점에서 그의 출발점은 '탈식민주의'에 놓여 있었다고 할 수 있다. 그런데, 서구중심주의를 극복하는 과정에서 동주의 탈식민주의적 인식이 초우가 제기한 문제, 즉 "누가 인식의 주체이어야 하는가?" 또는 "동아시아인의 눈으로 본 동아시아가 더 정확한 것인가?"의 문제에 대한 올바른 정답을 제시한 것일까? 이러한 질문에 대하여 두 가지의 논점을 검토할 필요가 있다. 첫 번째는 동주의 국제정치학이 초우가 던진 문제에 부분적인 해답만을 제시하고 있다는 점이고, 두 번째는 '민족주의'가 그 대안이 될 수 있는가 하는 점이다. 이 두 가지 논점은 모두 『국제정치원론』을 위시한 동주의 국제정치학을 전반적으로 평가하는데 중요한 시사점을 던져주기 때문이다.

첫 번째 논점과 관련하여, 동주의 국제정치학 접근방법이 초우가 제기한 인식 주체의 문제를 과연 정확하게 꿰뚫고 있었는가의 문제는 곧바로 답하기 어렵다. 동주 스스로 국제정치를 이해하기 위한 문제의식과 개념, 논리적 사고를 전개하면서 상당한 정도로 오리엔탈리즘의 덫을 벗어나려 했다는 점은 분명하다. 하지만 그의 이론체계가 지나치게 '나' 또는 '우리'의 시각에 경도되어 있었던 까닭에 '밖에서 바라보는 동아시아'의 모습에 대해서는 상대적으로 등한시 한 것이 아닌가 하는 의문이 든다. 이러한 지적은 동주의 국제정치학이 '권력'과 '전파'라는 개념을 통해 동아시아 지역으로 집중되기 전 단계에서 멈춰서 있다는 아쉬움과도 연관된다. 말하자면 서구의 확장에 대한 '타자'의 인식을 드러내는 데까지는 상당한 성과를 이루었지만, 서구에 대한 타자로서 동아시아 또는 한반도의 '고유한 요소'가 무엇인가를 밝혀내는 작업까지 동주의 국제정치학이 진척되지는 못했기 때문이다. 동주의 인식처럼 동아시아를 인식하는 '주체'가 동아시아인이어야 한다면, 이것이 오리엔탈리즘에 물든 서구인들이 인식하는 동아시아와 어떻게 다른 것인가를 이론으로 보여주어야 할 것이기 때문이다.

이러한 문제제기와 관련하여 수십 년 전 펄 벅(Pearl Buck)의 노벨상 수상에 대한 임화(林和)의 평론을 되새겨볼 만한 가치가 있다. 임화는 펄 벅의 『대지』가 중국이라는 개별적 운명 속에서 세계사적 운명의 상징적인 면모를 드러내고 있다는 점에서 이를 문학적으로 높이 평가하였다. 이 작품을 통해 중국적 경험의 특수성과 보편성을 동시에 발견할 수 있도록 함으로써 문화의 전형적인 속성을 보여주었다는 것이다. 다만 임화는 이러한 작품이 왜 서양인에 의해 쓰인 것일까 반문하면서 '스스로를 인식할 수 있는 인간의 능력'이 과연 어디까지인가에 대한 질문을 제기하였다. 그는 서양의 존재를 배제한 채 동아시아인이 스스로를 인식하는 일이 과연 가능한지에 대하여 회의적인 결론에 도달했다. 그의 표현대로라면, "어떠한 동양인도 서양인과 같이 동양을 인식할 수 없다"는 것이다. 중국인이 중국을 볼 때에는 언제나 자기 자신의 일부를 발견하지만, 서양인은 온전한 타인을 보기 때문이다(임화 1997, 224-227).

이런 맥락에서 보면, 두 번째 질문, 즉 '민족주의'가 '탈식민주의'적 문제의식에 대한 궁극적인 해답인가에 대해 쉽사리 확신할 수 없다는 결론에 이르게 된다. 이는 식민사관에 대한 대안으로 등장한 민족주의 사관이 학문적으로 최선의 대안이라고 볼 수 없는 이유와도 맥락을 같이 한다. 식민사관 만큼이나 민족주의 사관도 임화가 언급한 '온전한 자기'를 보기 어렵기 때문이다. 그동안 사학계는 식민사관에 대한 대안으로서 민족주의와 마르크시즘의 틀에 의존해 왔는데, 신채호(申采浩), 박은식(朴殷植), 정인보(鄭寅普) 등 민족주의 사학자들은 단군의 존재를 부활시키고 일제 침략의 부당함과 그에 대한 투쟁을 강조하면서 한민족이 주체가 되는 역사관을 수립하고자 하였다. 이에 비해 마르크스주의 역사관은 봉건제 논쟁을 중심으로 한 역사발전의 프레임워크를 조선의 현실에 적용하려 했는데, 1960년대 이후 역사학계에서 본격적으로 등장하기 시작한 '자본주의 맹아론'이나 '내재적 발전론'은 이러한 역사관의 산물이었다(한국역사연구회 1995).

사학계의 논쟁과 밀접한 연관성을 지닌 국제정치학의 주체 담론은 동주의 가이드라인이 어느 정도 민족주의적인가에 관한 질문으로 이어진다. '나-남'의 관계가 국제정치의 출발점이라고 강조한 동주가 상당한 정도로 '민족주의'적 동기를 지니고 있었다는 점을 부인하기 어렵기 때문이다. 특히 동주는 좌파적 대안이 한국의 현실에 잘 들어맞지 않는다고 보았다는 점에서 민족주의적 입장에 더 근접해 있었다. 예를 들어 신채호는 한민족과 동아시아 사이에 공존하는 장소의 배타성과 시대적 긴장관계를 인식하고 그로부터 탈피하기 위한 해답을 찾고자 했는데, 동주도 이런 점에서 신채호와 문제의식을 공유했다. 다만 동주의 경우에는 신채호에 비

해 훨씬 더 넓은 공간, 즉 '세계정치'를 관찰하고 있었다는 점, 그리고 신채
호의 급진적 민족주의에 비해 보다 합리적이고 현실적 해법을 고민했다
는 점에서 차이를 보인다. 일제 강점기 식민주의 현실을 타개하기 위한 학
문적 탈출구가 민족주의와 마르크스주의라는 단순한 양대 산맥으로 대별
되고 있던 시대적 특징을 감안한다면, 동주의 신중한 접근법은 어느 쪽에
도 기울지 않는 제3의 대안을 향한 몸부림이었다고 평가할 수 있다.

3) 반서구중심주의의 자가당착적인 모습

한국 정치학이 오랫동안 서구중심주의의 폐해로부터 자유롭지 않았다
는 주장은 이제 많은 사람들의 공감을 얻고 있다. 이와 관련하여 강정인
교수는 서구중심주의로 인한 문제를 다음과 같이 정리한 바 있다. 첫째,
문제의식 자체가 서구 사회에 매몰됨으로써 자기 자신이 속한 사회의 문
제를 제대로 인식하지 못한다. 둘째, 서구 이론을 상위에 두고 한국의 현
실을 하위에 둠으로써 현실을 이론에 무리하게 동화시켜 해석하려는 경
향이 강하다. 셋째, 이러한 비대칭적 행태는 곧 한국을 포함한 비서구적
현실을 '주변화'시키는 결과를 초래하여 다양한 해석을 불가능하게 만든
다. 넷째, 그리하여 학문의 대외 종속성과 학계의 경직된 구조를 만들어
낸다(강정인 2004, 395~417). 이처럼 한국의 정치학자들 대다수가 미국을 위시
한 서구의 학문에 경도되었다는 비판은 국제정치학 분야에서 더욱 심각
하게 받아들여지고 있다.

이런 맥락에서 볼 때 동주의 국제정치학은 이미 『국제정치원론』 시기
부터 서구중심주의를 넘어서려는 절실한 노력의 산물이었다고 평가할
수 있다. 국제정치학을 공부하면 국제정치를 잘 알 수 있는가의 질문에
대해 동주는 "그것이 그런 것 같지 않다"고 답한 바 있다. 이는 국제정치

의 일반적인 법칙을 안다고 해서 그 안에 담겨 있는 무수하게 많은 구체적인 모습들을 제대로 파악하기는 불가능하다는 의미로 해석할 수 있다 (하영선 2011, 255-258). 이와 비슷한 문제제기가 사회학계에서도 이루어진 바 있는데, 1980년대의 논쟁에서 강신표 교수는 김경동 교수의 사회학이 문화적 제국주의 시대의 '매판사회학'이라고 신랄하게 비판하면서, 이와 대조적으로 한완상의 민중사회학은 '우리'의 고민을 우리 식으로 심화시킨 대안의 접근이라고 칭송한 바 있다(강신표 1983, 257-258).

이런 점에서 동주의 국제정치학은 서구의 국제정치학이 수입되기 이전부터 독자적인 문제의식과 존재론적 고민을 바탕으로 한 '우리'의 국제정치학을 지향하고 있었다. 오히려 동주 사후에 국제정치학의 서구의존성이 더욱 심화됨으로써 강신표 교수가 제기한 문제점들이 심각해지는 지경에 이르렀다는 평가도 가능하다. 강신표 교수의 2005년 회고에 따르면, 우리 학계의 준거틀은 여전히 서구에 종속되어 '화려한 추상'의 틀을 벗어나지 못하고 있으며 해외의 상품을 수입하는데 만족하고 있는 수준이다. 한국의 학계는 고유의 시간과 공간에 대한 '배려'가 더 필요하며, 자신들의 학문적 정체성에 대한 '성찰'이 여전히 부족하다는 것이 그의 주장이었다(강신표 2005, 247-248).[8] 사실상 동주 이후의 한국 국제정치학이 급속도로 서구 스타일로 기울면서 강신표 교수의 비판으로부터 벗어나기 어렵게 된 점은 60여 년 전에 동주가 제기했던 문제가 오늘날에도 여전히

---

8 강신표 교수는 1983년에 자신이 제기한 비판 이후 김경동 교수의 학문적 성향이 변하지도 않았을 뿐더러, 그와 같은 문제제기가 학계에서 아예 묻혀버리고 말았다는 점을 꼬집으면서 실망감을 감추지 않았다. 그는 한국 사회학의 발전을 위해서는 서구와 우리사회의 개념적 혼란을 극복하고 한국사회의 현실에 더 천착하는 이론을 전개해야 한다고 제언했다. 또한 사람에 초점을 맞추고 학자 자신의 삶과 지혜에 보탬이 되는 학문을 지향해야 할 필요성을 강조했다. 강신표, 「한국 이론사회학의 방향에 대한 작은 제안: 『한완상과 김경동의 사회학 비판』(1983) 이후」, 『사회와 이론』 6, 2005, pp. 262-269.

한국 국제정치학의 아킬레스건으로 작용하고 있음을 반증하고 있다.

그런데 여기에서 한 가지 짚어야 할 대목이 있다. 서구중심주의를 넘어서기 위해서는 무엇보다도 '우리' 자신의 준거틀을 마련해야 하는데, 과연 어느 정도의 성과를 거두고 있는가 하는 점이 논란의 대상이 되고 있다. 말하자면 강신표 교수의 주장대로 한완상 교수의 민중사회학이 과연 한국 사회학의 대안인지, 동주의 국제정치학이 서구중심주의를 넘어설수 있는 대안인지 질문을 던져볼 필요가 있다. 또한 이들의 문제제기가 한국의 상황에 더 적실성 있는 성과로 이어졌는지를 검토할 필요가 있다. 사실 국제정치학 분야에서도 이러한 '한국적 국제정치학'에 대한 구호만 반세기 내내 반복되면서 피로감이 누적되고 있는 실정이다(민병원 2007). 그 이유는 구호에 부합하는 성과가 제대로 이루어지지 않고 있기 때문일 것이다. 사실 이러한 구호의 선구자격인 동주 자신은 권역이론과 전파이론을 모색하면서 대안의 패러다임을 구축하고자 애썼지만, 이를 잇는 후속세대의 노력은 그리 신통치 않았다. 서구에서 교육 받은 학자들이 대거 국제정치학계로 진출하면서 '나-남'의 구분을 바탕으로 한 동주 국제정치학의 문제의식은 오히려 쇠퇴해 온 감이 없지 않다.

이러한 성찰에 더하여, 동주의 국제정치학조차 서구의 이론적 틀로부터 완전하게 자유로운 것인가에 대한 비판적 검토도 요구된다. 이와 관련하여 사회학 내에서 최근 관심을 끌고 있는 김경만 교수의 날카로운 비판에 귀 기울일 필요가 있다. 그에 따르면, 우리나라 학계에 만연해 있는 '반(反)서구중심주의'가 그 동기에 있어 타당한 것이기는 하지만 실제 연구를 수행하는데 있어 여전히 식민주의적 상황을 넘어서지 못하고 있다. 한국에 관한 연구가 무수하게 많지만 여전히 서구중심주의가 문제라는 인식이 팽배하게 된 데에는 우리 고유의 '개념적 자원(conceptual resources)'이 부족하기 때문이라는 것이 그의 요지이다(김경만 2015, 93-94). 글로벌 지식장

(知識場)에서 서구의 개념과 이론자원이 지배적이라면, 그리고 우리의 고유한 대안을 제대로 내세울 수 없는 상황이라면, 당분간 서구의 틀을 이용해 우리의 문제를 이해하는 노력부터 시작할 수밖에 없지 않는가 하는 것이 김경만 교수의 지적이다.[9]

이러한 지적을 동주 국제정치학에 적용하면 어떤 평가를 내릴 수 있는 것일까? 동주 국제정치학은 『일반국제정치학(상)』에서 꽃을 피웠고 '장소'와 '권역', '전파' 등 독창적인 아이디어를 기반으로 하여 우리 고유의 국제정치이론을 구축할 수 있는 기회를 창출해냈다는 점에 대해서는 이견이 없을 것이다. 그러나 동주의 국제정치 분석을 들여다보면, 김경만 교수의 주장처럼 여전히 서구중심적 사고의 틀과 개념의 혼용이 눈에 띈다. 예를 들어 근대국가, 국제법, 외교, 세력균형, 집단안전보장, 권력, 외교정책 등 『국제정치원론』뿐 아니라 『일반국제정치학(상)』의 핵심을 이루는 내용들이 대체로 서구의 것들을 그대로 차용하는 모습을 볼 수 있다. 서구의 학문적 지배구조가 우리의 현실에 잘 들어맞지 않는다는 통렬한 문제의식에도 불구하고 실제로는 서구의 개념적 자원을 넘어설 수 없는데, 이를 "떠나서는 아무 것도 할 수 없기 때문"이다(김경만 2015, 102). 동주가 그토록 극복하고자 했던 식민주의의 유산이 오늘날 이와 같은 반(反)서구중심주의의 자가당착적인 자화상으로 발전하여 여전히 우리의 국제정치학 주변을 망령처럼 떠도는 모습은 안타깝기 그지없다.

---

9 이런 점에서 김경만 교수는 동양의 유교를 사례로 들어 서구중심주의를 극복할 수 있다는 강정인 교수의 주장도 사실상 서구의 기준에 맞춘 학문적 왜곡에 불과하다는 비판을 서슴지 않는다. 서구의 학문이 글로벌 지식장을 장악하고 있는 상황에서 서구중심주의를 벗어나는 일은 생각처럼 쉽지 않다는 것이다. 김경만, 『글로벌 지식장과 상징폭력: 한국 사회과학에 대한 비판적 성찰』(파주: 문학동네, 2015), pp. 100-101.

4) '장소' 기반의 특수주의와 전파 개념의 한계

동주의 장소이론이 구체화되기 시작한 것이 1950년대에서 1960년대 초기까지의 시기였다면, 이는 서구의 영국학파(English School)가 '국제사회(international society)'의 개념을 제창하면서 하나의 학풍을 이루기 시작한 1980년대에 비해 한참 앞선 시도였다고 할 수 있다. 헌팅턴이 제창한 '문명의 충돌(Clash of Civilizations)' 테제는 이보다 늦은 1990년대 초에나 등장했다는 점에서 동주의 '장소' 및 '권역' 관념은 분명 시대를 앞선 것이었다(Huntington 1992). 하지만 동주의 이론체계는 아쉽게도 완전한 이론체계로 발전하지 못한 채『일반국제정치학(상)』의 근대국가론에 머무르게 된다. 영국학파의 국제사회론이나 헌팅턴의 '문명의 충돌' 테제가 학계의 많은 관심을 끌면서 다수의 학자들에 의해 중요한 연구 의제로 자리 잡은 것에 비하면 동주의 초기 노력이 후대의 학자들에 의해 충분한 토착이론으로 성장하지 못했다는 사실은 한국 국제정치학계의 위상과 처지를 돌아보게 만드는 계기임에 틀림없다.

영국학파는 1980년대 초반 유럽 중심의 국제질서가 비(非)서구로 확장되는 과정을 역사사회적 프레임워크 속에서 다양한 방식으로 탐구한 바 있다. 15세기 이후 빠르게 성장한 유럽의 질서가 그들 사이에 '국제사회'를 형성하는 일종의 '진화(evolution)'를 이루었고, 이것이 다시 비서구 지역의 '지역 국제체제(regional international system)'로 '확장(expansion)'되는 과정을 구체적으로 묘사함으로써 현대 국제체제의 공간적, 장소적 근간을 찾아내는 작업에 착수한 것이다(Bull and Watson 1984, 4-7). 영국학파의 학자들은 유럽 국가들 사이에 형성된 '협약준수의 의무'와 국제법, 자연법 사상 등이 하나의 '유럽 국제사회'를 만들어내는 핵심 요소로 작용했으며, 이것이 19세기와 20세기에 걸쳐 다시 전 세계로 확장되면서 '글로벌 국제사회(global international society)'로 변모하는 과정과 메커니즘을 역사적 분석을 통해 이론화했다(Watson 1992). 이러한 노력은 분명 1950년대 동주의 『국제정치원론』에서 천명된 '나-남'의 사고와 크게 다르지 않다. 유럽 중심의 보편적 프레임워크를 거부하고, 그것이 단지 수많은 동시대적 질서 중의 하나로서 지배질서로 자리 잡게 되었다는 역사적 궤적을 밝혀냄으로써 동주와 영국학파는 '장소'의 논리를 기반으로 한 특수주의적 접근방법을 국제정치학에 도입한 것이다.

그런데 여기에서 중요한 점은, '보편주의'적 요소를 거부하기 위해서는 무엇이 '특수주의'의 핵심적인 내용을 구성해야 하는가에 대한 고민이 요구된다는 사실이다. 근대 정치이론이 홉스와 칸트 등 계몽주의적 보편성의 관념으로부터 점차 탈피하여 20세기 초반에 들어와서는 국가이익과 국제협력 등 헤겔의 유산으로서 특수주의적 전통으로 회귀하기 시작한 이래로 1950년대에 들어와 동주가 제시한 장소, 권력, 전파의 관념이 이러한 특수주의적 지향성을 반영한 독창적인 작업이라는 점은 분명하다 (Behr 2010). 다만 이러한 개념적 도구가 '특수한 존재'로서 동아시아를 설명할 수 있는 고유의 언어인지에 대해서는 유보적인 대답을 내릴 수밖에 없다. 동주가 『국제정치원론』과 『일반국제정치학(상)』을 통해 제시했던 국제정치학은 유럽의 성장과 유럽의 팽창에 관한 설명으로서, 동아시아 또는 한반도에 '고유한 콘텐츠'를 과연 무엇으로 채우려 했던 것인가는 아마도 『일반국제정치학(하)』에서 기대해야 했던 것인지도 모른다. 안타깝게도 동주는 이 작업까지 완성하지 못 했는데, 이런 점에서 '장소의 논리'에 기반을 둔 특수주의적 국제정치학의 '실천'은 여전히 후학들의 과제로 남아 있다 하겠다.

이런 점에서 특수주의의 관점에서 '권역'의 고유한 모습을 그려내는데 성공적인 작업으로서 제임스 스콧(James Scott)의 동남아시아 연구를 살펴보는 일은 의미가 있을 것이다. 스콧은 『농민의 도덕경제』(2004), 『국가처럼 보기』(2010), 그리고 『조미아, 지배받지 않는 사람들』(2015) 등 일련의 저술을 통해 '조미아(Zomia)'로 불리는 동남아시아 산악지대 '권역'을 특징짓는 정치적 삶의 모습을 지배하는 통치자와 이에 저항하는 피지배자들의 관계 속에서 그려내고 있다. 그의 권역이론에서 국가는 하이모더니즘의 사회공학을 추구하는 권위주의적 착취자로서 이러한 지배를 거부하는 조미아의 하층민들의 저항을 불러일으키는 대상이다. 무정부주의의 관점에서 전개되는 권역이론이고 또한 매우 특수한 문화적 속성에 초점을 맞추기는 했지만, 스콧의 정치인류학적 탐구는 분명 동주가 추구했던 권역의 고유한 모습을 독창적인 언어로 풀어낸 훌륭한 대안의 하나로서 간주될 수 있다. 동아시아 권역 또는 한반도 지역을 이렇게 묘사해낸 국제정치적 연구 작업은 언제쯤 가능할 것인가?

동주의 '장소'와 '권역' 개념이 이처럼 동아시아에서 충분하게 경험적인 탐구로 이어질 수 있는 기회를 갖지 못한 반면, '전파'의 개념은 그 자체로서 국제질서의 발전과정을 설명하는 훌륭한 이론적 도구이면서 동시에 비교정치의 관점에서 일정한 한계를 지니고 있다는 지적이 있어 왔다. 이런 지적은 '갤튼의 문제'로 알려진 것인데, 서로 비교되는 연구의 대상들 사이에 상호 교류가 일어나고 속성이 변화함으로써 '비교' 자체가 무의미해질 수 있는 위험성을 가리킨다. 19세기 말 갤튼(Francis Galton) 경은 한 대상의 속성이 전파되는 과정에서 특정한 속성들 사이에 상관관계가 있다는 결론을 내리기 위해 얼마나 많은 독립변수를 동원해야 하는가에 관한 고민을 언급한 바 있다(Naroll 1965, 428-429). 말하자면 서로 비교하려는 대상들 사이의 상호교류와 의존성으로 인해 독자적인 속성(또는 독립변수)을 가려내는 일이 어렵거나 불가능해진다면 비교의 의미 자체가 상실된다는 것이다.[10] 어떤 사회든지 외부와의 지속적인 상호 만남과 교류의 과정을 거치면서 고유의 정체성과 장소의식을 넘어 '혼성' 문화를 구축하는 성향을 보이기 때문이다.

이와 같은 논의로부터 우리는 동주의 '전파'이론과 같은 비교연구 또는 동역학적 과정의 연구에 있어 '갤튼의 문제'가 일어날 여지를 충분하게 고려해야 한다는 필요성을 느끼게 된다. 사실 이러한 문제를 극복하기 위해서는 연구대상의 두 가지 측면, 즉 시스템 내부과정을 다루는 '기능(function)'의 측면과 시스템 간의 관계를 다루는 '전파(diffusion)'의 측면을 모두 들여다보아야 한다(Ross and Homer 1976, 4-5). 비교하는 과정 중에도 비교의 대상들은 끊임없이 상호작용하기 때문에 장기간에 걸친 비교연구는 각각의 대상이 상호작용을 통해 '비교할 만한 가치'를 점차 상실해갈 수 있다는 점을 잊지 말아야 한다. 문화는 많은 경우 수입국에서 '크레올(creole)'의 문화를 만들어내며, 잡종(hybrid)의 정체성을 생성한다. 이런 성찰로부터 우리는 왜 서구의 이론이 우리의 현실에 맞지 않으며, 또한 우리의 현실을 설명하는 우리의 이론이 부재하는지에 대한 해답의 실마리를 얻을 수 있다. 우리의 현실은 서구와의 지속적이고 밀접한 상호작용을 거치면서 더욱 복잡하고 다이내믹하며 잡종적인 장소의 논리를 형성하고 있기 때문이다. 동주의 '전파' 개념이 영국학파의 학자들이나 헌팅턴과 마찬가지로 명확하게 구분된 '권역'이나 '지역'의 관계를 설명하기에 어려움을 겪는 이유는 바로 인류학자들이 지적하고 있는 이러한 전염효과에 기인하는 바가 크다.

---

10 이러한 관찰은 일찍이 인류학자인 하네르츠(Ulf Hannerz)에 의해 제기된 바 있다. 나이지리아의 전통문화에 관심을 가지고 있던 그가 나이지리아를 방문했을 때 접한 것은 전통과 현대의 문물이 뒤섞여 그를 혼란에 빠뜨렸던 혼성문화였다. 이후 그는 많은 인류학자들이 전통문화를 관찰하는 데에만 몰두함으로써 변해가는 문화적 현실을 등한시하고 있다고 비판하였다. Ulf Hannerz, "The World in Creolization," *Africa* 57(4), 1987, pp. 546-548.

5) 『국제정치원론』의 반(反)과학적 실천지향성

동주의 국제정치학은 보편주의를 극복하고 특수주의적 권역이론을 지향하면서 서구의 과학적 접근방법에 대하여 비판적인 입장을 보인다. 그는 『국제정치원론』에서 객관적 사실관계라는 것은 그것의 변경이나 소멸이 극소수의 강대국들 사이에 합의를 통해 이루어진다는 점에서 진정한 객관성이라고 보기 어렵다는 의견을 피력한 바 있다. 20세기 초반의 국제정치 혼란상을 배경으로 한 이러한 판단은 국제연맹과 국제연합 등 국제질서의 모습이 강대국들의 야합과 제국주의적 의도를 바탕으로 만들어진 것으로서 권력관계와 불평등구조로부터 자유로울 수 없다는 인식에서 비롯된 것이었다. 그는 국제정치학의 주류가 '권력정치(power politics)'의 이론일 수밖에 없으며, 그 이면에는 '권력'에 관한 마키아벨리, 라스웰, 모겐소의 관념들이 자리 잡고 있다고 보았다. 이러한 서구의 권력관념과 강대국 사이의 정치적 관계는 결코 객관적으로 다룰 수도 없고 또 그렇게 이해되어서도 안 된다는 반(反)과학주의가 동주 국제정치학의 인식론을 대표하고 있었다.

국제정치학에서 '과학'에 대한 불신 성향은 일찍이 모겐소에 의해서도 분명하게 천명된 바 있다. 그는 국제정치와 국제정치학에서 이성을 기반으로 하는 '과학'의 사조가 지배하는 현실을 비판적으로 보았는데, 제1차 세계대전이 끝난 이후 본격적으로 시작된 이러한 추세는 학문의 진보를 가로막는 중대한 오류라는 것이 그의 생각이었다(Morgenthau 2010, 133-148). 이렇듯 주류 이론의 이면에 자리 잡고 있는 권력관계에 대한 인식은 푸코(Michel Foucault)의 『지식의 고고학(L'Archéologie du Savoir)』이 1969년에 발간되었다는 사실을 고려할 때 선구자적인 발상이었다(Foucault 2000). 또한 '과학'이라는 거대 서사가 지배하는 근대사회의 지식담론을 파헤쳤던 탈근대주의 패러다임이 활발하게 전개된 것도 1980년대에 들어와서였다는 사실을 감안할 때 모겐소와 동주의 반(反)과학주의적 접근은 놀라우리만치 시대를 앞선 통찰이었다고 할 수 있다(Lyotard 1992).**11**

하지만 동주의 반과학주의는 체계적인 인식론과 방법론을 동반하지 못한 채 카와 모겐소처럼 '과학으로서의 정치학'의 한계를 논하는 수준에 그치고 있다. 카의 경우 첫 장에 '과학(science)의 시작'이라는 제목을 붙이고 있지만 본격적인 과학적 접근에 관한 소개라고 보기 어려운 점이 있으며, 모겐소 역시 개정판에서 '과학으로서의 국제정치학'에 관해 논급하고 있으나 사실상 복잡한 현실을 과학적으로 '이해'하는 일이 얼마나 어려운가에 대한 논의를 넘어서지 못하고 있다(Carr 1964, 1-10; Morgenthau 1987, 20-32). 동주도 이러한 현실주의 국제정치학자들의 과학관을 답습하고 있지만, 그들의 논의 이상으로 과학적 접근의 본질과 문제점에 대하여 상세하게 파고들 수 있는 상황은 아니었던 것으로 추정된다. 결국 국제정치학계는 1960년대에 들어와 고도로 과학적인 지식을 추구하는 진영과 그에 반대하는 진영 사이에 접근방법을 둘러싸고 '제2의 논쟁'을, 그리고 1980년대에 들어와 인식론적 갈등을 기반으로 한 '제3의 논쟁'을 벌이게 된다(Knorr and Rosenau 1966; Lapid 1989).

이와 같이 카, 모겐소, 동주 등 초기 국제정치학자들에게서 엿볼 수 있는 미완성의 반과학주의는 후대의 국제정치학자들이 치밀한 인식론적, 방법론적 논의를 통해 자신의 이론체계를 수립했다는 점과 대비될 만하

---

11 근대사회의 지식이 '과학(science)'으로 포장된 상품으로 거듭나면서 진정한 '지식(savoir)'의 서사적 속성을 상실하게 되었다는 진단은 리오타르를 비롯한 탈근대주의 인식론의 공통된 문제의식이었다. 리오타르에게 있어 이러한 인식은 지식이 '언어게임'을 통해 형성된다는 생각으로 발전했고, 적극적으로 화용론을 그의 지식론에 도입하는 계기가 되었다. Jean-François Lyotard, *La Condition Postmoderne: Rapport sur le Savoir*, 이현복 옮김, 『포스트모던적 조건: 정보 사회에서의 지식의 위상』 (서울: 서광사, 1992[1979]), pp. 51-54.

다. 우선 월츠(Kenneth Waltz)는 1979년 발간된 자신의 저서『국제정치이론 (*Theory of International Politics*)』제1장에서 제4장에 걸쳐 과학적 법칙과 이론의 관계, 환원주의의 문제점과 체계이론의 필요성 등 국제정치이론을 과학의 원리에 부합할 수 있도록 하려는 의도를 명시적으로 드러냈다(Waltz 1979). 전체 9개의 장(章) 중에서 전반부 4개의 장이 과학과 이론의 성격에 소요되고 있다는 점은 그만큼 국제정치학을 하나의 '과학'으로 만들고자 했던 월츠의 노력을 대변한다. 1999년 발간된 웬트(Alexander Wendt)의『국제정치의 사회적 이론(*Social Theory of International Politics*)』역시 책의 전반부에서 '과학적 실재론'과 사회학의 영향을 받은 구성주의 패러다임을 소개하는데 심혈을 기울이고 있다(Wendt 1999). 이처럼 월츠와 웬트 모두 국제정치이론 저술을 집필하는데 있어 거의 절반에 가까운 분량을 '과학' 또는 메타이론적 논의에 투입하고 있다는 사실은 이전 세대와 비교하여 인식론적, 방법론적 입장 표명과 그 정당화 작업이 학계에서 점점 중요해지고 있음을 보여준다 하겠다.

이처럼『국제정치이론』을 위시한 동주의 반과학주의가 모겐소 등 초기 국제정치학자들의 전반적인 성향과 한계를 그대로 답습하고 있었지만, 그렇다고 해서 후대의 학자들 사이에서 반과학주의의 전통이 쇠퇴해왔다고 단정하기는 이르다. 국제정치학을 포함한 정치학계에서는 여전히 과학적 접근법의 권력지향성과 방법론적 한계를 둘러싼 비판과 논란이 지속되고 있으며, 나아가 초기의 국제정치학이 고수하던 지적 전통으로 회귀해야 한다는 주장에도 힘이 실리고 있다. 예를 들어 최근 '신(新)전통 현실주의'로 명명된 일군의 학자들은 월츠의 과학적 신(新)현실주의를 비판하면서 고전 현실주의로 돌아가야 한다고 주장하는데, 이는 신현실주의의 거시적, 구조적 특성이 궁극적으로 국제정치의 절박한 문제를 해결하는데 큰 도움을 주지 못한다는 성찰에서 비롯되었다. 그들은 '국제관계(international relations)'의 이론보다도 미시적 차원에서 '외교정책(foreign policy)'의 이론이 더 시급하며, 이를 위해서는 인간본성에 대한 고찰에 집중했던 고전 현실주의자들의 논의로 돌아가야 한다고 주장했다(Lobell 외 2009; Rose 1998; Schweller 1996).

국제정치에서 구조적 이론보다 외교정책의 이론이 더 중요하다는 인식은 모겐소와 동주의 저술에서 분명하게 드러나고 있다. 모겐소는 이성만으로 정치를 행할 수는 없다고 보았는데, 이는 과학적 이성의 원리가 단순하고 일관적이며 추상적인 반면 현실의 정치와 사회는 이성으로 이해할 성질의 것이 아니기 때문이었다. 그런 점에서 그는 정치가 '학(學)'이 아니라 '술(術)'이라고 보았다. 엔지니어의 합리성을 넘어서 국가지도자로서 가져야 할 지혜와 도덕성을 겸비해야 한다는 것이 모겐소의 일관된 주장이었다(Morgenthau 2010, 29-30). 동주의 『국제정치원론』 역시 '나-남'의 불균형 관계에 대한 자각으로부터 출발하여 궁극적으로 '외교정책'의 주제로 마무리하고 있다는 점에서 그의 국제정치학이 관념론과 거시적 프레임에 그치지 않고 구체적인 실천론을 지향하고 있었다는 점을 발견할 수 있다.

프랑스의 정치학자 레이몽 아롱(Raymond Aron)은 자신의 저서 『평화와 전쟁』 제4부를 '실천론(praxeology)'에 할애했는데, 여기에서 그는 국가 간 관계의 '실천'은 현 상태에서 존재하는 '제약요인'과 궁극적으로 달성해야 할 '목표' 사이에서 어떻게 균형을 취하는가에 달려 있다고 보았다. 아롱은 전자를 '마키아벨리의 문제'로, 후자를 '칸트의 문제'로 규정하고, 그 사이에서 국제관계 실천의 '덕'은 어떻게 환상에 빠지지 않으면서 목표치에 다가서는가에 의해 결정된다고 주장했다. 이러한 실천의 문제는 결코 풀기가 쉽지 않다. 왜냐하면 현실은 복잡한 요인들이 서로 얽혀 있는 불확정성(indeterminacy)의 상황에 머물러 있는 반면, 우리의 목표는 여전히 불명확한 상태로 정의되고 있기 때문이다. 따라서 정치의 핵심은 이러한 제약을 고려하면서 궁극적인 목표를 향해 나아가는 전략적 '실천지(prudence)'의 수준에 의해 좌우된다는 것이 그의 생각이었다(Aron 1966, 576-578).

20세기의 무자비한 모습을 목도했던 현실주의 국제정치학자들은 '정치'의 본질이 '학문'보다 '실천'에 있다는 점을 결코 잊지 않았다. 아롱과 마찬가지로 모겐소 역시 국가지도자의 덕목으로서 '지혜'와 '도덕'을 꼽으면서 단순하고 순수한 이성이 아닌 정치적 '술(術)'이 복잡하게 맞물릴 때 비로소 정치의 본질이 구현된다는 점을 강조했다(Morgenthau 2010, 30). 이는 곧 서구의 합리주의와 과학주의가 아닌 구체적이고 실용적인 학문으로서 정치를 바라보는 통치자의 '덕(德)' 또는 '선(善)'을 의미한다(노재봉 1985, 108).¹² 그런 만큼 실천지는 정치적으로 적절하면서도 현명한 행동을 가려낼 수 있는 능력을 가리키게 되었고, 국제정치학에서도 이처럼 특수한 경험을 기반으로 한 문제해결 능력이 한 나라의 지도자에게 요구되는 덕성으로서 중요하다는 점을 인식하게 되었다(Jinkins and Jinkins 1998, 135-136). 그것이 바로 자신의 의지에 충실한 '정복자'와 초월적 가치를 도모하는 '예언자' 사이에서 진정한 '정치가'가 추구하는 '치국경세(statesmanship)'의 미덕이기 때문이다(Kissinger 2014, 598-600). 서구의 학문세계가 지닌 정치적 속성과 그 배경을 이루는 힘의 관계를 파악한 연후에라야 '우리'의 국제정치학이 가능하다는 동주의 실천지향성도 동일한 맥락에서 이해할 수 있을 것이다.

---

12 실천지(prudence)는 지식인의 덕성이 순수한 지식보다는 행동과 실천의 재능에 있다는 것을 강조하기 위해 만들어진 표현이다. 일찍이 아리스토텔레스 윤리학에서 '실천지(phronesis)'는 순수한 '철학적 지혜(sophia)'와 대비되는 실천적 지혜를 가리키는 표현이었다. 이 개념은 홉스 시대에 들어와 '경험적 지식(sapientia)'에 대비되는 개념으로서 '실천적 지식(prudentia)'의 개념으로 발전했으며, 이후 근대를 거치면서 '경험'을 기반으로 하여 '특수한 상황'에 대한 관심을 지향하는 지식의 속성을 가리키게 되었다. Mortimer Adler ed, *The Great Ideas: A Syntopicon of Great Books of the Western World, Vol. 2: Man to World* (Chicago: Encyclopaedia Britannica, 1952) pp. 472-473.

4. 맺음말: 동주 국제정치학의 시작과 계승

동주의 국제정치학은 『국제정치원론』으로부터 시작되었고, 이후 『일반국제정치학(상)』을 거치면서 한층 세련된 장소, 권역, 전파의 논리로 거듭나기 시작했다. 그는 식민주의의 유산과 단일 민족주의의 모순을 극복하고자 했으며, 나아가 21세기 세계정치의 선행모델을 분석함으로써 미래사회의 모습을 그려보고자 애를 썼다. 하지만 동아시아에 침투한 서구의 권력과 달리, 서구의 학문체계가 동아시아를 이해하고 설명하는데 제대로 들어맞지 않는다는 결론에 도달했고, 그로부터 독자적인 시각과 문제의식을 발전시켰다는 점에서 동주 국제정치학의 학문적 위상을 엿볼 수 있다. 또한 그는 제국주의와 식민지 경험을 강조하면서도 민족주의와 마르크시즘의 극단에 빠지지 않고자 노력했고, 서구 학문의 보편지향적인 모습에 침잠하여 자신이 서 있는 존재론적 기반과 특수한 상황의존적 문제의식을 등한시하지 않았다. 그럼으로써 동주의 국제정치학은 한국 국제정치학의 출발점을 공고하게 다졌고, 이는 오랜 시간을 거치면서 면면한 '계승'의 흐름을 이어오고 있다.

김용구 교수는 한국정치학회 50주년 기념 논문에서 '주변지역' 국제정치학의 발전이 다음과 같은 네 단계를 거친다고 보았다: (1) 주변이 중심을 수용하지 못하는 상태; (2) 중심의 학문을 수용하되 학문의 정치적 성격을 파악하지 못하는 단계; (3) 중심의 이론과 지적 배경을 이해하지만 타 지역의 지적 저항을 이해하지 못하는 단계; (4) 모든 문제들을 검토하고 국제정치구조 속에서 주변의 고유한 국제정치적 삶을 영위할 수 있는 방향을 제시할 수 있는 단계(김용구 2003, 301). 이러한 단계론의 기준으로 볼 때 동주의 『국제정치원론』은 두 번째 단계를 넘어 세 번째 또는 네 번째 단계를 지향하고 있었다고 할 수 있다. 다만 세 번째와 네 번째 단계에 어느 정도 도달했는가에 대해서는 앞서 언급했듯이 국내 학계에서도 논란이 지속되고 있다. 사학계 및 사회학 분야에서와 같이 국제정치학 분야에서도 한국의 학계가 '수입도매상'의 단계를 넘어 스스로의 '고유한 국제정치적 삶'을 영위할 수 있는 방향을 제시하고 있는지에 대해 여전히 평가가 엇갈리고 있기 때문이다.

　동주는 과연 '한국의 이론'을 체계적으로 수립하겠다는 의도를 어느 정도 가지고 있었을까? 『국제정치원론』의 후속작을 『일반국제정치학(상)』으로 정한 것을 보면 분명 국제정치의 '특수이론'에 국한하기보다 상당한 수준의 '보편이론'을 지향했던 것으로 보인다. 이는 '특수이론'이라는 표현 자체에 내재된 모순적 속성에 대한 자각으로부터 비롯되었을 것으로 보이는데, 이는 궁극적으로 '이론'이라는 도구가 지닌 보편적 속성을 무시하기 어렵다는 점에서 그렇다고 할 수 있다. 무엇인가를 '이해'하고 '설명'하기 위해서는 결국 프레임워크나 이론의 도움을 받아야 하는데, 그 '무엇'은 분명 특수한 것일지라도 그것을 이해하거나 설명하는데 도움을 주는 도구들은 여러 사람 사이에 공유되는 개념과 논리, 전제조건, 방법론을 기반으로 하는 것이기 때문이다. 개념과 논리, 전제조건, 방법론을 포괄하는 독자적인 패러다임을 구축하는 일은 오랜 시간과 다수의 학자들이 동참하는 거대한 작업임에 틀림없다. 동주는 시대적 현실인식을 바탕으로 한 독자적인 국제정치학을 모색했지만 이를 위한 패러다임의 콘텐츠를 충분하게 마련하는데 성공했는가를 판단하기 위해서는 결국 그의 후속 작품과 후학들의 계승 작업을 살펴보아야 할 일이다.

참고문헌

강신표. 1983. 「인류학적으로 본 한국 사회학의 오늘: 김경동과 한완상의 사회학」. 『현상과 인식』 7(1).

강신표. 2005. 「한국 이론사회학의 방향에 대한 작은 제안: 『한완상과 김경동의 사회학 비판』 (1983) 이후」. 『사회와 이론』 6.

강정인. 2004. 『서구중심주의를 넘어서』. 서울: 아카넷.

김경만. 2015. 『글로벌 지식장과 상징폭력: 한국 사회과학에 대한 비판적 성찰』. 파주: 문학동네.

김용구. 2003. "국제정치학사." 『한국정치학회 오십년사: 1953-2003』. 서울: 한국정치학회.

노재봉. 1985[1969]. 「Prudence에 관한 소고」. 노재봉 저. 『사상과 실천: 현실정치 인식의 기초』. 서울: 녹두.

민병원. 2007. 「국제정치이론과 한국: 비판적 성찰과 제안」. 『국제정치논총』 47(특별호).

민병원. 2008. 「동아시아 공동체와 문화네트워크」. 하영선 엮음. 『동아시아 공동체: 신화와 현실』. 서울: 동아시아연구원.

박상섭. 2013. 「국제관계 연구 10년」. 이정복 외 엮음. 『한국정치학회 60년사(증보분) 2003-2013』. 서울: 한국정치학회.

이용희. 2013[1962]. 『일반국제정치학(상)』. 서울: 이조.

이용희. 1977. 노재봉 엮음. 『한국민족주의』. 서울: 서문당.

이용희. 1994. 『미래의 세계정치: 국가연합론 강의』. 서울: 민음사.

임화. 1997[1938]. 「『대지』의 세계성: 노벨상 작가 펄 벅에 대하여」. 최원식 외 엮음. 『동아시아인의 '동양' 인식: 19-20세기』. 서울: 문학과지성사.

하영선. 2011. 『역사 속의 젊은 그들: 18세기 북학파에서 21세기 복합파까지』. 서울: 을유문화사.

하영선. 2013. 「들어가는 글」. 이용희 저 『일반국제정치학(상)』. 서울: 이조.

한국역사연구회. 1995. 『한국역사입문』. 서울: 풀빛.

Acharya, Amitav and Barry Buzan eds. 2010. *Non-Western International Relations Theory: Perspectives on and Beyond Asia*. London : Routledge.

Adler, Mortimer. ed. 1952. *The Great Ideas: A Syntopicon of Great Books of the Western World, Vol.2: Man to World*. Chicago : Encyclopaedia Britannica.

Agamben, Giorgio. 2005. *State of Exception*. Chicago : The University of Chicago Press.

Aron, Raymond. 1966. *Peace and War: A Theory of International Relations*. Translated by Richard Howard and Annette Baker Fox. New York : Frederick A. Praeger.

Bachrach, Peter and Morton Baratz. 1962. "Two Faces of Power," *American Political Science Review*, Vol. 56, No. 4.

Baldwin, David A. 1979. "Power Analysis and World Politics : New Trends versus Old Tendencies," *World Politics*, Vol. 31. No 2.

Barnett, Michael and Raymond Duvall. 2005. *Power in Global Governance*. Cambridge : Cambridge University Press.

Baylis, John, Steve Smith and Patricia Owens. 2015[2013]. *The Globalization of World Politics: An Introduction to International Relations*. 6th ed. 하영선 외 옮김. 『세계정치론』. 서울: 을유문화사.

Behr, Hartmut. 2010. *A History of International Political Theory: Ontologies of the International*. New York : Palgrave Macmillan.

Boulding, Kenneth E. 1990. *Three Faces of Power*. Newbury Park : Sage.

Bull, Hedley and Adam Watson, eds. 1984. *The Expansion of International Society*. Oxford : Clarendon Press.

Carr, E. H. 1964[1939]. The *Twenty Years' Crisis, 1919-1939: An Introduction to the Study of International Relations*. London : Macmillan.

Chow, Rey. 2005[1993]. *Writing Diaspora: Tactics of Intervention in Contemporary Cultural Studies*. 장수현 · 김우영 옮김.『디아스포라의 지식인: 현대 문화연구에서 개입의 전술』. 서울: 이산.

Foucault, Michel. 2010[1969]. *L'Archéologie du Savoir*. 이정우 옮김.『지식의 고고학』. 서울: 민음사.

Hannerz, Ulf. 1987. "The World in Creolization," *Africa*, Vol. 57, No. 4.

Haas, Ernst B. and Allen S. Whiting. 1956. *Dynamics of International Relations*. New York : McGraw-Hill.

Huntington, Samuel P. 1992. "The Clash of Civilizations?" *Foreign Affairs*, Vol. 72, No. 3.

Jahn, Detlef. 2006. "Globalization as 'Galton's Problem': The Missing Link in the Analysis of Diffusion Patterns in Welfare State Development," *International Organization*, Vol. 60.

Jinkins, Michael and Deborah Jinkins. 1998. *The Character of Leadership: Political Realism and Public Virtue in Nonprofit Organizations*. San Francisco: Jossey-Bass.

Kissinger, Henry. 2014[1957]. *A World Restored: Metternich, Castlereagh and the Problems of Peace, 1812-1822*. 박용민 옮김. 『회복된 세계』. 서울: 북앤피플.

Knorr, Klaus and James N. Rosenau. eds. 1969. *Contending Approaches to International Politics*. Princeton: Princeton University Press.

Kratochwil, Friedrich V. 1989. *Rules, Norms, and Decisions: On the Conditions of Practical and Legal Reasoning in International Relations and Domestic Affairs*. Cambridge: Cambridge University Press.

Lapid, Yosef. 1989. "The Third Debate: On the Prospects of International Theory in a Post-Positivist Era," *International Studies Quarterly*, Vol. 33.

Lobell, Steven, Norrin Ripsman and Jeffrey Taliaferro, eds. 2009. *Neoclassical Realism, the State, and Foreign Policy*. Cambridge: Cambridge University Press.

Lukes, Steven. 2005. *Power: A Radical View*. New York: Palgrave Macmillan.

Lyotard, Jean-François. 1992[1979]. *La Condition Postmoderne: Rapport sur le Savoir*. 이현복 옮김. 『포스트모던적 조건: 정보 사회에서의 지식의 위상』. 서울: 서광사.

Morgenthau, Hans J. 1987[1973]. *Politics among Nations: The Struggle for Power and Peace*. 5th ed. 이호재 옮김. 『현대국제정치론: 세계평화의 권력이론적 접근』. 서울: 법문사.

Morgenthau, Hans J. 2010[1946]. *Scientific Man versus Power Politics*. 김태현 옮김. 『과학적 인간과 권력정치』. 파주: 나남.

Naroll, Raoul. 1965. "Galton's Problem: The Logic of Cross-Cultural Analysis," *Social Research*, Vol. 32, No. 4.

Nicolson, Harold. 1939. *Diplomacy*. London: Oxford University Press.

Nye, Joseph S. 2004. *Soft Power: The Means to Success in World Politics*. New York: Public Affairs.

Nye, Joseph S. 2009. "Get Smart: Combining Hard and Soft Power." *Foreign Affairs*, Vol. 88.

Onuf, Nicholas G. 1989. *World of Our Making: Rules and Rule in Social Theory and International Relations*. Columbia, SC: University of South Carolina Press.

Owen, Stephen. 1990. "What Is World Poetry?" *New Republic*, Vol. 203, No. 21.

Rose, Gideon. 1998. "Neoclassical Realism and Theories of Foreign Policy," *World Politics*, Vol. 51.

Ross, Marc H. and Elizabeth Homer. 1976. "Galton's Problem in Cross-National Research," *World Politics*, Vol. 29, No. 1.

Said, Edward W. 1999. *Orientalism*. 박홍규 옮김. 『오리엔탈리즘』. 서울: 교보문고.

Schmitt, Carl. 2005. *Political Theology*. Chicago: The University of Chicago Press.

Schweller, Randall 1996. "Neorealism's Status-Quo Bias: What Security Dilemma?" *Security Studies*, Vol. 5, No. 3.

Scott, James C. 2004[1977]. *The Moral Economy of the Peasant: Rebellion and Subsistence in Southeast Asia*. 김춘동 옮김. 『농민의 도덕경제: 동남아시아의 반란과 생계』. 서울: 아카넷.

Scott, James C. 2010[1998]. *Seeing Like a State: How Certain Schemes to Improve the Human Condition Have Failed*. 전상인 옮김. 『국가처럼 보기: 왜 국가는 계획에 실패하는가』. 서울: 에코리브르.

Scott, James C. 2015[2009]. *The Art of Not Being Governed: An Anarchist History of Upland Southeast Asia*. 이상국 옮김. 『조미아, 지배받지 않는 사람들』. 서울: 삼천리.

Shilliam, Robbie, ed. 2011. *International Relations and Non-Western Thought: Imperialism, Colonialism and Investigations of Global Modernity*. London: Routledge.

Thompson, Kenneth W. 1986[1980]. *Masters of International Thought*. 백태열 옮김. 『국제정치 사상가들』. 서울: 종로서적.

Waltz, Kenneth N. 1979. *Theory of International Politics*. Reading, Mass: Addison-Wesley.

Watson, Adam. 1992. *The Evolution of International Society: A Comparative Historical Analysis*. London: Routledge.

Wendt, Alexander. 1999. *Social Theory of International Politics*. Cambridge: Cambridge University Press.

제3장 　권역, 전파 그리고 동주의 역사사회학

『일반국제정치학(상)』의 재조명

전재성

1. 머리말: 『일반국제정치학(상)』의 저술 의도와 체계

동주 이용희의 『일반국제정치학(상)』은 1962년 출간된 국제정치학에 관한 포괄적인 이론적 학술서이다. 동주 스스로가 밝혔듯이 1955년에 출간된 『국제정치원론』에서 이 책의 골격을 이미 보인 바 있지만, 이 책은 보다 상세한 이론의 개념틀과 풍부한 역사적, 경험적 연구를 기반으로 하고 있다. 동주가 1917년생이라는 사실을 돌이켜 보면 이 책의 기반이 된 저자의 경험적 지평은 대체로 20세기 전반과 냉전 초기에 기초하고 있을 것으로 예상할 수 있다. 식민지화와 해방, 그리고 냉전이라는 숨 가쁜 역사의 격변 속에서 국제정치를 보는 문제의식이 형성되었을 것이고 식민지에서 분단된 약소국으로 모습을 바꾸어 고난을 겪고 있는 한국의 운명을 국제정치의 논리로 설명하려는 강렬한 학문적 동기를 가지고 있었을 것이라고 넘겨짚어 볼 수 있다.

이 책은 총 5개의 장과 4개의 부표로 구성되어 있다. 1장은 「예비적 고찰」로 국제정치의 개념과 성립을 다루고 있다. 2장은 동주 국제정치학 이론의 가장 큰 특징이자, 이 책의 사실상의 독자적 이론인 국제정치이론의 장이다. 3장은 「근대적 국제정치에의 경험」이라는 장으로 국제정치를 보는 기본 개념들과 서구 국제정치학 이론에 대한 개괄을 포함하고 있다. 4장은 「근대국가의 국제정치사적 여건」으로 현대 국제정치의 골간이 되는 유럽 근대 국제정치의 기원을 밝히고 근대국가의 성립사 및 성격을 다루고 있다. 5장은 「국제정치의 자기전개적인 여건」으로 현대 국제정치의 내적 모순과 향후 발전의 동학을 지적하고 있다. 부표는 모두 구주 열강의 식민지 진출에 관한 분류표와 연표 등으로 본론에서 많은 내용을 다루고 있지만 식민지사에 대한 꼼꼼한 부표를 첨가해놓았다는 점에서 책의 문제의식의 일단을 엿볼 수 있다.

책의 구성을 보면 국제정치라는 말과 한국이 속해 있는 국제정치권에 대한 소개가 앞에 나오고 국제정치 일반에 대한 힘과 제도에 대한 소개, 오늘날의 말로 하면 현실주의, 자유주의의 근간이 되는 개념들이 뒤에 배치되어 있다는 점에서 흥미롭다. 서구 국제정치학의 체계를 그대로 따르기보다 한국인이 사용하고 있는 국제정치라는 말과 한국인이 뿌리내리고 있는 한반도라는 장소를 먼저 논한다는 점에서 문제의식을 찾아볼 수 있기 때문이다.

한국의 문제의식을 담은 국제정치학 이론서가 "일반"이라는 수식어를 앞에 가지고 있는 점도 흥미롭다. 일반은 특수에 반대되는 용어로 한국의 국제정치학이 특수의 영역에 국한되지 않는다는 점을 강력하게 시사하고 있기 때문이다. 최근 한국 학계에서는 한국적 국제정치학 이론을 수립하려는 열망이 뜨겁다. 서구 국제정치학 이론이 한국의 국제정치 현실을 설명해 내는데 많은 한계를 가지고 있기 때문이기도 하고, 모든 이론이 겉으로는 가치중립적인 것처럼 보이지만 사실은 내재된 가치편향성을 가지고 있다는 비판이론의 관점을 공유한 때문이기도 하다. 동주의 국제정치학이론 역시 한국적 문제의식을 내장한 특수국제정치학일 수 있었음에도 일반의 수사를 가지고 있는 것은 한국발 국제정치학이론이 지구국제정치의 모습을 설명하는 일반의 성격을 가질 수 있다고 생각했기 때문이 아니었을까. 사실 이 책은 한국의 현실을 설명하는 문제의식을 가감 없이 보이지만 동시에 비서구 국제정치권의 일반적 문제, 비서구 국제정치권이 서구의 제국주의와 관계 맺은 과거에 대한 탐색, 그리고 현재 서로 분리된 식민모국과 식민지 관계가 현재 국제정치 동학의 핵으로 작동하고 있는 사연 등을 설명한다. 근대국가가 무엇보다 식민지국가이기 때문에 식민지를 설명하는 것이 서구를 설명하는 것이고, 근대 국제정치를 설명하는 것이고, 향후 국제정치의 향방을 설명하는 것이기 때문에 동주는 식민지의 역사에 대해 많은 관심을 기울이고 책의 말미에 긴 분량에 걸쳐 식민지의 역사와 유형을 부표로 붙여 놓은 것이라 볼 수 있다.

'일반'의 의미는 장소적, 시기적 일반의 의미와 더불어 국제정치 이슈의 일반과도 통한다. 이 책은 비단 안보와 군사의 문제 뿐 아니라 경제와 정체성, 문화의 측면을 골고루 다루고 있다. 현대의 국제정치학이 정치, 군사, 안보 및 정치경제, 문화와 정체성을 모두 함께 다루어야 한다는 문제의식을 가지고 있으면서도 이를 유기적으로 연결시키는데 많은 어려움을 겪고 있는 것이 사실이다. 그만큼 21세기에 문제가 복잡해진 바도 크겠으나 이론가로서 각 분야에 치중하는 학풍이 확산되어 국제정치의 모든 분야를 골고루 탐색하여 이론화는 문제의식이 줄어든 탓도 있다. 이 책은 그러한 점에서 국제정치의 발전사와 현재를 모든 이슈들 간의 결합으로 파악하려 하고 있고, 일반의 의미를 확장하고 있다.

이 책은 『일반국제정치학(상)』이라는 제목이 붙어 있어 하권의 출간을 염두에 둔 듯하다. 동주 스스로도 이 책에서 하권에 대해 언급한 대목이 있다. 서문을 보면, 상권은 국제정치학의 학문으로서의 성격과 국제정치의 개념을 논하고, 이를 계기로 국제정치의 권역성과 전파라는 논리적 기반을 제시한다고 쓰고 있다. 이어 근대국제정치의 유형적 양태를 설명하고 현대국제정치, 곧 세계정치의 역사적 성격의 양상에 대해 연구한다고 언급한다. 흥미로운 점은 "하권은 국제정치의 제 양상을 같은 방법에 의해 취급"할 것이라고 논하고 있는 점이다(이용희 1962, 22). 본문에서도 한 군데에서 하권에 관해 언급하고 있는데, 본론의 한 각주에서 "하권, '국제법의 역사적 성격' 및 '세력균형론' 참조"라고 쓰고 있다(이용희 1962, 70, 각주 3). 이를 종합해 보면, 상권의 본론을 쓰는 중에, 그리고 상권의 서문을 정리하는 중에 하권의 구상과 목차까지 마음에 품고 있었음을 유추할 수 있다. 하권은 짐작컨대 국제정치의 제 양상에 관한 것으로 국제법, 세력균형론 등이 포함된 중범위 이론에 관한 것이었을 것이다. 상권이 국제정치가 유럽에서 성립되어 전파되고 근대국가가 중심이 되어 세계정치를 재편한 상황에 대한 것이라면, 하권은 이러한 정황이 구체적으로 20세기 중반의 국제정치에 적용되어 나타나는 양상에 관한 것이었을 것이다. 상권의 개념틀을 고려해 볼 때 아마도 전쟁과 평화, 세력균형, 동맹, 국제법, 국제기구, 국제정치경제, 국제문화 등에 관한 목차들이 포함되어 있지 않았을까 짐작할 수 있다. 또한 하권은 이러한 내용들이 20세기 전반과 중반의 경험과 연관되어 서술되었을 것으로 짐작된다. 상권의 특이점 중의 하나는 냉전의 국제정치에 대해 큰 비중의 두지 않고 있다는 점이다. 개념틀과 경험적 연구의 차원에서 비서구 국제정치에 대한 전반적 논의를 하고 있지만 냉전의 강대국 정치가 서구와 비서구 국제정치를 어떻게 변화시키고 있는지에 대해서는 큰 관심을 쏟고 있지 않다. 계급을 중심으로 한 공산권이라는 새로운 국제정치권역을 이론적으로 분석하고 있지만 막상 소련과 공산권, 미국과 자본주의권의 관계에 대한 현재적 분석이 별로 없다는 것이다. 이는 상권의 초점이 국제정치권을 중심으로 맞추어졌기 때문일 것이다. 서구 강대국 권역, 공산주의 권역, 비서구 국제정치권역이 권역 간, 그리고 아마도 하권의 주제로 권역 내 국가 간 국제정치의 모습으로 발현되는 모습을 놓고, 이 책이 저술되었을 1950년대와 1960년대 초의 당대적 국제정치현안도 하권으로 미루어져 있지 않았을까 하는 추측을 해볼 수 있다. 따라서 하권은 보다 현실적이고 구체적인 개념들과 이슈들로 구상되지 않았을까 생각되며, 하권의 출간이 도래하지 않은 것은 매우 아쉽다고 할 것이다. 그러한 점에서 상권의 국제정치권역의 국제정치학이론이 시대별 현안과 이슈에서 어떻게 작동하고 있는지를 밝히는 것은 후학의 과제로 남은 것이다.

2. 동주 국제정치학의 메타이론

모든 사회과학 이론은 메타이론적 요소를 가지고 있다. 이론에 관한 기본 가정으로 인식론, 존재론, 규범론으로 대별되고, 이들은 별개의 것이라기보다는 서로 얽혀 있으며 상호작용하는 가운데 발전하는 요소들이다. 동주의 국제정치학이론 역시 숨어있는 메타이론적 가정들이 있고, 이들을 기반으로 이론적 개념틀과 주장, 그리고 경험적 연구의 내용 등이 전개되고 있다.

이론가는 국제정치라는 현상을 어떻게 인식하고 분석하는 것일까? 학문은 언어로 하는 것이고 사회과학이론의 경우는 특히 그러하다. 학문의 대상을 연구하는 것도 중요하지만 학문을 하는 도구인 언어가 대상에 대한 인간의 인식을 어떻게 구성하고 변화시키고 때로는 왜곡하는지를 아는 것 또한 중요하다. 철학에서 철학적 사유의 내용보다 언어가 더 중요한 분석 대상이라는 생각에서 언어적 전회가 일어난 것처럼, 사회과학 일반, 국제정치학에서도 언어적 전회는 최근 국제정치학에 중요한 요소로 자리 잡고 있다.

언어가 추출되는 기반은 인간의 생활세계이다. 아무런 학문적, 혹은 과학적 전제 없이 대상에 대한 관심이 형성되고 전개되는 과정을 스스로 알아가는 것은 성찰성의 문제로, 자신의 이론이 편견에 근거하지 않으려면 삶의 기반이 되는 생활세계에 대한 성찰성이 우선시되어야 한다. 후설(Edmund Husserl)의 경우 현상 그 자체 혹은 사태(Sache) 그 자체로 돌아가는 것을 중시하여, "사태 자체에 관해 이성적으로 또는 학문적으로 판단하는 것은 사태 자체에 따르는 것, 또는 논의와 사념에서 사태 자체로 되돌아가는 것, 사태 자체를 이것이 스스로 주어짐 속에 심문하고 사태에 생소한 모든 편견을 무시하는 것"을 요청했고, 이는 성찰성 명제의 기본을 형성한다(후설 2012, 95).

동주가 생각하는 국제정치는 동주가 살고 있는 생활세계에서 출발한다. 생활세계는 일상어로 이루어져 있고, 일상어는 개념적 정확성을 결여하지만 국제정치를 살고 있는 경험을 직접 반영한다. 이러한 생활세계적 국제정치 언어에서 학문적 국제정치 언어가 파생하는데 양자는 공통점과 차이점을 동시에 가지고 있다. 자신이 살고 있는 생활세계 속에서 국제정치를 학문적 대상으로 인식하는 행위는 국제정치라는 사태 자체에 대한 성찰을 결여하고는 이루어질 수 없다. 동주는 "우리가 일상어로 받아들이고 또 쓰게 된 '국제정치'라는 말 속에 학문 대상을 지어주는 분야 설정의 기능 혹은 카테고리 설정의 의의"가 있다고 본다(이용희 1962, 42-43).

즉, "일상 관용 속에 담겨 있는 그 사회의 특이한 태도와 관점이 바로 학문의 출발점을 형성"하고 있다는 것이다(이용희 1962, 43). " 일상어로서의 국제정치와 학문적 대상으로서의 국제정치, 그리고 국제정치 그 자체의 의미차에서 발생하는 갈등과 긴장이 현실을 형성해나간다고 본다는 점에서 코젤렉(Reinhart Koselleck)의 개념사 접근법과도 일맥상통한다.

일면 당연한 듯 보이지만 국제정치학을 비서구에서 다룰 때 우선 서구의 국제정치학 이론을 일별하고 이를 비서구에 적용시키는 관점이 대종을 이루고 있는 현실을 회고해보면 이는 출발점이 다르다는 것을 알 수 있다. 이러한 현대의 태도는 서구의 생활세계적 경험에서 추출된 서구의 과학적 개념을 비서구의 과학적 입장으로 취하고, 이러한 입장의 관점에서 비서구의 국제정치 생활세계를 재해석하는 인식론이다. 이때 비서구의 이론가가 자신의 감각으로 경험한 진정한 생활세계의 국제정치는 성찰적으로 개념화될 계기를 상실하게 된다.

서구의 국제정치학이 큰 도움이 되는 것은 사실이지만 이를 성찰적으로 받아들이는 것이 중요하기에 동주는 "우리가 지금 취급하는 국제정치의 학문은…구미 사회의 시각으로 시작되고 자유주의적 개차를 겪어 우리 사회의 현실에 조절되지 않으면 안되는 그런 학문"이라고 적고 있다(이용희 1962, 43). 동주는 국제정치학이 영미에서 주로 자라나왔고 비백인 지역에 압도적인 영향을 미쳤다는 점을 인정한다. 그러나 "영미류의 국제정치학이 자유주의 세계의 자유주의적 학문의 특성"을 가지고 있다는 점을 상기시킨다. "자유주의적 학문관념은 정치적 영향 하에 있어서도 학문상의 저항을 가능"하게 하였고 "영미류의 세계정책적 요소를 정치학에서 제거"하고 보도록 추동하는 측면이 있다는 것이다(이용희 1962, 57).

문제는 수입지의 고유성이 국제정치학에 투영되는 결과를 어떻게 소화하는가의 문제이다. 동주는 "국제정치의 학문이 구미, 특히 영미에서 일어나고 그것이 구미 정치의 팽창에 따라 우리 사회에까지 퍼지게"되었고 이에 따라 특정 성격을 띠게 되었다고 본다(이용희 1962, 36). 특히 "사회과학을 정밀화하려는 사람들은 꾸준히 수식화, 양화에 매력"을 느끼리라고 보지만 "일상적 의미"의 "굴레"를 벗어날 수 없다는 것이다(이용희 1962, 41). 한국에서 국제정치학이 시작되고 있었던 1960년대 초의 이러한 지적이 현대에도 공감을 불러일으킨다는 사실은 비서구 국제정치학이론을 정초하는 것이 얼마나 어려운가를 짐작하게 해준다.

비서구 국제정치학의 인식론적 고난은 존재론과도 일맥상통한다. 동주는 유럽의 국제정치가 세계화되는 19세기 말, 근대 후기의 시점에 특히 관심을 쏟는다. 비서구 지역에 온존하고 있던 국제정치권역이 서구의 제국주의를 매개로 편입되는 과정에서 권역들 간의 충돌이 일어난 과정을 분석하는데 많은 노력을 할애하고 있다. 전파이론에서 상세히 이야기되듯이 국제정치공간은 통합과 분리, 복잡한 공존이 함께 일어나는 곳이다. 서구 국제정치권이 비서구를 휩쓸었어도, 비서구의 장소적 특수성이 사라지는 것은 아니며, 특히 비서구 권역의 생활세계, 의미체계, 상징체계 등은 서구의 제도 아래에 존재하며 상황을 복잡하게 만든다고 본다. 그러한 점에서 동주가 중시하는 "장소(topos)는 단순히 고장이 아니라 특정한 시기에 있어서 가능한 사회적 정형을 말한다(이용희 1962, 63. 각주1)." 여기서 장소란 공간적 의미와 시간적 의미를 함께 가진다. 마치 20세기 물리학이론에서 아인슈타인의 상대성이론이 시간과 공간을 결합한 시공간을 함께 논의하듯이 시간의 흐름과 속도에 따라 공간의 성격이 바뀌고, 공간과 속도에 따라 시간이 다르게 흐르는 것과 비슷한 느낌을 준다. 국제정치역시 서로 다른 시공간이 절대적 기준이 아니라 상대적으로 상호 교섭하면서 만들어내는 장이라고 본다면 평평한 시공간을 상정하는 서구의 국제정치학 이론의 존재론을 비판할 필요성이 생긴다.

따라서 국제정치학과 "정치학은 이러한 장소적 입장을 도입하지 않으면 구경 특정한 지역의 정치개념을 보편화하여 초'장소'적 기준을 삼으려는 과오를 범하거나 혹은 현실정치의 시녀로서 프로파간다화하고 말 것"이라는 것이다. "'정치'는 특정한 의미로 통용되는 사회 곧 '장소'적 의미권에서 이해되거나 그렇지 않으면 특정한 의미권에 정복된 국제적 의미권에서 해석되어야 할 것"이라는 점이 동주 국제정치학 이론의 중요한 존재론적 근거를 이룬다(이용희 1962, 63. 각주1).

장소의 존재론은 인식론과 결합되는데, 장소는 인간의 인식과 결부된 장소이기 때문이다. 장소가 지리학적 물질의 배치가 아니라 장소의 물질성과 그 속에서 사는 사람들의 의식과 결합하여 성립하는 개념이기 때문이다. 국제정치에는 순수한 장소와 순수한 의식이 없으며, 물질과 의식, 몸과 마음이 결합하여 장소를 이룬다. 따라서 장소의 심신결합적 존재론은 국제정치를 구성하는 사람들의 의식 내부를 들여다보게 하는 인식론을 수반해야 한다. 이는 국제정치라는 말에 관심을 가지고 각자가 의미하는 국제정치라는 말을 해석해야 하는 인식론적 전제와 상통하는 말이다. 따라서 국제정치란 "실은 충분히 커뮤니케이트되는 공동의 관념체계와 공통의 개념구조와 공유의 정치의식으로 엮어져"있고, "그것이 마침내 행위의 일정한 형태를 낳고 또 그래야 비로소 행위의 명분이 유지되고 정당화되는 국제질서의 차원에 존재하는 정치의 정치의식"을 분석의 대상으로 놓아야 한다(이용희 1962, 66).

이러한 인식론과 존재론의 결합에서 이 책의 규범적 입장을 간파해 볼 수 있다. 흔히 국제정치학 이론을 문제해결이론과 비판이론으로 분류한다. 자신의 존재론적 특수성, 그리고 반성적이지 않은 인식론을 비판하는 것이 이론의 규범성에서 중요한 요소이다. 동주의 국제정치학 역시 그러한 점에서 서구 국제정치학에 대한 비판, 비서구 국제정치학의 성찰성에 대한 권고를 담고 있다. 그래서 동주는 "영미류의 세계정책적 요소를 정치학에서 제거"할 것을 경고 있는 것이다(이용희 1962, 57). 그러나 비판이론이 비판에 그치는 것은 불완전한 규범적 요소이다. 모든 이론은 경험적 분석과 객관적 검토의 가능성을 내포해야 하는데 이는 문제해결이론의 핵심적 요소이다. 비판이론이 흔히 비판되는 바는 비판에 그치지 국제정치를 명확히 이론화하지 못한다는데 있다. 이 점에서 『일반국제정치학(상)』은 서구이론에 대한 비판적 관점을 가지고 있으면서도 권역이론과 전파이론을 통해 일면 서구 이론의 분석적 성과를 소화하면서 비서구, 한국의 경험에서 비롯한 경험적 명제들을 제시하고 연관된 증거를 제공하고 있다.

3. 권역이론과 전파이론

동주의 『일반국제정치학(상)』의 가장 핵심적이며 독창적인 부분을 하나만 꼽으라고 한다면 단연 권역이론, 권역 간 전파이론이라고 할 수 있다. 흔히 국제정치는 국가 간 정치여서 국가가 국제정치학의 근간이자 기본 분석단위라고 생각하기 쉽다. 그러나 시공간적으로 좀 더 넓은 차원에서 본다면 국가는 국가를 만들어낸 구조와 바탕의 산물이고, 현대 국제정치의 국가는 유럽의 독특한 근대주권국가로서 유럽적 상황의 산물이다. 그 유럽적 상황, 유럽의 독특한 시공간의 정치적 구조를 먼저 분석해야 국가가 산출되고 구성되는 논리를 알 수 있다는 점인데, 동주는 그 상황을 권역, 혹은 국제정치권이라는 용어로 규정한다.

권역은 상대적으로 독립된 지리적 단위이다. 유럽 권역, 유교 권역, 회교권역 등 내적 응집성이 상대적으로 높고 다른 권역과 차별되는 정치질서의 범위이다. 동주 국제정치학에서 기본 분석단위가 국가가 되기 이전에 권역이 된 것은 현대국제정치학이 기본 분석단위라고 생각하는 국가가 역사적, 장소적 산물이라는 길고 넓은 시각이 있었기에 가능한 것이다. 이 책은 19세기 말 유럽 제국주의의 확장을 분석하면서 유럽의 국제정치가 세계정치가 되는 과정을 분석하여 결국 권역 간 차이가 점차 엷어지는 점을 분석하기는 하지만 여전히 권역이 기본 분석단위로서 유효하게 작동하고 있음을 주장하고 있다.

동주가 한국 미술사에 탁월한 견해를 가지고 있었음은 미술사 저술을 통하여 잘 알려진 바 있다. 한국의 국제정치학이 한국인과 한국이라는 장소에서 성립하는 학문이어야 하듯이, 한국 회화는 한국인의 미감으로 만들어진 한국인만의 것이라는 생각이 동주 회화사론의 핵심이었다. 동주는 그의 미술사 책에서 한국 회화가 가진 독특한 미감을 강조하면서 빌헬름 보링거(Wilhelm Worringer)의 미술사의 문화권이론을 논의한 적이 있는데 국제정치학의 권역이론도 여기서 비롯되었다고 언급한 바 있다. 권역이론이 문화권 이론, 특히 미감과 관련 있다는 점은 시사하는 바 크다. 왜냐하면 권역이 비단 국제정치학의 물적 조건, 권력의 범위에 그치는 개념이 아니라 인간의 의식, 정신, 문화 및 의미와 관련된 정체성의 영역과도 일치하기 때문이다.

『일반국제정치학(상)』에서 권역은 "일정한 정치행위의 의미가 보편타당한 권역"으로 정의된다(이용희 1962, 69). 국제정치권은 단순한 정치의식에 그치는 것이 아니라 생활일반을 지배하는 문화권과 밀접한 관계를 가지게 되는 것이다. "정치권의 궁극에는 행위양식이 놓여있고 또 그 행위양식은 구체적으로 생활양식의 일반의 양식 속에 옷감의 올과 같이 짜여져 있는 까닭에 서로 도저히 떨어질 수 없다"고 본다(이용희 1962, 66-67). "일정한 권력구조, 특정한 이데올로기, 고정한 행위양식으로 엮어져 있는 국제사회인 것이 상례"(이용희 1962, 70)라고 보면서 권역의 물적 조건이 어떠한 의미체계 안에서 해석되어 공유되는가가 중요하다는 점을 강조하고 있다. 군사적 점령, 통치, 지배가 바로 국제정치권을 형성하는 것이 아니라 "특정한 정치조직, 정치제도, 정치권력이 정치의식의 밑받침을 얻어 정당화되고 또 합리화되어 정치행위의 국제기준으로 침전될 때에 비로소 국제정치권은 형성되었다"고 보는 것이다(이용희 1962, 71). 마치 겸재가 본 물적 대상으로서의 한국 풍경이 진경산수화 속에서 한국인만의 미감이라는 의미체계로 표상되고 이를 미적 감흥을 매개로 공유한 한국인들끼리 하나의 의미권을 형성하는 것처럼, 국제정치학에서도 대상의 물적 조건이 같은 의미권으로 공유될 때 권역이 형성된다고 보는 것이다. 이는 현대 국제정치학에서 논하는 바, 의미의 구성, 물질과 의식의 연관에 대한 구성주의 및 신물질주의(new materialism)의 논의와도 상통하는 바 있다. 권역에 대한 이러한 정의는 권역을 파악하는데 단순히 실증주의 인식론으로는 제한적이고 필연적으로 권역을 구성하는 인간, 집단 단위들의 자기 규정, 의미체계를 이해해야 한다는 과제를 안긴다. 결국 실증주의적 인식론에 더하여 해석적 인식론을 어떻게 활용하는가의 문제가 제기되는 것이다.

권역이론의 다음 단계는 권역 간 관계에 대한 이론화이다. 권역은 물리력이나 문화적 힘이 차고 넘칠 때 다른 권역과 교섭한다. 즉, 국제정치권은 고정된 것이 아니라 다른 국제정치권과의 접촉, 충돌을 통해 권역의 질서와 의식형태가 재조정될 수 있고, 필요한 행위 형태의 조절이나 수정이 있을 수 있다는 것이다. 권역 간 교섭의 과정은 대부분의 경우 물적, 문화적 조건이 우월한 측에서 그렇지 못한 측으로 흘러 들어가는데 이를 전파라고 개념화하고 있다. 이 과정은 평화롭기도 하지만 폭력적이기도 하다. 동주는 권역 밖을 대할 때에는 무력행위가 나타나고, 이는 규율을 초월하는 단순한 전투행위로 표출되는 일이 많았다고 본다. 현대 서구 국제정치학은 유럽의 근대 국제정치권역이 무정부상태라는 조직원리에 바탕을 두고 있다고 본다. 이는 권역이론의 관점에서 보면 성립하기 어렵다. 무정부상태가 공유된 의미체계 없이 오직 물적 권력으로만 매개되는 관계라고 본다면 권역 자체가 성립될 수 없기 때문이다. 구성주의가 "무정부상태는 국가하기 나름"이라고 논했지만, 동주의 관점에서 보면 "무정부상태는 권역이 만들기 나름"이기 때문이다. 무정부상태 자체가 공유된 의미 체계에 기반하고 있다는 점에서 이러한 관점은 영국 국제사회학파에 오히려 가깝다. 그러나 권역 간 관계는 이와는 달리 진정으로 무정부상태적일 수 있다고 동주는 본다. 즉, 폭력을 매개로 할 수 있고 공유된 의미체계 없이 전파가 시작된다는 것이다. 그러나 이러한 과정 역시 오래 지속되지는 않는다. 곧 권역 간 전파를 이루는 다양한 메커니즘이 나타나기 때문이다. 동주는 "국제정치권은 언제나 강력한 정치세력을 매개로 특정한 정치가 다른 지역과 사회로 전파되고 권역에 두루 타당한 보편적 정치체계가 되면서 전파가 이루어진다"고 쓰고 있다(이용희 1962, 71).

이러한 이론적 전제 위에 전파 이론이 비교적 세부적으로 펼쳐지는데, 우선 전파의 요건을 보면, (1) 우월한 정치세력의 매개, (2) 시간적 지속, (3) 피전파 사회 지배층의 매개가 필요조건이다. 전파 과정에서 저항이 상례이기 때문에 표면상 "국내정치에 관여하지 않는다는 위장을 쓰게 되고 여기에 국내정치와 국제정치를 구별함으로써 지배층의 국내적 지배에 무관한 척" 한다는 것이다. 국내지배에 대한 직접 지배를 회피하여 전파와 피전파 양측의 지배층이 타협하는 과정도 발생한다(이용희 1962, 72).

다음으로 전파의 형태에 관해 논의하는데, 이는 (1) 단위 간 관계를 규정하는 국제법 관념을 매개로 한 전파, (2) 전쟁과 평화의 제도를 매개로 한 전파, (3) 관념체계, 정당성 의식 등 심벌체계를 매개로 한 전파로 나눌 수 있다(이용희 1962, 74-75). 전파의 형태를 논의할 때, 전파자가 정치, 군사, 문화의 모든 면에서 우세를 점하면 급속하고 강렬한 전파가 이루어지고, 전파자가 군사, 경제적으로는 우월하지만 피전파자가 문화, 정치의 전통 가치를 고수하려고 하면 강렬한 저항이 발생한다. 따라서 피전파자의 저항에 따라 전파의 속도와 심도가 달라진다는 가설이 성립된다(이용희 1962, 76-77). 이는 서구 및 비서구 국가들의 다양한 제국주의 이론들에서도 심도 있게 다루는 내용으로 동주 국제정치학 이론의 핵심 구성요소가 제국주의와 식민주의라는 것을 알 수 있으며, 이는 동주가 살았던 20세기 전반의 한국 식민지 상황에 대한 성찰과 유관할 것이다.

『일반국제정치학(상)』이 남긴 흥미로운 추가사항은 동주가 국제정치권의 자기전개적인 여건을 다루면서 "전파는 단순한 일방통행은 아니"며 유럽의 전파의 경우 유럽 내의 내면적 변화가 전파와 상호작용한다고 본 점이다(이용희 1962, 249-250). 흔히 전파는 권역 간 일방향 논리라고 간주하는 경향이 있는데 전파자 역시 전파 과정에서 변화하며, 이는 피전파자가 속한 권역의 영향에서 비롯되는 것이다. 전파이론이 흔히 영국 국제사회학파와 유사점을 가진다고 보는데 이는 권역의 개념과 국제사회학파의 국제사회 개념이 유사하기 때문이다. 가장 큰 차이점은 전파의 방향에 관한 것인데 영국 국제사회학파는 철저히 유럽중심시각을 내재하고 있어 유럽의 국제사회가 비유럽으로 확장된다고 전제하고 이를 경험적으로 연구한데 연구의 에너지를 대부분 쏟고 있다. 그 과정에서 유럽이 어떻게 변화하는지, 전파의 쌍방향성이 어떠한 논리로 작동하는지를 분석하지 못한다는 점에서 두 이론의 가장 큰 차이가 있다.

4. 현대 국제정치학 이론의 기본 전제들

20세기 국제정치학은 국가 간 관계를 다루는 학문으로 재조정된다. 19세기 말 유럽 권역이 유교권과 회교권 등 비유럽 권역을 휩쓸었기 때문이다. 전파이론이 권역 간 전파를 다루는 이론이라면 이제 필요한 것은 전파 이후 각 권역이 당면한 복합적인 국가 간 관계의 양상을 살피는 것이다. 동주는 국제사회라는 개념을 언급하면서 "유럽에 있어서 국제사회라는 말은 구경 유럽사회 혹은 구미사회라는 의미"였고 20세기에 이르러 세계사회를 의미하게 되었다고 본다. 국제를 단순히 국제로 보지 않고 세계로 보는 용법이 자리를 잡았다고 분석하는데 이는 20세기 국제정치학의 출발인 셈이다.

전파를 겪은 권역의 내부를 들여다 볼 때 가장 중요한 점은 국제정치와 국내정치, 안과 밖이 상호 영향을 주는 과정을 긴밀히 파악하는 것이다. 흔히 서구 국제정치학에서 권역과 전파의 개념을 결여하면 국내정치는 위계, 국제정치는 무정부상태라는 이분법을 사용하기 쉬운데 이는 단순화의 이점은 있겠지만 역사적 관점에서 권역 내를 이론화하는 데에는 별로 도움이 되지 않는다. 동주는 국제정치와 국내정치를 단순비교하고 국제정치의 조직원리를 혼돈과 무질서로 보는 견해를 반대한다. 이는 "국내정치와 국제정치를 한 차원 위에 벌려 놓고 진화론적 전제에서 논리를 엮는 것"이고, 이러한 사고의 배후에는 "정치일반이라는 일원적 보편개념을 설정하고 그것이 마치 한 차원 위에서 정리될 수 있는 역사적 사실에 대응하고 있는 것 같이 가정을 세우고 있다"는 것이다(이용희 1962, 82). "국내정치와 국제정치는 긴밀히 상관되어 있으며 차원 사이는 단절이 아니라 상호의존" 혹은 "상호매개"함으로써 존재한다고 본다.

20세기 국제정치학은 따라서 한편으로 권역 간 전파가 어떻게 자리잡는가의 문제와 각 권역 내에서 새로운 정치의 개념, 국제정치의 조직원리가 어떻게 발생하는가의 문제를 다루어야 한다. 동주는 권역 간 관계를 "자연상태"로 보더라도 "국제행위의 제도적 합리화"가 전개되었다고 본다. 권역 간 관계가 상당 기간 동안 지속하면 반드시 모종의 질서가 도래했다고 보는데 그 모종의 질서를 이론화하는 작업이 필요하다(이용희 1962, 83). 또 다른 작업은 전파를 거친 권역 내 국제정치의 복합화이다. 동주는 전파된 "새 정치양식이 전통적인 사회견제와 관련되어 잔존하는 전통적인 정치행위 양식과의 혼잡"이 발생한다고 본다. 20세기에 이르러 유럽 국제정치권이 팽창하여 단일한 "세계정치" 차원이 존재하게 되었지만, 그 안에 다시 준권역적인 국제정치의 분열이 도래했다고 본다. 예를 들어 유교권과 회교권의 유태가 명분과 가치체계의 무대에서는 시대착오적이라는 모멸을 받았지만, 유럽 양식을 받아들이는데 막후에서 전통적인 행위양식으로 섞이고 또 반발하여 세계정치를 복잡화하고 있다는 것이다. 이는 비유럽 국제정치권역의 조직원리가 복합화되었다는 점을 지적한 것이다. 유교권의 경우를 보더라도 전통질서의 사대자소 조직원리가 유럽 권역의 주권국가질서와 교섭하고, 그 전파의 과정에서 변형되고 중첩된다. 유럽의 권역이 유교권역의 논리를 완전히 소멸시키고 대체한 것이 아닐진대 두 권역의 복합과정을 연구하는 것이 필요하다. 권역은 단지 물적 조건이 아니라 그 안의 사람 주체들의 의미권이라고 볼 때 변화하는 물적 조건에 의해 새롭게 구성되는 인간의 정치, 국제정치인식도 분석의 대상이다. 물적 조건과 제도는 변화해도 권역 내 인간의 의식은 강건한 관성을 가지고 지속성을 가지기 때문이다. 조직원리의 복합화는 물질과 제도의 영역 뿐 아니라 관념과 가치, 혹은 정체성의 영역에서 함께 일어나며 각 차원은 서로 다른 독자 논리를 가지고 작용하고 있다고 가정해야 한다.

유럽의 국제정치가 세계정치의 기본 논리가 되었을 때 서구 국제정치이론가들의 논의가 적용되기 시작한다. 동주는 모겐소나 카의 견해를 소개하면서 유럽의 권역이 강대국의 힘의 정치에 경도되었다고 보고 있다. 그러나 유럽발 국제정치를 힘의 정치로만 보는 데에는 경계의 모습을 보인다. 국제정치가 "단순히 제도화만 있고 질서만이 있고 그 위에서만 평화가 이룩된다는 정지의 세계"가 아니라 "'힘'의 동(動)과 '질서'의 정(靜)이 양개의 좌축이 되어 그 사이에 부단히 전동하는 좌표와 같은 것"이라고 보기 때문이다(이용희 1962, 117-118). 국제정치가 복잡한 이유는 힘의 논리를 변화시키는 제도의 논리가 있기 때문이다. 동주는 국제정치의 복잡도가 제도량의 증가와 비례한다고 보고 국제정치의 제도화 과정은 필연적으로 국제질서의 안정을 가져온다고 지적하고 있다(이용희 1962, 115). 그러면서 국제질서를 세분화하여 국제법적 질서, 강대국 간 국제정치질서, 경제질서 등 다양한 질서를 볼 것을 권하고 있다.

제도량의 증가가 힘의 국제정치를 변화시키는 것에 주목했다는 점에서 현실주의와 자유주의 간의 균형 있는 시각을 이 책이 주문하고 있다고 볼 수 있다. 특히 정치와 군사의 영역 뿐 아니라 경제 및 국제법의 영역에 관심을 기울이면서 협력과 제도화에 착목하는데 이는 시장을 매개로 한 평화, 국제제도에 기반한 평화를 논하고 있는 자유주의에 대한 관심을 불러일으킨다. 그러나 동주는 유럽근대국가의 경제국가적 속성을 다루면서 시장을 매개로 한 자유주의 협력이 사실은 강대국의 중상주의적 대외정책과도 긴밀히 연결되고 있음을 지적하여, 현실주의와 자유주의가 어떻게 결합하는지가 더욱 중요한 이론적 과제라는 점을 시사한다.

현대 국제정치의 기본 논리로 동주가 가장 강조하고 있는 점은 아마도 권역들 내부, 특히 비유럽 권역들인 유교권, 회교권, 그리고 "유럽 체내적인 도전"이라고 동주가 명명한 공산주의권이 복합적 조직원리를 내장하게 되면서 보이는 동력이다(이용희 1962, 95). 이 책은 20세기 국제정치의 동학을 분석하면서 "세계정치의 자기분열"이라는 용어를 사용하고 있는데 이는 유럽의 근대국가 질서가 주변의 국제정치권과 갈등하는 가운데 변화의 동력을 생산하고 있다는 것이다. 유럽 권역의 국제정치가 비유럽으로 전파되었을 때, 비유럽은 시간이 지나도 유럽과 같아질 수는 없다. 유럽의 조직원리로 세상이 평평해지지 않는다는 것이다. 마치 발전이론이 비서구 국가에게 서구국가와 같아질 것을 권유하지만 결국은 저발전의 종속으로 귀결되는 것과 유사한 논리이다. 비유럽 권역은 자체적인 발전의 길을 걷게 되고, 그러한 비유럽과 원래의 유럽, 그리고 비유럽에 의해 또한 변화되는 유럽이 공존하는 것이 20세기 국제정치의 모습이라는 것이다.

동주는 피전파의 위치에 있으면서 동시에 전통 문화의 도가 높았던 유교, 회교 지역이 세계정치의 새로운 변경을 이루며 유럽 중심의 국제질서와 갈등하고 있다고 본다. 동시에 유럽적인 세계정치에 대한 체내의 도전으로서 공산정치권 역시 새로운 초국가적 계급 개념을 중심으로 도전하고 있다는 것이다. 유교, 회교권은 국제정치의 양식은 배웠으나 그 자체의 논리로 움직인다. 신구 양 가치체계의 도괴(倒壞)양상이 나타나는 것이다. 처음에는 비유럽 권역 내에서 "국내정치 양식에 이르러서는 개념체계와 행위양식에 있어서는 충분히 학습되거나 정형화될 수 없어서 마치 전통적인 구행위형태에, 신수입의 제도, 개념체계를 어설프게 접목하여 놓은 것"의 상태가 발생한다(이용희 1962, 93). 그러나 점차 주변 지역은 전파의 압력에서 탈출하려는 양상을 띠고 특히 주위의 다른 권역들에 비유럽적 유사정치가 나타날 때에는 탈출의 욕구가 일층 더 가해진다고 본다. 그렇다고 탈출이 전파 이전 모델로의 회귀는 아니다. 동주도 "이러한 흐름이 옛 정치에의 역행과정은 아니며 새로운 모델을 지향하는 것"이라고 본다. 전파로 인해 만들어진 권역 간 갈등, 권역 내 새로운 방향 모색, 비유럽 권역들 간의 수평적 단합, 또한 유럽 권역 자체의 발전 등을 강조하는 이러한 이론은 평평한 유럽 근대국가질서를 상정하고 하나의 장으로 국제정치를 이해하는 서구 국제정치학 이론과는 큰 편차를 보인다. 이론이 미래의 예측 기능을 가진다면 동주의 전파이론은 예측의 동학을 보다 복잡한 논리에서 찾고자 한다. 그래서 동주는 "세계정치가 자기분열의 방향에 직면하고 있으며 세계정치가 단일현상의 모습을 보인다 해도 복잡한 하부구조를 지닌 정치로 이해해야 한다"고 쓰고 있다(이용희 1962, 92-96).

5. 근대국가론과 동주의 역사사회학

『일반국제정치학(상)』을 두 부분으로 나눈다면 그것은 각각 전파이론과, 근대국가의 기원과 진화과정을 추적한 역사사회학이다. 동주는 권역이론을 기반에 두고 20세기 국제정치를 이해하는 한편 미래의 세계정치를 내다 볼 때 유럽에서 발원한 근대주권국가의 속성과 동학을 이해해야 한다고 생각한 것으로 보인다. 그리고 방법론으로 중요한 거대 개념을 바탕으로 유럽 근대초기부터의 역사를 되짚어 보는 연구를 경험적으로 매우 꼼꼼하게 진행했다. 「근대국가의 국제정치사적 여건」이라는 제목이 붙은 4장과 5장은 근대국가에 대한 역사사회학적 연구를 일컫고 있고, 「근대 국제정치의 자기전개적인 여건」이라는 제목이 붙은 6장은 과거의 역사사회학적 연구를 바탕으로 미래를 이해하는 기본 동학의 개념을 제시하고 있다. 동주는 6장의 1절에 "자기변이의 제상"이라는 소제를 달고 있는데 이는 국제정치의 변화가 내적 모순에 의해 자기전개되어 변화된다는 개념을 가지고 있기 때문인 것으로 생각된다.

『일반국제정치학(상)』이 근대국가의 역사적 성격을 추적하는 것은 유럽

권역에서 발생한 국제정치학이 궁극적으로 다른 권역에 어떠한 영향을 미쳤는지를 알기 위함이다. 1970년대 이후 국제정치를 역사사회학적 방법으로 분석하려 한 서구의 학자들과도 일맥상통하는 접근법을 보이는 동주의 근대국가론은 유럽에서 근대국가가 주권의 개념을 바탕으로 발생하고 이후 세계로 확장되는 과정을 추적하고 있다. 이 책은 우선 근대를 두 시기로 구분하는데 근대 전기는 대체로 16세기로부터 프랑스 대혁명까지, 근대 후기는 대혁명에서 제1차 세계대전까지로 구분한다. 양자를 나누는 기준은 전파의 사실로, 전기는 유럽 중심의 질서이고, 후기는 전지구에 유럽의 질서가 전파되는 시기라는 것이다.

중세유럽의 지역질서와는 근본적으로 다른 질서를 만들어 낸 근대국가의 발달은 순차적으로 나타나는데 국가의 영토관념, 주권사상, 국민관념이 차례로 나타난다고 본다. 근대 전기 절대군주 시대에 배타적 영토 및 독점세력의 관념이 있었고, 주권, 통치권, 지상공권(至上公權)의 사상이 이와 연관하여 나타났으며, 이후 나와 남의 예리한 차별의식, 우적관계에 기초한 국민관념이 나타났다는 것이다(이용희 1962, 125-132). 이로부터 유럽의 근대 권역에서 "정치는 국가정치로 이해되고 또 국가정치의 '국가'는 곧 '근대국가'로 인정"되게 된다.

양검론으로 대표되었던 유럽 중세의 황제와 교황의 힘이 약화되면서 주권국가가 등장하고, 국가 단위가 일반화되면서 복수의 국가 단위들 간에 질서가 형성된다. 결국 동주는 "유럽 사상의 다수 국가의 공존 사상 곧 주권국가의 독립적 공존사상이란 결국 근대유럽사에 있어서 단일한 대세력이 유럽을 단독으로 지배한 일이 없었다는 간단한 역사적 사실에 귀인한다"고 본다. 그 가운데 힘을 바탕으로 한 강대국이 질서를 형성하고 약소국은 생존을 위해 세력규형 정치에 민감하게 반응하게 되는 것이다. 동주에 따르면 "근대 유럽사는 구경 복수적인 강대국의 경쟁적 공존사"

였고 다수의 군소국은 강대국 간 대립견제를 이용하여 동맹 또는 중립으로 안전을 유지했다는 것이다(이용희 1962, 137-138).

이 책의 근대국가론에서 가장 핵심적 주장은 근대국가가 군사국가, 경제국가, 식민지국가의 성격을 함께 가지고 있었으며, 이들은 사실 밀접히 연동되어 시기별 국제정치의 역사를 만들어왔다는 것이다. 동주에 의하면 근대국가는 무엇보다 군사국가로서 "군사적 목적과 필요를 구현하기 위한 군사정책이 다른 것에 우선되어 있으며, 이에 따라 사회구조, 국가재정, 국가정책에 이러한 목적과 필요가 반영되어 있는 국가"이다. 군사국가의 증빙은 "방대한 상비군의 창설"이고 "국가이익을 유지하는 최후 이성으로서 군사력에 호소한다는 정책"이다(이용희 1962, 138). 군사국가로서의 근대국가는 영토국가인데, 광역의 토지를 분할점령하여 접경하며, 영토 내에 독점적, 배타적, 일원적, 절대적 주권이 주재한다는 원칙에 기반한다(이용희 1962, 140).

군사적 근대국가는 경제국가이자 식민지국가이다. 즉, 군사력을 지주로 하여, 한편으로는 식민지 개척, 다른 한편으로는 국민경제의 확대, 증진을 추구한다. 국왕은 영토 확대에 따라 세원, 인구, 왕가 수입의 증가를 추구하고 상인은 안전한 독점시장의 혜택을 본다. 근대 경제는 근본적으로 정치경제, 국가경제일 수밖에 없다고 보고 인간은 국민으로서의 인간일 수밖에 없으며 조국의 개념으로 하나로 뭉쳐야 한다는 관념이 보편화되었다(이용희 1962, 157-158). 근대의 전기와 후기를 가르는 프랑스 대혁명을 기점으로 유럽의 신분정치가 점차로 타파되고 애국심과 결부된 국민의식이 증가한다. 국민개념이 확대되면서 국민군의 등장, 제3계급의 정치참여, 관료의 국민화, 국민경제체제의 완성 등이 때를 같이 하여 일어나게 된다(이용희 1962, 163-164).

근대 국민국가는 군사국가인 동시에 경제국가이다. 동주는 근대국가의 형성이 나라를 단위시장으로 하는 나라경제의 성립을 의미하였다고 본다(이용희 1962, 170). 경제는 곧 국가경제를 의미했으며 국가의 대외정책은 부 추구와 상공정책에 치중하여 상업국가, 산업국가의 모습이 현저하게 나타났다는 것이다. 중상주의가 근대 전기에 등장하여 주된 경제사상이 되었고 사회사상, 경제사상으로서 정부의 정책과 일치하게 되었다고 본다. 근대국가의 성장과 국민경제의 형성이 호혜적으로 작용하고 자본활동의 확대와 정치, 군사력의 증가가 서로 밀착하여 이루어졌다(이용희 1962, 185). 또한 중상주의의 관점에서 보면 식민지는 나라 단위의 시장의 확대일 뿐 아니라 본국에 정책적으로 의존하는 부속시장의 조성을 의미했다(이용희 1962, 188).

동주는 국가경제를 중심으로 한 중상주의 견해가 근대 경제국가의 핵심이었다고 보지만 동시에 자유무역을 향한 시장논리의 독자성을 인정한다. 유럽의 경우 자유무역정책이 중농파의 운동으로 나타난 사실에 주목한다. 자본운동의 성격이 초국가적, 초국경적 양상을 내포하는 이데올로기로 나타나는 것이다(이용희 1962, 194). 그러나 유럽의 자유주의 역시 국민경제의 필요성과 완전히 유리된 채 지속되지는 못했다. 오히려 자유주의는 자유무역 및 산업경제에 이데올로기로서, 가장 강대한 국가인 영국에게 가장 유리하였다고 본다. 자유무역은 국내정치에서으로는 당파적 투쟁을 유발했지만, 대외적으로는 국가 이익의 성격을 동시에 지니고 있었었다. 영국 자유무역 정책은 자족적 농촌중심경제가 세계수용에 반응하는 산업중심경제로 이행하는 과정에 나타난 현상이었고, 영국 산업의 세계적 재패와 영국자본의 세계 자유시장에의 요구가 기저에 있었다는 것이다(이용희 1962, 203). 이러한 주장은 이후에 서구 국제정치학에서 패권안정이론이 주장하는 내용과 일맥상통한다. 가장 강대국 국민경제를 가진 국가가 자유주의 국제경제질서를 추진하여 자국의 이익을 극대화시키는 정책을 추구한다는 것이다.

그러나 시장의 논리는 항상 국가에 갇혀있을 수 없고, 양자의 갈등이 근대국가를 변화시키는 내적 동력이 된다는 흥미로운 논점을 동주는 보이고 있다. 즉, 세계정치는 세계경제와 상호 매개되어 존재하는 현상이고, 19세기 말부터는 국민경제 단위의 세계경제와는 다른 자본활동의 코즈모폴리터니즘이 발생했다고 본다. 요즘의 개념으로 세계화의 출현이며, 20세기 세계정치가 이미 이러한 세계화와 맞물려 발생했다는 것이다 (이용희 1962, 208).

마지막으로 동주의 시대에 가장 관심을 끌었던 유럽 근대국가의 성격은 식민지국가였을 것이다. 이러한 상황은 21세기 한국 국제정치학계와도 크게 다르지 않다. 대부분의 서구 국제정치학이 비유럽 권역의 국제정치 현실을 주된 이론화 대상으로 삼지 않고 있기 때문에 유럽 국가가 식민지국가라는 점, 여전히 탈식민의 국제정치가 지구정치의 한 부분을 차지하고 있다는 점을 주변화하고 있기 때문이다.

우선 식민지란 단어는 단순히 국외이주와 이민지의 영토화라는 좁은 의미에 국한되지 않는다. "정치적 의미에서 식민이란 일정한 지역과 그 주민이 정치, 경제에 있어서 차별적으로 예속되어 있거나 또 예속되어 있는 것과 같은 지위에 빠진 경우"를 의미한다. 식민지 국가란 정치적 의미에서 식민지의 획득을 위해 꾸준히 노력하는 국가이며, 19세기에는 세력권, 이익권, 조계 등이 새로운 의미의 정치적 식민지가 된다. "경제, 군사적 이익을 위해 식민지적 획득과 유지를 목적으로 하는 정책의 성격을 식민주의라고 한다면 상대방을 식민지화하거나 식민지의 구체적 형태가 아니더라도 남의 땅, 남의 고장을 대상으로 하고 간접으로 유사한 효과를 거두려 할 때에 이를 식민지 정책이라 할 수 있다. 이러한 의미에서 식민지 없는 식민주의가 가능하고 유럽 근대국가는 식민지 정책, 식민지주의적 성향을 나타낸다"는 것이다(이용희 1962, 209-211).

식민지국가는 군사국가로서의 근대국가 논리와도 밀접히 연결된다. 식민지 건설은 경제적 이익 뿐 아니라 군사기지, 농원경영, 기항지 등 다양한 목적으로 이루어진다. 근대국가의 경제이익은 단순한 경제이익이 아니라 부국강병과 관련되어 있기에 군사이익에 기초하고 있고 군사주의는 경제주의에 또한 밀착되어 결국 정치, 군사, 경제의 3면을 지닌 국가경제적인 이익으로 나타나는 것이다(이용희 1962, 233-234).

식민지가 확장되면서 비유럽권역은 유럽 중심의 국제정치에 편입되는데 식민지 권역의 발전은 왜곡된 형태로 남게 된다. 식민지국가의 내적 논리로서 식민지 생산구조 곧 농작원료 및 식량중심의 구조는 식민지 지역을 대부분 농업국으로 남게 하였다. 이는 20세기 전후 세계정치의 단계와 국제정치의 성격을 결정하는 요인으로 작용하였다고 본다. 식민지와 식민지 경제는 유럽 국제정치 속에 완전히 용해되었으며 유럽 세력균형의 대상으로 식민지가 운용된 것이다(이용희 1962, 219-221).

식민지국가는 문화적 식민주의, 문화제국주의로도 나타난다. 식민주의는 세계정치의 성립을 가져왔는데 이는 비단 영토적, 경제적 팽창이 아니라 문명적 팽창이기도 했다. 구미국가들은 문명에서 우월감에 차고 유럽 문화 우월, 백인 우월의 의식과 아울러 '문화제국주의'의 면모를 보였다. 또한 비유럽 지역에 다양한 제도, 특히 배타적 국경선의 관념과 제도를 이식했다. 이에 따라 "유럽 식민사가 설정한 식민지의 국경 계획은 오로지 식민세력 또는 세력 사이의 형편으로 결정되는 보통으로서 따라서 그 식민지역의 현지 역사, 인종민족, 정치경제, 종교문화가 특별히 고려되지 않는 것"이 상례였다(이용희 1962, 214). 유럽적인 세계 지표의 영토계획, 국경계선이 확장되고 유럽적인 민족, 국민 사상이 조성, 전파되었으며 현대정치의 역사적 분규점이 마련된다. 또한 정체, 법제, 경제의 유럽화가 초래되었다(이용희 1962, 242).

역사사회학적으로 분석된 동주의 근대국가론은 유럽 권역의 성격을 밝히는 데 큰 공헌을 하였다. 그러나 동시에 근대국가 속성들에 내재된 모순이 발현되는 과정으로 세계정치의 변화를 설명한다는 점에서도 흥미롭다. 동주는 6장의 1절에서 "자기변이의 제상"을 논하여 국제정치의 변화가 내적 모순에 의해 어떻게 자기전개 되어갈 것인가를 보이는 것으로 『일반국제정치학(상)』을 마무리하고 있다. 동주는 유럽 근대주권국가가 내재하고 있는 두 가지 모순에 집중한다. 하나는 근대 국민국가가 본질적으로 일국주의적이라는 점이다(이용희 1962, 276). 더욱이 자신의 풍요와 정치적 안정을 위해 세계로 팽창하는 과정에서 보편주의의 외피를 쓰게 되는데 이는 사실상 유지 불가능하다는 점이다. 유럽의 경제발전과 민주주의 발전은 식민지 개척으로 인한 경제적 이익에 힘입은 바 크다. 유럽 국가 내의 민주주의를 발전시키기 위해 노동계급의 경제적 발판을 마련해 주어야 하는데 이는 식민지로부터의 경제적 이익으로 충당 가능했다. 그러나 점차 식민지들도 유럽 권역의 근대국가관을 받아들이면서 자주와 민주를 외치게 되었고 그럼으로써 궁극적으로 식민지 해방을 허용하지 않을 수 없게 된 것이다. 근대국가의 팽창과 식민주의의 소멸이라는 자기전개 속에서 유럽국가들이 누려왔던 경제적 번영과 민주주의의 발판이 무너질 때 과연 근대국가체제가 어떻게 변화할 것인가가 동주의 관심사였다.

"식민지는 유럽정치의 일정한 발전 단계에 있어서 최대의 자기모순"으로 나타난다. 왜냐하면 19세기 후반에 이르러 구미정치는 국내에 있어서 국가권력을 국민화한다는 국민주의의 방향을 취하였으며 그 선두로는 법적 평등과 국민의 평등한 참정권 사상으로 표현되었다. 동주는 유럽정치와 유럽정치사상이 모순을 노출한다고 보는데 "국민주의와 민주주의의 방향에 선 유럽정치가 비국민주의, 비민주주의를 자체 속에 내포"해야 하고 또 "반항적인 본질적 정치요인을 스스로 자기 안에 기르고 있다는 모순"을 가지고 있다는 것이다(이용희 1962, 246). 구미의 자유민주주의의 발전과 성숙은 빈민주주의적인 전쟁, 침략, 식민지주의, 제국주의의 발판 위에, 즉, 남의 희생 위에 이룩되었다(이용희 1962, 280). 유럽국가의 "민주주의적 기반이 비민주주의적 식민지 정치와 경제 위에 서" 있고 식민지 정책은 그 자체가 유럽정치가 지니고 있는 군사주의, 경제주의의 역사적 표현으로서 온 세계를 우적의 대립관계로 변화시켜 놓았다는 것이다(이용희 1962, 246). 식민지의 정치의식은 생활수준, 양식, 역사와는 관계없이 의식의 형태대로 국제수준화하는 경향을 시현하기 때문에 결국 식민지의 근대화는 근대적 정치의식에 따른 저항을 초래할 수밖에 없는 것이다(이용희 1962, 282-283).

근대국제정치의 필연적 자기전개 요건으로 동주가 제시하는 다른 동력은 계급의 출현이다. 동주는 계급관념이 출현한 것은 경제국가로서 근대국가가 자기관철하면서 경제의 국제주의적 성격에 대응하는 과정에서 이미 잉태되었다고 본다. 근대 후기에 이르러서 근대국가의 국민이론은 모순에 직면하는데 국민개념이 경제적 차원에서는 사실상 가장과 가식이라는 인식이 증가하였다는 것이다. 근대국가는 국민동질의 이론을 주창하여 계급 간 모순을 최대한 감추려고 했지만 결국 정치적 승리의 주인공은 자산계급이며 경제적 국민구조에서 일 계층에 불과한 이 계급이 국민의 개념을 전유하고 있다는 점이 밝혀진 것이다.

결국 경제적, 사회적 기준에 의해 성립된 계급 개념은 정치적으로 성립된 국민 개념과 충돌한다. 계급을 만들어내는 자본은 제1차 세계대전 전후로 국제화되는데 계급 역시 초국가적 성격을 띨 수밖에 없는 것이다. 이 과정에서 근대국가의 식민지주의는 초국가적 자산계급의 경제적 이익과 근대국가의 국민경제, 국방의 요청이 현실적으로 타협한 것인 바, 결국은 유지 불가능한 것이었다(이용희 1962, 301). 레닌 등 마르크스주의자들의 제국주의론을 상기시키는 이러한 동주의 언급은 결국 초국가 계급 관념의 분석으로 이어진다. 동주는 계급의 출현이 근대국가의 자기모순의 신테제로서 역사의 변화를 추동하는 하나의 힘이 될 것이라고 예측하면서 『일반국제정치학(상)』을 마무리하고 있다(이용희 1962, 302).

6. 맺음말: 후학에 남겨진 과제

『일반국제정치학(상)』은 하권을 예고하기는 하지만 미완의 책이라고 보기는 어렵다. 상권은 한국이라는 장소와 20세기 중반이라는 시간에서 국제정치를 이론화하는데 필요한 메타이론의 요소들과 이론적 기본 개념틀, 가설, 그리고 경험적 연구의 상당 부분을 제시하고 있기 때문이다. 이 책이 제시한 국제정치를 보는 시각과 언어, 개념들과 연구주제들은 사실 서구의 국제정치학이 물밀 듯 들어온 이후에 한국의 국제정치현실이 얼마나 설명되고 있는가 하고 반성해 보면 여전히 많은 시사점을 주고 있다. 문제는 이 책이 제기한 문제의식과 기초작업의 어떤 부분을 21세기 초 한국에서 받아들여 발전시킬 수 있는가 하는 점이다. 다음에서 몇 가지 점들을 지적하면서 글을 마치고자 한다.

첫째, 전파를 매개로 권역 간 교섭이 이루어진다고 해서 전파자의 권역이 피전파자의 권역을 모두 대체하는 것이 아니다. 피전파 권역은 스스로의 특성을 보존하면서 내적 변화를 겪고, 전파 권역 역시 피전파 권역들과의 이후의 관계에서 새로운 질서를 형성하며, 전체가 세계정치를 구성한다. 그 역동적 과정을 분석하지 않고 전파자 권역의 특성으로 평평한 국제정치를 상정하면 이는 진정한 "일반" 국제정치학의 의미를 외면한 것이 된다. 유교권의 경우 19세기 서구 제국주의와 일본 제국주의를 거쳐 1945년 이후 근대국가 형성기를 맞이했다. 그러나 20세기 후반과 21세기를 거치면서 과거 유교권의 국제정치는 매우 불완전한 상태로 지탱되고 있다. 동북아의 단위들은 과소주권국가들이다. 즉 한국과 중국의 분단국가 성격, 일본의 비보통국가 성격이 온전한 주권국가 창출 과제가 미완이라는 점을 보여주고 있다. 그러나 미완이라는 말 자체가 유럽 권역의 주권국가를 이루어야 한다는 당위를 깔고 있는데 어쩌면 이러한 과소주권성이 국제정치 자체의 특성일 수도 있다. 동주 역시 피전파 권역의 복잡화가 중요한 연구대상이라고 하였는바, 무엇보다 21세기 동아시아 권역의 국제정치의 특성, 복합적인 조직원리들의 중첩과정을 역사적으로 밝히는 것이 필요하다.

둘째, 권역 이론의 관점에서 국제정치를 볼 때 인식론의 과제가 여전히 크다. 권역은 물적 조건으로만 이루어지는 것이 아니라 공유하고 있는 의미체계의 단위이기도 하다. 의미체계는 행위자의 주관적 의식에 내재하는 것이기 때문에 국제정치 행위자들이 어떠한 권역적 의미체계를 가지고 있는지, 그러한 의미체계가 어떻게 변화되고 있는지를 추적하지 않으면 안 된다. 서구의 주류국제정치이론이 여전히 실증주의 인식론을 고수하고 있는데 반하여 권역이론은 실증주의를 넘어선 해석적 인식론을 필요로 한다. 냉전이 종식되면서 국제정치학 이론계에도 다양한 변화가 일어나 소위 문화적 전환, 언어적 전환, 탈실증주의 전환 등 다양한 변화가 모색되고 있다. 기존의 실증주의 인식론을 비판하면서 보다 포괄적 인식론을 정립하려는 시도이다. 그러나 여전히 해석적 방법은 많은 문제를 안고 있는 것이 사실이다. 권역의 구성에 의식적 요소가 어떠한 역할을 하고 있는지 알기 위해서는 이에 상응하는 인식론을 개발해야 할 것이다.

셋째, 권역이론을 기반으로 할 때 중범위 차원의 경험이론을 좀 더 발전시킬 필요가 있다. 서구의 국제정치이론은 중범위 차원의 다양한 이론들, 즉 세력균형이론, 세력전이이론, 국제제도론, 패권론 등 경험적으로 검증가능한 이론들을 개발하려고 노력해 왔다. 이는 동아시아 권역의 국제정치를 설명하는 데에도 중요하고 필수불가결한 이론들이다. 동주는 『일반국제정치학(하)』에서 아마도 상권의 권역이론을 바탕으로 놓고 그 위에서 작동하는 중범위의 국제정치현상들을 설명하려고 했을 것이다. 권역 간 전파라는 역사적 사실과 권역 간 시공간적 편차라는 넓은 시각을 결여한 서구 국제정치학의 중범위이론은 비유럽 권역에서의 국제정치를 설명하기에 정교함이 떨어지는 것이 사실이다. 권역 간 편차라는 기반 위에 이러한 이론들이 어떻게 변화되는지를 하나씩 점검하고 새로운 이론을 만들어가는 것이 앞으로의 과제이다.

넷째, 권역이론과 전파이론은 국제정치의 동학을 설명하고자 하여 앞으로 다가올 세계정치의 변화를 예측하면서도 동시에 이를 새롭게 만들어가려는 규범적 입장도 함께 가지고 있다. 경제적 세계화와 초국가 계급의 출현도 21세기에 당면한 과제이고, 유럽권역의 지배권에 대한 비유럽권역의 도전, 그리고 이로 인한 권역 간 권력관계의 재편도 중요한 변화이다. 지금은 이러한 문제들이 지구적 불평등, 테러, 구미 세력의 약화, 동아시아의 부상, 중국이라는 비유럽 강대국의 등장 및 패권 도전 등에서 나타나고 있다. 이러한 변화는 인간의 실천으로 방향이 설정되는 것이다. 20세기 중반 동주의 문제의식이 국제정치 속에서 한국이 생존하고 발전하는 것이었다면, 중견국이 된 한국의 국제정치학자들은 향후의 세계정치를 이끌어가는 데 한국과 한국의 국제정치학이 어떠한 역할을 해야 할지 고민해야 할 것이다.

이용희. 1962. 『일반국제정치학(상)』. 서울: 박영사.

에드문트 후설. 이종훈 역. 2012. 『순수현상학과 현상학적 철학의 이념들 I』. 서울: 한길사.

제4장

근대국가의 형성과 근대국제정치의 전개

『일반국제정치학(상)』다시읽기

김명섭

1. 머리말:『일반국제정치학(상)』다시읽기

이 글은 1962년 처음 출간된 동주 이용희의『일반국제정치학(상)』을 다시 읽고, 생각해보기 위한 글이다. 해제자는 이 글을 집필하면서 가능한 해제자의 자의적 해설 보다는 원문의 요지를 그대로 소개하고, 독자들이 원문을 직접 읽고 이해하는데 도움이 되는 방향으로 집필하였다. 분석대상이 된 원저의 판본은 해제자가 소장하고 있는 1983년 박영사 중판본과 2013년 도서출판 이조의 한글개정판을 병용하였다.[1] 2013년 이조 출

---

1 이용희, 『일반국제정치학(상)』 (서울: 박영사, 1983[1962]); 이용희, 『일반국제정치학(상)』 (서울: 이조, 2013).

간본은 주요 표현들을 신세대를 위한 한글로 전환하였는데, 국한문병용세대외 한글전용세대 사이에 '긴세대'에 가까운 해제자의 입장에서는 중판본의 가독성이 높은 경우도 있었고, 개정판본의 가독성이 높은 경우도 있었다. 이 글은 1983년 중판본에서 동주가 사용했던 한자어를 그대로 표기하되 괄호 안에 음을 달고, 인용문의 쪽수는 괄호 안의 숫자로 표기했다.

집필 당시 동주의 정신세계를 좀 더 정확히 이해하기 위해 그가 작고할 때까지 소장하고 있던 도서들을 참고하였다. 현재 이 도서들은 명지대 인문캠퍼스 방목학술정보관 한적실 소장 이용희문고로 보존되어 있다. 이 도서들과 아울러 동주에 관한 신문기사, 동주의 연전 4년 재학기간의 학업성적표, 동주 국제정치학의 후속세대가 동주에 관해 기록한 글들, 그리고 동주의 영향을 받아 집필된 저작들을 참고했다.[2]

이 책의 「序(서)」는 3쪽부터 7쪽까지의 짧은 글이지만 이 책을 이해하는데 핵심이 되는 다음과 같은 세 가지 축을 제공해준다.

첫째, 세계성. 동주는 "국제정치학은 새로운 학문으로 통한다. 사실은 학문이 새로울 뿐만 아니라 '국제정치'라는 현상이 새로운 것이다"라는 구절로 서(序)를 시작한다. 1962년 당시 국제정치학을 새로운 학문으로 파악하고 있을 뿐만 아니라 국제정치 자체를 새로운 현상으로 보고 있는 것이다. 국제정치가 나라사이의 정치이고, 나라의 존재는 멀리 상고로부터 더듬어 올 수 있으니 국제정치는 유구한 현상이라고 할 수도 있겠으나 저자는 자신이 생각하는 국제정치는 이와는 다르다고 말한다. 저자가 다루고자 하는 국제정치는 곧 세계정치로서 19세기 후반부터 역사의 시야에

---

2 동주기념사업회, 『동주 이용희와 한국 국제정치학』, 제1회 동주기념학술회의. 1998년 12월 4일 서울대 호암교수회관 컨벤션 홀 (1999년 9월). 특히 이 책과 관련해서는 하영선, 「들어가는 글」, 『일반국제정치학(상)』 (서울: 이조, 2013).

들어서는 것이며, 대체의 윤곽이 갖추어지는 것은 제1차 세계대전 이후라고 본다.

둘째, 실천성. 동주는 국제정치학이 다른 사회과학과 마찬가지로 실천적인 역무를 지닌다고 본다. "모종(某種)의 정책상의 욕구와 관계없이 오로지 진리만을 위하여 이룩되었다는 학문은 — 비록 일개 학자의 주관에 있어서는 허용된다고 할지라도, 한 사회에 통용하는 학문으로는 한낱 위장에 불과하리라는 의심을 면하기 어려울 것"이라고 본다(이용희 1983, 3-4). 따라서 "국제정치학은 그것이 형성되어 온 고장, 시기에서 우선 고찰되지 아니하면 안 된다(이용희 1983, 4)"고 주장한다. 그럼으로써 국제정치학과 "'우리'와의 관계"가 명백해질 것이며, "우리가 지녀야 할 학문상의 입장도 스스로 명료하게 될 것(이용희 1983, 4)"이라고 본다.

셋째, 역사성. 동주는 "우리에게 있어서는 우선 국제정치학과 국제정치가 더불어 입각하는 바 그 역사적 위치가 먼저 천명되지 않으면 아니 될 것"이라고 본다. "현재 속에 맥맥히 생동하는 역사적 성격을 간취할 수 있다면 그것이 오늘날의 국제정치를 이해하는데 실로 막대한 공헌을 할 것(이용희 1983, 5)"이라고 보는 것이다. 동시에 저자는 국제정치가 "단순한 역사적 사건의 묶음으로서만 인식(이용희 1983, 5)"되는 것을 경계한다. 저자는 "논리성 및 역사적 위치에서 오는 양상이 서로 경위(經緯)가 되어 엮어지는 것이 바로 국제정치의 실태(이용희 1983, 5)"라고 이해한다.

이처럼 저자가 집필과정에서 견지하고 있는 세 가지 축은 (1) 세계성을 지닌 국제정치학, (2) 실천성을 지닌 국제정치학, (3) 역사성을 지닌 국제정치학이다. 한국정치는 국제정치일 수밖에 없고, 그것이 한국에서 국제정치학이 연구되어야 하는 근본적 이유라는 것이 동주의 생각이었다.

이 책의 서문에서 동주는 1962년에 출간된 이 책이 1955년에 출간되었던 "『국제정치원론』의 원형이라고 할 수 있는 것"이라고 밝히고 있다.

1955년판『국제정치원론』에서 동주는 가장 오래 자신을 괴롭힌 두 가지 문제들에 관해 소개하고 있는데, 그 첫 번째는 동양을 지배하게 된 유럽 정치의 본질에 관한 의문이었다.

> 하나는 무엇인고 하면 — 오늘날 동양사회를 지배하게 된 구주형 정치양식은 도대체 어떠한 것이며 또 오래 세계를 지배하였던 구미정치의 국제정치 권력으로서의 성격은 과연 무엇이냐 하는 것이었다. 본래 내가 품게 된 정치학에의 관심은 우리 겨레가 왜 이렇게도 취약하냐 하는 의문을 내놓고는 생각할 수가 없는 것이었다. 내 정치학은 내가 살고 있는 고장, 또 내가 그 안에 살고 있게 되는 나라의 운명과 무관할 수는 도저히 없었다. 그런데 나는 왜 우리 겨레가 이다지도 취약하냐 하는 문제를 헤아려 보는 동안에, 취약한 것은 다만 우리만이 아니라 — 구주정치·경제를 재빨리 모방한 일본을 제외하고는 — 동양 전체가 그러하게 되었다는 것을 새삼스러이 느끼게 되었다. 그리고 그 까닭을 알려면 불가부득 구주에서 발단한 근대정치의 성격과 내용을 알지 않으면 아니 되는 것을 깨닫게 되었다. 나에게 있어서는 구주정치 및 그것을 중심으로 한 국제정치의 연구는 곧 우리의 현상(現狀)을 진실로 이해하는 것을 의미한다. 이리하여 지루한 서양정치연구의 편력이 시작되었었다(이동주 1955, 1).[3]

동주를 괴롭혔던 두 번째 문제는 '일반정치학'에 관한 의문, 보다 넓게 말해서 유럽적 개념에 입각한 학문적 보편성에 대한 의문이었다.

---

3 이 책의 저자 약력에서 동주는 "1947년 이래 서울대학교에서 국제정치를 담당"했고, "현재 서울대 문리과대학 부교수"라고 밝히고 있다. 명지대 동주문고 소장본에는 동주의 필체로 보이는 교정표가 책의 마지막 페이지에 기록되어 있다.

또 하나의 의문은 무엇인고 하면 — 종전의 일반정치학은 과연 누구를 위한 것이냐 하는 것이었다. 내가 과거에 공부하느라고 읽어온 일반정치학은 항용 일반타당적이라는 개념을 마련하여 유형적으로 국가현상 그리고 정치기능 등을 설명하는 것이었다. 그러면서도 유형의 본보기가 되는 것은 이르는 바 구주의 입헌민주정치였다. 그러나 내 연구가 약간 진보함에 따라 — 적어도 그 유형의 본이되는 구주의 민주주의는 불가피하게 구주적 번영 위에 입각하고 있으며, 또 그 구주적 번영은 현실적으로 후진지역에 대한 식민지지배에 밑받치어 있다는 엄연한 사실에 부닥치게 되었다. 역사적인 국제적 불평등 위에 수립된 민주정체와 그것을 유형화하여 엮어놓고 일반타당적이라고 일컫는 정치학을, 국제적인 피지배지역의 학도들이 당연한 것으로 알고 공부한다는 것은 기막힐 노릇이 아닐까. … 현실적인 서양정치학은 그것이 내세우는 듯한 사실인식의 효용보다는 오히려 서양적인 정치가치를 체계화하는 효용이 더 크다는 것은 나에게 일대충격이 아닐 수 없었다. 이리하여 나는 종래의 연구방법을 다시 고치어, 나대로 '장소의 논리'라고 부르는 새 견지를 취하게 되었다. 무엇이냐 하면, 정치학이 성취한 일반유형, 그리고 서양의 정치가치가 개별적 지역에 있어서는 어떠한 변이를 일으키며 또 어떠한 '권위'적 역할을 하느냐하는 것을 검색하자는 것이었다(이동주 1955, 2).

1955년판 동주『국제정치원론』의 문제의식은 1945년까지 일제강점, 그리고 1950년부터 1953년까지 6.25전쟁을 겪었던 한국의 현실과 결부되어 있었다.[4] 동주는 "『국제정치원론』은 우선 시용(時用)에 응하려는 면에 급급하여 그 원형에 불충실한 것"이라 절판했고, "그『원론』의 원형"이 바로 이『일반국제정치학(상)』이라고 소개하고 있다.

서문에 따르면 이 책은 원래 상하 2권으로 구상되었고, "하권은 현대국제정치의 제 양상을 [상권에서와] 같은 방법에 의하여 취급할" 계획이었다.

그가 말년에 펴낸 『미래의 세계정치』가 하권의 의미를 지닌다고도 볼 수 있다.[5] 그러나 원래 저자가 구상했던 하권의 내용과는 거리가 있다.

2. 「예비적 고찰」의 함의

이 책의 제1장은 「예비적 고찰」로서 제1절 국제정치의 개념, 제2절 국제정치학의 성립으로 구성되어 있다. 제1절은 다시 (1) 국제정치라는 말, (2) 일상적 의미의 의미, (3) 국제정치의 개념, (4) 국제정치학의 성격 등으로 구성되어 있다.

저자는 "우선 국제정치라는 말부터 생각해 본다"라는 문장으로 이 책의 제1장 1절을 시작한다(이용희 1983, 17). '국제관계'라는 용어가 영미사회에서는 우세함에도 불구하고, 국제정치라는 말을 따온 것은 "우리 사회의 특정한 태도가 투입되었다"고 본다(이용희 1983, 18). 저자는 "국제정치라는 말은 학문의 개념으로 채택되기에 앞서 먼저 우리 사회에 통용되는 일상어이며 또 일상어대로의 의미를 가지고 있다"고 함으로써 일상어와 학문어 간의 연관성에 각별히 주목하고 있다(이용희 1983, 19). 저자는 구미적인

---

4 1955년판 동주 『국제정치원론』이 출간되기 1년 전에는 조효원의 『국제정치학』이 출판된 바 있었다. 조효원, 『국제정치학』(서울: 문종각, 1954). 1940년 연희전문 상과를 졸업하고, 조선식산은행(朝鮮殖産銀行) 행원으로 근무하던 조효원은 광복후 미군정청 외무처 총무서장, 동경사무소 영사 등으로 근무하다가 미국 유학을 떠났다. 1949년 위튼버그 칼리지(Wittenberg College)에 입학한 조효원은 1년만인 1950년 2월 학사(A.B.)학위를 받고, 같은 해 3월 덴버대학 (University of Denver)에 입학하여 1952년 3월 석사(M.A.)학위를 받았다. 그리고 1951년 3월에 이미 오하이오주립대학(Ohio State University)에 입학하여 1953년 12월에 박사(Ph. D.)학위를 취득했다. 1954년 4월 1일 연희대학교 교수로 취임하여 정치학과 행정학을 가르쳤다. 연세대학교, 조효원(Hyowon Cho), 『교직원 카드』.

5 "그 전에 썼던 『일반국제정치학(상)』에 대한 후속 생각이라고 할까, 사상이라고 할까, 그런 내용을 담고 있기 때문에… " 이용희, 『미래의 세계정치: 국가연합론 강의』(서울: 민음사, 1994), p. 9.

국제정치라는 용어가 일상화된 것 또한 구미적 문물과 관념이 도입되어 있음을 의미하는 것으로서 그 자체가 바로 국제정치적이라고 해석한다.

저자는 일상어로서가 아니라 학문어로 국제정치를 채택한 것은 구미(유럽과 미국)였다고 본다. 그런데 구미의 경우를 보더라도 "개념규정은 사실상 일상어의 언어적 분석 곧 유어반복에 불과"하다(이용희 1983, 24). 따라서 "국제정치의 개념설정은 그 실 일상어가 지닌 관용적 용례의 테두리를 벗어나지 못하고 있다(이용희 1983, 24-25)." 저자는 "학문개념으로서 국제정치는 일상어의 지배하에 있다"고 본다(이용희 1983, 25). "이런 고로 국제정치의 학문개념도 현상으로는 구미사회의 독특한 시각이 들어있는, 한 입장을 고집하게 되고 우리는 또 모르는 사이에 이러한 입장 위에 선 학문개념을 받아들이고 있다"는 것이다(이용희 1983, 25). 이러한 지식사회학적 분석에 입각해 볼 때, "우리가 지금 취급하는 국제정치의 학문은 이로써 짐작되듯이 구미사회의 시각으로 시작되고 자유주의적 개차(個差)를 겪어 우리 사회의 현실에 조절되지 않으면 안 되는 그런 학문"이다(이용희 1983, 30).

제1장에서 저자는 '국제관계(International Relations, Relations internationales)'라는 개념이 구미에서 우세하다고 언급했다. 이러한 저자의 인식은 저자가 창설한 서울대 외교학과의 영문 명칭이 Dept. of International Relations로 된 것과 무관하지 않을 것이다.[6] 저자가 1956년 창설한 한국국제정치학회의 영문 명칭도 원래는 The Korean Association of International Relations였다가 1992년 The Korean Association of International Studies로 변경되었다.[7] 한국국제정치학회에서 발간되는 『국제정치논총』의 영문 명칭은 2015년 현재 *Korean Journal of*

---

6 2015년 현재는 정치외교학부 내의 외교학 전공으로서 영문 명칭은 Dept. of Political Science and International Relations, International Relations Major이다.

*International Relations*를 유지하고 있다. 다만 2010년 『국제정치논총』
국문호에서 분리되어 창간된 영문호의 명칭은 *The Korean Journal of
International Studies*이다.

제1장의 제2절은 국제정치학의 성립에 관해 다루고 있는데, (1) 역사적
배경, (2) 국제연맹 이후, (3) 국제정치학의 현황 등의 순서로 구성되어 있
다. 저자는 국제정치가 20세기의 새로운 학문으로 성립된 배경은 세계적
또는 전지구적 관심에 있다고 본다. "말하자면 관심이 세계적 규모인 것
이 오늘날 국제정치가 국제정치라고 의식되는 연유이기도 하다"는 것이
다(이용희 1983, 30). 이런 의미에서 국제정치는 세계적 관심을 전제로 하는데
이러한 세계적 관심이 바로 20세기를 전후하여 가능하게 되었다고 본다.
새로운 세계사의 등장에 있어서 주도적 역할을 한 것은 구미사회였다. 따
라서 "현대의 국제정치는 19세기에서 20세기로 걸친 구미세력의 전지구
적 팽창과 관계되어 있다. 이 까닭에 국제정치를 보는 최초의 눈은 구미
적인 것이었으며 구미세력의 세계정책적 요인이 깊숙이 숨겨져 있었다"
고 본다(이용희 1983, 33).

동주가 보기에 "국제정치라는 것이 학문적 의식에 첨예하게 반영되기
는 제1차 세계대전의 종결과 더불어 세계평화를 위한다는 명목 아래 국제
연맹이 생긴 후로부터"이다(이용희 1983, 34). 결국 국제정치학은 약 1천 5백
만 명의 생명을 앗아간 제1차 세계대전 이후 전쟁을 막기 위한 노력으로
만들어진 국제연맹 이후의 학문이자 구미의 학문, 특히 영미의 학문으로
자라나왔다는 것이 저자의 생각이다. 그런데 "자유주의적인 학문관념은

---

7 한국국제정치학회 홈페이지 http://kaisnet.or.kr/modules/doc/index.php?doc=history&__
M_ID=92 (검색일: 2015년 8월 6일). 그런데 1994년 한국국제정치학회 회장을 역임한 양성철 전 주
미대사는 1994년 한국국제정치학회장으로서 기억에 남는 세 가지 일들 중 하나로 학회의 영어
명칭을 현재와 같이 바꾼 것이라고 회고한 바 있다. 양성철, 『한국 외교와 외교관』, 마상윤 면담
(서울: 국립외교원 외교안보연구소 외교사연구센터, 2015), p. 59.

정치적인 영향 하에 있어서도 학문상의 저항이 가능하였으며 이로 인하여 영미류의 세계정책적인 요소를 정치학에서 제거하고 볼 수 있는 길을 터놓았다"는 것이다(이용희 1983, 45). 이것은 일원론적 저항을 추구했던 공산주의 정치이론과의 중요한 차별점이었다. 이러한 동주의 인식은 서구중심주의가 빠질 수 있는 학문적 오류를 경계하는 동시에 맹목적 반서구주의가 빠질 수 있는 학문적 오류에 대해서도 명확히 선을 긋고 있다.

3. 「국제정치권의 이론」

제2장 「국제정치권의 이론」은 제1절 국제정치권, 제2절 전파이론, 제3절 역사적 유형 등으로 구성되어 있다. 2장의 제1절 국제정치권에서 저자는 (1) 국가개념, (2) 국제정치권에 관해 다루고 있다. 동주는 먼저 "'나라'라 할 때는 제 '나라'나 제 '나라'의 개념으로 이해되는 '나라'일 수밖에 없고, '정치'라는 경우도 제나라 '정치'나 제나라 '정치'로서 유추되는 한에서 이해하는 도리밖에 없다"고 본다(이용희 1983, 47). "이렇게 볼 때 '정치'는 특정한 의미로 통용하는 사회 곧 '장소'적 의미권에서 해석되어야 할 것"이라고 주장한다(이용희 1983, 49).

2장 1절의 (2) 국제정치권에서 동주는 국제정치란 단순히 여러 나라가 병존함으로써 이루어지는 것이 아니라 "앞서 든 '정치,' '국가'와 마찬가지로 단순한 객체적인 존재가 아니라 국제정치의식에서 피아의 유동(類同)이 행위형태로 고정화하는 권역을 형성"한다고 본다(이용희 1983, 51). 그런데 "이러한 국제정치권은 그것이 단순한 정치의식에 그치는 것이 아니고 그 속에 생활일반을 지배하는 행위양식 그리고 그 속에 담겨있는 행위의식에 관련되어 있는 까닭에 급기야는 국제적인 문화권과 밀접한 관계를 지니게 된다"는 것이다(이용희 1983, 53). 동주는 문화권과 결부된 근대의 대표적 국제정치권으로 유교문화권, 회교문화권, 그리고 기독교문화권을 예시한다.

2장의 제2절 전파이론은 (1) 국제정치권의 형성, (2) 전파와 저항, (3) 국제정치권의 중심과 주변 등에 관해 다루고 있다. 동주는 국제정치권을 "일정한 권력구조, 특정한 이데올로기, 고정된 행위양식으로 엮어져 있는 국제사회"라고 본다(이용희 1983, 54). 그런데 단순히 "군사적 점령이나 단순한 통합, 지배가 바로 국제정치권을 형성하는 것이 아니라 특정한 정치조직, 정치제도, 정치권력이 정치의식의 밑받침을 얻어 정상화되고 또 합리화되어 정치행위의 국제기준으로 침전될 때 비로소 국제정치권은 형성"된다는 것이 동주의 생각이다(이용희 1983, 54-55). 2장 제2절의 (2) 전파와 저항에서는 전파의 요건으로 첫째 우월한 정치세력이 매개되어야 된다는 것, 둘째 그것이 시간적으로 상당히 지속되어야 한다는 것, 셋째 전파는 피전파사회의 지배층을 매체로 하여야 한다는 것 등을 꼽는다(이용희 1983, 57). 2절의 (3) 국제정치권의 중심과 주변에서 동주의 주장은 "국제정치권을 구조적으로 중심-근접-주변의 지대(地帶)로 엮어져 있다고 볼 때에 대체로 전파의 방향은 정치력의 우세에 비례하여 주변으로 가중하고 또 반대로 주변으로부터 저지 받는다"는 것이다(이용희 1983, 64).

2장 제3절 역사적 유형의 (1) 국제정치적 차원에서 동주는 "국내정치는 국제정치를 매개하여 비로소 존재하고 국제정치는 국내정치를 매개함으로써 비로소 존재하는 터이라고 볼 것이나[원문대로] 그러나 국제정치가 국제정치대로의 질서를 지니고 있다는 것은 마치 심리현상이 심리현상대로의 독자성을 지니고 있는 것같이 조금도 이상스러울 것이 없다"고 주장한다(이용희 1983, 67). 그리고 3절의 (2) 역사적 유형과 세계정치에서는 유럽정치권의 성격과는 너무나도 다르고 이색적인 유교적 국제정치권과 회교국제정치권의 특색을 대관한다. 그리고 3절의 (3) 세계정치의 자기분열에서는 공산권의 출현을 유럽적인 세계정치에 대한 '체내(體內)의 도전'이라고 해석한다. 그리고 "이러한 체내적 도전에 의하여 세계정치의 체계는 급기야 전통적인 유럽계(系)와 공산계로 분열되고 말았으며, 그 중간에 서서 구시대적인 사회-경제을[원문대로] 아직 탈각 못하고 있는 여러 지역은 주변지역으로서의 동요를 금치 못하고 있다"고 본다(이용희 1983, 82).

제2장은 학계에서 가장 많이 인용되고 있는, 이 책의 압권이다. 2장의 권역이론을 이해하기 위해서는 1988년 5월 20일 미술사학연구회 강연 이후 나온 질문에 대한 동주의 다음과 같은 답변을 참고할 필요가 있다.

> 미술사학을 공부하다가 내 정치학에 원용한 것에 권역(圈域)의 개념이 있습니다. 내 장소이론에 나오는 문제이죠. 시대에 따라 감흥의 기준이 다를 수도 있고 또 내인(內因)이라는 미술의 독자적 모티프도 달라질 수 있습니다만, 동시에 같은 기준이 통용되는 미술권이 있다는 점에서 권역의 개념을 도입할 수 있는데, 그것을 정치적 명분의 통용 권역으로 바꾸어본 것이죠. 역으로 나는 미술사학에 전파(傳播)의 이론을 적용시킬 수 없나도 생각했습니다 (이동주 1995, 46).

그렇다면 동주는 어떻게 미술사를 공부하게 되었던 것일까? 동주는 중앙고보 졸업 이후 2년을 쉬고 연전(延專)에 입학했다.[8] 그런데 당시 그가 다닌 연전 문과에는 "정상적인 학생 외에 별의별 학생들이 많았다(이동주 1995, 12)." 동주는 연희전문 문과에서 해외문학파라고 할 수 있는 친구들과 어울리다가 영국문단의 옥스퍼드문학운동에 관심을 갖게 되었다. 특히, 엘리엇(T. S. Elliot), 오든(W.H. Auden), 스펜더(S. Spender)와 같은 젊은 시인들에게 끌리게 되었는데, 이 영국시인들에게 흄(T. E. Hulme)의 영향이 컸음을 알고 흄의 『논문집(*Speculations*)』를 구매하여 읽었다(이동주 1995, 12). 저자는 흄의 논문 중에서 언급된 독일 미술사학자 보링거(W. Worringer, 1881-1965)의 주장, 즉 문화가 다르면 미(美)의 성격이 다르다는 주장을 접하게 되었다. 그래서 보링거의 『추상과 감정이입(*Abstraktion und Einfühlung*)』(1908)이라는 책을 구입하여 읽게 되었다.

이 책에서 동주는 특히 일신교적 사회에서는 추상(Abstraktion)예술이, 그리고 다신교인 고대사회에서 이정(移情, Einfühlung)예술이 흥했다는 구절에 깊은 인상을 받았다. 연전에서 8학기 동안 『성서』를 공부했던 동주는 일신교에 대한 이해가 깊었다. 보링거에 따르면 일신교적 세계관에서는 현세보다 내세에 더 큰 가치를 두기 때문에 현세에서 영원의 자취를 보고, 현세의 물상 속에서 현세를 초월하는 이상을 찾기 때문에 '추상'예술이 발달한다. 피라미드로 대표되는 이집트의 삼각형이 대표적이다(이동주 1995, 13-14). 동주는 또한 보링거의 책에 나오는 뵐플린(H. Wölfflin, 1864-1945)을 찾아 읽게 되었다. 동주는 뵐플린의 『미술사의 기초개념(*Kunstgeschichtliche Grund-begiffe*)』(1915)과 『고전미술(*Die Klassische Kunst*)』(1899), 그리고 바자리(G. Vasari)의 『미술가열전』(1550)을 영역 등으로 읽어보다가

---

8 1936년부터 1939년까지 연희전문 문과에서 수학했던 그의 『학업성적표 급 신체검사표(學業成績及身體檢査表)』에는 문명권역을 넘어 이루어졌던 그의 초창기 학문궤적의 일단을 발견할 수 있다. 1936년 1, 2학기평균 최고점수(100)를 기록한 과목은 문학개론이었고, 최하점수(73)를 기록한 것은 성서(聖書)였다. 1937년에는 영작에서 최고점수(97), 그리고 논리학에서 최저점수(71)를 기록했다. 1938년에는 영독(英讀)에서 최고점수(95), 법학통론(68)에서 최저점수를 기록했다. 마지막 해인 1939년에는 서양사에서 최고점수(97), 그리고 교련, 영작, 성서에서 모두 최저점수(83)를 기록했다. 동주가 연전에서 경험한 지적 편력을 학업성적표만으로 설명할 수는 없다. 다만 유난히 영어관련 과목들이 많았다는 점(단순히 영어회화 보다는 영작문과 영문독해 등), 그리고 2015년 현재와 같이 의무로 채플을 수강하는 대신 성서(성경이 아니라)를 수강했다는 점에 주목할 필요가 있다. 이러한 과목들은 서구문명에 대한 동주의 이해를 깊게 하는데 도움이 되었다고 보여진다. 이와 함께 동주는 당시 연전 교수로 있던 정인보(鄭寅普, 1893-1950)의 국학으로부터도 깊은 영향을 받았다.

미술사 공부를 중단하게 되었다. 그 이유는 이들이 예로 드는 건축, 조각, 회화에 대하여 실물을 접한 일이 없어서 이해할 도리가 없었기 때문이었다고 한다(이동주 1995, 15-16). 비록 이런 이유에서 미술사 공부를 중단하기는 했지만, 동주는 연전 졸업 이후 만철 조사부에서 일하는 동안[9] 만몽(滿蒙)연구[10]와 함께 다양한 불교미술품들을 접하면서 '권역' 개념을 더욱 발전시킬 수 있었다.

이용희의 비판적 전파이론(critical diffusion theory)과 장소(topos)이론[11]에는 문명권들 간의 단층선(fault line)에서 스스로 문명접변의 토포스를 살았던 경계인으로서의 고민이 담겨 있다. 그러한 단층선에 대한 고민은 세계화 시대의 정체성문제를 풀어내기 위한 중요한 실마리로서 아직도 유효하다.

4. 「근대 국제정치의 경험」

제3장 「근대적 국제정치에의 경험」은 제1절 국제정치에의 경험, 제2절 대외정책의 저변, 제3절 국제정치의 설정, 제4절 국제정치의 제도화, 제5절 '힘'과 질서 등으로 구성되어 있다.

3장의 제1절 국제정치에의 경험은 (1) 내 나라, (2) 국제정치의 틀로 구성된다. 저자는 "사람은 나서 죽을 때까지 국가라는 테두리를 벗어나지 못하고 왔다"고 본다(이용희 1983, 83). 그런데 우선 문제가 되는 것은 "구체

---

9   하영선, 「들어가는 글」, 『일반국제정치학(상)』(서울: 이조, 2013), p. 14.

10 1975년 도준호 기자는 이용희 교수의 서울대 종강장면을 보도하면서 다음과 같이 그를 소개하고 있다. "대학을 졸업하고 방랑하다 만주 하르빈에 있는 북만몽고학회 연구원으로 4년간 있을 때 국제정치학에 관심을 갖게 되었던 그는 이제 국제정치학계의 태두." 『朝鮮日報』 1975년 6월 22일자.

11 장인성, 『장소의 국제정치사상』(서울: 서울대학교출판부, 2002), pp. 54-61.

적이며 현실적이며 애증의 대상이 되는 '나'의 국가이다(이용희 1983, 83)."
저자는 "국제정치의 객관적 사실은 그 기저에 있어서 주관적 사실에 의하여 매개되어 있다"고 본다(이용희 1983, 85).

다르게 표현하면 국제정치에서는 "주관적 사실이 부단히 객관화하며 또 객관적 사실이 끊임없이 주관화하는 사태"가 발생하는 것이다(이용희 1983, 86). 내 나라를 내세우는 서로가 "평가하고 이해할 수 있는 행위와 개념과 또 심벌과 제도 안에서 얼키설키 관계되고 악착같이 경쟁하고 죽자 살자 투쟁하며 또 이리저리 협력하는 독특한 양식이 바로 국제정치의 틀"이라는 것이 저자의 생각이다(이용희 1983, 87). 이러한 '내 나라'에 대한 동주의 관심이 베트남이 공산화되던 1975년 그가 박정희대통령 정치특보 임명을 받아 대학을 떠나는 결정을 하게 된 것과 무관하지 않을 것이다.

3장의 제2절 대외정책의 저변은 (1) 대외적 태도, (2) 힘 등에 관해 다루고 있다. 저자는 국가의 대외적 태도는 그것이 세계평화를 목적으로 삼든 아니면 영토 확장을 목적으로 삼든 간에 궁극적으로 '내' 나라의 해석에 의한 것이라고 본다. 주체적 목적을 실현하기 위한 수단으로는 평화적 수단과 전쟁이 있다. 상대방의 저항에도 불구하고 목적을 달성할 수 있도록 하는 것이 힘(權力)이다. 이것이 "국제정치의 마키아벨리적인 구조"라고 동주는 설명한다(이용희 1983, 90).

3장의 제3절 국제정치의 설정은 (1) 주체적 입장, (2) 객체적인 상황에 관해 다루고 있다. "'내' 나라라는 주체적 관점에서 주도적인 '힘'이 국제관계의 동인이요, 기저라고 한다면, 국제정치는 필경 국제적 범역에 있어서의 강대국의 정치라고 부를 수 있을 것"이다(이용희 1983, 92). "주체적 입장에서 보면 객관적 사실관계의 합리성이란 결국 불가피한 타협에 불과하다"는 것이 저자의 생각이다(이용희 1983, 95). 저자는 그 예로서 1938년 뮌헨협정의 예를 든다. 뮌헨협정은 영국, 독일, 프랑스에게 있어서는 합리적이었을지 모르나 국토를 희생한 체코슬로바키아의 입장에서는 비합리적이었을 것이라고 본다.

3장의 제4절 국제정치의 제도화에서는 (1) 사실관계에 있어서의 '힘'과 호혜성, (2) 국제질서에 관해 다룬다. 동주는 "'힘'의 관계가 잠시도 쉴 새 없이 변화한다"고도 생각한다(이용희 1983, 95). 그런데 힘의 크기에 비교적 덜 영향을 받는 호혜관계도 있다고 본다. 동주는 국제 전신전화 협정 같은 국제행정 관계, 그리고 전쟁에 있어서 전시법과 같은 경우 등을 예로 들고 있다.

동주는 "국제정치의 제도화 과정은 필연적으로 국제질서의 안정을 가져오게 된다"고 본다(이용희 1983, 96). 국제질서에는 국제법적 질서, 정치질서, 그리고 경제질서 등이 포함된다. 이러한 국제질서가 국제관계의 제도화를 뒷받침함으로써, "의지적이요, 행동적이요, 동적인 '내'나라적 권력정치에 대하여 고정적이요, 보수적이요, 정적인 객관적 제도화의 정치를 이룬다"는 것이 저자의 설명이다(이용희 1983, 97).

3장의 제5절 '힘'과 질서에서 저자는 "'힘'의 동(動)과 '질서'의 정(靜)이 양개의 좌축이 되어 그 사이에 부단히 전동(顫動)하는 좌표와도 같은 것이 국제정치의 모습이오, 고정과 변혁의 기틀이 되는 것이 국제정치"라고 정의내리고 있다(이용희 1983, 98).

5. 「근대국가의 국제정치사적 여건」

제4장 「근대국가의 국제정치사적 여건」은 제1절 근대국가의 역사적 성격, 제2절 군사국가, 제3절 경제국가, 제4절 식민지국가 등으로 구성되어 있다. 제1절 근대국가의 역사적 성격에서는 먼저 (1) 근대국가의 관념

이 어떻게 생성, 발전, 변모했는가를 다루고 있다. 그리고 (2) 중세적 국가 유형과의 비교를 시도하고 있다.

4장 2절 군사국가에서는 (1) 역사적 조건, (2) 군사국가로서의 근대국가, (3) 전쟁-병비-군비, (4) 군사국가에 있어서의 조국에 관해 다루고 있다(이용희 1983, 110-148). 동주는 근대국가에서 국민이 복종하는 것은 군주나 국가기관, 사인(私人)으로서의 군주가 아니라고 본다. 공적 관계가 근대국가의 표식이며 중앙집권적 관료조직이 공권력을 운영하고 그 기반은 강제장치로서의 군대라고 본다. 군사국가로서의 근대국가는 군사적 목적과 필요를 구현하기 위해 군사정책이 다른 것에 우선하는 사회구조를 갖고 국가재정, 국가정책에 이러한 목적과 필요가 반영되어 있는 국가라고 본다. 유럽 근대국가의 발전에 있어서도 군사적 요소가 핵심적이었다. 유럽근대사는 전쟁의 연속사였다.

4장 3절 경제국가에서는 (1) 국가경제, (2) 국부·국가정책, (3) 국부·국가정책(속)에 관해 다루고 있다(이용희 1983, 149-197). 동주는 경제국가로서의 근대국가는 국가 내외정책이 명시적으로 부의 추구와 상공업정책에 치중하고 있다고 본다. 특히 대외정책에서 경제주의가 정책의 근간을 이루어 상업국가, 산업국가의 모습을 띠게 된다고 본다. 근대의 경제는 순수한 경제현상이 아닌 국가경제로서 '정치경제'를 의미한다.

4장 4절 식민지국가에서는 (1) 식민사적 소묘, (2) 식민사적 소묘(속), (3) 식민의 국제정치 등에 관해 다루고 있다(이용희 1983, 198-241). 동주는 근대국가를 식민국가라고 본다. 설령 식민지를 실제로 획득하지 못하였던 시기와 경우에 있어서도 근대국가의 성향은 식민지국가라는 것이다. 근대국가의 팽창사는 바로 식민지의 역사이고, 근대 식민지 정책은 약탈과 강제무역이 특징이었다. 식민팽창은 유럽의 영토, 국경관념의 확대이고 근대국가의 확대 즉 유럽 국제정치의 팽창을 의미했다. 그런데 식민국가

는 필연적으로 식민지의 항거, 그것도 근대 유럽정치 이념에 입각한 반항
을 촉발한다.

6. 「국제정치의 자기전개적인 여건」

상권의 마지막 장인 제5장 「국제정치의 자기전개적인 여건」은 제1절
군사·경제·정치, 제2절 국제주의의 요인에 대하여로 구성되어 있다. 제
5장은 "세계정치란 국제정치의 현대적 양상을 지칭하는 말이며 또 특정
한 국제정치권의 세계적 확대에 따라 이해되는 현상이다"라는 언명으로
시작되고 있다(이용희 1983, 242). 그리고 국제정치에 있어서 "현대"란 "단순
한 '시대' 또는 '동안'이 아니라 유럽정치의 특질과 면모가 온 지표를 휘
덮고 마침내 세계정치로서 이룩되면서 동시에 역사적 요인의 자기전개
로서 이해되는 개성적이며 독특한 '동안'—우리가 살고 있는 이 '동안'으
로 해석된다"는 독특한 정의를 내리고 있다(이용희 1983, 242).

또한 "'현대'는 부단히 변하고 흘러가는 '시간'으로서뿐 아니라 또 유럽
정치의 확대에서 이룩된 세계정치의 '터'라는 특정한 역사적 구속력도 발
휘한다"는 점을 지적하고 있다. "현대의 세계정치는 그것이 유럽정치의
확대라는 의미에서 자연히 단일한 기준에서 정치를 이해하고, 반응하고,
행위하는 단일한 유형의 세계를 의미한다"고 본다. 동주는 전파를 통해
이러한 단일한 커뮤니케이션 망의 기능이 발휘된다고 보면서 "그러나 전
파는 단순한 일방통행은 아니다."라고 언명한다(이용희 1983, 242).

5장의 제1절 군사·경제·정치는 (1) 자기변이의 제상(諸相), (2) 자기변
이의 제상(속)으로 구성되어 있는데, 유럽의 국제정치체제가 온 지표를 휘
덮게 되는 세계정치의 시대에 나타나는 근대국가의 변화양상을 군사, 경

제, 정치적 측면에서 다루고 있다.

첫째, 군사적 측면. 이 책은 제1차 세계대전 후 주요 전승국의 현상유지 정책은 평화사상과 반군국주의 선전에 이바지하였고, 군사국가로서의 근대국가 성격이 언론, 여론에서 부인되기 시작했다는 점을 인정한다. "그러나 그럼에도 불구하고 군사국가로서의 요인은 여전히 지속되었다"고 본다(이용희 1983, 246).

둘째, 경제적 측면. 이 책은 제1차 세계대전과 제2차 세계대전이 "세계대전"이라고 불리는 이유는 그것이 세계경제 및 세계정치에 초래한 중대하고 전면적인 변동과 영향에 있다고 본다. 이 책은 전쟁으로 인한 막대한 피해를 지적하는 수준에 그치지 않고, "제2차 대전은 전(前)대전에 비교할 바가 아닌 막대한 직접전재(戰災)를 세계 각지에 발생시켰음에도 불구하고 그로 인한 세계경제의 위축은 대단한 것이 아니었고 또 피해 각국의 회복도—적어도 자본주의지역에 있어서는—매우 급속히 이루어졌다"는 점에 주목한다(이용희 1983, 263). 이러한 인식은 국제정치의 주된 행위자로서의 군사국가들이 초래한 전쟁이라는 국제정치적 현상이 세계정치를 탄생시키고 있다는 점에 대한 착안으로 이어지고 있는 것이다.

셋째, 정치적 측면. 저자는 국가이성(raison d'Etat)에 기초한 르네상스적 국가가 "그 역사적 성격상 비보편주의, 아니 반보편주의적"이었다면(이용희 1983, 270), 국민국가의 발달과 더불어 발전했던 국민주의, 민족주의, 민주주의 사상의 원칙과 제도의 전파가 이루어짐에 따라 "일국주의적이며 동시에 보편주의적"이어야 한다는 자기모순에 빠지고 만다(이용희 1983, 272)"는 점에 주목한다.

저자는 "구미자유민주주의의 발전과 성숙은 야릇하게도 비민주주의적인 전쟁·침략·식민지주의·제국주의의 발판 위에-남의 희생 위에 이룩되었다는 것은 역사적 사실"이라는 점을 명언하면서, "그 결과 여러 가지의 기묘한 사태가 일어나게 되었다"고 본다(이용희 1983, 276-7). 저자는 이 '기묘한 사태'를 다음과 같은 두 가지로 정리한다.

첫째, "내쇼날리스틱한 국민경제의 성장기에 나타난 국부의 팽창과 대중의 정치참여의 시기에 있어서 국부의 배분을 둘러싸고 시작된 노자관계의 악화는 급기야 노동계급의 초국가적 계급사상을 촉발"했다는 점이다(이용희 1983, 277).

둘째, "식민지개발의 결과는 바로 국제정치의 전파과정으로서, 식민지의 근대화는 직각적으로 근대 단일 민족주의국가와 일국 민주제정치의 약점을 들어낸다. 식민지의 근대화는 곧 근대적 정치의식에 따른 저항을 가져왔다(이용희 1983, 279)." 이 책은 "이러한 단일 민족주의국가의 비단일 민족적인 구조와 그 구조의 동요"를 "근대국가의 모순적인 자기전개의 양상"으로 파악하고, 국제주의의 출현을 필연적으로 추동한다고 보는 것이다(이용희 1983, 279).

이러한 저자의 문제의식은 자연스럽게 5장 2절 국제주의의 요인에 대하여로 이어진다. 5장 2절은 먼저 (1) 초국가사회와 국제경제에 관해 다룬다. 저자는 "근대 유럽의 국제정치가 온 지표에 걸치는 세계정치로 옮겨짐에 따라 근대국가의 형성·발전기에는 예상하지 못했던 사태가 출현함으로 말미암아 세계정치는 원심적이며 원자적인 국가적 요인만이 아닌 초국가적 요인을 가미하게 되었다"고 본다(이용희 1983, 281). "그것은 단순히 '국제주의'라고 하여 유럽의 근대사로부터 맥락을 찾을 수 있는 따위도 아니고 또 막연히 '국제사회'라는 개념을 창설하여 안연할 수도 없는 심각한 것"이라고 보고 있는 것이다(이용희 1983, 281-2).

저자는 초국가사회의 탄생을 추동했던 초국적 요인들이 근대국가에 내재되어 있던 모순에 주목한다. "말하자면 경제국가로서의 각도에서 볼 때 유럽 강대국의 공업화는 비유럽의, 또는 비백인지역의 농업사회를 자본주의화하는데 크게 공헌하였으며 이것이 그대로 세계경제 속에 융해하는 역할을 하였다"고 본다(이용희 1983, 285). 이러한 변화에 새로운 차원을 더하게 된 것이 "세계적인 유럽세력 간의 충돌이었던 관계로 '세계대전'으로 지칭되었던" 제1차 세계대전이다(이용희 1983, 288). 제1차 세계대전 발발 직전인 1913년을 기준으로 잡고 제2차 세계대전이 종결된 1945년까지를 볼 때, 1932년의 공황기를 제외하면 유럽의 공업력은 발전은 항상 세계 공업력의 생장률을 못 따랐다. "이리하여, 경제적 면에 있어서도 유럽경제의 기반은 '세계경제'라는 '터' 속에 해소되지 않으면 아니 되게 되었다"는 것이다(이용희 1983, 290).

이러한 초국적 변화에 있어서 한층 더 중요한 측면을 저자는 5장 2절의 (2) 「계급」·「자본의 무국경」·「다민족」(계급, 자본의 무국경, 다민족)에서 다루고 있다. 저자는 먼저 "경제활동의 자유가 확보되는 조건의 조성이 국가의 의무로 간주"되는데 기여한 자유주의사상의 역할에 주목한다. 저자는 자유주의사상, 그리고 자유주의경제학이 그 생성기에 있어서 "『독일이데올로기』의 저자의 의미에 있어서 이데올로기적이었다"는 점을 인정하며(이용희 1983, 292), 자산계층에 주도된 "근대 후기 국가의 핵심적인 이념인 '국민' 개념이 경제적인 차원에 있어서는 가장(假裝)이라는 의심을 받게 되었다"고 지적한다(이용희 1983, 293).

결국 계급의식이 등장하게 되었는데, "'계급'은 경제적·사회적 차원에서 먼저 이해되는, 따라서 초국가적인 개념으로 '조국을 갖지 않는' '계급'으로 이해되었다"는 것이다(이용희 1983, 293). 유럽경제의 고도산업화, 금융자본의 세계적 활동과 보조를 같이 하여 근대국제정치의 기본전제인 국가를 넘어 그 자체가 비국가적인 '계급'개념이 등장하게 되었다고 보는 것이다. 저자는 "'계급'은 그 이론상 초국가적이며 따라서 국제주의적·세계주의적이 아니 될 수 없다"고 본다(이용희 1983, 293). 그러면서 "계급과 같은 국제주의를 표방하는 사회주의운동은 여러 차례 조국애라는 근대국가의 얼에 굴복하기도 하였었다"는 점을 지적한다(이용희 1983, 293-4). 저자는 그 고전적 사례로서 제1차 세계대전에 노동자들이 참가함으로써 제2인터내셔널의 실질적인 종언을 고한 경우를 들고 있다.

　저자는 계급관념의 등장이 근대국가의 자기관철 과정에서 나타난 '경제'의 국제주의적 성격에 대응하는 것으로 파악한다. 저자는 초국적 개념으로서 계급개념에 입각한 국제적 갈등이 마치 "30년 전쟁 전의 유럽의 정황, 곧 초국가적인 종교적 파당으로 유럽 국제정치를 판박아 놓은 것과 방불한 사태를 조성하고 있다"고 본다. 그러면서 "이러한 근대국가의 자기모순의 신테제(Synthese)는 아직 무엇인지 모른다"고 결론을 유보하고 있다(이용희 1983, 298). 다만 "근대국가간의 국제정치로서의 면과 초국가적인 국가군(群) 대 국가군의 양상은 마치 겹쳐서 박혀있는 사진과 같이 세계정치에 이중으로 투영되고 있다고 이해된다"는 언명으로 이 책을 마치고 있다(이용희 1983, 298). 동주의 세계연방 또는 세계정부 이상에 대한 관심은 1955년판 『국제정치원론』에서부터 계속된 것이고, 이러한 관심은 1994년 『미래의 세계정치』에서 유럽연합에 대한 각별한 관심으로 표현되고 있다.

7. 맺음말: 『일반국제정치학』의 생명력과 확장성

　한국어는 물론 외국어로 쓰여진 한국 근대 국제정치학자의 저작들 중에서 이 책처럼 오랜 생명력을 가진 경우는 거의 없다. 그 이유들 중 하나는 우선 그의 학문세계가 서울대 외교학과라는 제도(institution)를 통해 잘 계승, 발전되었다는 점에서 찾아볼 수 있다. 이용희(1917-1997) 자신을 동주 국제정치학의 제1세대라고 한다면, 동주 국제정치학의 제2세대는 동주가 1947년 서울대에서 강의를 시작한 이후 배출한 제자들로서 동주가 서울대 교수직에서 퇴임한 1975년 이전 학계에 자리를 잡고 활동했던 세대이다. 이들은 동주와 함께 학문활동을 한 세대이다. 제3세대는 동주가 학교를 떠난 1975년 이전에 대학에 입학하여 동주에게 배우고, 동주가 대학을 떠난 이후 학계에 자리를 잡고 활동을 시작한 세대이다. 제4세대는 동주가 학교를 떠난 1975년 이후 대학에 입학하여 현재 학계에서 활동하고 있는 세대이다.[12] 후속세대의 학자들에게 배우고, 2013년 한글판 『일반국제정치학』을 읽은 제5세대, 제6세대가 곧 왕성한 활동을 하게 되리라고 기대된다. 이러한 계승성과 더불어 학맥을 넘어 인용되고 있는 이 책의 확장성은 한국적 특수성과 세계적 보편성을 연결시켜보려고 했던 저자의 문제의식에 근거한다. 앞으로 이 책이 영문으로 번역된다면(최소한 그 요지라도) 특수와 보편을 연결시키고자 노력했던 저자의 문제의식이 국제적으로 재조명되는데 기여할 수 있을 것이다.

---

12 이들 후속세대의 저작들과 동주 국제정치학의 연관성은 하나의 연구주제가 될 수 있을 것이다.

참고문헌

동주기념사업회. 1998. 『동주 이용희와 한국 국제정치학』. 제1회 동주기념학술회의.

이동주. 1955. 『국제정치원론』. 서울: 장왕사.

이동주. 1995. 『우리나라의 옛 그림』. 서울: 학고재.

이용희. 1962/1983. 『일반국제정치학(상)』. 서울: 박영사.

이용희. 1994. 『미래의 세계정치』. 서울: 민음사.

이용희. 2013. 『일반국제정치학(상)』. 서울: 이조.

양성철. 2015. 『한국 외교와 외교관』. 서울: 국립외교원 외교안보연구소 외교사연구센터.

장인성. 2002. 『장소의 국제정치사상』. 서울: 서울대학교출판부.

조효원. 1954. 『국제정치학』. 서울: 문종각.

제5장

인류의 정치비전과 유럽통합

『미래의 세계정치』와 미래의 세계정치

조홍식

1. 머리말: 역사의 거대한 흐름

『미래의 세계정치』는 미래나 세계정치를 직접적이고 포괄적으로 분석하는 학술서는 아니다(이용희 1994). 이 저서는 부제 '국가연합론 강의'가 친절하게 설명하듯이 현재의 유럽통합을 과거 국가연합의 역사와 사상을 동원하여 이해하고 분석하려는 시도이다. 여기서『미래의 세계정치』라는 제목의 의미는 유럽이 개척해 나가는 방향의 정치 실험이 앞으로 세계의 정치가 나아갈 하나의 모델이 될 것이라는 주장과 비전을 담고 있기 때문이다.

이용희의 이런 접근법은 19세기 사상가이자 사회과학의 아버지로 인식되기도 하는 토크빌(Alexis de Tocqueville)이 인류 정치를 묘사하는 방식과 유사하다(Elster 2009). 주지하다시피 토크빌은 '조건의 평등'(égalité des conditions)이 보편화되는 것이 인류 역사의 돌이킬 수 없는 거대한 흐름이라고 보았다. 그는 미국이나 프랑스 모두 평등을 지향점으로 삼아 역사적으로 변화해 왔다고 설명했다. 다만 불평등이 제도화되어 있는 프랑스와 달리 미국은 평등이 지배하는 새로운 사회를 먼저 만들었고, 이런 점에서 미국은 프랑스 또는 유럽보다 앞서 나가는 선두 주자이고 결국 프랑스나 유럽이 앞으로 나아갈 방향을 제시한다고 보았던 것이다.[1] 『미국의 민주주의』는 미국 사회 자체에 대한 분석이기도 하지만 그 함의는 『앙시앵 레짐과 혁명』과의 연결성에서 볼 수 있듯이 유럽이나 다른 인류 사회가 겪게 될 미래의 문제를 취급한다는 것이었다. 실제로 서구 정치에서 조건의 평등이 강화되는 경향은 19세기부터 현재 21세기까지 계속 확인할 수 있다.

이용희 역시 『미래의 세계정치』를 통해 유럽의 지역통합을 탐구함으로써 장기적인 미래에 세계가 나아가야할 정치적 방향을 가늠해 보려는 시도를 하였다. 물론 토크빌의 저작은 왕성한 연령에 장기간 현지 체험을 통해 미국을 연구한 뒤 체계적으로 작성한 연구서라고 할 수 있지만, 이용희의 저서는 고령의 학자가 강연이라는 형식을 통해 화두를 던지는 모습이라는 큰 차이점이 존재하긴 하지만 말이다. 토크빌의 저서가 도전적 문제의식을 발화시킨 본격적 연구서라면 이용희의 책은 후학들에게 핵심적 문제의식과 연구주제를 제안하는 형식이다.

이 책에서 강연자가 드러내는 거대하고 도도한 역사의 변화는 근대국

1　Alexis de Tocqueville, *De la démocratie en Amérique. Tome 1.* (Paris: Gallimard, 1961);
　Alexis de Tocqueville, *De la démocratie en Amérique. Tome 2.* (Paris: Gallimard, 1961);
　Alexis de Tocqueville, *L'Ancien Régime et la Révolution. Tome 1.* (Paris: Gallimard, 1952);
　Alexis de Tocqueville, *L'Ancien Régime et la Révolution. Tome 2.* (Paris: Gallimard, 1952).

가가 안고 있는 한계와 모순에서 그 원인을 찾을 수 있다. 유럽통합의 문제를 다루는 강의가 국가와 민족의 정의에서 출발하는 이유다. 이용희는 특히 민족이라는 개념이 정치적인 의미와 문화적인 의미를 동시에 갖고 있다면서 문화적으로 정의된 에스닉 그룹(ethnic group)의 중요성을 강조한다.[2] 강한 정치적 의미의 국가, 그리고 문화 집단으로서 에스닉 그룹, 이 둘을 연결하는 민족의 개념은 모두 이 책의 연구 대상이다. 이용희는 유럽의 역사를 검토하면서 국가와 같이 정치적으로 정의된 기제가 포괄하지 못하는 문화적 집단들이 향후 정치에서 점차 중요성을 더해갈 것이라고 예견한다.

이와 동시에 나타나는 현상이 초국적 집합을 형성하는 지역주의이며, 대표적으로 유럽통합이 이에 해당한다. 기존 국가의 틀을 초월하여 새로운 정치를 실험하는 중요한 이유는 경제적인 요인을 비롯하여 현대 사회가 안고 있는 세계화의 경향과 밀접하게 연관되어 있다. 시장의 논리는 세계를 하나로 묶는데 국가라는 정치의 틀은 이를 제대로 통제하지 못한다. 또한 과학 기술이나 환경, 보건 등 다양한 분야에서 나타나는 세계화의 경향은 민족 국가 차원의 문제 해결을 어렵게 만드는 요인이다. 이런 여러 영역에서 나타나는 범위의 차이(세계적 문제와 국가적 해결)를 지역통합이 어느 정도 해결해 주는 타협안이 될 수 있다는 시각이다. 따라서 이 책에서는 근대국가와 세계 사이에 존재하는 일종의 타협점이자 균형점으로서 지역통합을 보고 있는 셈이다.

근대국가의 변모를 주도하는 두 종류의 운동은 실제로 20세기말과 21세

---

2 1980년대에는 정치사회학을 중심으로 민족주의에 대한 연구가 활발하게 이뤄졌고, 동시에 스미스의 '민족의 종족적 기원'과 같은 저서들이 민족의 정치 및 문화적 양면성에 대해 강조하였다: Ernest Gellner, *Nations and Nationalism* (Ithaca : Cornell University Press, 1983); Anthony D. Smith, *The Ethnic Origins of Nations* (Oxford : Blackwell, 1987); 김인중, 『민족주의와 역사: 겔너와 스미스』 (서울: 아카넷, 2014).

기의 국제정치를 대변하는 중요한 흐름이라고 하지 않을 수 없다. 우선 근대국가가 대표하려고 했던 민족의 개념이 도처에서 도전을 받아왔다. 이 책에서 예측했듯이 민족국가의 정치적 의미와 문화적 의미가 서로 괴리를 일으키는 현상이 빈번하게 일어났던 것이다. 예를 들어 책에서는 이미 유고의 붕괴 조짐을 언급하고 분석하고 있다. 유고는 이제 슬로베니아, 크로아티아, 보스니아-헤르체고비나, 세르비아, 마케도니아, 몬테네그로, 코소보 등 에스닉 그룹을 중심의 정치적인 파편화가 진행되었다. 또한 전통적 의미의 유럽은 아니지만 소련의 붕괴와 그에 따른 다수 독립국가의 탄생도 이러한 시각에 한 몫을 담당했을 것이다. 덧붙여 근대국가의 역사가 가장 길다고 하는 영국, 프랑스, 스페인 등지에서도 끊임없이 근대국가의 틀을 깨뜨리려는 시도가 일어나고 있다.[3] 최근 영국으로부터 독립하려는 스코틀랜드 민족주의의 노력이나 프랑스 코르시카의 분리주의 운동, 스페인 카탈루냐 지역의 독립성향과 이탈리아 북부 리가의 정치적 부흥 등은 모두 문화적 공동체를 중심으로 새로운 정치를 실험하려는 시도들이다.

다음은 지역주의 통합이 유럽에서 점차 심화되는 것은 물론 다른 지역에서도 비슷한 노력을 경주하는 것을 발견할 수 있다. 유럽에서 통합의 심화는 아래에서 자세히 살펴보기로 하고, 우선 다른 지역으로 눈을 돌리면 통합의 성격이나 특징은 다르게 나타나지만 전 세계적으로 유럽 모델의 재현을 위한, 또는 유럽 모델을 하나의 모형으로 참고하는 노력들이 이뤄지고 있음을 알 수 있다(Mattli 1999). 이용희는 이를 전파이론에 기초하여 유럽 모델의 '일그러진 재현'이라고 표현하는데 실제로 북미자유무역

---

3 전통적 요소인 종교, 종족성 등을 중시하는 접근으로 1990년대 헤이스팅스의 저서를 들 수 있다: Adrian Hastings, *The Construction of Nationhood: Ethnicity, Religion and Nationalism* (Cambridge: Cambridge University Press, 1997).

협정(NAFTA, North American Free Trade Agreement)은 1990년대 유럽의 단일시장과 동시에 형성되어 지속적으로 효과를 발휘하였고 그로 인해 멕시코의 산업화를 이끌었다. 물론 북미에서 통합은 주로 경제적인 것으로 유럽과 같은 정치사회적 통합의 의미는 제한적이지만 말이다. 동남아시아국가연합(ASEAN, Association of South-East Asian Nations), 남미공동시장(MERCOSUR, Southern Common Market), 아프리카의 화폐통합 등 지역주의의 범위와 본질은 상당한 차이를 드러내지만 유럽 모델을 불러내 현지에 맞게 다시 만들려는 노력은 지속되어 왔다.

유럽 이외 지역에서 나타나는 지역 통합 모델의 '일그러진 재현'은 매우 흥미롭다. 북미자유무역협정은 1990년대 당시 세계 경제의 지역화/블록화라는 바람을 일으키면서 유럽단일시장에 대한 대립 조직으로 등장하였다. 동남아국가연합은 원래 1970년대 반공 연합으로 시작하였다가 1980년대 유럽의 단일시장 추진에 크게 영감을 얻어 경제통합으로 방향을 튼 경우다. 남미공동시장이나 아프리카 화폐통합은 유럽이 노골적인 의도를 갖고 지역 통합 모델을 다른 대륙에 수출하려 추진한 정책의 영향을 많이 받았다. 그다지 성공적이라고 말할 수는 없지만 아시아-유럽 정상회의(ASEM, Asia-Europe Meeting) 역시 1990년대 유럽이 아시아라는 지역 파트너를 만들려는 노력의 결과로 생성되었다. 지역에 따라 일그러지는 모습이 다르다는 점은 지적 호기심을 자아낼 뿐 아니라 중요한 연구 대상이라고 할 수 있다.

『미래의 세계정치』가 출판되고 이미 20년 이상이 지났다. 그리고 지난 20여 년 동안 이 책의 가장 커다란 예측이라고 할 수 있는 근대국가의 변화, 즉 문화적 정체성의 정치적 의미와 국가를 초월하는 새로운 정치 실험의 등장은 유럽 뿐 아니라 세계의 다양한 지역에서 명확하게 모습을 드러내 왔다. 학술적으로도 소위 '정체성의 정치'라는 이름으로 기존 민족주의나 민족 정체성의 해체 또는 변화가 주목을 끌고 있으며 이는 국제정치학에서 구성주의의 부상으로 연결되었다(Wendt 1999). 덧붙여 유럽통합은 책이 출판된 이후 국제정치학의 핵심적 연구 영역으로 자리 잡게 되었다.

2. 학술적 탐색

이 책에서 이용희가 보여주는 토크빌 식의 인식론적 바탕 위에는 다양한 학술적 경험과 탐색의 노력을 발견할 수 있다. 위에서 지적했듯이 이 책은 강연을 엮은 것이기에 논문에서 드러나는 학술적 치밀함을 발견하기는 어렵다. 그러나 강연에서 던지는 화두로서 유럽에서 나타나는 가장 중요한 흐름과 이를 연구하는데 필요한 학술적 태도를 예시(例示)하고 있다. 여기서는 방법론 또는 접근법이라는 차원에서 이 책이 제시하는 비전의 세 가지 중요한 기여를 살펴본다.

첫째, 이용희는 유럽의 실험을 분석하는데 거시적인 역사사회학의 방법을 활용한다.[4] 기존의 국제정치학에서 유행하는 이론적 접근과 논쟁 — 예를 들면 유럽통합을 주도하는 것이 국가인가 초국적 세력인가의 논쟁 — 과 거리를 두면서 자신만의 시각과 분석을 차근차근 제시한다. 이 책의 강연이 진행되던 1990년대 초반 미국의 국제정치학은 현실주의, 자유주의, 마르크시즘의 커다란 학파 간 논쟁이 중심이었고, 유럽과 관련해서는 현실주의의 국가중심 시각과 자유주의의 경제사회 중심 시

---

4 유럽의 최근 연구동향에 관해서는 다음을 참고할 것. 조홍식, 「유럽통합연구의 역사사회학적 전망: 유럽적 시각」, 『국제정치논총』 51(1) (2011년), pp.287-297.

각이 서로 대립하는 상황이었다. 자유주의와 마르크시즘은 자본의 논리가 유럽통합의 중심에 있다고 주장하는 한편, 현실주의는 여전히 국가의 전략과 국익에 대한 판단이 통합을 이끈다는 반론이 활발하게 대립하던 상황이었다. 특히 1980년대 급속하게 진행된 단일시장 논의가 그 중심에 있었다.

하지만 이용희의 관심은 유럽단일의정서나 마스트리히트 조약의 체결이 아니라 수십 년에 걸쳐서 이뤄온 유럽통합이라는 거시적 역사 운동이다. 강연에서 여러 차례 지적하는 바와 같이 유럽은 단일시장과 유럽연합(마스트리히트 조약)을 실현함과 동시에 40여 년 전, 1950년대에 실패했던 정치통합과 군사통합을 숙고와 반성과 실패의 기간을 거친 뒤 다시 추진했기 때문이다.[5] 연 단위의 시간적 지평선을 가지고는 이해하거나 발견할 수 없는 사실이다. 또한 유럽통합에 대한 이용희의 지평선은 유럽의 1950년대에 시작하는 통합의 공식적 시간에 머물지 않는다. 통합을 만들어가는 것은 국가들이기 때문에 먼 과거로 돌아가 국가 형성부터 그 이후 지속되어온 단일국가, 연방국가, 국가연합이라는 다양한 형식의 정치 형태를 세밀하게 들여다본다.

이런 접근법은 기존 국제정치학과는 너무 판이하다. 기존 국제정치학은 마치 국가가 탈 역사적으로 존재하는 자연스런 행위자인 듯 바라보면서 지역 통합을 매우 이상하고 특수한 현상으로 바라보는 경향이 강하다. 하지만 이용희의 선택은 국가나 지역통합체나 모두 역사적 성격을 지닌 정치적 단위에 불과하다는 인식이다. 따라서 국가가 역사적으로 특정 요

---

5 1950년대 유럽통합은 석탄철강공동체로 시작하지만 곧바로 유럽방위공동체(European Defense Community)를 이어 추진하였다. 하지만 프랑스에서 비준 실패로 유럽방위공동체는 사장(死藏)된 바 있다. 이후 1980년대와 1990년대의 유럽단일의정서와 마스트리히트 조약은 제한적이기는 하지만 외교 안보 분야의 유럽 통합을 발전시키는 내용을 담고 있다.

인에 의해 형성된 것처럼 지역통합 기구도 특수한 조건이 결합되거나 우연한 방향으로 흐르다보면 만들어질 수 있다는 시각을 반영한다.

이 강연이 이뤄진 1990년대 초반 유럽이나 미국에서도 이처럼 국가의 형성부터 유럽연합의 마스트리히트 조약까지를 하나로 종합하여 생각하고 다루는 책은 찾아보기 어렵다. 드니 드 루쥬몽과 같은 학자가 2천년 동안 유럽이라는 아이디어의 역사를 다루기는 했지만 사상사적 접근이었지 정치 형태에 대한 직접적 고찰은 아니었다(de Rougemont 1966). 이러한 반짝이는 방법론적 시도와 생각이 보다 더 학술적으로 깊은 형식으로 발전되지 못한 것은 아쉬운 일이다. 이런 접근의 유효성을 사후적으로 증명해준 것이 이탈리아 학자 바르톨리니의 저서다(Bartolini 2005). 그는 국가의 형성과 유럽의 통합을 새로운 정치중심의 형성이라는 하나의 틀로 바라보면서 비교정치의 새로운 영역을 열었다. 바르톨리니는 이용희와 마찬가지로 국가나 유럽이나 모두 같은 '정치 중심'이라고 보았기 때문에 국가형성과 유럽통합을 같은 차원에 놓고 비교할 수 있었던 것이다.

둘째, 이 강연의 특징은 기본적으로 제도주의적 접근법을 택한다는 사실이다. 유럽 통합 연구에서 제도주의적 접근은 크게 세 가지 종류가 있다.[6] 하나는 역사적 제도주의 접근법으로, 통합 초기에는 회원국 정부가 강한 결정력을 갖고 협상에 임해 통합의 방향을 결정할 수 있지만 시간이 지날수록 경로 의존성이 강화되어 제도의 힘이 커져간다는 시각이다(Pierson 1996, 123-163). 다른 하나는 사회학적 제도주의 접근법으로, 유럽이라는 틀이 행위자의 사회화 및 인식에 점차 중요한 개념으로 자리를 잡는

---

6 정치학에서 신 제도주의로 불리는 세 종류는 역사적, 사회학적, 합리적 선택의 제도주의다. 물론 유럽통합 연구에도 합리적 선택류의 제도주의가 존재하지만 여기서는 조금 더 크게 비교제도주의라고 보았다. Peter A. Hall and Rosemary C. R. Taylor, "Political Science and the Three New Institutionalisms," *Political Studies* 44(5) (December 1996), pp.936-957.

다는 주장이다. 이 사회학적 제도주의는 구성주의와 매우 흡사한 이론적 틀을 갖고 있다. 마지막은 비교 제도주의로 다양한 형식의 정치 제도를 기능적으로 비교하는 접근이다. 이용희는 특히 단일국가·연방국가·국가연합의 대립을 중심으로 논의를 진행시켜 간다는 점에서 유럽연구에서 본격적으로 등장한 비교연방주의 연구들과 연결시킬 수 있다.

이용희는 제도 그 자체를 연구하기 보다는 유럽이 시행하고 있는 최첨단 실험의 성격을 도출하기 위해 제도의 틀이나 잣대로 분석을 시도했다고 보는 것이 정확할 것이다. 그는 유럽의 국가연합적 성격을 강조하면서도 미래에 이것이 연방주의나 단일국가의 방향으로 나아갈 가능성을 닫지 않는다. 다양한 과거에 뿌리를 두면서 앞으로는 열린 미래라는 유연한 비전을 제시하는 것이다. 현실정치에서 연방주의에 대한 반발이 강하기 때문에 학술적으로도 연방주의를 언급하기 어려운 유럽이나 미국 정치학보다 유럽의 현실과 거리를 두고 있는 먼 한반도에서 오히려 부담 없이 선택할 수 있는 접근법이다.

이러한 시도는 비슷한 시기 또는 그 이후 많은 학자들이 미국, 스위스, 독일 등의 연방주의와 유럽을 비교하는 연구에서 발견할 수 있는데 이들은 대부분 무척 단정적이고 경직된 이론을 만드는 데 집중하고 있다(Scharpf 1988, 239-278). 예를 들어 미국과 유럽을 같은 연방이라는 시각에서 비교하면서 주를 대표하는 미국 상원과 회원국을 대표하는 유럽의 이사회, 시민을 대표하는 미국 하원과 유럽의회를 비교하는 형식이다(Menon and Schain 2007). 비슷한 주제를 언급하면서도 이용희의 관심은 정태적 비교 분석보다는 동태적 정치 제도 형성에 더 많은 관심을 쏟고 있다고 볼 수 있다.

셋째, 이용희는 국제정치학의 커다란 유행이 된 구성주의적 면모도 드러낸다. 아이디어의 중요성을 강조하는 부분에서 자연스럽게 대두되는 측면이다.[7] 물론 2000년대 들어서 국제정치학에 본격적으로 자리 잡은 구성주의와는 거리가 존재한다. 그럼에도 불구하고 이용희의 관심은 국력, 군사력, 경제력 등 현실주의와 자유주의, 마르크시즘이 중시했던 물리적 하드 파워에 머물지 않는다. 하나의 정치체를 만들기 위해서는 개념적인 합의와 지향점이 존재해야 한다는 뿌리 깊은 지표가 존재하는 듯하다. 위에서 언급한 에스닉 집단부터 민족, 국가, 지역통합 등 공동체 형성에 관심을 가진 이용희 접근법의 특징이라고 해도 과언이 아닐 것이다.

그는 국가나 민족에 대한 사상에서 시작하여 정치체의 성격에 대한 법적 논쟁 등 유럽이 만들어지는데 기여했던 다양한 기원을 짚어본다. 무엇보다 중요한 것은 유럽연합이 스스로 심각한 문제로 삼기 시작한 동질성에 대한 강조를 발견할 수 있다는 점이다. 통합에만 집중했던 기존의 국제정치학이 당시까지 제대로 인식하지 못한 문제점이다. 왜냐하면 국가 간 통합 협상에만 관심을 가질 경우 정부 행위자에 주목할 뿐 사회와 정치체의 상호관계를 들여다보는 데는 소홀할 수밖에 없기 때문이다. 유럽이 하나의 동질성을 만들어 내지 못한다면 정치적 정통성을 확보하는데 어려움을 겪을 것이라는 진단은 정확한 예측으로, 지난 20여 년의 유럽 역사가 이를 증명한다.

---

7 구성주의적 접근법으로 유럽통합을 바라보는 최근의 연구로는 다음을 참고할 것. Nicolas Jabko, *Playing the Market: A Political Strategy for Uniting Europe, 1985-2005* (Ithaca: Cornell University Press, 2006); Jeffrey T. Checkel and Peter J. Katzenstein, eds. *European Identity* (Cambridge: Cambridge University Press, 2009).

3. 『미래의 세계정치』, 20년 뒤

이 책이 출판된 1990년대 초반에는 아직 유럽통합이 국제정치학에서도 그다지 주목을 받지 못하던 때였다. 보다 정확하게 말하자면 미국을 중심으로 발전한 정치학과 국제정치학에서 유럽통합은 1950년대와 1960년대 신기능주의를 중심으로 한창 주목을 받다가, 1970년대부터 통합이 정체하자 더 이상 관심을 끌지 못하고 학술적으로 침체되어 있는 상황이었다. 신기능주의의 대표주자가 이론적 용도폐기를 선언했을 정도로 유럽통합연구는 현실의 시기적 부침(浮沈)에 민감하게 반응하는 영역이었던 것이다(Hass 1975). 그러다가 1980년대부터 시작된 유럽통합의 제2의 전성기를 맞아 현실 속에서 다시 유럽 단일시장과 마스트리히트 조약의 체결, 그리고 그 결과로써 유럽연합이 등장하는 변동기를 맞았던 상황이다.

학술적 흐름이 항상 약간의 시기를 두고 현실적 변화를 따라가는 현상을 사회과학에서는 쉽게 발견할 수 있다. 유럽통합의 연구에 있어서도 단일시장으로 새로운 진전이 이뤄지고, 유럽연합이라는 상징적으로 중요한 정치체가 형성되면서 다시 유럽이 국제정치학의 중요한 영역이자 쟁점으로 부상하는 계기가 되었다. 미국의 국제정치학에서는 호프만, 코헤인, 모랍칙(모라비치) 등이 하버드대를 중심으로 유럽통합에 대한 새로운 관심을 보여주기 시작하였고 그 결과로 출판된 책은 이용희도 언급하고 있다(Keohane and Hoffmann eds 1991; Keohane ed 1989).

여기서 상당히 놀라운 점은 미국 국제정치학이 가졌던 국가 중심적 시각의 취약점과 단순함을 세계 차원에서 그야말로 '서울이 아닌 시골'의 학자 이용희가 정확하게 꿰뚫어 보고 있다는 점이다. 그는 대표적 정부간주의자 모랍칙을 비판하면서 유럽 통합에서 스피넬리와 연방주의자들,

그리고 유럽의회와 같은 초국가적 기구의 역할을 강조한다. 위에서 지적한 바와 같이 이용희의 역사적, 제도적, 사상적 접근법이라는 확고한 기준으로 보았을 때 모랍칙의 이론 중심 역사 분석은 심각한 현실 왜곡의 위험을 안은 접근으로 비쳤을 것이다. 이용희는 균형 잡힌 시각으로 사물의 다양한 차원을 보아야 한다는 입장에서 세련된 이론적 서술보다는 애매하더라도 복합적이고 현실적인 묘사를 선호하는 듯하다.

물론 여기서 이용희가 학술적으로 치밀하게 모랍칙을 공격하는 것은 아니다. 사실 모랍칙의 신자유주의적 제도주의가 아직 체계적으로 만들어지거나 발표된 것도 아니었으며, 그의 유럽통합에 대한 대표저서 『유럽의 선택』(Moravcsik 1998; Moravcsik 1997, 513-553)도 아직 출판 전이었으니 둘이 제대로 된 '진검승부'를 펼쳤다고 말할 수는 없을 것이다. 게다가 이용희의 목표도 미국의 학술 시장에서 어떤 접근법을 대표하거나 공격하려는 것은 아니었다. 다만 이런 학술 시장에서의 지위와 위상에 대한 관심이 없기 때문에 드러날 수 있는 거시적이고 장기적인 비전에서 이용희는 놀라운 안목을 보여주고 있다.

가장 대표적인 안목은 유럽통합의 구조적 성격에 관한 역사적 시각이다. 그는 강연을 하면서 마스트리히트 조약의 비준 과정을 지켜보고 있었다. 일반적으로 언론은 시기적 부침에 민감하게 반응하면서 한 국가 또는 단계에서의 어려움을 보고 유럽통합이 정체하거나 퇴보한다고 종종 보도한다. 심지어 학계에서도 하나의 거대한 계획이 장애를 만나 중단되면 통합의 실패와 유럽의 해체 가능성을 성급하게 제시한다. 20년이 지나 과거를 돌이켜 보면 이용희가 말했던 유럽통합의 지속적 노력과 진전이 수많은 어려움과 장애와 실패에도 불구하고 발전해 왔다는 사실을 잘 확인할 수 있다.

지난 20여 년 간 이뤄진 가장 진일보한 변화는 세 종류다. 첫째는 화폐의 통합으로 1999년 유로가 출범한 이래 유럽은 주권의 가장 핵심적인 정책을 통합하는데 성공하여 이를 유지하고 있다[8]. 이 책에서 이용희가 많은 시간을 할애한 것이 과거 국가연합의 역사이며 특히 네덜란드의 경우 외교 안보 화폐의 측면에서 정치체의 형성을 추진했다는 사실을 들 수 있다. 거시 역사적으로 국가의 형성과 유럽의 통합을 비교하기 때문에 화폐 통합과 같은 중요한 요소가 단순히 정책 협력이 아니라 하나의 공동체를 만들어가는 중요한 과정이라는 사실을 짚어 낼 수 있을 것이다. 세계경제 위기가 2010년부터 유럽에서 재정위기라는 형태로 부각되면서 유로는 어려움을 겪고 있지만, 여기서도 언론과 일부 학계의 '호들갑'에도 불구하고 유로권은 탄탄함을 더해가면서 강화되고 있다. 위기 이후 정책 협력의 기조를 강화하여 새로운 은행연합, 재정연합 등 협력 메커니즘이 등장하였고, 통화정책과 유럽 회원국 국내정치의 연계 역시 더욱 강화되었다.

둘째는 유럽헌법 추진의 시도다(Church and Finnemore 2006). 유럽의 거시 역사를 보면 왕실을 중심으로 하는 국가 조직이나 기구가 먼저 등장하였고 그 이후에 주권재민이나 사회계약, 헌법 등의 제도가 만들어졌다. 이런 국가 형성의 과정과 마찬가지로 유럽에서도 정책적 기능의 통합이 먼저 이뤄진 다음 21세기에는 가장 중요한 사회계약으로서 헌법의 추진을 시도했던 것이다. 이제 외교관의 협상 시대가 아니라 유럽의 회원국 시민

---

8 구성주의적 접근으로 유럽의 화폐통합을 연구한 바 있는 맥나마라는 최근 『일상 유럽의 정치』라는 저서를 통해 일반 시민에게 있어 일상의 유럽이 얼마나 중요한 위상을 갖고 있으며, 실제 유럽의 출발점이라는 사실을 상기시켰다. 물론 그 가운데 화폐는 무척 중대한 역할을 담당한다. Kathleen R. McNamara, *The Politics of Everyday Europe: Constructing Authority in the European Union* (Oxford: Oxford University Press, 2015); Kathleen R. McNamara, *The Currency of Ideas: Monetary Politics in the European Union* (Ithaca: Cornell University Press, 1998).

들의 참여를 통한 공동체 형성의 단계에 도달했다는 의미다. 비록 이 헌법이 프랑스와 네덜란드에서 국민투표 부결로 비준에 실패했지만, 사실상 상징적 '화장'이라 부를 수 있는 작은 조정을 통해 리스본 조약이라는 형식으로 도입되었다(Bache, George and Bulmer 2011). 달리 말해서 민족주의가 아직 강하기 때문에 헌법이라는 이름을 사용할 수는 없었지만 사실 상 헌법의 역할을 하는 조약이 유럽 정치 단위를 만드는데 다시 커다란 한 걸음을 전진하게 했다는 뜻이다. 예를 들어 리스본 조약은 모든 유럽 시민에게 적용되는 원칙의 중심 가치를 유럽 기본권 헌장에 부여하였고 이를 통해 헌장은 유럽연합이라는 공동체를 규정하는 가장 핵심의 주춧돌이 되었다. 이처럼 유럽에서는 이용희가 언급했던 동질성을 강화하는 제도적인 변화가 서서히 이뤄져 왔음을 볼 수 있다.

셋째는 유럽의 범위가 크게 확대되었다는 점이다. 1993년 유럽은 12개국이었고, 15개국으로 늘어날 예정이었다. 하지만 21세기 들어 유럽연합은 동유럽의 구 공산권 국가들을 대거 받아들여 28개 회원국에 인구 5억 이상의 거대한 집합으로 몸집을 키웠다(Sajdik and Schwarzinger 2008). 민족의 개념을 기준으로 본다면 독일의 통일이 세계의 관심을 끌었던 것이 사실이다. 하지만 유럽이라는 대륙의 차원에서 살펴보면 2000년대 중반에 실현된 동유럽 국가들의 유럽 가입이 더 획기적이고 중요한 사건이다. 동유럽 국가의 입장에서는 '유럽으로의 복귀'(Return to Europe)라는 표현이 이들의 거시 역사적 시각과 희망을 반영한다. 제2차 세계대전 이후 소련의 영향권 아래 공산권으로 편입되었던 반세기 동안의 역사는 일종의 외도였고, 이제는 다시 유럽이라는 공동의 집으로 돌아왔다는 인식이다. 뒤늦게 유럽 통합에 동참한 동구국가들이지만 일부는 강력한 드라이브를 통해 유로라는 단일화폐에도 동참할 정도로 노력을 아끼지 않았다. 슬로베니아, 슬로바키아, 그리고 발트 3국은 모두 어려운 경제 조건에도 불구하고 노력하여 유로에 동참하는 핵심 통합 멤버가 되었다. 이처럼 사후적 확인을 통해서 역사를 돌이켜보면, 1990년대 초 그 누구도 예상하기 어려울 정도의 유럽발전이 지난 20여 년간 이뤄진 것을 알 수 있다.

일부에서는 이용희가 우연히 유럽의 발전을 우연히 예상해 맞추었다고 폄하할 수도 있을 것이다. 그러나 『미래의 세계정치』에서 제시한 비전을 우연한 예측이라고 보기 어려운 증거가 유럽통합에 대한 이용희의 변증법적 시각이다. 물론 그가 이런 표현을 직접 사용한 것은 아니지만 유럽통합을 바라보면서 이 운동이 일진일퇴의 과정을 거칠 수밖에 없음을 여러 차례 지적하고 있다. 서구 학계에서도 이러한 동학을 변증법적 과정이라는 용어로 설명하기 시작하였다(Corby 1995, 253-284). 어떤 의미에서 1970년대 유행하던 신 기능주의적 역학의 새로운 해석과 적응이라고 볼 수도 있다(Hooghe and Marks 2009, 1-23) 너무 빠른 통합은 정체와 실패를 초래하는 한편, 통합의 지체가 다시 새로운 진전을 위한 동력을 만들어 낸다는 이해다.

2015년, 유럽과 그리스의 상호 관계가 대립적으로 치달으면서 세계는 다시 유로의 붕괴에 대한 시나리오가 남발되었다. 하지만 그리스는 위기에도 불구하고 유럽연합에 잔류하였다. 사실 2010년 이후 적어도 세 차례(2010, 2012, 2015년)에 걸쳐 그리스는 유로에서 탈퇴해야 할 수도 있는 위기에 직면했다. 우여곡절은 있었지만 매번 유럽연합은 그리스에 대한 지원을 결정하였고 그리스 역시 탈퇴의 유혹을 뿌리치고 고통스럽지만 공동의 배에 남아 있기로 하였다. 반면 2016년 국민투표에서 영국은 브렉시트, 즉 유럽연합 탈퇴를 결정하였다. 영국 정부는 2017년 3월 리스본조약 50조를 가동시켜 2년간의 탈퇴협상을 시작하였다. 브렉시트는 유럽통합 최초로 탈퇴하는 회원국이 생겨난 실질적 위기임에는 틀림없다. 하지만 여기서도 일진일퇴의 변증법적 장기 통합이라는 여유의 시각을 갖

고 역사를 평가할 필요가 있다. 예를 들어 영국은 1973년 유럽에 가입한
뒤 43년 만에 국민투표로 유럽탈퇴를 결정했다. 거시적 시각으로 본다면
탈퇴한 뒤 어느 정도 시간이 지나 정치적 상황이 바뀌면 다시 가입을 시
도하는 것이 불가능할리 없다는 말이다.

이처럼 『미래의 세계정치』를 다시 읽으면서 동시에 유럽의 위기를 바
라보는 경험은 무척 교육적이다. 이 책의 거시 역사적 시각은 민족주의적
반응과 지역통합의 긴장 속에서 결국 미래의 세계정치는 통합의 방향으
로 나갈 수밖에 없다는 시각이기 때문이다. 언론이나 일부 학계에서 바라
보는 단기적 시각과는 달리 '정치의 유럽화'가 이미 상당히 진행되었다고
판단하는 우리의 입장에서[9], 이 책이 예견했던 유럽의 통합 모델은 아직
도 제대로 이해를 받지 못하고 있다는 생각을 가졌다. 이는 이용희가 시
대를 앞선 생각을 가졌었고, 여전히 시대를 앞서 있는 입장의 첨단에 서
있다는 사실을 역설적으로 보여준다.

4. 맺음말: 비판적 시각

『미래의 세계정치』에 등장하는 이용희의 시각에 대해 몇 가지 비판적
인 지적을 하지 않을 수 없다. 일부는 그가 가지고 있는 시대적 특성이나
방법론적 입장 때문일 수도 있고, 다른 일부는 그가 유럽통합에 대해 다
소 거시적이고 커다란 그림을 그리다 보니 명확하게 드러나지 않은 부분

---

9 예를 들면 다음을 참고할 것. Daniele Caramani, *The Europeanization of Politics:
   The Formation of a European Electorate and Party System in Historical Perspective*
   (Cambridge: Cambridge University Press, 2015); 조홍식, 「프랑스 정치의 유럽화」, 『국제정치논총』
   52(3) (2012년), pp.403-424.

이 존재하기 때문이기도 하다. 물론 가장 날카로운 것 같지만 부당한 지적은 그의 분석이 과학적이지 못하거나 학술적으로 탄탄하지 못하다는, 또는 논리적 비약이 심하고 직감에 의존한다는 비판일 것이다. 아마도 요즘 학술지 심사의 '엄격한' 잣대로 이 책을 평가한다면 분명 이런 비판이 주를 이뤄야 할 것이다. 하지만 이런 편협한 과학성과 학문의 기준으로 다른 접근법을 비판하는 것은 무리다. 이용희는 독창적 주장으로 제한적 학술시장에 진입하려는 '학자 신병'이 아니라 커다란 그림을 그리는 거시적 접근을 하는 것이기 때문이다.

이처럼 그와 같은 담론의 수준에서 보았을 때 제일 아쉬운 부분은 그가, 또는 그 세대가 가졌을 목적주의적(teleological) 태도와 인식이다. 인류의 역사가 하나의 목적과 방향을 향해 나간다는 단선적 역사관의 결과라고 할 수 있다. 이런 시각에서 보자면 유럽은 최첨단의 정치실험을 하고 있고, 이는 인류 역사의 발전 방향을 제시하는 것이며, 결국은 나머지 세계도 이러한 길을 가게 될 것이라는 전제를 한다. 예를 들어 저자는 한반도가 아직도 제대로 된 민족 국가의 형성도 이루지 못했다는 탄식을 한다. 가장 이상적이고 완전한 정치체를 민족과 국가의 결합으로 보기 때문에 나타나는 현상이다.

이런 시각은 아마도 당시 세계 학계가 공통적으로 가지고 있었던 서구 중심적 시각의 결과라고 볼 수도 있다. 경제발전이나 정치발전 등 모든 부분에서 나타나는 서구의 첨단성과 나머지 세계의 추종이라는 등식에 대한 비판은 『미래의 세계정치』 이후 다양하게 등장하였고(Said 1979; Franck 1998), 아마 21세기라면 이용희도 이런 획일적인 사고에서 벗어났을 것으로 추측할 수 있다. 예를 들어 최근에 출판된 후쿠야마의 정치질서에 관한 저서들은 동아시아 중국에서 2천 여 년 전에 제일 먼저 근대적 국가가 들어섰다고 진단하면서 서구 중심적 시각에서 어느 정도 벗어났음을 보여주고 있다(Fukuyama 2014; Fukuyama 2012). 적어도 권력의 집중이라는 근대국가의 측면에서 진시황의 중국이 유럽보다 천년 이상 앞섰다는 말이다. 또 경제 분야에서도 서구가 중세부터 자본주의나 과학 기술의 발전을 주도한 것이 아니라 오히려 중국, 일본, 인도 등의 지역이 훨씬 앞섰었다는 주장들이 제기되고 있다(Pomeranz 2000).

『미래의 세계정치』에서 발견할 수 있는 또 다른 생소함은 학문간 경계를 무척 경직적으로 이해하고 있다는 사실이다. 예를 들어 국가와 민족의 문제는 정치학 또는 국제정치학의 영역이지만 에스닉 그룹은 원래 사회학의 문제라고 보는 식의 구분법이다. 융합적 사고나 학제적 접근을 중요시하는 1990년대 이후의 흐름과는 대립되는 다소 '순진한' 학술관이라고 여겨진다. 물론 20세기 중반 이후 신생국에서 새로운 학문과 학과를 제도적으로 설립해야 했던 창립자 세대의 현실적 필요가 절실하게 반영된 시각이라고 분석할 수도 있을 것이다.

이 책에서 발견할 수 있는 또 다른 애매한 구분은 저자가 현실의 정치가와 상아탑의 학자의 역할을 강하게 대립시킨다는 점이다. 그가 학계와 정계를 오고 가면서 두 역할을 모두 담당했던 인물이라는 점을 상기하면 더욱 '신기한' 구분이다. 이용희를 직접적으로 모르는 독자로서는 "개인적인 과민함이 아닐까"라는 추측을 할 수 있을 뿐이다. 왜냐하면 과거와 현재의 유럽 최첨단 실험을 바탕으로『미래의 세계정치』를 예상하는 시도 자체가 매우 정치적이고 정책적인 함의를 가지는 것이고, 우리 정치 공동체의 대응과 준비를 전제하는 것이기 때문이다. 그래서 이용희의 정치/학술 구분은 다소 인위적으로 느껴진다.

마지막으로 유럽통합을 분석하면서 현실을 파악하는데 가장 크게 실패한 부분은 법을 통한 통합을 포함하지 못했다는 점이다. 이는 권력을 중시하는 국제정치학자로서의 한계가 작동했다고 볼 수 있다. 하지만

1990년대 초반 이미 상당수의 연구는 사법기관들이 유럽통합을 만들어 내는데 적극적인 역할을 담당해 왔으며, 유럽통합은 그야말로 하나의 통일된 사법체계로서 가장 진일보한 모습을 보이고 있다는 분석들이 등장하기 시작했다(Cappeletti, Seccombe and Weiler eds 1985; Weiler and Wind eds 2003). 위에서 언급한 후쿠야마의 분석을 다시 인용하자면 그는 동아시아에서 국가가 제일 먼저 등장한 데 반해 유럽에서는 법치가 가장 일찍 자리 잡았다고 설명한다. 그만큼 유럽에서는 법치의 전통이 강할 수밖에 없고, 유럽통합에서도 법을 통한 통합이 핵심적인 역할을 담당해 왔다는 것이 최근 많은 유럽연구의 결실이다. 거시 역사적인 접근과 제도적 관찰을 방법으로 삼는 이용희가 사법적 통합의 기여를 놓친 것은 심각한 한계라고 하지 않을 수 없다.

아마 이용희가 유럽통합에 대한 연구를 더욱 발전시키고 심화시킬 수 있었다면 사법적 통합의 중요성이라는 시각에 도달했을 가능성이 높다. 역사를 중시하는 그의 태도, 제도의 변화가 지속성을 담는 성격을 가진다는 신념, 누적되는 경험을 절대 무시할 수 없다는 입장, 정치 행위자 뿐 아니라 사회의 통합을 염두에 두어야 한다는 시각은 모두 통합에서 사법체제의 중요성이라는 결론으로 이끌기 때문이다.

물론 이상과 같은 몇 가지 단점이나 생소함, 오해 등이 이 저서가 가지는 커다란 장점들을 크게 위축시킬만한 성격은 아니다. 이 책은 오히려 최근 들어 사회과학이 보여주는 과학성에 대한 과도한 집착, 그로 인한 계량적 접근의 지배적 위상, 거시적 역사에 대한 경시와 방향성의 상실 등 다양한 취약점과 대비되는 전통적이고 종합적인 사회과학의 한 사례를 보여준다. 이용희의 이런 태도는 이미 형성된 학술 시장에 진입하고 생존하려는 최근의 젊은 학자가 아니라 황량한 광야에서 하나의 학술 공동체를 만들어야 했던, 그래서 자신만의 세계관이나 학문 세계를 구축해야 했던 개척자의 독립성과 자율성을 반영하는 듯하다.

『미래의 세계정치』는 이런 면에서 한국 대표 국제정치학자의 21세기를 바라보는 크로키(croquis)라고 할 수 있다. 70대에 강연을 통해 자신의 학술적 '내공'을 후학들에게 전달하면서 세계 정치의 첨단을 그리고 설명하고 이해하려는 노력은 우리 학계에 하나의 모델이 될 수 있을 것이다. 특히 다루는 주제가 자신이 평생 연구한 내용을 정리하는 수준이 아니라 마치 평생 연구를 앞둔 젊은 학자처럼 유럽이라는 그에게는 생소한 지역의 통합이라는 새로운 주제에 도전했다는 사실은 매우 인상적이다. 학자의 깊은 경험과 젊은 호기심을 동시에 느낄 수 있는 작품으로 한국 사회과학의 소중한 지적 자산임에 틀림없다.

참고문헌

강원택·조홍식. 2009.『하나의 유럽: 유럽연합의 역사와 정책』. 서울: 푸른길.

김인중. 2014.『민족주의와 역사: 겔너와 스미스』. 서울: 아카넷.

이용희. 1994.『미래의 세계정치』. 서울: 민음사.

조홍식. 2011.「유럽통합연구의 역사사회학적 전망: 유럽적 시각」.『국제정치논총』51(1).

조홍식. 2012.「지역통합과 전략적 구성주의: 이론 및 비판적 고찰」.『유럽연구』30(3).

조홍식. 2012.「프랑스 정치의 유럽화」.『국제정치논총』52(3).

Bartolini, Stefano. 2005. *Restructuring Europe: Centre formation, system building and political structuring between the nation-state and the European Union*. Oxford: Oxford University Press.

Cappelletti, Mauro, Monica Seccombe, and Joseph Weiler, eds. 1985. *Integration Through Law: Europe and the American Federal Experience*. Berlin: De Gruyter.

Caramani, Daniele. 2015. *The Europeanization of Politics: The Formation of a European Electorate and Party System in Historical Perspective*. Cambridge: Cambridge University Press.

Checkel, Jeffrey T. and Peter J. Katzenstein, eds. 2009. *European Identity*. Cambridge: Cambridge University Press.

Church, Clive, and David Finnemore. 2006. *Understanding the European Constitution: An Introduction to the EU Constitutional Treaty*. London: Routledge.

Corby, Dorette. 1995. "Dialectical Functionalism: Stagnation as a Booster of European Integration," *International Organization*, Vol. 49, No. 2.

de Rougemont, Denis. 1966. *The Idea of Europe*. London: Mamillan.

Elster, Jon. 2009. *Alexis de Tocqueville, the First Social Scientist*. Cambridge : Cambridge University Press.

Fukuyama, Francis. 2014. *Political Order and Political Decay: From the Industrial Revolution to the Globalization of Democracy*. New York : FSG.

Fukuyama, Francis. 2012. *The Origins of Political Order: From Prehuman Times to the French Revolution*. New York : FSG.

Gellner, Ernest. 1983. *Nations and Nationalism*. Ithaca : Cornell University Press.

Gunder Franck, Andre, 1998. *ReORIENT: Global Economy in the Asian Age*, Berkeley : University of California Press.

Haas, Ernest B. 1975. *The Obsolescence of Regional Integration Theory*. Berkeley : The University of California Press.

Hall, Peter A. and Rosemary C.R. Taylor. 1996. "Political Science and the Three New Institutionalisms," *Political Studies*, Vol. 44, No. 5.

Hastings, Adrian. 1997. *The Construction of Nationhood: Ethnicity, Religion and Nationalism*. Cambridge : Cambridge University Press.

Hix, Simon. 1999. *The Political System of the European Union*, Basingstoke : Macmillan.

Jabko, Nicolas. 2006. *Playing the Market: A Political Strategy for Uniting Europe, 1985-2005*. Ithaca : Cornell University Press.

Keohane Robert O. and Stanley Hoffmann, eds. 1991. *The New European Community: Decisionmaking and Institutional Change*. Boulder : Westview Press.

Keohane, Robert O., ed. 1989. *International Institutions and State Power*. Boulder : Westview Press.

Hooghe, Lisbet and Gary Marks, "A Postfunctionalist Theory of European Integration : From Permissive Consensus to Constraining Dissensus," *British Journal of Political Science* Vol.39, No. 1.

McNamara, Kathleen R. 2015. *The Politics of Everyday Europe: Constructing Authority in the European Union*. Oxford : Oxford University Press.

McNamara, Kathleen R. 1998. *The Currency of Ideas: Monetary Politics in the European Union*. Ithaca : Cornell University Press.

Mattli, Walter. 1999. *The Logic of Regional Integration: Europe and Beyond*. Cambridge : Cambridge University Press.

Menon, Anand and Martin A. Schain. 2007. *Comparative Federalism: The European Union and the United States in Comparative Perspective*. Oxford: Oxford University Press.

Moravcsik, Andrew. 1998. *The Choice for Europe: Social Purpose and State Power from Messina to Maastricht*. Ithaca: Cornell University Press.

Moravcsik, Andrew. 1997. "Taking Preferences Seriously: A Liberal Theory of International Politics," *International Organization*, Vol. 51, No. 4.

Pierson, Paul. 1996. "The Path to European Integration: A Historical Institutionalist Analysis," *Comparative Political Studies*, Vol. 29, No. 2.

Pomeranz, Kenneth. 2000. *The Great Divergence: China, Europe, and the Making of the Modern World Economy*. Princeton: Princeton University Press.

Said, Edward. 1979. *Orientalism*. New York: Vintage Books.

Scharpf, Fritz, 1988. "The joint-decision trap: lessons from German federalism and European integration," *Public Administration*, Vol. 66, No. 3.

Sajdik, Martin, and Michael Schwarzinger, 2008. *European Union Enlargement: Background, Developments, Facts*. New Brunswick: Transactions Books.

Smith, Anthony D. 1987. *The Ethnic Origins of Nations*. Oxford: Blackwell.

Tocqueville, Alexis de. 1952. *L'Ancien Régime et la Révolution*. Tome 1. Paris: Gallimard.

Tocqueville, Alexis de. 1952. *L'Ancien Régime et la Révolution*. Tome 2. Paris: Gallimard.

Tocqueville, Alexis de. 1961. *De la démocratie en Amérique*. Tome 1. Paris: Gallimard.

Tocqueville, Alexis de. 1961. *De la démocratie en Amérique*. Tome 2. Paris: Gallimard.

Weiler, Joseph, and Marlene Wind, eds. 2003. *European Constitutionalism Beyond the State*. Cambridge: Cambridge University Press.

Wendt, Alexander. 1999. *Social Theory of International Relations*. Cambridge: Cambridge University Press.

제6장

유럽통합과 근대국가의 향방

『미래의 세계정치』와 이용희의 근대국가론

김준석

1. 머리말: 미래의 세계정치와 유럽통합

『미래의 세계정치』는 동주 이용희 선생(1917~1997)이 세상을 뜨기 4년 전인 1993년 봄 노구의 몸을 이끌고 서울대학교 외교학과 대학원에서 행한 특별 강연을 녹취하여 정리한, 평생 학문에 대한 관심을 놓지 않은 노학자의 마지막 저서이다. 하지만 『미래의 세계정치』에서 우리는 그러한 종류의 책에서 일반적으로 예상되는 '회고조의 거대담론' 같은 것을 찾아볼 수 없다. 대신 『미래의 세계정치』는 유럽통합이라는, 당시로서는 '최신' 주제를 경험적으로 분석하고 설명한다. 동주는 강의시간에 두터운 유럽공동체[1] 조약집들을 가지고 와서는 너무나 많은 분량에 "그만 기가 질려서" 다 보지 못했음을 '수줍게' 고백하기도 하고, 강의가 있기 바로 얼마 전에 체결되어 미처 발효되지 않은 상태에 있던 마스트리히트 조약의 내용과 의의를 열정적으로 설명하기도 한다(이용희 1994, 175).**2** 오늘날과 달리 강의 당시 한국에서 유럽통합에 대한 학문적 관심이 그리 높지 않은 상황이었다는 점을 감안하면, 70대 중반을 훌쩍 넘긴 노학자가 다른 후학들에 앞서서 이 현상의 중요성을 지적하고, 이것이 '미래의 세계정치'에서 핵심적인 흐름이 될 것이라 주장하는 것은 우리 학계에서 흔히 볼 수 있는 풍경은 아니다.

물론 동주가 유럽통합이라는 새로운 현상 자체에 흥미를 느껴 이를 모처럼의 특별 강연의 주제로 삼은 것은 아니다. 동주는 크게 두 가지 이유에서 유럽통합에 대한 관심의 필요성을 역설한다. 먼저 동주는 유럽통합이 제시하는 새로운 정치모델이 근대국가를 기본단위로 하는 근대적인 국제정치의 성격을 완전히 뒤바꿀 수 있는 잠재력을 가지고 있음에 주목한다. 다수의 '단일국가(unitary state)'들 사이의 상호작용으로 이루어지는 국제정치의 기본 문법이 유럽통합 모델의 등장으로 인해 의미심장한 변화를 겪을 가능성이 상당하다는 것이다.

둘째, 동주는 한국을 비롯한 동아시아의 제 국가들이 유럽통합 모델의 확산과 전파를 통해 야기될 국제정치의 새로운 흐름으로부터 뒤처질 가능성에 대해 깊은 우려를 표명한다. 주지하다시피 약 한 세기 반 전 동아시아 국가들은 서구로부터 근대국가와 근대적 국제정치 모델을 수입하여 모방하기 시작했다. 그러한 모델을 채택하는 것이 '부국강병'의 핵심 비결로 여겨졌기 때문이다. 그런데 그 모델의 창안자이자 전파자인 유럽

---

1 오늘날의 '유럽연합(European Union)'은 1993년 봄 당시에는 '유럽공동체(European Community)'로 불렸다. 이하에서는 현재의 용례에 맞게 유럽연합으로 통칭하기로 한다.

2 '마스트리히트 조약(Maastricht Treaty)'의 정식 명칭은 '유럽연합조약(Treaty on European Union)'이며, 1992년 2월 7일에 체결되어 1993년 11월 1일에 정식 발효되었다.

의 국가들이 지난 세기 동안 이의 한계를 절감하고 새로운 대안을 모색하기 시작한 것이다. 동주는 현재 동아시아 국가들이 자칫 하다가는 다시한 번 "역사의 뒷바퀴"로 갈지도 모르는 상황에 처해 있음을 강조한다. 특히 아직 단일민족 원칙에 따른 근대국가 건설의 단계에도 이르지 못한 한반도의 경우 그러한 "역사의 아이러니"가 더 심각하게 다가올 수밖에 없다(이용희 1994, 26; 300).

여기서 특별한 주목을 요하는 한 가지는 동주가 선도적인 모델로서의 유럽연합을 다름 아닌 '국가연합(confederation)'으로 규정한다는 점이다. 이는 유럽통합에 관한 매우 특이한 접근법이라 할 수 있으며, 아마도 일부를 제외하고 오늘날의 유럽연합 연구자 대다수는 이러한 동주의 주장에 흔쾌히 동의하지 않을 것이다.[3] 크게 세 가지 반론을 구분해볼 수 있다. 첫째, 현재의 유럽연합을 설명하는데 있어서 국가연합 모델이 아니라 '연방(federation)' 모델이 더 적합하고 유용하다는 반론이 있을 수 있다. 특히 유럽통합의 미래를 낙관적으로 바라보는 이들이 이러한 점을 강조할 것이다. 둘째, 국가연합이라는 전통적인 개념으로는 유럽통합의 복잡하고 복합적인 면모를 제대로 파악하기 어렵다는 지적이 제기될 수 있다. 셋째, 동주는 유럽통합을 설명하기 위해 기존에 고안된 다양한 이론적 논의

---

3 소수이기는 하나 유럽연합을 '국가연합'으로 분류하는 연구자들 역시 존재한다. 가장 대표적으로 다음을 들 수 있다. Daniel Elazar, "The United States and the European Union: Model for Their Epochs," in Kalypso Nicolaidis and Robert Howse (eds.), *Federal Vision: Legitimacy and Levels of Governance in the United States and the European Union* (Oxford: Oxford University Press, 2001); Alexander Warleigh, "Better the Devil You Know? Synthetic and Confederal Understanding of European Unification," *West European Politics* Vol. 21, No. 3 (1998); Simon J. Bulmer, "The European Council and the Council of the European Union: Shapers of a European Confederation," *Publius* Vol. 26, No. 4 (1996); Giandomenico Majone, *Dilemmas of European Integration: Ambiguities and Pitfalls of Integration by Stealth* (Oxford: Oxford University Press, 2005), pp. 202-221.

들, 예컨대 '정부간주의(intergovernmentalism)', '신기능주의(neofunctionalism)' 등과 같은 이론들의 중요성을 좀 더 진지하게 고려했어야 했다는 반론이 제기될 수 있다.

이러한 반론에 관해서는 다음 절에서 보다 자세히 논하도록 한다. 다만 그 전에 간략하게나마 다음과 같은 점을 지적할 수 있다. 우선 책 곳곳에서 분명하게 확인되듯이 동주는 유럽통합의 복잡성을 간과하거나 기존 통합이론에 대한 검토를 소홀히 하지 않는다. 동주가 자칫 '구식(舊式)'으로 비춰질 위험을 무릅쓰고 국가연합 개념을 지지하는 것은 이것이 단순히 동주에게 익숙한 개념이기 때문이 아니라 이를 통해 유럽통합의 핵심적인 측면이 가장 잘 드러날 수 있다고 믿기 때문이다. 이와 함께 동주가 유럽통합에 관심을 갖는 궁극적인 이유가 유럽통합이라는 현상 그 자체를 세세하고 정확하게 설명하는데 있지 않고 그것의 국제정치적 내지는 세계사적 의의를 찾아내는데 있다는 점 역시 기억할 필요가 있다.

이러한 점을 염두에 두면서 다음에서는 크게 두 가지 측면에 초점을 맞춰 『미래의 세계정치』의 내용을 개관하고 그 주장의 중요성을 음미해 보고자 한다. 첫째, 유럽연합을 국가연합으로 파악하려는 노력의 타당성을 평가하고자 한다. 둘째, 국가연합으로서의 유럽연합 모델의 전 세계적인 확산과 전파로 인해 초래될 국제정치질서의 거시적인 변화를 조망하고 설명하려는 동주의 시도에 주목하고 이를 평가하고자 한다.

2. 국가연합으로서의 유럽연합

『미래의 세계정치』에 나타나는 유럽통합의 이해에서 가장 두드러진 점은 동주가 유럽연합을 국가연합의 일종으로 파악한다는 사실이다. 동주에 의하면 국가연합은 "헌법이나 법에 의해 중앙정부와 지역정부를 동시에 인정하고 있지만 주권은 지역정부에게 있기 때문에 모든 결정은 지역정부의 허가를 받지 않으면 통과되지 않는 체제"이다(이용희 1994, 57). 지역정부가 중앙정부의 결정을 거부할 권한을 보유한다는 것인데, 이는 지역정부가 중앙정부에 대해서 우위를 가진다는 것을 의미한다. 이에 반해 연방은 중앙정부와 지역정부가 원칙적으로 동등한 권한을 부여받는 체제를 의미한다.⁴ 국가연합은 여러 "부분집단" 혹은 "부분국가"가 자발적으로 조약을 체결하여 결집함으로써 성립된다. 그런데 이때의 조약은 주권국가들 사이에 체결되는 국제조약과는 성격을 달리한다. 동주는 칼 슈미트(Carl Schmitt)의 『헌법론(Verfassungslehre)』에서의 논의를 빌려와 국가연합 구성원들 간의 조약은 기한이 없는 영구적인 협약의 성격을 지닌다는 점에서 특별한 지위를 누린다고 지적한다. 독립적인 정치집단들 사이의 '계약'이기는 하되 '입헌적(constitutional)'인 성격 역시 띤다는 것이다(이용희 1994, 60).⁵

동주는 역사적으로 유럽연합 이전에 4개의 주요한 국가연합이 존재했음을 지적한다. 1848년에 미국 헌법을 모델로 하는 연방헌법을 채택하기 이전까지의 스위스, 16세기 스페인으로부터 독립한 이후 프랑스혁

---

4 동주에 의하면 연방은 "전체 지역을 대표하는 중앙정부가 있고 각 지방을 대표하는 지방정부가 있는데, 그것을 헌법에 의해서 규정하고 피차가 규정받은 권한에 대해서는 서로 침범하지 못하고 그러면서도 하나의 나라로서 작동해 나가는 정치체제"로 정의된다(이용희 1994, 56).

5 이외에도 제도로서 국가연합의 주요한 특징으로 다음 사항을 들 수 있다. 첫째, 중앙정부에서 결정된 정책과 규칙을 실행하는 것은 일차적으로 지역정부의 몫이다. 특히 시민들이 법령이나 규칙을 위반했을 때 이를 제재할 권한은 지역정부에 있다. 둘째, 중앙정부는 시민들에 대한 직접적인 과세권한을 보유하지 않는다. 중앙정부는 지역정부가 지불하는 분담금으로 운영된다. 셋째, 중앙정부는 시민들이 직접 선출하는 대표들에 의해 운영되지 않고 지역정부가 임명하는 이들에 의해 운영된다. 결과적으로 일반 시민들은 국가연합의 중앙정부를 민주적으로 통제할 권한을 갖지 못한다. 김준석, "국가연합의 역사적 재조명: 미국, 독일, 네덜란드 그리고 유럽연합," 『국제정치논총』 제48호, 1집 (2008), pp. 147-148.

명전쟁으로 프랑스에 점령당하기 이전까지의 네덜란드, 1781년부터 현재의 연방헌법이 제정된 1789년 사이의 미국, 1815년 비엔나회의의 결과 탄생하여 1871년 프러시아에 통일되기 이전까지 존재했던 독일연방이 그들이다.[6] 각각의 국가연합은 '타흐자충(Tagsatzung)', '게네랄리테트(Generaliteit)'와 '국가회의(States-General)', '연합의회(Confederation Congress),' '연방총회(Bundestag)' 등의 기구를 설립하여 중앙정부 내지는 중앙협의체의 역할을 담당하도록 했다(이용희 1994, 81-114). 일군의 사상가들이 이 국가연합을 이론적으로 설명하려 시도했는데, 요한네스 알투지우스(Johannes Althusius), 사무엘 푸펜도르프(Samuel von Pufendorf), 아베 드 생-피에르(Abbé de Saint-Pierre), 몽테스키외(Montesquieu), 루소((Jean-Jacques Rousseau), 칸트(Immanuel Kant) 등이 대표적이다. 미국의 경우에는 『연방주의자 논고(Federalist Papers)』의 저자인 제임스 매디슨(James Madison)과 알렉산더 해밀턴(Alexander Hamilton), 남부분리 운동의 정신적 지주 역할을 담당한 존 칼훈(John Calhoun) 등이 중요하다(이용희 1994, 115-148).

그렇다면 유럽통합을 이와 같이 서구에서 "수백 년 동안 이어져 내려온 흐름"으로서의 국가연합 전통의 관점에서 바라보아야 하는 이유는 무엇인가? 일단, 동주가 유럽연합과 전통적인 국가연합 사이의 차이를 분명하게 인식하고 있다는 점을 언급할 필요가 있다. 동주는 미약한 권한의 중앙정부만을 갖춘 과거의 국가연합과는 달리 오늘날의 유럽연합이 '집행위원회(European Commission)', '각료이사회(Council of Ministers)', '유럽의회(European Parliament)', '유럽사법재판소(European Court of Justice)' 등과 같이 "통합된 기구체"들을 가지고 있다는 점을 지적한다(이용희 1994, 229). 또한 유

---

6 필자의 견해로는 16~18세기 독일의 '신성로마제국(Holy Roman Empire)' 역시 역사적으로 유의미하게 기능한 국가연합으로 간주될 수 있다. 김준석(2008), pp. 153-157.

럽연합을 전형적인 국가연합으로 보기에는 "구성국들의 주권이 너무 손상되어 있거나 주권이 상당히 이양된 상태"라는 점 역시 지적한다(이용희 1994, 231). 한마디로 지난 60여 년 동안 유럽통합이 "초국가주의적인 방향"으로 꾸준하게 진행되면서 유럽연합을 국가연합보다는 연방으로 혹은 그 이상의 무엇으로 보이게끔 하는 요인들이 지속적으로 증가해 왔다는 것이다(이용희 1994, 197). 하지만 동주는 이와 같은 추세를 십분 인정하면서도 유럽통합과 관련하여 국가연합 개념의 타당성과 유용성을 변함없이 지지한다. 혹자는 만일 동주가 마스트리히트 조약 이후에 이루어진 통합의 성취, 예컨대 유럽의회의 권한강화, 각료이사회에서 가중투표제의 확대, 유로화의 탄생 등의 변화를 목도할 기회를 가졌다면 입장을 달리 했을 수 있다고 지적할지도 모르겠다. 하지만 필자가 보기에 그런 경우에도 동주가 국가연합 개념을 완전히 포기했을 것 같지는 않다. 이는 다음의 세 가지 이유에서 그러하다.

첫째, 동주는 '초국가주의화', '연방화' 경향 못지않게 그 역으로의 추세 역시 만만치 않게 지속되고 있음에 주목한다. 예컨대 마스트리히트 조약에서는 '유럽이사회(European Council)'에 모인 "각국을 대표하여 각국의 이해를 주장하는" 회원국 수뇌들에게 유럽연합에 지침을 제시할 권한을 공식적으로 부여했다(이용희 1994, 232).[7] 마스트리히트 조약이 덴마크의 국민투표에서 부결되고 프랑스에서도 절반에 가까운 시민들이 반대표를 던진 끝에 가까스로 통과되었다는 사실 역시 심각하게 고려되어야 할 사항이다(이용희 1994, 234-235). 동주가 직접 목도하지는 못했지

---

7   2009년 체결된 리스본조약에서 유럽연합은 '유럽이사회 상임의장(President of the European Council)'과 '외교·안보정책 고위대표(High Representative of the Union for Foreign Affairs and Security Policy)'를 임명하여 이사회의 제도적인 응집성과 대외적 대표성을 제고하려 시도했지만 회원국 정상들이 그러한 역할에 적합한 비중 있는 인사를 임명하기를 거부함으로써 별다른 성과를 거두지 못했다.

만 2005년에는 '유럽헌법조약안(European Constitutional Treaty)'이 프랑스와 네덜란드의 국민투표에서 부결되었고, 2009년에는 '독일헌법재판소(Bundesverfassungsgericht)'가 리스본 조약의 위헌여부에 관한 심사에서 독일정부가 유럽연합의 전략적으로 중요한 결정, 특히 주권의 양도를 초래할 수 있는 결정에 참여할 때에는 사전에 연방의회의 승인을 얻어야 한다고 판결했다. 또 최근의 유로존 금융위기에서 회원국들은 적나라하게 자국의 이익을 앞세우는 모습을 보이고 있다. 동주가 이러한 광경을 관찰할 기회를 가졌다면 국가연합으로서의 유럽연합에 대한 확신을 더욱 공고히 했을 것이다.

둘째, 동주는 유럽통합에서 방어적 동기, 즉 외교·안보적인 동기가 경제적 동기 못지않게 중요해질 것으로 예측한다. 1957년 유럽연합이 미소 냉전의 국제환경 속에서 유럽경제공동체로 처음 출범할 때 경제적 동기 못지않게 방어적, 군사적 동기가 중요하게 작용했다는 사실은 널리 알려져 있다(이용희 1994, 199). 이후의 통합과정에서 경제적 동기가 줄곧 전면에 부각되었지만 마스트리히트 조약의 체결을 계기로 외교·안보적 동기가 다시금 중요성을 획득하게 되었다. 마스트리히트 조약에서 회원국들은 "외교정책 영역뿐만이 아니라 안전보장 영역에서도 공조하자는 조문을 실었고 그리고 최종적으로는 방어정책까지 간다고 명문화"하는데 원칙적으로 동의했다(이용희 1994, 198). 외교·안보 분야에서의 협력이 유럽연합의 주요 기능 중 하나로 포함될 경우 이의 국가연합으로서의 성격은 한층 두드러지게 될 것으로 예상된다. 경제협력과는 달리 외교·안보 이슈는 정치적으로 민감한 사안이고, 회원국들이 초국가기구로의 권한이양에 그만큼 더 신중한 태도를 보일 것이기 때문이다. 현재 이 분야에서 집행위원회와 유럽의회 등 유럽연합의 여러 기구들 중 초국가적인 성격의 기구에는 제한적인 권한만 인정되고, 대신 가장 '국가연합적'인 성격을 지닌 유럽이사회가 주된 책임을 지고 협력의 가이드라인을 제공하는 역할을 담당하고 있다.

이와 함께 동주는 거시적인 관점에서 보면 유럽통합의 역사가 항상 일방적인 '진보와 발전'의 역사가 아니었음을 상기시킨다. 동주에 따르면 유럽연합의 역사는 "파도와 같은 분위기"를 지니고 있다. "한번 통합 분위기가 무르익으면 그 열기가 굉장해서 순식간에 통합이 이루어질 것 같이 진행되다가 그 열기가 식으면 10~15여 년 간 그냥 암담한 시기가 계속되고 그러다가 또 새로운 통합열기가 일어나는" 식의 역사가 전개되어 왔다는 것이다(이용희 1994, 196). 1993년 당시는 1986년 단일의정서의 체결과 1992년 마스트리히트 조약의 체결로 통합의 열기가 절정에 달했던 시점이었다. 모든 것이 장밋빛으로 보이던 상황에서 동주는 통합의 국면이 갑자기 바뀔 가능성, 통합이 "암흑의 시기"로 접어들 가능성에 대비해야 함을 신중하게 조언한다. 이러한 관점에서 보면 유럽통합이 초국가주의, 연방주의로의 '돌아올 수 없는 강'을 건넜다는 통합낙관주의자들의 믿음과는 달리 유럽연합이 그간의 초국가적, 연방적 성취를 덜어내고 완연하게 국가연합적인 성격의 체제로 진화할 가능성이 여전히 존재한다.

이와 관련하여 오늘날 유럽연합 회원국들은 헨드릭슨(David Hendrikson)이 "연방적 상황(federal situation)"이라 명명한 딜레마, 즉 "일정한 목표를 위해서 공동의 행동을 취해야 할 필요성을 인정하면서도 그러한 협력이 자칫 자국의 자율성을 제약하거나 잠식할 가능성"에 대해 끊임없이 경계해야 하는 상황에 처해 있다고 할 수 있다(Hendrikson 2006, 36). 일부 통합낙관주의자들이 주장하듯 유럽통합이 언제나 '부지불식간'에 '불가항력적인 힘'에 이끌려 계속 앞으로 나아가는 것은 아니다(Hooghe and Marks 2008, 1-23; Bickerton, Hodson and Puetter 2015, 703-722). 주요한 권한과 주권의 이양 혹은 포기 여부를 둘러싼 회원국들 내, 회원국들 간 그리고 회원국들과 연합기구들 사이의 긴장과 갈등은 여전히 현재진행형이다. 특히 최근의 유로존 위기 이후 이러한 경향은 더욱 두드러지고 있다(Webber 2014, 341-365). 그리고 그러한 한에서 유럽연합을 국가연합으로 정의하는 동주의 관점은 여전히 타당하다. 혹자는 동주의 이와 같은 주장이 합리적으로 수긍하기 어려운 주관적인 역사관에 기초하고 있다는 비판을 제기할지도 모르겠다. 하지만 적어도 필자에게는 대단히 설득력 있는 주장으로 느껴진다.

결국, 유럽연합이 "국가연합에 가까우면서도 초국가적이고 초국가적이면서도 연방의 요소가 있는 독특한 성격을 가지고 있다"는 동주의 주장은 적절하고도 타당한 주장이라 할 수 있다(이용희 1994, 270). 물론, 다시 강조하거니와, 국가연합 개념만으로는 유럽연합의 복잡한 작동방식을 일일이 세세하게 설명하기 어렵다. 하지만 이 개념을 통해 우리는 유럽통합의 가장 핵심적인 측면, 즉 주권의 포기, 이양, 공유, 독점을 둘러싼 중앙정부와 회원국 간 긴장과 갈등 관계를 보다 잘 드러내 보여줄 수 있다.

3. 유럽통합과 근대국가

제1절에서 지적했듯이 유럽통합은 『미래의 세계정치』의 중심 주제이지만 동주의 관심은 통합 과정에 대한 이해와 설명 그 자체에 국한되지 않는다. 동주가 유럽통합에 관심을 갖고 이에 대해 연구하는 궁극적인 이유는 유럽연합의 등장과 발전이 국제정치의 주 행위자로서의 근대국가 모델에 심대한 영향을 끼칠 것으로 예상되고, 이것이 결국에는 근대 국제정치의 성격 변화를 초래할 가능성이 높기 때문이다. 동주는 유럽통합의 전개를 관찰하면서 "근대국가의 변화라는 각도에서 굉장한 파노라마를 보고 있는 것 같은 느낌"을 가지게 된다고 말한다. 유럽통합은 17세기 이

후 400여 년간 유지되어 온 근대국가 체제가 "마지막 단계에서 새로운 정치적 형태로 변환"하는 과정으로 이해될 수 있다(이용희 1994, 229). 유럽통합은 새로운 변화의 '시발점'인 것이다.

그렇다면 근대국가란 어떤 존재인가? 동주에 따르면 근대국가는 "유럽이라는 특정한 사회"에서 발달된 "특정한 정치양식이며 제도"인데, 그 핵심은 군사력에 의해 뒷받침되는 강제력의 중앙집중이라고 할 수 있다. 이 강제력을 독점한 근대국가는 일정한 영토 내에서 대외적으로 "배타적"이고 대내적으로 "유일지고(唯一至高)"한 권력으로서의 주권을 보유하여 행사한다(이용희 1994, 22-23).[8] 주권의 이양과 공유를 핵심으로 하는 유럽연합은 바로 이와 같이 정의되는 근대국가에 심대한 도전을 제기했다. 물론 유럽연합 이전에도 미국을 비롯한 연방국가에서 중앙정부와 지역정부 사이에 주권이 공유되었다. 그러나 연방 형성 당시의 미국 주정부들이 상당한 정도의 독립성을 누리는 했지만 이들을 온전한 의미의 주권국가로 보기는 어렵다. 이들은 통합 이전의 유럽 국가들과 비교하면 기껏해야 (동주의 표현을 빌리면) '부분국가' 정도의 지위를 인정받을 수 있을 뿐이다. 따라서 수백 년 동안 단일주권국가로서의 이상을 추구해 온 유럽의 근대국가들이 자발적으로 그러한 지위를 일정 부분 포기하고 타국과의 협력을 강화하기로 결정한 것은 전례가 없는, 그야말로 '혁명적'인 변화라 하지 않을 수 없다. 게다가 이 유럽의 국가들이 수 세기 전 근대국가 모델을 처음 창안했다는 점을 감안하면 이러한 변화의 중요성은 더욱 배가된다.

정치체제 모델의 혁명적인 변화는 유럽 지역에 국한되지 않을 것이다. 동주는 미래의 국제정치에서는 앞으로 불과 "몇 십 년도 못 돼서" 유럽

---

8   이용희, 『일반국제정치학(상)』 (서울: 이조, 2013), pp. 124-126.

국가들이 개척한 통합 모델이 전 세계로 '전파'될 것으로 본다.[9] "과거에도 실제상 세계를 지배한 국가는 10여 나라에 불과했고 그 나라들이 바로 다른 나라들의 모델이 되어 그 모델이 세계로 전파"되었는데, "향후에도 그렇게 될 가능성이 농후"하다는 것이다. 동주는 이 모델을 선도하는 나라가 장차 세계를 "지배"하는 나라가 될 것으로 예측한다(이용희 1994, 300). 이와 같은 동주의 주장을 어떻게 평가할 수 있을까?

일단 유럽통합 모델이 국가들 사이의 단순 통합 모델, 즉 '슈퍼근대국가' 모델이 아니라는 점에 다시 한 번 주목할 필요가 있다. 이 모델은 기본적으로 초국가적, 연방적 요소를 지닌 국가연합 모델이다. 즉 유럽통합 모델은 초국가적인 체제를 가지면서도 그 내부에 구성단위들의 자율성과 다양성을 최대한 보장하는 정치형태, 즉 권력이 분산되어 구성단위들이 느슨하게 조직되는 체제를 지향한다(이용희 1994, 300-301). 여기서 한 가지 의문이 떠오른다. 힘이 분산되어 있고 느슨하게 조직되는 정치체제가 어떻게 전통적인 근대국가를 대체할 수 있으며, 궁극적으로는 어떻게 세계를 '지배'할 것인가? 동주는 『일반국제정치학(상)』에서 전파의 전제 조건 중 하나로 "우월한 정치세력의 지속적 중압"을 든 바 있다(이용희 2013, 72). 과거 근대국가 모델이 전 세계로 전파될 수 있었던 결정적인 이유는 이 모델을 채택한 나라들이 군사적, 경제적으로 강력한 힘을 발휘하여 그렇게 하지 않은 나라들을 지속적으로 압박할 수 있었던 데 있다. 그렇다면 유럽통합 모델은 이 모델을 채택한 국가나 지역에게 그렇게 하지 않은 국가나 지역에 대해 "지속적 중압"을 가할 수 있는 능력을 부여하는가?

이러한 의문에 대해 두 가지 정도의 답변이 가능하다. 먼저, 동주가 세

---

9 국제정치의 역사에서 '전파'의 중요성에 관한 동주의 견해를 위해서는 이용희(2013), pp. 69-79를 참조하시오.

계 각지에서 일어나고 있는 민족분규의 중요성을 강조한다는 점에 주목할 필요가 있다. 동주에 의하면 인간이란 "1차 집단적인 공동체 집단에 속해서 삶을 영위하려는 성격"을 지닌 존재이고, 이에 따라 "언어, 습관, 관행, 태도가 같고 혈연관계, 지연관계가 있는 집단들이 될 수 있으면 자립, 자존하려는 경향"을 보이게 마련이다(이용희 1994, 47-48). 이와 같은 인간의 습성이 미국과 소련 사이의 냉전이 종식된 이후 분리와 독립을 요구하는 수많은 '에스닉 그룹'들 사이에 피비린내 나는 분쟁이 끊이지 않고 발생하게 된 근본 배경을 이루었다. 그런데 이러한 민족분규에 대처하는 데 있어서 권력의 독점과 중앙집중에 바탕을 둔 근대국가 모델보다는 구성단위체들의 자율성을 인정하면서도 이들의 평화적인 공존을 보장하는 유럽통합 모델이 훨씬 효과적일 수 있다. 따라서 앞으로 '에스닉 그룹' 사이의 갈등이 세계정치의 항구적인 특징이 된다면 유럽통합 모델을 채택한 국가들과 그렇게 하지 않은 국가들 사이에 '효율성'의 측면에서 격차가 발생할 것이고, 이는 후자의 국가들에 "지속적 중압"을 가하리라 예측해 볼 수 있다.

다음으로, 유럽통합 모델의 전파와 관련하여 "지속적 중압"의 의미를 근대국가 모델의 전파의 경우와는 다른 방식으로 이해할 필요가 있다. 유럽통합 모델이 전 세계적으로 전파된다면 이는 각 국가나 지역들이 이를 '생존' 혹은 '효율성'의 문제로 인식했기 때문이 아니라 그것이 규범적, 이념적으로 정당하고 바람직하다고 인식한 결과일 가능성이 크다. 즉 유럽통합 모델이 새로운 '문명표준'이라는 인식의 확산에 따른 결과일 가능성이 크다. 사실 근대국가 모델의 전파의 경우에도 그 시작은 압도적인 군사력과 경제력에 있었지만 시간이 지날수록 모델 자체가 하나의 따라야 할 규범이라는 인식이 점점 더 중요해졌다. 그 결과 세계의 어떤 지역과 국가에서는 근대국가 건설을 위한 하부구조와 제반여건이 제대로 갖추어지지 않았음에도 불구하고 '근대국가처럼 보이는' 제도와 역량을 갖추기 위해 많은 에너지가 허비되는 부작용을 낳기도 했다(Scott 1999). 유럽통합 모델을 채택한 나라나 지역이 세계를 "지배"하게 될 것이라는 동주의 주장 역시 이러한 맥락에서 이해할 수 있다. 동주는 '지배'의 의미를 실질적, 물리적 지배가 아니라 이념적, 규범적 지배로 이해한 것으로 보인다.

4. 맺음말: 유럽통합과 동아시아

하지만 여전히 의문점이 남는 것도 사실이다. 우리는 다음과 같은 질문에 쉽게 답을 찾을 수 없다: 민족분규나 에스닉 그룹 사이의 갈등이 아예 없거나 상대적으로 미미한 지역과 국가들 역시 존재하는 상황에서 어떻게 유럽통합 모델의 전 세계적인 전파에 관해 이야기할 수 있는가? 또 이모델이 새로운 문명표준으로 인정되어야 한다는 합의는 애초에 어떻게 성립되는가? 근대국가 모델의 전파 경험에서와 마찬가지로 어떤 정치체제가 문명표준으로 인정받기 위해서는 역시 실질적인 힘의 우위가 우선적으로 확보되어야 하지 않겠는가? 오늘날의 유럽연합으로부터 그러한 힘의 우위를 기대할 수 있는가?

보다 근본적인 차원에서 우리는 다음과 같은 질문 역시 던져 볼 수 있다: 하나의 새로운 정치체제 모델이 기존 모델을 대신하여 전 세계적으로 전파되리라는 동주의 인식 자체는 과연 타당한 근거 위에 서 있는가? 혹시 동주는 19세기의 서구화 경험이 21세기에도 반복되리라 단순하게 가정하는 것은 아닌가? 서로 판이하게 다른 구성 원리를 가진 정치체제가 공존하는 국제정치질서를 상상하는 것 역시 가능하지 않겠는가(Philips and Sharman 2015)?

이러한 의문에도 불구하고 유럽통합 모델의 등장으로 초래된 국제정치의 거대한 변환에 관한 동주의 문제의식은 여전히 큰 타당성을 갖는다. 특히 앞서 언급했듯이 동주는 한국을 비롯한 동아시아 국가들이 이러한 변화의 흐름으로부터 뒤처질 가능성을 경고하는데, 이는 오늘날의 격동하는 동아시아 정세를 고려할 때 시의적절한 지적이라 하지 않을 수 없다. 현재 경제·금융 위기로 인해 유럽연합이 심각한 혼란과 분열을 겪고 있고, 이로 인해 통합에 대한 비관론이 대두하고 있는 것이 사실이지만, 유럽인들이 지난 60여 년간의 통합 시도를 통해 전례 없는 '진보'를 이루었다는 점을 간과해서는 안 된다. 다른 무엇보다도 유럽은 '무(無)전쟁 공동체(no-war community)'로의 변신에 성공했다. 이제 유럽인들은 그들 사이에 발생하는 이해관계의 충돌로 인한 갈등을 무력을 통해 해결할 수 있다는 인식 자체를 사실상 포기한 것으로 보인다(Sheehan 2008). 이는 동아시아 국가들이 아직 이루지 못한 성취이다.

동아시아에 유럽통합 모델이 전파되어 현실화되는 것은 요원한 미래의 일일지도 모른다. 동주 역시 "100년 후를 내다보는 경우에, 동북아 지역에서는 지역주의로 가는 것에 대해서도 초국가주의로 가는 것에 대해서도 부정적"일 수밖에 없다고 말한다(이용희 1994, 299). 하지만 유럽의 경험을 그대로 따라가지는 않더라도 지역 내 갈등을 심화시키는 근본 원인으로서의 근대국가 체제를 어떤 식으로든 극복해야 할 필요성은 여전히 중요한 과제로 남아 있다. 유럽통합은 국제정치에서 그러한 극복이 가능하다는 점을, '체제의 전환'이 가능하다는 점을 우리에게 보여주었다. 이러한 교훈에 눈을 감은 채 기존 체제의 논리를 무비판적으로 수긍하고 이에 몸을 맡긴다면, 동주가 절절하게 호소하듯이, 동아시아와 그 속에서의 한반도는 다시 한 번 역사의 '뒷바퀴'로 남게 될 것이다.

김준석, 2008. 「국가연합의 역사적 재조명: 미국, 독일, 네덜란드 그리고 유럽연합」. 『국제정치 논총』 48(1).

이용희, 1994. 『미래의 세계정치: 국가연합론 강의』. 서울: 민음사.

이용희. 2013. 『일반국제정치학(상)』. 서울: 이조.

Bickerton, Christopher J., Dermot Hodson and Uwe Puetter. 2015. "The New Intergovernmentalism: European Integration in the Post-Maastricht Era," *Journal of Common Market Studies*, Vol. 53.

Bulmer, Simon J. 1996. "The European Council and the Council of the European Union: Shapers of a European Confederation," *Publius*, Vol. 26, No. 4.

Elazar, Daniel. 2001. "The United States and the European Union: Model for Their Epochs," in Kalypso Nicolaidis and Robert Howse eds. *Federal Vision: Legitimacy and Levels of Governance in the United States and the European Union*. Oxford: Oxford University Press.

Hendrikson, David C. 2006. "Of Power and Providence: The Old U.S. and the New EU," *Policy Review*, Vol. 136.

Hooghe, Liesbet and Gary Marks. 2008. "A Postfunctionalist Theory of European Integration: From Permissive Consensus to Constraining Dissensus," *British Journal of Political Science*, Vol. 39.

Majone, Giandomenico. 2005. *Dilemmas of European Integration: Ambiguities and Pitfalls of Integration by Stealth*. Oxford: Oxford University Press.

Philips, Andrew and J. C. Sharman, 2015. *International Order in Diversity: War, Trade and Rule in the Indian Ocean.* Cambridge : Cambridge University Press.

Scott, James C. 1999. *Seeing like a State: How Certain Schemes to Improve the Human Condition Have Failed.* New Haven : Yale University Press.

Sheehan, James J. 2008. *Where Have All the Soldiers Gone? The Transformation of Modern Europe.* Boston & New York : Houghton Mifflin Company.

Warleigh, Alexander. 1998. "Better the Devil You Know? Synthetic and Confederal Understanding of European Unification," *West European Politics,* Vol. 21, No. 3.

Webber, Douglas. 2014. "How likely is it that the European Union will disintegrate? A critical analysis of competing theoretical perspectives," *European Journal of International Relations,* Vol. 20.

제2부

장소의 정치사상과
한국민족주의

이용희의 정치사상론

제7장

동주의 정치, 동주의 정치사상

동주 정치사상의 의의

박성우

1. 머리말: 동주의 정치사상

본 권은 세 부분으로 구성되어 있다. 제1부 '정치사상사'는 1958년 일조각에서 출판된 『정치와 정치사상』을 재편집한 것이며, 이 중 대부분은 1987년 민음사에서 출판된 『이용희저작집 1』에 포함되어 있다. 이 부분은 동서양 정치사상사에 관한 동주의 독특한 이해와 해석이 담겨 있다. 제2부는 정치학 일반에 관한 동주의 견해를 피력한 글들로 구성되어 있는데, 이 역시 『이용희저작집 1』에 수록되어 있다. 동주는 여기서 정치학 연구가 무엇을 목적으로 하여야 하고, 어떻게 활용되어야 하는가에 대해 주로 논하고 있다. 제3부는 동주가 속해 있던 시대의 현실정치에 대한 진단이 담겨 있는 글모음으로 특히 국제정치와 관련된 글들이 다수이다.

본 해제는 본 권에 수록된 세 부분 가운데 주로 동주의 정치사상 저술을 대상으로 한다.[1] 동주의 정치사상에 관한 해제 글은 의당 그의 지적 세계가 어떻게 형성되고 진화했는가에 관한 전기(傳記)적 이해를 기초로 해야 한다. 그러나 아쉽게도 아직까지 동주의 지적 세계에 대한 포괄적이고 체계적인 전기(傳記)가 나와 있지 않은 상태이다.[2] 따라서 본 해제 글은 본 권에 들어있는 동주의 글에 의존하여 그가 정치사상, 특히 서양정치사상을 어떻게 이해했는지, 그리고 정치와 정치사상의 관계를 어떻게 파악했는지를 가늠해 보고자 한다.

우선 눈에 띄는 것은 동주의 정치사상은 시대적으로 고대(古代)에서 20세기까지, 지역적으로 동서양을 아우르는 광범위한 영역을 대상으로 하고 있다는 사실이다. 광대한 범위를 다루고 있다는 점을 감안하면 동주의 정치사상 저술은 비교적 적은 분량이고, 다분히 교과서적이고 일반적인 서술에 그치는 것으로 보일 수 있다. 그러나 동주의 정치사상 저술은 동서양의 정치사상을 비교 망라함으로써 당시의 기준으로 보면 누구도 흉내낼 수 없었던 종합적이고 포괄적인 정치사상사 서술을 시도했다고 할 수 있다. 또한 서양정치사상의 서술에 있어서 당시의 세계적 기준으로도 비교적 최신의 서지 정보를 제공하고 있는데 이는 1950년대의 국내 사정을 고려할 때 매우 놀라운 일이다. 동주의 독서력이 얼마나 포괄적이었고 그의 학문적 태도가 얼마나 철저하고 엄밀했는가를 추측할 수 있는 대목이다.[3]

---

1 제3부는 동주의 다른 연구들, 예컨대, 한반도 현대사와 국제정치 혹은 동주의 민족주의 등과 연결시켜 이해하는 것이 바람직하다고 생각한다.
2 다만 동주가 1980년 노재봉 교수와의 대담에서 그의 청년시절 그리고 그의 지적 발전이 가장 왕성했던 만철 시절의 독서편력을 소개하고 있다.

2. 동주 정치사상의 의의와 한계

동주가 제시한 각 시대의 구체적인 정치사상을 다루기에 앞서, 우선 그가 정치와 정치사상을 어떻게 이해하고 있는가를 짚어볼 필요가 있다. 기본적으로 동주는 정치를 "사람이 사람을 지배하는 현상"으로 이해한다. 또한 정치사상은 이러한 정치 개념의 연장선상에서 "정치적 권위에 대한 복종과 항거의 관념"으로 파악된다. 따라서 한 시대의 정치사상이란 특정한 시대에 존재하는 복종과 항거의 관념의 "집단적 표출"이고, 정치사상사(史)란 이러한 관념 형태의 역사로 파악된다. 요컨대 인간이 정치공동체를 이루고 사는 한, 지배와 피지배는 불가피한 정치 현상이고, 지배의 정당성 여부에 따라 복종과 항거가 이뤄지는 바, 정치사상은 모름지기 그 정당성의 근거를 제공해 주는 이론적 관념이라는 것이다.

동주에게 정치사상사는 현실정치가 구체적으로 투영된 살아있는 정치 관념의 역사이지, 단순히 사변적인 관념들 간의 역사 혹은 정치학설사가 아니다(이용희 1987, 259). 정치와 정치사상에 대한 이와 같은 견해는 우리에게도 그리 낯설지 않은 것이다. 그러나 이러한 견해가 정치와 정치사상에 대한 유일무이한 입장은 아니라는 것을 지적해 둘 필요가 있다. 예컨대, 정치사상이 특정 시대에 출현하는 것은 사실이지만, 그것이 다루고 있는 주제는 인간이 정치공동체를 이루고 살아가는 한 시대와 장소를 초월하여 공통적으로 고민해야 하는 보편적인 것이라는 견해도 존재한다.[4] 동주

---

3 동주는 노재봉 교수와의 대담에서 자신의 청년시절(연희전문 재학 전후와 만철 체류 시절)을 난독(亂讀)의 시기였다고 회고한다. 스스로 난독으로 표현할 만큼 광범위한 그의 독서 편력은 이후 동주의 지적 탐구의 밑거름이 됐을 것이다(이용희, 『이용희저작집 1: 한국과 세계정치』 (서울: 민음사, 1986)). 뒤에 논하겠지만, 동주의 정치사상사 저술은 그의 청년시절 다독이 그의 지적 발전에 얼마나 깊이 관여하고 있는가를 보여주는 좋은 예라고 할 수 있다.
4 플라톤주의를 출발로 하는 보편주의 전통은 서양정치사상의 주요한 흐름 중 하나이다.

는 자신이 의식했든 의식하지 않았든 정치와 정치사상에 대한 특정한 입장을 취하고 있는 셈인데, 이를 바탕으로 동주가 정치사상에 대해서 취하고 있는 기본적인 입장을 정리해 볼 수 있다.

첫째, 정치를 기본적으로 지배 현상으로 파악하고, 정치사상을 지배와 복종, 항거의 관념으로 파악하는 동주의 견해는 다분히 현실주의적인 세계관을 수용한 것이라고 할 수 있다. 지배, 복종, 항거는 분명 중요한 정치적 현상이다. 그러나 그것이 유일한 정치 현상이라고 할 수는 없다. 적어도 서양정치사상의 전통에는, 정치의 목적은 지배가 아니라 좋은 삶이라는 주장과 정치사상의 목적은 불가피한 지배/피지배의 조건 하에서 좋은 삶의 추구를 가능케 하는 이상적인 정체를 찾는 것이라는 주장이 존재한다. 정치와 정치사상에 대한 동주의 견해는 이와 같은 이상주의 정치사상이 서양정치사상의 전통에 존재한다는 것을 간과한 것이다. 동주에게 이상주의 정치사상은 인류가 보편적으로 추구해야 할 이상적 가치에 대한 주장이라기보다, 특정한 시대에 지배를 정당화하고, 복종을 합리화하는 수단으로서의 이데올로기에 불과하다. 여전히 정치사상의 이상적 가치를 주장하는 이가 있다면 동주에게 백일몽에 빠진 순진한 사람으로 비칠 것이다. 동주가 이렇게 이상주의 정치사상을 배제한 이유를 단정하긴 어렵다. 하지만 그가 처해있었던 역사적 맥락이 적잖은 영향을 미쳤을 것으로 추정해 볼 수 있다. 식민지 시대에 지적 성장을 경험한 이에게 정치적 이상주의는 거추장스러운 지적 사치로 비쳤을 가능성이 크다.

둘째, 동주의 정치사상은 역사주의적 세계관에 기초해 있음을 엿볼 수 있다. 앞서 지적한 바와 같이 동주에게 정치사상이란 시대에 따라 달리 나타나기 마련인 지배의 정당성 그리고 복종의 합리화에 관한 관념의 기록이다. 이런 맥락에서 동주의 정치사상사는 시대의 관념을 반영하는, "살아있는" 사상이지 단순히 과거 사상가들의 생각을 나열한 관념의 역사는 아니다. 정치사상사에 대해 이러한 태도를 갖는 것은 동주가 어느 정도 역사주의의 기본 원리를 수용하고 있음을 의미한다. 역사주의에 따르면 정치사상사는 각기 다른 시대에 나타난 특수한 관념의 산물이지, 결코 어떤 보편적 가치나 절대적 이념을 탐구한 사상의 역사가 아니다. 따라서 역사주의가 주장하는 "살아있는" 관념과 "생동하는" 사상이란 그 시대에만 살아 있는 것이지, 그 시대를 벗어나 보편적 타당성을 인정받기 어렵다. 이런 맥락에서 역사주의에 기초한 정치사상은 궁극적으로 시대와 장소를 달리 하는 곳에서는 상대적인 가치만 가지며, 정치사상사 연구는 관념의 유희에 불과하다고 비판받을 수 있다.

셋째, 동주의 정치사상은 앞서 언급한 바와 같이 다분히 현실주의와 역사주의를 수용하고 있지만, 적어도 극단적 상대주의나 회의주의에 경도되어 있다고 보기는 어렵다. 동주의 정치사상은 기본적으로 역사주의를 지지한다. 그럼에도 불구하고 그의 정치사상은 결코 극단적인 역사주의의 오류에 빠지지 않았다. 동주는 과거의 관념이 오늘날 우리를 현시점에 이르게 한 토대라고 이해함으로써, 극단적 상대주의나 극단적 회의주의에 빠질 위험에 대해서 경계한다. 동주에게 정치사상은 "오늘을 오늘로서 있게 한 바 세계사적 조류에 이바지한 정치사상"이어야 하는데 이러한 의식이 동주로 하여금 극단적 역사주의에서 벗어날 수 있는 안전장치였다고 할 수 있다(이용희 1987, 260).

이러한 특징들로부터 우리는 동주 정치사상의 의의와 한계를 동시에 찾을 수 있다. 기본적으로 동주는 정치사상과 정치사상사는 현재적 관점에서 어떤 유용한 교훈을 주기 때문에 연구할 가치가 있다고 본다. 그런데 이 현재적 관점에서의 유용한 교훈이란 어떻게 얻어질 수 있는가? 연구자의 주관적이고 독자적인 재량을 통해서 얻어지는 것인가, 아니면 정치사상사에 등장하는 저명한 사상가의 관념을 정확히 이해함으로써 얻어지는 것인가? 동주는 이에 대해 분명한 입장을 밝히지 않은 상태에서 고대, 중세, 근세의 정치사상사를 소개하고 있다. 단정하긴 어렵지만, 동주 정치사상에 배어있는 전체적인 분위기는 개별 사상가의 의도를 정확히 파악해 내기보다 동주 자신이 파악하고 있는 현재적 관점의 유용성을 강조하는 것으로 보인다. 이런 동주의 입장에 따르면, 정치사상 연구는 특정 사상가가 갖고 있는 고유한 의도를 파악하고 그것으로부터 현재적 교훈을 찾아내려고 시도하기보다, 우선 연구자가 자신의 시대로부터 부여받은 정치사상적 목적, 즉 동주의 명시적인 입장에 따르면, 지배와 복종을 정당화하는 관념으로서의 역할을 얼마나 잘 수행하고 있는가를 파악하는 것이라고 할 수 있다.

이런 관점에서 보면, 정치사상 연구의 가치는 현재적 효용성에만 한정되게 된다. 문제는 현재적 효용성만을 강조할 경우, 왜 특정 정치사상 연구가 다른 연구보다 우월한지를 학술적으로 판단하기 어렵다는 것이다. 현재적 효용성은 보는 관점에 따라 달라 질 수 있기 때문이다. 궁극적으로 이런 방식의 정치사상과 정치사상 연구의 가장 큰 문제는 학술적 엄밀성을 담보할 수 없다는 점이다. 그러나 동주의 정치사상 저술에서 우리는 당시의 기준으로 보면 불필요하다고 여겨지는 부분까지도 세심하게 학술적 전거를 제시하고 있음을 관찰할 수 있다. 물론 오늘날과 같이 정확한 서지 정보를 주는 형식은 아니지만, 동주의 정치사상 저술은 사상가에 대한 연구자의 자의적인 해석을 경계하고 학술적 엄밀성을 추구한 흔적을 역력히 드러낸다. 결국 동주의 정치사상 저술에 대한 평가는 그의 정치사상이 현대적 유용성과 학문적 엄밀성 사이에서 어떤 균형점을 찾고 있는가에 의해서 결정될 것이다. 이제 이러한 동주의 기본 입장에 대한 관찰을 토대로 고대, 중세, 근세 전편, 근세 후편 네 부분으로 구성되어 있는 동주 정치사상에 대한 해설하고자 한다.

3. 동주의 통찰력

동주는 정치사상사를 크게 고대, 중세, 근세 전편, 근세 후편, 네 시기로 구분한다. 이 구분은 단순한 편의상의 구분이라기보다, 각 시대에 대한 동주 나름의 독특한 이해 방식에 따른 것이다. 「고대」편과 「중세」편은 비교적 적은 분량이긴 하나, 앞서 살펴 본 바와 같이 정치사상은 기본적으로 지배의 정당성을 획득하기 위한 관념의 표출이라는 동주의 기본 입장을 잘 드러낸다. 특히 「고대」편에는 "신화적 지배의 세계"라는 부제가, 「중세」편에는 "신앙의 지배와 빈곤"라는 부제가 달려 있다. 고대는 신화에 의해서 중세는 신앙에 의해 지배가 정당화되고 있다는 동주의 해석이 반영된 것이라고 할 수 있다.

고대와 중세 세계의 중심에 신화와 신앙이 자리 잡고 있었다는 것은 동주가 「정치사상사」를 집필하던 20세기 중반의 학술 수준에서 그리 새로운 얘기는 아니다. 그러나 동주 정치사상사에서 특기할 만한 것은 지배의 정당성이 획득되는 정치사회학적 기능이 정치사상과 동일시되고 있다는 것이다. 즉 동주의 정치사상은 곧 정치사회학이다. 예컨대, 신화를 중심으로 한, 고대 정치를 바라보는 동주의 시각은 비합리적인 미몽에 휩싸인 고대인들의 비합리성이 아니라, 신화를 통해 지배의 정당성을 획득한 신정정치의 정치사회학적 기능에 초점이 맞춰져 있다. 이런 맥락에서 동주는 신정정치가 특정한 장소에서 어떻게 정치권력의 정통성을 획득했는가를 주목한다(이용희 1987, 262). 요컨대, 동주의 정치사상은 정치사회학적이고, 그의 정치사상사는 역사사회학적이라고 할 수 있다. 따라서 동주는 고대 정치에서 신관 계급이 정치적 정당성을 획득하는 데 어떤 역할을 했는지, 세속적 관료계급과 군인계급은 어떻게 분화되었는지, 그리고 노예의 존재는 정치공동체의 유지에 어떤 기능을 했는지 등을 파악하는 것이

고대 정치사상의 핵심이라고 본다.

고대정치사상에 대한 동주의 통찰력이 돋보이는 부분은 3절 〈힘과 정의〉라는 부분이다. 여기서 동주는 그의 국제정치관을 제시한다. 동주는 여기서 기원전 8세기부터 기원전 4세기경에 이르는 동안 중국과 그리스에 대강 비슷한 형태의 전란을 경험하게 되는 국제정치적 상황을 맞이하게 된다고 주장한다. 이 과정에서 동주가 강조하고 있는 두 가지 특징이 있는데, 하나는 문명의식의 탄생이고 두 번째는 권력과 정의로 요약될 수 있는 현실정치와 이상정치 사이의 괴리이다(이용희 1987, 266).

동주는 고대 그리스인들은 나라를 초월하는 '우리 의식'을 가졌고, 이에 따라 국제적 문화의식이 성립됐다고 주장한다. 그리스인들 사이에서 희랍(헬라스)이라는 통일된 관념이 생겼으며, 이와 동시에 개별 폴리스의 범위를 넘는 그리스 세계라는 공동의식을 갖게 됐다는 것이다(이용희 1987, 267). 동주는 이러한 문명권의 공동의식이 정치사상에 중대한 영향을 미쳤다고 본다. 우선 현실적인 영향력으로서 공동 의식은 페르시아 전쟁 이후에 그리스 전체가 뭉쳐서 하나의 세계라고 주장을 가능케 했다는 것이다. 이보다 더욱 중요하게 "초국가적인 문명권 사상의 결과 그 앞서 내려오던 씨족적이며 국가적이었던 신화적 정치사상이나 또는 여러 정치사회의 차이에서 나오는 지역적인 사상의 차이가 마침내 보편적이며 세계적인 정치사상의 양식으로 바뀌게"되는 정치사상적 영향력이 있다는 것이다(이용희 1987, 268). 동주는 이러한 문명권의 보편적 세계사적 정치사상은 동서양을 막론하고 성립한다고 보고 다음과 같이 쓰고 있다.

> 춘추전국 시대는 '천하'라는 초국가관념과 국가관념이 서로 교착하여 사상에 작용하는 예로서 제자백가의 설도 이러한 '천하'에 보편적으로 타당하다는 양식을 취하였다. 또 가령 그리스에서 보면, 소피스트나, 플라톤, 아리스

토텔레스의 정치사상은 비록 그것이 폴리스라는 독특한 정치체제를 중심한 사상이기는 하나, 그러나 그리스 안의 수백의 폴리스에 보편적으로 타당한 일반적인 것으로, 따라서 그 내용은 지역적 특수성을 어느 정도 초월하는 면이 있었다(이용희 1987, 268).

이러한 동주의 견해는 정치사상사적으로 매우 중요한 의의가 있다. 동주가 앞서 살펴 본 바와 달리, 보편성을 지향하는 정치사상의 내재적 잠재력을 지적한 것은 매우 중요한 전환을 의미하기 때문이다. 여기서는 중국과 그리스의 예를 동시에 들고 있다. 이런 맥락에서 동주는 정치사상이 지향하는 보편성의 요소를 어느 정도 이해하고 있었다고 할 수 있다. 그러나 그의 정치사상이 갖는 가장 강한 특징은 역시 정치사상을 정치사회학적으로 이해하는 것이라고 할 수 있다. 따라서 고대정치에서의 보편성 지향도 시대에 국한된 하나의 역사사회학적 현상으로 파악하지, 정치사상이 가진 공통된 특성으로 파악한 것은 아니다. 이것이 동주 정치사상의 특징이자 한계라고 할 수 있다.[5]

동주의 정치사상이 정치사회학적 특성을 갖고 있다는 것은 그의 정치사상이 권력(힘)에 대한 분석에 집중되어 있고, 권력의 중심에 군사력과 재정력을 두고 있다는 것에서 또렷이 드러난다(이용희 1987, 269). 동주는 바로 이런 정치사회학적 이해를 바탕으로 정치이념, 정치사상을 이해한다.

---

5 이러한 동주 정치사상의 특징은 그가 설립한 서울대학교 외교학과에서 하나의 전통으로 이어져 왔으며, 대체로 '정치사상=정치사회학 혹은 역사사회학'이라는 등식을 성립시킨 것 같다. 그러나 이것은 정치사상 해석과 관련된 하나의 입장이지 절대적인 입장이라고 보긴 어렵다. 오히려 동주가 의식적으로 무시한 정치사상 해석의 또 다른 입장이 오히려 서양정치사상의 강점으로 인정받아, 지금까지 서양정치사상이 곧 정치사상의 본류이고 나아가 지역을 초월한 정치사상 자체로 이해되는 경향이 있다. 이러한 주장도 역사사회학적 정치사회학적 견지에서 보면 일시적인 현상이고, 원래 내재해 있는 정치사상의 보편성이란 존재하지 않는다고 주장할지도 모른다.

즉 동주는 정치사상을 경세(經世)의 관점에서 이해한다는 것이다. 동주에게 정치사상가들은 소피스트와 같은 세속적 사상가들이거나 "정치의 윤리화"를 시도하여 정의를 정치에 대입시키려는 헛된 시도를 하는 이들이다(아마 플라톤이나 아리스토텔레스를 염두에 두고 있는 듯하다). 일단에서 동주는 고대 그리스 정치철학과 중국 전국시대의 정치사상을 일갈하는데, 동주가 공통적으로 지적하고 있는 것은 이들이 저층계급과 유리되고 경세의 측면에서 지배자를 대상으로 '정치의 윤리화'를 추구하고 있다는 것이다(이용희 1987, 274).

동주가 파악하는 정치사상가들은 전국시대를 벗어나 평화시대를 되찾기 위해 정의를 정치에 적용시키고, 이를 위해서 위정자들을 설득시키려는 전략을 가졌다고 평가한다. 이에 대한 동주의 평가는 두 가지로 나뉜다. 첫 번째는 이들이 나이브하다는 것이다. 이들은 위정자들을 설득시키는 것을 목적으로 하지만, 사실 정치는 지배와 피지배의 복합체이므로, 다수에 대한 진정한 설득 없이 정치적 이상의 실현은 불가능하다는 것이다. 둘째, 정치사상은 지배층의 권위를 업고 이상을 실현하고자 했으므로 지배층에게 권위감을 주기 위해 추상적인 이론을 전개한다는 것이다(이용희 1987, 275). 여기서도 동주가 기본적으로 정치사회학적 입장을 취하고 있음이 여실히 드러난다. 동주는 추상적인 사상 자체를 좇는 것을 어리석다고 보고, 정치사회학적 접근을 통해서 소위 '포괄적인' 이해를 해야 한다고 주장한다.

그러나 이러한 동주의 주장은 정치사상 텍스트가 기본적으로 추상적일 수밖에 없다는 사실을 경시한 것이다. 정치사상 텍스트가 담고 있는 정치 이념이 현실적인 설득력을 얻기 위해서라도 정치사상 텍스트는 시대적으로 구속된 당파성에서 벗어나 가능하면 추상적이며 보편적 이념을 지향할 수밖에 없다. 또 정치사상 텍스트의 당파성을 의심하는 이들의 정치적 핍박에서 벗어나기 위해서라도 정치사상 텍스트는 추상성을 지닐 수밖에 없다.

동주는 또한 정치사상 텍스트 자체가 정치사회학적 기능을 수행할 가능성이 있음을 의식하지 못한 듯하다. 정치사상은 추상적이라고 단정하고 그것의 정치사회적 측면을 별도로 파악해야 한다고 주장하는 것은 정치사상 텍스트의 복합적 기능을 충분히 주목하지 못한 결과일 수 있다. 추상적으로 보이는 텍스트 안에 정치사회학적 구성 요소가 이미 내재해 있다고 할 수 있다. 예컨대, 동주가 냉소적으로 대하는 "정치의 윤리화"가 단지 헛된 외침이 되지 않기 위해서 사상가들은 텍스트 내에 복잡한 장치를 장착했다고 볼 수 있는데 그것에 대한 이해는 오로지 텍스트에 대한 면밀한 분석을 통해서만 가능하다. 플라톤이 "헛된 외침"인지 알면서 나이브하게 철인왕을 주장한 것은 아니다. 동주의 해석에 따르면, 모든 정치사상은 그저 지배자의 구미에 맞는 지배의 정당성을 제공해 주는 구실에 그친다. 그러나 정치사상가는 자신이 속한 시대적 상황과 조건 안에서의 역할과는 별도로 보다 보편적인 정치사상적 어젠다를 가질 수 있다. 동주는 이러한 정치사상가의 사상적 독자성을 인정하지 않을 듯싶다.

이런 맥락에서 동주는 「고대」의 마지막 페이지에서 동서양 전체의 고대국가를 하나의 동질적인 체제인 것처럼 일갈한다. 동주의 고대정치사상 전체에 대한 이해가 이 마지막 페이지에 요약되어 있으므로 전체를 인용하기로 한다.

> 무릇 고대국가는 상고의 씨족적인 도읍국가부터 씨족의 분열이 일어나는 지역국가로 옮기는데 이때는 대개 신화적인 신정사상이 그 뒤를 밑받치고 있었으며, 씨족구조가 지배층에서 완전히 깨지고 새로운 권력관계에 의하여 이질적인 사회와 족속이 한 개의 나라에 뭉쳐지는 동안은 지배층에는 '힘'

의 지배사상이 퍼지고 야의 사상가들은 새로운 정치의 정당화이론을 가지고 신흥군주에게 붙으려고 하였으며, 또 일방 어느 사상가는 일반평민의 권리를 주장하여 정치윤리의 필요를 강조하였다. 말하자면 고대의 신화적 지배라든가 또 제신숭배는 적어도 지배층과 지배층을 상대로 사상을 파는 인텔리에게는 실효를 거두기 어렵게 되었다. 이 까닭에 고대시대의 사상가는 추상적인 이론을 전개하여 지배층의 정치권위감을 만족시키려 하였다. 그러나 무식한 일반 서민에 있어서는 여전히 정치는 제신과 관계가 있으며, 속신, 신화, 점술 등 위에의 복종의 습성이 길러져 갔다. 그러던 것이 이 시기에 이르러 본시 야의 신앙으로 있었던 기독교와 불교가 유일한 국교로서 서민생활에 침투하고, 야의 사상체계로 있었던 유교가 정치와 손을 잡았다는 것은 마침내 고대적인 제신숭배, 씨족공동체의 유제, 속신의 중대 위협이 아닐 수 없다. 결국 고대는 세계국가의 출현과 이것을 정당화하는 국교의 등장으로 말미암아 바야흐로 사라지고 새로운 역사의 전환이 나타나게 되었다. 피치자의 의식의 변화야말로 새로운 지도적 정치사상이 딛고 서는 발판이었다. 그리고 우리가 주목할 것은 이러한 고대의 몰락이 거의 같은 때에 중국, 인도, 지중해 세계에서 일어났다는 사실이다(이용희 1987, 275).

「고대」 정치사상에 대한 이러한 결론적 서술은 반드시 오류라고까지 말할 수는 없으나, 매우 포괄적이고 그야말로 단정적이어서 독자들 또는 그 당시의 학생들에게 어떤 인상을 줬을까 자못 궁금하다. 아마도 동주의 박식을 동경함과 동시에, 동주의 포괄적이고 단정적인 규정에 의해 정치사상가들에 대한 강한 이미지를 형성하게 되지 않았을까. 그리고 동주가 갖고 있는 정치사상에 대한 독특한 접근법, 즉 텍스트보다 정치사회학적 역학을 주목하는 정치사상의 접근 방식이 유일한 정치사상의 방식이라고 규정해버리는 결과를 낳지 않았을까. 이에 따라, 정치사회학적 접근과는 구분되는 텍스트 해석을 중심으로 하는 정치사상 접근법이 존재하고, 이러한 접근법이 오히려 면면히 흐르는 정치사상사의 큰 줄기라는 것을 망각하게 하거나 경시하는 풍조를 낳았을지 모른다.

중세 정치사상 서술 역시 동주의 정치사회학적, 역사사회학적 접근을 그대로 반영하고 있다. 동주는 한편으론 기독교적 신앙에 기초한 지배의 정당성과 다른 한편으로 일반 대중 특히 농민들의 숙명적인 빈곤이 중세를 떠받치고 있었다고 파악하고 있다. 또한 동주는 중세를 한 종류의 신앙 혹은 하나의 문명의식을 통해서 각자 일종의 국제사회를 형성하게 됐다고 파악한다. 예컨대, 유럽은 기독교 신앙을 통해서 이슬람권은 회교신앙과 샤리아에 의해서, 중국은 "예교관념"에 의해서 각 정치세력이 하나의 세계에 속해 있음을 의식했다고 한다. 이런 맥락에서 동주는 비록 매우 간략한 서술이긴 하지만, 이슬람권, 기독교권, 그리고 유교권을 각기 나름의 정치질서를 갖는 국제사회로 파악하고 이러한 사정에 대한 설명을 국제정치사상으로 이해한다.

동주가 '국제정치사상'이란 표현을 처음으로 적용한 시기가 중세라는 것은, 중세에 개별 정치공동체를 초월하는 어떤 보편적 세계의 원리라 정치현상에 관여하고 있음을 이해했기 때문이라고 할 수 있다. 이와 관련하여 두 가지 의의를 지적해 둘 필요가 있다. 첫째, 국제정치사상은 특정 정치공동체의 구성원들이 자신들이 추구하는 국내적 가치를 초월하는 그 무엇이 존재한다고 가정할 때 태동한다는 것이다. 이런 의미에서 동주가 중세시기에 최초로 국제정치사상이 존재했다고 보는 것은 국제정치사상의 의의를 제대로 파악한 것이라고 할 수 있다. 둘째, 이러한 국제정치사상이 어디에 존재하는가라는 물음에 대해서 동주는 여전히 정치사상가의 독창성을 주목하기보다 그 사상가를 둘러싼 정치사회학적 메커니즘을 주목한다는 것이다.

4. 동주의 공과 사

동주는 고대와 중세 시기 세계사가 비슷한 양상을 보여 오다가 근세에
이르러 서양에서만 독특한 현상인, 국가주권사상에 입각한 국민주의적
인 정치의식이 나타났다고 지적하면서 이를 "세계사의 근세적 분열"로
표현하고 있다(이용희 1987, 299). 어째서 서양에서만 이런 독특한 현상이 나
타났는가는 따로 설명하고 있지 않지만, 동주는 서양에서만 14세기 이래
다수의 정치 세력이 경쟁적으로 쟁탈을 벌이는 현상이 나타났으며 이를
통해 서양은 기존의 질서와는 전혀 다르게 한편으로는 전제군주사상, 다
른 한편으론 국민국가 의식을 갖게 됐다고 분석한다.

동주는 특히 장 보댕에게서 주권자는 법에 구속되지 않는다는 절대주
권론을 발견한다. 동주는 또한 폭군론-반폭군론을 대비하면서 저항권을
인정하고 있음을 주목하고, 사실 이것은 세 개의 방향으로 전개될 수 있
음을 지적하는데, 여기서도 정치사회학적 접근의 면모를 드러낸다. 세 방
향의 폭군론은 하나는 "도시의 자치권을 빼앗긴 이태리의 폭군론으로 그
목적은 시민의 자유를 추구하는 것"이고, 두 번째는, 신교측이 구교 군주
의 압박에 반항하는 이론을 제시하는 것이며, 세 번째는 반대로 구교측이
신교 군주의 압제를 규탄하는 것이다. 폭군방벌론은 어떤 자연권이나 사
회계약의 측면에서가 아니라, 신구교의 정치세력 간의 싸움이라는 점을
잘 예시하고 있다. 아울러 궁중과 서민의 삶을 대비함으로써 정치사회학
적 요소를 지적한다.

근대 편에서 동주가 상당한 분량을 할애하는 것은 근대국가사상의 등
장, 즉 근대 주권사상의 등장에 관한 것이다. 동주는 주권사상이 첫 번째
로 대면해야 했던 문제를 현실적 제약에서 찾는다. 즉 군주가 절대 권력
을 주장하기 위해서는 그 절대성의 근거를 제시해야 하는 어려움에 처해

있다는 것이다(이용희 1987, 316). 중세의 신앙론은 신적인 권위에 힘입어 그 절대성의 근거를 마련한 바 있는데 이제 군주는 이런 "편안한" 방식의 정당화를 넘어서, 자신의 권력의 절대성을 가져야 하는 독창적인 근거를 찾아야 했고, 그것이 곧 주권 사상의 기원이 됐다는 것이다. 주권사상이 주를 이루는 근대정치사상은 이러한 정치사회학적 요인에 의해 결정됐다는 것이 동주가 근대정치사상을 바라보는 핵심적인 관점이다. 예컨대, 주권사상의 발전에 장 보댕, 이태리 법학자들과 같은 지식인들이 어느 정도 역할을 담당했음을 인정하지만, 이보다는 각국이 처한 독특한 맥락이 주권론의 발전에 결정적이었음을 주목한다. 이런 맥락에서 동주는 프랑스가 주권의 절대성을 옹호하는 방식으로 주권론이 발전했다면, 영국은 주권의 소재 문제를 두고 주권론이 발전했음을 주장한다(이용희 1987, 320-321).

동주는 또한 근대 주권이론의 사상적 토대가 되는 자연법사상을 다루고 있다. 그러나 여기서도 자연법사상의 이론적 계보나 보편적 타당성을 검토하기보다는, 그것이 "관념과 사상에만 그치는 것이 아니라" 국민사상, 영토사상이라는 현실적 토대와 연결되고 있음을 강조한다. 즉 동주는 근대국제정치사상은 개별 국가의 주권사상을 기초로, 국민사상(동주는 이것을 내 나라, 내 민족을 정치공동체의 단위로 파악하는 일종의 공동체 의식이라고 일컫는다), 그리고 이러한 공동체의 물적 토대가 되는 영토사상을 구성 요소로 출발한다고 보았다. 이러한 이해를 바탕으로 동주의 근대국제정치사상이 형성됐다고 할 수 있다. 즉 근대국가는 자신과 타자를 구분하고, "'내 나라'의 존재와 목적은 모든 나라의 목적에 우선한다는 관점에서 대외관례를 조절"한다는 것이고, 근대 국제법은 이러한 대외관계를 실질적으로 규율하기 위해 구상되었다는 것이다.

마지막으로 동주는 「근세후편」에서 근대서구 국가는 보편적 합리주의와 진보에 대한 믿음을 바탕으로 한 계몽주의사상에 기초해 있었으며, 구체적인 정치현실에서는 입헌주의와 계몽군주사상 나아가 민주주의 사상을 발전시켰다고 서술한다. 특히 동주는 근대 서구의 민주주의 사상이 처음에는 자유주의를 실현하기 위한 일종의 "수행자" 노릇을 하다가 점차 민주주의 사상 자체가 이데올로기로서 힘을 얻게 되면서, 자칭 민주주의 론자들이 자신들의 요구 사항을 실현하기 위한 구호로서의 성격을 강화하게 됐다고 지적한다. 이 부분 역시 근대정치사상에 대한 이해에 있어서 동주가 정치사회학적 시각을 적극적으로 반영하는 대목이라고 할 수 있다. 동주는 이러한 민주주의의 이데올로기적 힘이 처음에는 자유주의적 부르주아의 세력 확장에 기여했음을 주목한다.

> 근대민주주의는 표면상 인민주권, 인권보장, 입헌주의의 아름다운 보편적
> 이념으로 장식되어 있어서 그 형식으로 대의제와 입법부의 우위를 내걸고
> 있어서 사상의 체제로서는 만민에게 혜택을 주는 곱다란 모습을 지녔으나,
> 그 사상의 밑바닥에서는 선거권의 제한을 통하여 부유층의 합법적인 정권
> 독점이 기도되었다(이용희 1987, 349).

 그러나 동주는 이러한 "표어로서의 민주주의"가 자유주의적 부르주아의 이데올로기적 성격을 넘어서 사회주의적 평등사상에까지 확장되어 왔으며, 그것이 결국에는 사유재산을 타파하는 과격한 사회주의 사상에 이르게 했다는 것을 지적한다. 이러한 논의의 연장선에서 18세기 후반부터 19세기 중반에 이르는 시기의 사회주의 사상의 발전을 포괄적으로 다루고 있다는 점은 특기할 만하다. 마르크스와 엥겔스는 물론이거니와, 생시몽, 오웬, 프리에, 프루동 등의 사상을 소개함으로써 사회주의 사상의 계보를 비교적 상세히 제시하고 있다. 이어서 동주는 사회주의가 마르크스주의에 이르러 "비로소 자연법적인 인류사상과 관념적 요소를 청산하

고, 프롤레타리아의 해방과 독재라는 면이 전면에 나오게 되고, 그것을 밑받치는 유물사관과 변증법으로써 질서정연한 세계관을 내세우게 되었다"고 평가한다. 유물론적 세계관은 프롤레타리아에 의한 사회변동을 필연적인 것으로 본다. 동주의 표현대로 여기에는 "아무런 인정, 우연, 도덕 따위의 요소가 개입되지 않고, 다만 냉혹한 생산력발전의 법칙이 역사적인 논리로서의 변증법적 과정을 통하게"되어 있다(이용희 1987, 368).

동주는 사회주의 세계관이 초래하는 국제정치사상의 근본 문제를 예리하게 지적한 셈이다. 즉 동주는 사회주의 세계관이 프롤레타리아의 국제적 연대성을 내세운다는 것은 곧 "나라의 관념을 무시하는 것이 되고, 또 근대국가의 배후에 놓여 있는 민족 관념을 무시하는 것이 된다"는 것을 잘 의식하고 있었다. 또한 동주는 사회주의 세계관은 모든 근대정치사상의 근저인 근대국가의 부인을 전면에 내세우는 결과를 초래한다는 것도 잘 인지하고 있었다(이용희 1987, 370).

동주는 서구의 근대정치사상이 한편으로 민주주의 사상을 토대로 사회주의 혁명 사상에 까지 이르는 발전 방향이 있었던 반면, 다른 한편 반혁명과 보수주의를 지향하는 발전 방향이 있었음을 지적한다. 특히 반혁명파가 혁명파에 비해 현실을 냉철하게 분석하는 비판의식을 특징으로 하고, 민족을 역사적 실체로써 파악하고 있음을 적절히 지적하고 있다. 이러한 반혁명파의 지적은 18세기, 19세기 유럽의 낭만주의와 연결되어 있다고 파악하고 있다. 비록 광범위한 낭만주의 작가들을 나열식으로 소개하고 있긴 하지만, 서구정치사상의 맥락에서 영, 독, 불의 낭만주의 문학 작가들을 골고루 다루고 있는 것은 젊은 시절 동주의 광범위한 독서 경험이 없었다면 불가능했을 것이라는 인상을 준다.

마지막으로 동주는 19세기와 20세기 초 사상으로서 국가주의와 실증주의를 다룬다. 헤겔이 자유주의 국가의 문제를 극복하고 윤리 공동체로서의 국가주의를 채택했다는 점, 그리고 이것이 헤겔의 역사주의에 따른 당연한 귀결이라는 점을 적절히 지적하고 있다. 이 역시 동주의 서양정치사상에 대한 포괄적인 이해와 직관이 잘 드러나는 대목이다. 후학으로서 아쉬운 점이 있다면, 동주의 글에 포함되어 있는 각주나 인용이 매우 제한적이어서 그의 서양정치사상사에 대한 이해가 어떤 학자 혹은 사상가의 지적 안내에 의한 것인가를 파악하는 것이 매우 어렵다는 점이다.[6] 사실 동주가 자신의 지적 진화에 영향을 끼친 학자나 사상가를 굳이 인용하지 않는 것은 당시의 관례에서 크게 벗어난 것은 아니다. 또한 인용의 의의가 그다지 크지 않았기 때문일 수도 있다. 어차피 그 자료는 동주만 갖고 있었을 것이고, 인용을 한 들 다른 사람들이 구해 볼 수 있는 처지가 아니었을 테니까 서지 정보를 준다는 것이 무슨 의미가 있겠는가.

이런 사정을 고려할 때, 당시의 지적 전통이 직면했던 한계와 동주의 정치사상 저술의 의의를 다시 한 번 되새겨 볼 수 있다. 첫째는 정치사상 자료에 대한 비교적 제한된 접근성으로 인해 서적이나, 자료가 물신화되는 당시의 풍토와 관련이 있다. 자료에 대한 낮은 접근성은 정치사상 텍스트에 대한 철저한 해석에 근거하는 대신 이런저런 사상가들의 편린들에 기초하게 하는 경향을 낳는다. 텍스트에 근거하지 않고서는, 정치사상에 대한 깊이 있는 토론과 발전적 논쟁이 구성되기 어렵다. 자료의 물신화는 정작 텍스트에 대한 엄밀한 해석을 위한 치열한 토론을 가로막는다. 동주는 스스로 엄밀한 텍스트 해석에 주의를 기울였다. 따라서 그는 정치사상 연구에 있어서 자료의 물신화에 굴복한 인물이 아니다. 그러나 그는

---

6 예컨대 헤겔의 영향력을 지성사적인 맥락에서 소개하는 부분이 나오는데, "가령 독일파의 문객인 토머스 카알라일, 옥스퍼드의 신학자 뉴먼, 미국의 칼훈 등인데, 그 대표는 옥스퍼드가 철학자 토머스 힐 그린이었다. 그린의 사상에는 칸트의 영향도 있고, 또 … 영국 전통의 …"라는 대목이 나온다. 이용희, 『이용희저작집 1: 한국과 세계정치』(서울: 민음사, 1987), p. 383. 그런데 이러한 해석이 누구의 해석에 따른 것인지, 혹은 동주의 주장에 기초한 것인지 확인되지 않는다.

다른 한편, 적어도 후학들에게는 자료의 물신화를 부추긴 책임이 있다. 동주는 그의 정치사상 해석이 어느 누구의 해석보다 우월하고, 뛰어나다는 것을 의심하지 않았다. 따라서 자신의 해석을 텍스트적 근거를 바탕으로 조목조목 설득하거나 논리적으로 입증하는 대신, 그가 이미 섭렵한 원전과 비교적 최신의 문헌들을 소개하는 것으로 스스로가 정한 학문적 엄밀성을 충족시켰다. 그러나 동주의 태도를 접하는 후학들은 원전을 스스로 읽는 대신 원전에 대한 경외심이나, 최신의 연구 자료를 손에 쥐고 있지 못한 아쉬움으로 인해 자료에 대한 물신화에 빠져들게 된다.

서적과 자료에 대한 물신화 못지않게 동주가 의도하지 않은 또 다른 결과는 정치사상사 연구를 지나치게 콘텍스트에 환원시키는 것이다. 텍스트에 대한 엄밀한 이해와 해석이 선행되지 않은 상태에서 정치사상사를 파악하는 것은 자연스럽게 텍스트나 사상가를 역사적 맥락에 환원시키는 결과를 낳는다. 정치사상을 이해함에 있어서 역사적 맥락에 대한 지식으로부터 지원받는 것은 타당하다. 문제는 논쟁의 대상이 될 만한 정치사상을 해석을 지나치게 거칠고 단순한 역사적 상황에 환원시키는 것이다. 이러한 태도는 정작 역사적 맥락이 담고 있는 풍부한 요소를 반영하기도 어렵게 만든다. 이런 면에서 동주의 정치사상사 저술은 동주 스스로 이해한 방식과 다르게 소위 텍스트주의와 콘텍스트주의 양자 모두의 관점에 의해서 비판받을 소지가 있다.

동주의 정치사상 저술은 동주 자신이 취한 학문적 수준과 태도와는 별도로 저술의 스타일이 낳은 공과 과가 존재한다. 그러나 그의 정치사상 저술은 무엇보다 정치사상 해석의 엄밀성 그리고 이를 위해 콘텍스트와 텍스트 간의 상호 관계라는 정치사상 해석의 핵심적 문제를 재차 되새겨 볼 수 있는 계기를 마련한다는 의의가 있다.

5. 정치사상은 무엇을 할 수 있는가

동주는 정치학 연구의 의의에 대해서 매우 의미심장한 그러나 애매한 진술을 내놓았다. 그는 "과연 정치학을 공부만 하면 정치의 본질과 내용은 알아지는 것인가"라는 질문을 내놓고, 그 대답으로 대뜸 "그것이 그런 것 같지 않다"고 말한다(이용희 1987, 391). 이 대답에 대해 하영선 교수는 기존의 정치학 이론 혹은 사상이 현실을 설명하지 못한 부분이 더 많다고 해석하지만, 동주의 의중이 반드시 그런 것인가는 좀 더 검토할 여지가 있다(하영선 2011, 256). 다시 말해 정치학 혹은 정치사상이 현실의 정치현상 그리고 현실을 움직이는 정치이념을 주도하는 것은 아니지만, 그렇다고 정치사상 혹은 넓은 의미의 정치학이 아예 성립할 수 없다고 얘기하는 것은 아닐 수 있기 때문이다. 동주는 "그렇지 않다"가 아니라, "그런 것 같지 않다"라고 표현함으로써 묘한 여운을 남긴다. 그 여운의 공백은 무엇일까? 정치학이 온전히 정치현상의 진정한 가이드가 아니라면, 정치학 혹은 넓은 의미의 정치사상은 그럼 어떤 역할을 해야 하는가? 이에 대한 답을 전하려는 것이 동주의 생각으로 엿보인다.

동주는 먼저 정치학의 과학성에 대해 회의를 제기한다. 정치학이 자연과학과 같이 현실에 존재하는 내재적 법칙을 발견하는 것인가? 만약 그렇다면, 정치학은 이런 수준의 법칙을 발견한 바가 있는가? 동주는 소위 정치학을 공부하는 이들이 이런 법칙이 존재한다는 희망을 가질 만한 아무런 증거가 보이지 않는다는 태도를 보인다. 이에 대한 증거로 동주는 당시로서는 가장 최근에 유행하고 있었던 행태주의가 정치학에서의 과학적 법칙을 찾아내려는 노력을 전개하고 있지만, 과연 그 결과가 성공적이었는가에 대해서는 회의적인 반응을 보인다.[7]

그러면서 동주는 정치학이 과학적 서술의 대상으로 삼는 것이 자연과학과 같은 객관적 사실뿐 아니라, 주관적 사실, 즉 "감관적 사실과 심리적 사실"이라는 점을 지적한다. 사회과학은 기본적으로 인간 행위에 대한 객관적 서술을 목적으로 하지만, 인간 행위는 불가피하게 주관적 감성과 판단의 요소를 포함하고 있어서 무엇을 분석의 대상으로 삼아야 하는가가 사회과학 방법론의 핵심 쟁점이라고 할 수 있다. 동주의 지적은 그가 이러한 사회과학의 쟁점을 잘 인식하고 있었음을 보여준다. 사실 사회과학의 대상에 대한 논의는 보다 복잡한 문제들을 수반할 수 있다. 예컨대, 사회과학의 대상이 객관화된 인간 행위에만 국한될 것인지, 애초에 주관적 가치 판단이 전제되어 있고 실증화되지 않는 비이성적 요소를 포함하는 인간 행위를 객관화 시키는 것이 가능한 일인지, 인간 행위에 있어서 객관성이 존재한다고 하더라도 그것을 주관적인 가치 판단을 배제할 수 없는 연구자가 객관적으로 서술, 분석하는 것이 가능한지 등의 문제가 제기될 수 있다. 동주는 무엇이 사회과학의 대상이 되어야 하는가라는 문제에 대해서는 비교적 문제제기 차원에서 논의를 그치고 있다. 반면, 사회과학을 진행하는 연구자의 관점에서 제기되는 방법론적 문제에 대해서는 보다 심도 있게 문제를 분석하는 것으로 보인다(이용희 1987, 394-395). 객관적 사실이라고 하더라도 연구자는 무엇을 연구의 대상으로 할 것이며, 무엇을 소위 사회 현상의 이상형과 인과관계로 삼을 것인지를 정해야 한다는 것이다. 뿐만 아니라 동주는 이러한 사회과학 연구가 결과적으로 사회현상 자체에 영향을 미치게 되어, 사실상 객관적 현상에 대한 연구와 현실 개입을 도모하려는 조언과의 구분이 모호해진다는 입장에서, 정치의 영역에서는 사실상 정치학과 정책의 전통적인 구분이 무의미하다는 것을 지적한다(이용희 1987, 394). 이러한 동주의 지적은 동주의 정치학이 얼마나

---

7 동주는 behaviorism을 행위론으로 번역한다. 이용희(1987), p. 392.

제2부 장소의 정치사상과 한국민족주의

실천성을 강조한 정치학인가를 엿볼 수 있는 대목이다. 그러나 동주가 염두에 두고 있는 사회과학, 정치학, 정치과학에서의 실천성은 책략가에게 마음대로 현실을 좌지우지할 수 있는 자유를 부여하거나, 마음대로 현실을 구현할 수 있다는 과장을 허용하는 것이 아니라, 사회과학으로서 객관적인 과학성의 구속을 받을 수밖에 없다는 정치학자로서의 자기검열적 구속을 전제로 하고 있다.

동주가 경계의 대상으로 삼는 것은 정치학과 정책을 구분하지 않고, 사회현상을 분석하고 또 사회의 변혁에 개입하려는 이들에게 있는 것이 아니다. 오히려 마치 정치학이라는 학문이 보편적인 진리를 추구하는 것인양 착각하여, 정치학이 보편타당성을 빙자한 어용물이 되거나 반항의 근거가 될 수 있다는 사실을 의식하지 못하는 것이다. 이런 정도까지 동주는 정치학이 사회과학으로서 갖는 과학성의 한계와 동시에 불가피한 실천성을 강조한 정치학자이다. 이러한 동주에게서 우리는 과학성과 실천성의 균형을 모색한 학자의 면모를 발견할 수 있다.

보편적 진리나 가치를 추구하고 있다고 자부하는 것이 현실정치에서 어떤 부정적 결과를 초래할 수 있는가를 지적하는 것은 큰 의의가 있다. 또한 정치학이 보편타당성을 무기로 폭력성을 가질 수 있다는 지적도 적절하다. 그러나 그렇다고 정치학이 보편성을 추구해야 하는 학문으로서의 지향성을 포기하거나, 그 보편성의 지향을 폄하할 필요는 없다고 본다. 그럼에도 불구하고 동주에게는 정치학의 학문으로서의 독자성이나 보편성보다는 그것이 가지는 실천적 영향력이 더욱 중요했던 것 같다.

6. 맺음말

　마지막으로 동주의 정치사상을 구성하는 또 다른 축으로 그의 민주주의론을 주목할 만하다. 여기서 우리는 동주가 현대정치를 이해하는 독특한 면모를 발견할 수 있다. 동주는 기본적으로 민주주의를 피지배자의 지배로 규정하고, 한국 민주주의는 이념을 "빌려온" 것으로 파악한다. 빌려온 이념으로서의 한국 민주주의는 동주에게 하나의 고민거리였다. 그러나 동주의 민주주의론이야말로 동주 자신이 정치학을 연구하는 학자로서 객관적 진리 추구와 실천적 고민 간의 균형을 시도한 사례라고 할 수 있다. 특히 동주의 민주주의론은 민주주의의 기본원리가 무엇이고, 그 한계가 무엇이며 그럼에도 불구하고 우리는 왜 여전히 민주주의를 추구해야 하는가에 대한 매우 핵심적인 쟁점들을 다루고 있어서, 다양한 민주주의론이 만연해 있는 오늘날에도 어떤 다른 정치학 교과서보다도 학생들에게 읽히고 싶은 충동을 지울 수 없다.

　동주는 우선 어떻게 민주주의라는 정치이념이 피치자의 동의, 인민주권, 나아가 국민주권이라는 개념을 통해 발전했는가를 정치사상적 맥락에서 서술한다. 단순히 이러한 개념들을 소개하는 수준이 아니라 서양정치사상의 이러한 개념들이 어떤 정치사회학적 배경을 갖고 있는가를 역동적으로 설명한다. 이 대목은 동주가 당시의 기준으로 남다른 학자적 면모를 갖추고 있었음을 보여주는 또 다른 지점이기도 하다.

　동주의 민주주의론에서 가장 독창적인 부분은 민주주의를 "자기표현적 지배"라고 보는 점이다. 동주는 우선 근현대 국가가 민주주의를 지배원리로 채택하게 된 계기가 정치이념으로서 민주주의가 승리했기 때문이라고 보지 않는다. 동주는 민주주의의 부상은 근대산업의 발달에 따른 인구 변화, 교통, 통신 및 매체의 발달로 인한 다수 대중의 출현을 바탕에 둔 사회경제적 요인에 의해 이뤄졌음을 강조한다. 민주주의의 출현과 관련하여 사회경제적 요인을 주목함으로써 동주는 민주주의가 만들어낸 사회경제적 현실을 냉철하게 직시할 수 있었고, 민주주의의 실천적 결과물에 대해 학문적으로 객관적 평가를 내릴 수 있게 됐다. 동주는 민주정치가 그 이념대로 민중의 자기지배적 원리를 실현할 수 있는 제도가 되느냐, 아니면 중우정치의 허울에 불과한 제도가 되느냐는 민주주의를 운영하는 국민의 손에 달려 있음을 강조한다. 동주에게 민주주의 성패는 바로 피지배자로서의 다수 대중이 지배자가 되었을 때, 이들의 성격과 자질이 지배에 어떻게 표현되느냐에 따라 결정된다고 보았다. 즉 "자기표현적 지배"로서의 민주주의의 운명은 지배자로서의 대중이 민주주의를 어떻게 "표현"하는가에 달려 있다는 것이다(이용희 1987, 413).

민주주의의 "자기표현적" 성격은 민주주의를 적용하는 주체에 따라 다른 결과가 나타나게 되는데, 이를 보고 동주는 "자기표현적 민주주의의 고민"이라고 일컫는다(이용희 1987, 414). 주지하는 바와 같이 중남미의 민주주의는 사회경제적 후퇴에 기여하는 바, 이 역시 민주주의의 자기표현적 성격에 기인한다고 할 수 있다. 동주는 이러한 자기표현적 민주주의가 긍정적 결과를 만들어 내기 위해서 어떤 조치가 필요하가를 천착하진 않는다. 대신 민주주의의 고민을 언급하면서, 그것이 기본적으로 사회경제적 제반 여건의 결과물임을 지적한다. 중앙 권력과 지방 세력의 경쟁, 군벌의 사회경제적 역할 등과 같은 요소들이 자기표현적 민주주의가 어떤 방향으로 진행될 것인가를 결정하게 된다는 것이다.

동주에게 민주주의는 대중이 어떻게 스스로 피지배자로서의 자기규정에서 벗어나 진정으로 지배자로서의 성격, 공동체의 이익을 우선시하는 공공선을 도모할 수 있는 자질을 갖추느냐에 있다. 그러나 이러한 우려에 이어서 인민이 어떻게 스스로 자신을 교육시킬 수 있는가라는 문제에 천착함직 하지만, 아쉽게도 동주는 이 문제에 대한 직접적인 언급이 없다. 동주는 민주주의 이념을 수용하는 엘리트가, 인민이 진정한 지배자로서의 자질을 갖출 수 있도록 교육시킬 것을 기대하고 있었던 것 같다. 동주는 개인적으로 어떠한 민주적 신념을 가졌을까? 민주주의란 결국 피지배자가 지배를 행사하는 것임을 인정하는 정도까지 동주는 원론적 민주주의자였고, 그럼에도 불구하고 결국 엘리트가 인민을 교육시킬 필요성을 의식하는 정도까지는 엘리트적 민주주의자가 아니었을까?

이용희. 1987. 『이용희저작집 1 : 한국과 세계정치』. 서울: 민음사.

하영선. 2011. 『역사 속의 젊은 그들: 18세기 북학파에서 21세기 복합파까지』. 서울: 을유문화사.

제8장

동주의 토포스, 토포스의 정치사상

『정치와 정치사상』과 이용희의 정치사상

김성호

1. 머리말: 한국 정치학에서 동주

일본 헌법학계의 중견인 K교수가 서울에 왔을 때의 일이다. 술잔을 마주하고 근황이 오가는 흥겨운 사담은 K가 최근 시작한 연구회에 관한 대화로 이어졌다. 여러 학교의 헌법교수들이 모인 연구회의 주제는 '아시베 헌법학' 비판, 목표는 단행본 출간이라 하였다. 주지하다시피 일본 헌법학계의 주류는 전전 '천황기관설'로 유명한 미노베 타츠키치(美濃部達吉)를 태두로 전후 '8월 혁명론'의 미야자와 토시요시(宮澤俊義)를 거쳐 아시베 노부요시(芦部信喜)로 흘러왔고, 아시베의 때 이른 죽음 후에도 하세베 야쓰오(長谷部恭男) 등 많은 후학들이 간단없는 전통을 이어가고 있다. '아시베 헌법학'의 뿌리와 위상이 이럴진대 그에 대한 비판이 학문적 연구주

제가 되는 것도 전혀 이상할 건 없다. 다만 K가 조직한 연구회에 특이한 점이 하나 있었다. 그것은 K를 포함한 모든 회원들이 아시베를 직접 사사하였거나 아시베 헌법학의 연장선상에 서 있는 학자라는 사실이었다. 취기도 섞였음직한 K의 표현으로는 아들들에 의한 "히토고로시(人殺し)", 즉 친부살해가 연구회의 목적이라는 것이다. 이쯤 되면 내가 가진 상식을 넘어서게 된다. 물론 서양에서도 Festschrift의 전통이 있고, 위대한 스승에 대한 오마주가 비판의 형식을 취하기도 하지 않던가. 그렇더라도 "히토고로시"라는 표현에 이르러서는 고개가 갸우뚱해질 수밖에 없었다. 내 어리둥절한 표정을 본 K는 바둑이건 유도건 모든 '류파'(流派)가 지속적으로 이어지는 원동력은 계속해서 스승을 넘어서는 데서 나온다는 일본의 전통을 길게 설명한 후, '아시베 헌법학'이 살기 위해 죽은 노부요시를 다시 베는 것이 필요하다고, 그래서 '살부계'를 결성했노라고 천연덕스럽게 말을 맺었다.

일본 헌법학에 아시베가 있다면 한국 정치학에는 이용희가 있다. 노부요시가 살아있는 고전 『헌법』을 썼다면, 동주는 『일반국제정치학(상)』을 남겼다(芦部信喜 2011; 이용희 2013). 둘 다 그저 서양이론을 번역, 소개하는 걸 넘어 각 나라의 헌법학과 국제정치학을 토착화라고 단순요약하기는 어려운 경지로까지 끌어올렸다. 일본 헌법학계가 아시베의 그늘에서 벗어나기 어렵듯이, 한국 정치학자 누구도 이용희의 문제의식으로부터 자유롭지 못하다. 그런 큰 스승을 둔 후학에게 있어 항상 고민거리가 되는 것은 어떻게 하면 그 정신적 유산을 오늘에 되새겨 이어갈 수 있을까 하는 데 있다. 잘은 모르지만 K가 말한 "히토고로시"는 분명 우리에게 적절한 방식은 아닐 터, 그 서슬 푸른 칼의 전통이 낯설뿐더러, 붓의 나라에는 '현창'(顯彰)이라는 못지않게 오래된 익숙한 전통이 있기 때문이다. '현창'이란 무엇인가. 자구대로 푼다면 '현창'은 가려져 있던 것을 밝은 곳으로 끄

집어내어 만천하에 드러내는 작업이다. 잘 알려져 있지 않던 공덕이나 학식을 세상에 널리 알림으로써 스승을 기리고 그 뜻을 이어받자는 것이다. 조선시대의 문묘배향이야 말로 '현창'의 제도화된 전통을 극명하게 보여주는 역사적 사례가 될 것이다(최연식, 2015). 칼의 전통이 스승의 잘 알려진 부분을 베는 데 있다면, 붓의 전통은 덜 알려진 부분을 알리는데 있다. 동주를 '현창'한다 함은 결국 덜 알려진 부분을 찾아내어 되도록 많은 사람에게 알리고자 함일 것이다.[1]

정치사상의 관점에서 동주를 볼 때 '현창'이 필요한 부분은 어디일까. 국제정치학자로서 동주가 주창한 '권역이론'이나 '전파이론'의 요지와 얼개는 이미 널리 알려진 바 있다. 상대적으로 덜 알려진 부분은 '권역'과 '전파'라는 독창적인 개념의 꽃을 피우는데 밑거름이 되었던 사상의 모판 내지는 형판(形板: template)이라 할 수 있다. 어찌 보면 대가의 사상적 형판을 복원하는 작업은 정치사상사 분야의 전문가들에게는 본업이라 할 수 있다. 그러나 동주의 경우, 이 익숙한 작업이 쉽게만 다가오지는 않는다. 동주가 정치사상 자체에 대해 남겨놓은 텍스트가 상대적으로 적을뿐더러, 더 중요하게는 젊은 동주의 사상적 궤적을 추적할 만한 글도, 증언도, 기록도 거의 남아 있지 않기 때문이다. 주지하다시피, 동주의 학문과 사상은 거의 독학으로 이루어졌다고 해도 과언이 아니다. 독학이란 무릇 책과의 대화가 반, 자신과의 대화가 반이다. 동주 내면의 대화를 다시 들어볼 수 없는 이상, 젊은 동주가 정신적 여정에서 머물다 지나간 '장소'를 다시 방문해 보는 건 어떨까. 그 내면의 소리를 지금 듣지는 못하여도, 동주가 들

---

1 덜 알려진 부분이 반드시 긍정적일 연유도 필요도 없다. 그런 의미에서 이 글에서 말하는 현창이 전근대적 유교전통에서 말하는 현창과 상이하다는 점은 의문의 여지가 없다. 후자가 선학에 대한 일방적이고 무비판적인 숭모를 목표로 하고 있다면 이 글은 가치중립적인 견지에서 동주의 잘 알려지지 않은 부분을 드러내고자 한다.

었음직한 외부의 소리를 논리적 추측과 역사적 상상력으로 재생해 보자는 것이다. 동주가 남긴 '토포스의 정치사상'을 되새기기 위해 '동주의 토포스'를 '현창'하는 작업이 필수적이라고 생각하는 이유가 여기에 있다.

젊은 청년 동주의 사상적 토포스, 억측이 아니길 바라면서 지금부터 찾아 나설 장소는 연희전문학교와 남만주철도회사다.

2. 동주의 토포스: 연희전문학교

동주는 연희전문학교 문과 1940년 졸업생이다. 1936년 그가 연희전문으로 진학하게 된 계기로는 가족사를 들 수 있다. 잘 알려진 대로 동주의 부친 이갑성은 3.1 운동 당시 민족대표 33인 중 하나로 활동했던 기독교계 독립운동가이다. 또한 이갑성은 연전과 같은 장로교 미션스쿨인 세브란스 의학전문학교에서 수학하였고, 후일 모교의 직원을 거쳐 재단이사까지 역임한 바 있다. 부친의 이력으로 볼 때 일제가 세운 국공립학교를 다닐 처지가 아니었던 동주가 고등교육을 위해 연전으로 진학한 것은 자연스럽다고 볼 수 있다. 이는 동주의 연전 2년 후배인 또 다른 동주, 즉 윤동주가 연전을 선택한 이유와 크게 다르지 않았을 것이다. 허나 유사한 기독교적 배경을 공유하는 윤동주가 줄곧 미션스쿨을 다녔던 것과 달리, 동주는 중등교육의 장소로 인촌 김성수의 중앙고등보통학교를 선택한 바 있고, 이는 당시 배재나 숭실, 경신 등 기독교 계통의 대안이 많았다는 점을 고려할 때 특기할 만한 선택이라 할 수 있다. 역으로 생각하면 기독교 미션스쿨인 연전으로의 진학 역시 동주에게 있어 당연하고 자연스럽기만 한 여정은 아니었을지도 모른다는 의구심이 드는 대목이기도 하다.

그렇다면 동주가 '선택한' 연희전문은 어떤 '장소'였을까. 동주가 입학한 1936년 당시 연전은 식민지 조선에서 사실상 유일한 4년제 종합대학이었다. 경성제국대학에 1943년이 되어서야 이공학부가 설치되었다는 사실을 고려하면, 문과(인문), 상과(사회), 수물과(이공)의 3학부 체제 — 더해서 세브란스 의전 — 를 갖추고 있는 고등교육기관은 연전이 유일했다. 또한 미국식 학제를 따르는 대학답게 주로 미국 계통의 고등교육을 받은 교수진이 대거 포진하고 있었다. 동주가 2학년 때인 1937년만 보더라도, 문과 필수과목인 철학과 윤리학은 갈홍기(시카고대 철학박사: 후일 외무부 차관), 서양사는 백낙준(예일대 사학박사: 후일 문교부 장관)과 이묘묵(보스턴대 사학박사: 후일 주영대사), 사회학과 심리학은 하경덕(하버드대 사회학 박사: 후일 남조선과도입법의원) 등이 담당하고 있었다.[2] 더해서 연전 커리큘럼에서 절대적 비중을 차지하고 있던 외국어 교육을 위해 이양하(영문학: 후일 서울대 교수)가 책임진 영어영문 외에도 독일어, 프랑스어, 중국어 등이 폭넓게 개설되어 있었다. 이 같은 서양경도에도 불구하고, 연전의 교육이념은 1932년에 공식천명한 대로 "동서고근(東西古近) 사상의 화충(和衷)", 즉 서양의 학문과 동양 특히 조선의 사상을 융합하는데 있었다. 그렇기에 같은 1937년의 문과 필수과목을 가르치는 교수진에는 정인보(동양고전 및 중국철학사: 납북), 손진태(동양사: 납북), 최현배(논리학 및 조선어: 후일 연세대 교수) 등이 포진하여 연희라는 장소성의

---

2 하경덕은 한국 최초의 사회학 박사로서, 그가 1928년 하버드 대학에서 마르크스주의 등 사회과학에 있어 보편적 법칙성을 추구하는 이론들에 대한 비판을 주제로 쓴 박사학위 논문은 당시 대공황 중에도 미국학계의 호평 속에 *Social Laws* (Chapel Hill, NC: University of North Carolina Press, 1930)로 출간된 바 있다. 이홍구, "하경덕의 〈사회법칙〉 80주년," 「중앙일보」, 2013년 3월 8일, p. 39 참조. 하경덕의 사회학에 관해서는 원재연, "안당 하경덕: 격동기의 공공사회학자," 「한국사회학」 제50권 (2)호 (2016) 참조. 동주에게 하경덕은 가장 세련된 형태의 이론적 반(反)보편주의를 접할 수 있는 창구였지만, 다음과 같은 짧은 '회억' 외에 그런 지적 만남에 대한 기록은 존재하지 않는 것으로 보인다. "미국 사회학 관계는 미국 하버드대학에서 사회학으로 박사학위를 딴 하경덕 교수가 계셨지만 말로만 들었지 책을 만져 볼 길이 없었으니, 모든 것은 하다가 마는 수밖에 없었습니다." 이용희, 「이용희저작집 1: 한국과 세계정치」 (서울: 민음사, 1987) 중 '독서연대기로 돌아보는 젊은 정신의 회억(回憶),' (이하 회억), p. 491.

또 다른 축을 형성하고 있었다. 또한 1937년에 문과생들이 선택으로 들을 수 있었던 상과의 과목들은 백남운(사회경제사: 후일 북조선인민회의 의장), 이순탁(경제원론: 후일 초대 정부 기획처장), 육지수(경제지리학: 후일 서울대 교수), 최순주(재정학: 후일 재무부 장관) 등이 가르치고 있었다. 동주가 연전에서 접할 수 있었던 어문학적 그리고 인문, 사회과학적 교양은 식민지 조선에서 당대 최고 수준이었음이 틀림없다.[3]

하지만 동주가 연전 재학시절 어떤 지적 경험을 하였는지에 관해서는 알려진 바가 많지 않다. 일찍이 문예이론 및 언어학에 심취한 바 있고, 연전 문과교수 정인보를 사사하였으며, 동 재단이사 윤치호가 기증한 '좌옹문고'를 탐독하며 사회과학에 접하였다는 '회억'이 밖으로 알려진 거의 전부인 듯 보인다(이용희 1987, 480-495). 왜일까.

그 이유 중 하나는 분명 동주가 3학년 때인 1938년, 기독교 계통의 저항적 지식인 탄압을 위해 총독부에서 벌인 '흥업구락부'와 '경제연구회' 사건으로 인해 위에 열거한 연전 교수들의 대부분이 투옥되거나 해직된 데 있었을 것이다. 중일전쟁이 격화되고 황국신민화 교육이 폭주하는 상황에서, 동주가 졸업하는 1940년의 연전은 지적 불모의 길로 들어서고 있었고, 동주가 만주에 있었던 1942년에는 강제폐교 조치를 당하게 된다. 연전 4학년이 된 동주가 1939년 시점에서 느꼈을 정신적 상실감과 좌절감은 크게 상상하기 어렵지 않다.[4] 그러나 이 같은 사태의 추이를 달리 보면 동주야말로 연희교육의 황금기에 지적 세례를 받은 마지막 세대에 속하며, 동주에게 이 교육은 훗날 '동서고근'을 오가는 인문적 소양을 갖추

---

3   "Chosen Christian College Bulletin 1937-1938," 연세대학교 박물관(편), 『연희전문학교 운영보고서(上)』 (서울: 선인, 2013), 중 특히 pp. 361-401 참조.
4   1938년 망명에서 돌아온 동주의 부친 이갑성이 '흥업구락부' 사건에 연루되어 재투옥된다는 사실도 병기해 둔다.

는데 소중한 밑거름이 되었을 것이다. 그럼에도 불구하고 동주의 학문적 여정에서 유일한 제도권 고등교육의 장이었던 연전에서의 추억이 적다면, 역사적 사실을 떠나 상상의 나래를 펼쳐보는 수밖에 없다.

다시 연전이 기독교 미션스쿨이라는 사실로 돌아가보자. 유교나 불교, 심지어 이슬람교와 비교해 봐도 기독교, 특히 개신교의 종교적 특성은 압도적인 전도열(missionary zeal)에 있다. 물론 대부분의 세계종교는 믿음의 '전파'에 연연하지만, 기독교만큼 적극적으로 또 때로는 반강압적 수단을 동반하면서까지 '전도'에 나서는 종교는 드물다. 연희 창학의 원동력인 전도는 생각해보면 인류사에 있어 참 독특한 개념이다. 상이한 문명의 '권역'들이 평화롭게 접변할 때 물물의 교역이나 인적 교류 그리고 문화와 제도의 습합이 장기간에 걸쳐 일어나는 것은 자연스럽다. 그러나 전혀 이질적인 믿음을 '권역'을 넘어 인위적으로 '전도'하여 궁극에는 전 인류의 영성을 하나로 통일시켜야만 한다는 믿음은 독특한 신앙의 힘이 아니고는 상식으로 설명하기 어렵다. 전도열에서 드러나는 개신교 신앙의 보편주의, 그 비상한 믿음의 실천을 위해 조선땅에 세워진 연희전문학교. 그 장소에서 나름 서구 학문의 첨단을 맛보며 동양적, 조선적 인문교양을 쌓아가고 있었던 젊은 동주가 새삼 느꼈을 감흥은 바로 서구 기독문명의 강렬한 보편주의, 그에 대한 위화감이 아니었을까. 마치 우리 시대에 회자되는 '통섭'이란 화두를 보며 자연과학에 의한 인문사회과학의 식민화를 의심하듯, 동주 역시 연희의 '화충'을 추동하는 힘이 궁극에는 '전도'라는 일원적 보편주의라는 사실에 대해 고민하지 않았을까. 동주가 연희전문에 몸담기 전 중앙고보를 선택했던 이유도, 동주가 연희 시절을 회상하며 당대 최고의 국학자 위당 정인보를 전면에 내세운 이유의 일단도 여기에 있지 않을까.

3. 동주의 토포스: 남만주철도회사

1940년 연전 졸업 후 해방 즈음까지 청년 동주는 "만철 조사부에서 정치학, 국제정치학을 비롯한 사회과학 관련 서적을 보다 폭넓게"[5] 읽으며 독학으로 학문의 깊이를 더한 것으로 알려져 있다.『일반국제정치학(상)』에 부록된 동주 연보는 이렇게 덧붙인다.

중국 대련에서 E. H. Carr, Twenty Year's Crisis (1939)와 W. Sharp and G. Kirk, Contemporary International Politics (1940) 등을 읽고 구미 국제정세관을 파악함. 주관심이 정치사회문제로 집중되어 영국의 정치학, 불란서의 헌법학, 독일의 국가학 등을 읽고 비교하면서 일본정치학이 구미정치학의 아류이며 각국의 정치학은 일반정치학이 아니라 자기 정치학을 합리화하는 이론임을 깨달음. 지식사회학에 대한 관심 커짐(이용희 2013, p. 349; cf. 이용희 1987, 499-501).

이처럼 동주가 정치학자로서 발전하는데 있어 결정적 전환점이었던 것으로 보이는 만주시절은 하지만 많은 부분 베일에 쌓여있다. 사실 청년 동주가 만주에서 무슨 일을 하였는지, 특히 남만주철도회사와 어떤 관계를 맺고 있었는지는 확실히 알려져 있지 않은 듯하다. 동주의 '회억'에 따르면 애당초 1940년 만주로 오게 된 이유는 만주국의 어용단체였던 '만주협화회'에 취직되었기 때문이다. 직장을 그만 둔 후에는 만몽(滿蒙)과 북선(北鮮)을 무대로 여러 가지 사업에 종사하는 한편 하얼빈, 대련,

---

5 하영선, "들어가는 글,"『일반국제정치학(상)』 (2013), p. 14 ; Cf. 한 예를 들어 봉천 소재 만철 도서관장과는 "크게 신세"를 질 정도로 가까운 사이였다고 동주는 회고하고 있다. 이용희(1987), pp. 496-497.

봉천 등에 산재한 만철 조사부에서 독학에 매진한 것으로 되어 있다. 마치 마르크스에게 대영박물관 도서관이 학문적 성숙의 장이었듯이, 동주의 사상 역시 전설적인 만철 조사부 도서관에서 무르익었으리라 짐작은 된다. 그러나 그 외에는 알려진바 적은 청년 동주의 만주시절은 그의 사상의 궤적을 추적하는 데 있어 연희보다 더 큰 '현장'의 대상으로 다가온다. 그 만큼 날개를 더욱 더 활짝 펴고 이번에는 만주라는 '장소'에 대해 상상해 본다.

불과 몇 해 전 연전 후배 윤동주가 내려왔던 길을 거슬러 올라가 도착한 1940년의 만주에서 동주는 여러모로 연희와 유사한 느낌을 받았을 것이다. 우선 식민지 조선에서 총독부 통제에 (소극적이나마) 저항하는 미국인들이 경영하는 연전처럼, 만주는 상대적으로 자율적인 앙클라브의 성격을 갖고 있었다. 내각과 육군중앙의 통제를 거부하고 만주를 무력으로 장악한 관동군의 위세는 말할 것도 없고, 역시 육군 황도파에 동조적인 만주국 혁신관료세력의 부상, 무엇보다 '만철왕국'이라 불렸던 남만주철도회사라는 조직이 만주의 상대적 자율성을 방증하고 있었다. 또한 식민지 조선에서 일본을 우회하여 서구문명과 접촉할 수 있는 정신적 게이트웨이의 역할을 한 연희와 유사하게, 만주 역시 제국일본에 있어 인문지리적 게이트웨이였고, 특히 대련은 만철이 조선철도 및 시베리아 횡단철도를 통해 일본 내지와 서유럽을 연계하는 중핵거점이었다(고바야시 히데오 2004, 22-30). 그만큼 연희나 만주는 둘 다 급속히 파쇼화하는 일본제국의 판도 내에서 상대적으로 코즈모폴리턴한 앙클라브였고, 이질적 문화와 문명이 뒤섞여 잡거하고 있는 정신적 '권역'의 접변지대였다. 만주시절 동주가 관심을 갖게 되었다는 지식사회학의 표현으로는, 제국의 표준과는 동떨어진 정신적 주변성(marginality)이 제한적이나마 허용되어 지적, 예술적 창의성이 숨쉴 수 있는 장소이기도 했다. 연희와 만주라는 예외적이고 주변적인 장소가 있었기에 '권역'과 '전파'라는 동주의 독창적 사상이 움틀 수 있었다고 볼 수 있지 않을까.

하지만 만주가 갖는 장소성이 청년 동주에게 생각의 주변적 독창성을 강화하는 계기로만 작용했을 것 같지는 않다. 만약 동주가 만철 조사부에서 일했거나 적어도 지근거리에 있었다면, 제국일본을 지탱하는 학지(學知), 즉 힘과 앎의 역학을 최전선에서 목도했을 터, 이 같은 경험은 '제국의 아웃사이더' 연희에서는 일찍이 배워보지 못한 교훈이 되었을 것이다. 과연 청년 동주는 '제국의 프런티어' 만철을 통해 무엇을 보고 느꼈을까.

사실 만주라는 장소성은 힘과 앎의 교호작용 속에서 탄생하였다. 민족명인 'Manzu'를 가차하여 만들어진 한자 만주(滿洲)는 역사적으로 특정 장소나 지역에 대한 명칭이 아니었다. 청조체제 하에서 지배층의 정신적 고향으로서 봉금되어 있던 동삼성이 19세기 서구열강이 중국을 침탈하는 과정에서 'Manchuria =the realm of the Manchu people' 또는 '滿州=滿洲族의 州'라는 분리 가능한 영역으로 표상되기 시작했으나, 이 또한 역사적으로나 국제법적으로 명확한 지리적 경계선을 갖춘 개념은 아니었다. 뒤이은 일본과 러시아 사이의 침략경쟁의 결과, 만주는 다시 북만과 남만, 인근 몽고는 내외와 동서로 나뉘고, 그 중 남만주와 내몽고를 합쳐 '만몽'이라 부르는 등, 새롭고도 모호하기만 한 장소의 표상들이 속출하게 된다(가토 요코 2012, 35-44). 만주가 주는 교훈은 '장소'라는 선험적 실체가 있어 영토를 둘러싼 국제정치가 전개되는 것이 아니라, 지정학적 힘의 논리에 의해 '장소성'이 변화하고 결정된다는데 있다. 이 교훈의 또 다른 측면은 일단 힘의 논리에 의해 만들어진 장소성은 그 자체로 독자적인 생명력을 획득하고 이를 테면 주권선이나 국방선 등을 둘러싼 현실의 외교와 국제정치를 좌지우지하게 된다는 사실이다. 예를 들어, '만몽에서의 특수권익 확보'라는 노일전쟁 이후 일본의 국시는 사실 가변적으로 팽창해가는 '만몽'의 개념으로 인해 감당 못할 우여곡절을 겪게 되고, 궁극에는 만주사변과 중일전쟁의 모래늪으로 빠져드는 계기가 된다(가토 요코 2012, 45-80). 관동군이 점령하고 만철의 노선이 들어간 지역이 만몽으로 표상되고, 모호한 만몽의 장소성이 끊임없이 침략적 팽창을 추동하는 악순환. 그 힘과 앎의 지양 없는 변증법이야말로 정치학에 본격적으로 눈뜬 청년 동주가 목도할 수밖에 없었을 만주라는 장소성의 내포였다.

만주의 장소성을 떠받치는 힘과 앎의 소용돌이 한 가운데 만철 조사부가 있었다. 1940년대 만철 조사부는 관동군 참모부 및 만주국 정부와도 긴밀한 유착관계를 형성하고 있던 국책연구기관, 제국일본 최대의 싱크탱크였다. 동주가 만주에 도착한 1940년 기준으로 그 전년도의 대확장으로 불과 1년간 600여 명을 신규채용하여 스태프만 2,345명을 거느리게 된 조사부는, 그 방대한 규모를 넘어 연구수준의 측면에서도 범속한 정책연구기관과 차이점을 보이고 있었다(고바야시 히데오 2004, 178). 즉, 단순히 경제시책 및 전쟁수행에 필요한 정책사안을 넘어 화북지방 가족구조에 대한 법인류학적 현지조사 등 순수학문의 관점에서도 높은 수준의 성취를 이루고 있었던 것이다. 이는 내지의 제국대학 출신들 중 다이쇼 데모크라시의 영아세례를 받고, 쇼와 초기에 사회주의적 사회과학의 재침례를 거친 지적 엘리트들이 대거 영입됨으로써 가능했던 일이다(고바야시 히데오 2004, 137-140). 1941년과 1943년 두 차례에 걸쳐 대규모로 벌어진 만철 조사부 내 마르크스주의자 검거파동은 오히려 조사부 내부의 자유롭고 학술적인 연구풍토를 보여주는 반증이다(고바야시 히데오 2004, 210-212). 실제로 만철 조사부는 제국일본은 물론이고 전세계를 통틀어 단일조직으로는 최대 규모의 사회과학 전문가 집단이었다고 해도 그리 과언은 아닐 것이다.

만주시절의 동주가 만철 조사부와 지근거리에 있었다는 통설에 근거하여 다시금 상상해 본다. 정치학자로서 성숙해 가고 있던 청년 동주에게 만철 조사부는 일종의 대학원 공동연구실이나 고등학술연구원과도 같은 배움의 터, 그 중에도 '만철 마르크스주의'라고 까지 불렸던 비판적 사회과학을 접할 수 있었던 교육의 기회로 활용되지 않았을까. 그렇게 습득한 사회과학의 프리즘을 통해 포착된 만주라는 장소가 실은 힘과 앎의 역학이 불안정하게 떠받치고 있는 표상의 지각판에 불과하다는 깨달음, 동시에 바로 그 불안정한 역학이 현실의 전쟁과 평화를 추동하는 심층의 마그마라는 깨달음이 동주에게 오지 않았을까. 이와 같은 깨달음이 '제국의 아웃사이더' 연희에 이어 '제국의 프런티어' 만주라는 주변적 토포스에서 살아온 동주 자신의 삶과 오버랩되며 '권역'과 '전파'라는 '토포스의 정치사상'을 수태하고 있지 않았을까.

4. 토포스의 정치사상

『이용희저작집 1』에는 가장 핵심이 되는 제2부 '정치사상사' 외에도 광복 후 1950년대까지 동주가 발표한 국제정치 시론과 수필 및 단상 심지어 미국 여행기까지 포함되어 있다. 그만큼 다양한 주제, 다른 목적으로 쓰여진 텍스트들이어서 관통하는 주제나 일관된 문제의식을 섣불리 부조하기는 어렵다. 다만, '동주의 토포스'라는 특정한 관점에서 동주가 남긴 '토포스의 정치사상'을 떠받치는 생각의 형판, 그 일면을 조감해 볼 수는 있겠다. 이를 위해 위의 텍스트를 『일반국제정치학(상)』 등 후기 저작들과 연계하여 생각해본다.

모든 정치는 현실이고, 정치학은 현실주의이며, 국제정치학은 보통 힘의 논리에 더욱 민감하다. 국제정치학자인 동주가 현실주의자라는 묘사는 그 만큼 큰 의미가 없다. 문제는 동주의 사상을 떠받치고 있는 현실주의가 어떤 종류의 것이냐 하는데 있다. 우선 주목하게 되는 지점은 동주의 현실주의가 범속한 국제정치학에 내장된 권력정치(Machtpolitik)의 논리와 다르다는데 있다. 예를 들어 동주가 어떻게 홉스(Thomas Hobbes)와 로크(John Locke)를 해석하는지를 보자. 16, 17세기 영국정치사상사에 대한 전반적 고찰 속에 홉스와 로크가 인민주권론을 정비해 자유주의를 정초해가는 흐름에 대한 동주의 부감은 분명 대가의 풍모를 풍기지만, 기실 독창적인 소묘는 아니라고 할 수 있다. 오히려 동주의 독창성은 홉스와 로크에 대한 긍정적 평가가 아니라, 그들에 대한 비판에서 진면목을 드러낸다. 주지하다시피 특히 홉스는 국제정치를 상위의 판관이 부재하는 규범적 진공상태, 만인에 대한 만인의 투쟁이 종식되지 않은 자연상태=전쟁상태로 개념화하고 있다. 현재까지도 현실주의라는 애매한 이름으로 지속되는 이러한 뿌리깊은 국제정치관에 대해 동주는 준열한 비판을 가한다.

> 지금도 학자 중에는 국제정치의 특징은 혼돈과 무질서에 있으며, 그래도 정치라고 한다면 일종의 미개상태에서 방황하는 형편이라고 생각하는 사람이 있다. 이러한 사고는 … 국내정치와 국제정치를 한 차원 위에 벌려놓고 진화론적 전제에서 논리를 엮는 것이며 또 이 사고방식의 배후에는 정치 일반이라는 일원적 보편개념을 설정하고 그것이 마치 한 차원 위에서 정리될 수 있는 역사적 사실에 대응하여 있는 것 같이 가정을 세우고 있다. 그러나 이러한 입장은 기실 근대국가라는 관념으로 표현되는 특정한 차원의 정치를 기준으로 한 것이며 객관적인 사실 경험을 무시하고 다른 차원을 한 차원의 척도로서 자질하겠다든가, 또는 보아야 한다는 입장에 불과하다(이용희 2013, 82).

이와 반대로 국제정치가 힘의 논리만이 횡행하는 약육강식의 정글이 아니라는 사실을 깨닫는 데서 비로소 국제정치학이 출발한다고 동주는 주장한다. 국제정치의 틀은 "공유하는 인식과 상징의 체계" 사이의 역학에 의해 심층적으로 구성되며, 이에 대한 이해가 곧 국제정치학의 출발점이라는 것이다. 풀어보면, 서로 오해할 수 있는 해석의 최소한의 지평마저 공유되지 않는 상황에서 벌어지는 집단 사이의 갈등이 대량학살과 같은 사건을 야기할 수 있지만, 이에 대한 설명은 동물행태연구의 일환일지언정 정치학의 대상이 되지는 않는다. 집단 사이의 폭력적 갈등이 정치학적으로 유의미한 전쟁이 되기 위해서는 집단 상호간에 서로의 의도를 해석하여 적의가 있다고 규정할 수 있는 최소한의 공통언어가 존재해야 한다. 해석이 그르고, 이해가 오해였을 수 있으며, 보통 그래서 전쟁이 벌어진다. 그러나 적어도 잘못된 해석과 오해의 여지조차 존재하지 않는, 즉, 아무런 아비투스(habitus)도 공유하지 못하는 집단들 사이엔 적도 전쟁도 없다. 전쟁이 이럴진대 더 중층적인 상호해석을 필요로 하는 평화는 말할 것도 없다. 종교전쟁을 종식시킨 베스트팔렌 체제의 심오한 의미가 여기에 있다. 근대적 의미의 국제정치가 구동되기 위해서는 중세유럽의 기독교적 동질성이 무너졌을 때 만국공법이라는 새로운 의미체계의 창출 및 공유가 필요했던 것이다. 위에서 동주가 말한 바 "미개상태" 즉, 홉스의 자연상태에서는 전쟁도 평화도 어떤 국제정치도 존재할 수 없다. 힘은 앎을 배경으로 작동하는 것이다.

그렇다면 동주는 어떤 의미에서 현실주의자일까. 다시 홉스로 돌아가 보자. 홉스 역시 의미체계의 공유가 국가형성에 있어 가장 결정적인 기제라고 보았다는 측면에서 동주와 마찬가지로 힘과 앎의 역학에 주목했던 사상가이며, 리바이어던은 물리적 폭력에 앞서 앎의 권리를 독점한 인식론적 힘(epistemic power)인 것이다. 동주와 홉스가 결정적으로 갈리는 지점은 바로 홉스가 공유된 의미체계가 창출되는 순간 내전상태가 종식되고 평화가 올 거라고 주장하는 부분이다. 하지만 위에서 상술했듯이 동주는 공유된 의미체계가 평화뿐 아니라 전쟁을 이해하는 데 있어서도 필수적이라고 보았다. 즉, '의미체계의 공유=평화=국가상태' 대(對) '공유된 의미체계의 부재=전쟁=자연상태'라는 홉스의 도식적 이분법에서 벗어나 있는 것이다. 돌려 말하면, 동주에게 있어 의미체계의 공유는 국제정치의 틀을 창출하는 가장 중요한 전제조건이지만, 그렇다고 공유 그 자체로 평화가 도래하는 것은 아니다. 대표적인 예를 들어 칸트(Immanuel Kant)의 영구평화론 역시 지속가능한 평화의 필수전제조건으로 규범적 가치체계의 전지구적 통일을 내세운 바 있다. 전인류가 단일한 도덕적 가치와 그것의 제도화된 형태로서 공화국이란 하나의 정치체제로 수렴하게 될 때 비로소 국제정치적으로 지속가능한 평화가 찾아온다는 주장이다. 동주 역시 영구평화를 상론하고 심정적 지지를 보내지만, 그 가능성을 가치체계의 공유에서 찾지 않고, 오히려 핵무기의 사용 등 20세기 전쟁이 보여준 전대미문의 폭력성과 파괴성에서 찾고 있다. 1957년의 동주는 말한다. "전쟁의 위협이 전쟁을 일으키는 커다란 원인을 아주 서서히나마 치우는 방향으로 이끌고 가는 것 같아 보인다. 묘하게도 전쟁이 전쟁을 없애는 길로 걸어가는 듯이 보인다는 말이다(이용희 1958, 30)."[6] 일견 헤겔적 감수성이 충만한 이 관찰 어디에도 의미 또는 가치체계의 공유와 같은 관념적 해법이 들어설 자리는 안 보인다. 동주가 영구평화론에 대해 끝내 의심쩍어 하는 이유도 여기에서 기인하는 것으로 보인다. 동주에게 의미체계의 공유는 국제정치의 틀을 구동할 뿐, 그 자체로 전쟁과 평화를 결과하지 않

6　이용희, 『정치와 정치사상』 (draft) 중 "영구평화론: 대립과 통합," p. 30. (1958년 판본인지 확인 바람).

는다. 국제정치의 구체적 결과는 공유하는 인식과 관념과 상징을 매개로 "얼키설키 관계되고 악착같이 경쟁하고 죽자 살자 투쟁하며 또 이리저리 협력하는" 현실이 오롯이 만들어내는 것이다(이용희 2013, 103). 동주의 현실주의의 특징은 바로 힘에 대한 우상숭배와 앎에 대한 외눈박이 신뢰를 똑같이 거부하고 위에서 말한 "객관적인 사실 경험"을 중시하는데 있다.

그렇다면 동주가 "경험"한 "객관적인 사실"은 무엇일까. 그것은 바로 국제정치에서 의미체계가 복수로 존재하고 항상 그래왔고 앞으로도 그럴 수밖에 없다는 "사실"이다. 여기서의 의미체계는 물론 국제정치 그 자체를 가능케 하는 앎의 최소공배수보다는 훨씬 더 두터운(thick) 차원에서의 가치체계를 말한다. 동주가 객관적 사실로서 받아들이는 가치다원주의가 얼마나 급진적인 개념인지 확인하기는 쉽지 않다. 예를 들어 벌린(Isiah Berlin)의 다원주의는 베버(Max Weber)가 말하는 다원주의와 내용도 함의도 전혀 다르다. 동주가 구체적으로 어떤 조류의 가치다원주의를 사실로 받아드리고 있었는지 정확히 알기는 어렵지만, 한 가지 베버나 벌린과 괘를 같이 하고 있는 지점은 보편적 이성에 대한 뿌리깊은 불신이다.

동주가 조감하는 정치사상사에서 그러한 불신이 가장 선명하게 드러나는 지점은 18세기 계몽주의에 대한 비판이다. 이성에 의한 진보를 추종하는 계몽주의가 근대 정치사상에 미친 심대한 영향은 잘 알려진 바 있고, 동주 역시 그 계보를 성실히 추적하고 있다. 여기서 외려 주목할 만한 지점은 계몽주의가 갖는 진보적 성격을 강조하는 통상의 정치사상사와 달리, 동주는 처음부터 계몽주의의 어두운 그늘에 주목하고 있다는 사실이다. 동주는 이성과 진보의 사상이 가져온 가장 큰 패러다임의 변화는 바로 초역사적인 진리, 초장소적인 가치, 추상화된 유적 존재로서의 인간관의 등장에 있다는 해석에 동의하지만, 이 새로운 관념에 대한 평가에 있어서는 입장을 달리한다. 동주에 따르면 이러한 보편주의는 사실 계급이데올로기에 지나지 않고, "제3계급의 상징인 상품이 … '보편타당'한 동일상품으로서 행세하는 것과 같은 것이었다(이용희 1987, 337)." 따라서 계몽주의의 영향으로 프랑스 대혁명을 통해 역사의 전면에 등장한 근대 민주주의 역시 "인민주권, 인권보장, 입헌주의의 아름다운 보편적 이념으로 장식되어 있으며 … 사상의 체제로서는 만민에게 혜택을 주는 곱다란 모습을 지녔으나, 그 사상의 밑바닥에서는 선거권의 제한을 통하여 부유층의 합법적인 정권독점"을 위한 이데올로기였다고 폄하된다(이용희 1987, 349). 사실 동주에게 있어 정치사상이란 "시대시대를 지배하는 사회의 '집단적 표출'로서의 정치관념(이용희 1987, 259)"이며, 그만큼 정치권력의 규범적 정당성에 관한 객관적 지식과 공정한 판단이라기보다는, 시공의 지평으로부터 자유로울 수 없는 심지어 처음부터 패권의 논리를 사장하고 있는 이데올로기에 가까웠던 것으로 보인다. 이성적 '관념'의 체계로서의 정치사상마저 이럴진대, 특정한 사회가 비성찰적으로 집단표출하고 있는 의미와 가치의 체계는 말할 것도 없다. 시대와 장소를 넘어선 초월적 지식과 보편타당한 가치는 존재하지 않는다. 1958년의 동주는 선언한다.

> 정치학이 보편타당성을 종래 주장하여 왔다는 것은 단지 역사적 착오, 일상언어의 장난에 그치지 않는다. 특정한 사회의 정치학, 지역적인 정치를 일반보편적인 정치현상으로 확대하여 놓고 — 간판으로 내세우는 보편적 법칙, 정형도 못 내놓으면서 — 족하다고 하는 것은 필경 한 사회의 정치, 개별사회의 척도로서 뭇 사회, 일반사회를 재고, 판 박아 놓으려는 결과 밖에 되지 않는다. … 한 개별사회의 정치학을 보편타당한 정치학으로 내세우는 것은 그 사회의 팽창주의 또는 가치관의 제국주의를 말하는데 불과하다(이용희 1958, 6).

정리하면, 토포스란 한편 범속한 국제정치의 권력숭배에 대한 비판, 또 다른 한편으론 보편타당을 주장하는 이성과 가치에 대한 불신이 동시적으로 표출되는 장소다. 더 나아가 모든 인식론적, 규범적 보편의 미명 뒤에 숨은 패권의 논리를 적나라하게 폭로하는 지식사회학적 우상파괴, 사회과학적 계몽의 기획이다. 무엇보다 국제정치에 있어 앎에서 독립된 힘이란 존재하지 않고, 동시에 힘이 앎을 규정하며, 그 교호작용이 끊임없이 전쟁과 평화를 재생산해 나간다는 생각. 여기에 '토포스의 정치사상'이 딛고 서있는 가장 기본적인 형판이 있는 것으로 보인다.

5. 맺음말: 연전과 만철, 제국일본

동주가 남긴 '토포스의 정치사상'을 이해하기 위해 '동주의 토포스'를 밝히는 작업을 피해갈수는 없다. 아쉽게도 그 중 가장 중요한 토포스였던 연희전문학교와 남만주철도회사에서 동주가 겪은 정신적 여정을 지금까지 공개된 자료를 통해 추적하기란 불가능에 가까워 보인다. 그럼에도 추측해 본 1930년대 연전과 1940년대 만철은 그 두 토포스가 동주 정치사상의 기본형판이 만들어지는 데 있어 중요한 역할을 했으리라는 상상력을 뒷받침해준다. 무엇보다 동주가 연희에서 느꼈을 서구 기독문명의 일원적 보편주의에 대한 위화감 그리고 만철 조사부를 통해 보았을 만주라는 장소를 추동하는 힘과 앎의 소용돌이는 분명 '토포스의 정치사상'을 형성하는데 중요한 밑거름이 되었을 거라고 추측해 본다. 물론 이 외에도 동주의 사상이 보여주는 반(反)관념주의적 경향성의 뿌리를 제대로 파헤치기 위해서는 당시 일본 지식사회의 전반적인 풍향에 대한 역사적 이해가 필요하리라 본다. 동주의 정치사상 관련 텍스트에는 예를 들어 다이쇼 데모크라시의 신칸트주의적 이상주의에서 쇼와 초기 헤겔 좌파적인 역

사주의로 시대정신이 전화하는 정황들도 중요하지 않았을까 하는 의혹
이 드는 대목이 여러 군데 등장한다. 다시 말해 연전과 만철을 넘어 제국
일본, 그리고 그 일부로서 조선 식민지라는 토포스가 실은 '토포스의 정
치사상'을 종합적으로 파악하는데 있어 가장 중요한 '현창'의 대상이 아
닐까. 어찌 보면 지극히 당연한 이 질문은 진짜 전문가들의 연구과제로
남겨 놓는다.[7]

---

7 끝으로 이 에세이를 쓰기 위해 급하게 뒤적인 책 몇 권을 적어둔다. 연희전문의 교수진과 커
   리큘럼에 관해서는 연세대학교 박물관(편), 『연희전문학교 운영보고서(上)』에 영인되어 있는
   "Chosen Christian College Bulletin 1937-1938"에 의존했다. 만철과 만주에 관해서는 小
   林英夫, 『滿鐵: 『知の集團』の誕生と死』 [고바야시 히데오(저)/임성모(역), 『만철: 일본제국의
   싱크탱크』] 그리고 加藤陽子, 『滿洲事變から日中戰爭へ』 [가토 요코(저)/김영숙(역), 『만주
   사변에서 중일전쟁으로』]를 주교재로, 부분적으로 山室信一, 『キメラ: 滿洲國の肖像 增補
   版』를 참조했다. 사상의 관점에서 포착된 일본제국의 윤곽에 관해서는 김항, 『제국일본의 사
   상』에서 많이 배웠다. 여러모로 미비했던 초고가 이 정도라도 틀을 갖추게 되는데 있어서 연
   세대 법학전문대학원 이철우와 미국 미시간대 사회학과 김재은, 두 교수의 논평과 지적이 큰
   도움이 되었다. 두말할 나위 없이 이 에세이에 등장할지 모르는 모든 오류와 오해 내지 억측
   은 온전히 나의 책임이다.

제2부   장소의 정치사상과 한국민족주의

가토 요코. 김영숙 역. 2012.『만주사변에서 중일전쟁으로』. 서울: 어문학사(加藤陽子. 2007.『滿
　洲事變から日中戰爭へ』. 東京: 岩波新書).

김항. 2015.『제국일본의 사상』. 서울: 창비.

고바야시 히데오. 임성모 역. 2004.『만철: 일본제국의 싱크탱크』. 서울: 산처럼(小林英夫. 1996.
　『滿鐵:『知の集團』の誕生と死』. 東京: 吉川弘文館).

연세대학교 박물관(편). 2013.『연희전문학교 운영보고서(上)』. 서울: 선인.

원재연. 2016.「안당 하경덕: 격동기의 공공사회학자」.『한국사회학』제50권 2호.

이용희.『정치와 정치사상』(draft).

이용희. 1987.『이용희저작집 1: 한국과 세계정치』. 서울: 민음사.

이용희. 2013.『일반국제정치학(상)』. 서울: 이조.

이홍구. 2013.「하경덕의 〈사회법칙〉 80주년」중앙일보 2013년 3월 8일.

최연식. 2015.『조선의 지식계보학』. 서울: 옥당.

芦部信喜. 2011.『憲法 第伍版』. 東京: 岩波書店.

山室信一. 2004.『キメラ: 滿洲國の肖像 增補版』. 東京: 中公新書.

9장   동주 이용희의
        민족주의와 사대주의

안외순

1. 머리말: 동주와 『한국민족주의』

2006년 한국서양사학회는 그리스시대부터 21세기까지의 서양사 내의 유럽중심주의적 성격을 비판하는 학술대회를 개최하고, 2009년 관련 단행본을 출간하였다(한국서양사학회, 2009). 다른 학회도 아니고 서양사학회에서 기원전 그리스 역사부터 21세기에 이르는 시기까지 세계 지식사가 얼마나 유럽중심주의에 침윤되어 있는지를 성찰하는 작업을 학계에 내놓았다는 점에서 전통과 근대의 이행에 관심이 많은 논자에게는 각별한 느낌으로 다가왔다. 유럽중심주의라는 말은 근대중심주의와 동의어이기도 하다. 유럽이 근대를 열었기 때문이기도 하고 역으로 근대에 와서야 유럽이 세계무대의 주역이 되었기 때문이기도 할 것이다. 짧은 역사에도 불구하고 유럽 그리고 근대는 전지구적 차원에서 '문명의 표준'을 바꾸어 놓았다. 그만큼 긍정적인 영향도 지대하지만, 부정적인 측면도 적지 않다. 그리하여 최근 20여년 사이 유럽중심주의와 근대중심주의에 대한 비판이 강하게 제기되어 왔던 것이다.

하지만 여전히 유럽중심주의와 근대중심주의적 편견이 공고하다. 그 중에서도 민족주의(民族主義 nationalism)와 사대주의(事大主義 Confucianism of international relations) 개념은 특히 대표적이다. 물론 최근 10여년 사이 국내외 학계에서 민족주의에 대해서도 비판적 논의가 많이 전개되었다.[1] 하지만 근대 문물의 동점 이래 지금까지, 특히 사대주의와 대비된 민족주의는 여전히 일방적 우위를 점해 왔다는 사실을 누구도 부정할 수 없다. 후자는 독립적, 주체적, 평등적 이념으로서 근대적인데 반해 전자는 의존적이고 굴종적, 불평등한 이념으로서 전근대 혹은 심지어 반근대적인 것으로 이해되어왔다. 특히 근대 진입을 식민지로 경험했던 한국학계는 근대초기부터 지금까지 그 뿌리가 매우 깊다.[2]

그런데 민족주의와 사대주의에 대한 이러한 일방적 인식은 당대 질서나 문명에 대한 객관적 이해를 수반하지 못하고 문명의 역사를 근대와 전근대라는 이분법적 단순화 및 근대 중심적 세계관에 기초하고 있다는 점에서 심각한 문제가 있다.

하지만 동주는 이미 오래 전에 이러한 주류 흐름과 다른 지적 족적을

---

1 권혁범, 『민족주의와 발전의 환상』(서울: 솔, 2000); 신형기, 『민족 이야기를 넘어서』(서울: 삼인, 2003); 윤해동, 『식민지의 회색지대: 한국의 근대성과 식민주의 비판』(서울: 역사비평, 2003); 임지현, 『민족주의는 반역이다』(서울: 소나무, 2005) 및 나종석, 「민족주의와 세계시민주의」, 『헤겔연구』 26(2009)의 논의 참조.
2 이러한 인식이 우리 스스로에게도 깊이 각인되는 데 가장 강력한 영향력을 끼친 것으로는 1920년대 신채호, 「조선 역사상 일천년래 제일대사건」에서의 서술이라고 하겠다. 신채호, 『조선사연구초』(서울: 유페이퍼, 2016[경성: 조선도서주식회사, 1929]).

남겼다. 그는 서양 그리고 근대 추수적 경향을 띠었던 1960~70년대 한국
학계 및 국제정치학계 경향과는 달리 민족주의와 사대주의에 대한 이분
법을 넘어 양자가 가진 장단점을 이해하였다. 그것은 '동쪽 대양', 곧 '동
방의 큰 바다'라는 뜻을 지닌 '동주(東洲)'라는 아호[3]에 걸맞게 방대한 동서
고금의 사례와 이론들을 넘나들었던 그의 학문세계 덕분에 가능했다. 이
논문은 이러한 동주의 민족주의와 사대주의 개념과 인식, 성격 그리고 의
의에 관해 고찰할 것이다.

　동주의 민족주의와 사대주의 관련 기술은 여러 문헌들에 산재하지만
특히 『한국민족주의』(서문사, 1977)에서 집중적으로 다루어지고 있다. 하여
여기서는 다른 문헌도 참조하되 특히 이 책을 중심으로 검토한다. 이 책
은 '선생의 화갑에 즈음하여 한국민족주의에 관계된 것들만, 그것도 본격
적인 학술논문들은 제외하고, 신문이나 월간지 등에 게재하였던 에세이
류의 글과 대담류의 글을 묶은 책'[4]이다. 전체 4부의 구성으로, 1부는 현대
민족주의에 관하여 개념과 성격에 따라 유형별로 분석한 것으로, 1973년
월간지에 게재되었던 글들이다. 2부 '한국 민족주의'는 1966년 한국국제
정치학회 기조논문으로 한국 민족주의의 문제 전반을 다루었다. 3부 '민
족사의 맥락에서'는 '한국 인식의 방법론'을 광범위하게 다룬 대담류(1971)
이고, 후반부는 '사대주의'에 관하여 보편적/문명적 차원의 이해를 시도
하는 대담물(1972)이다. 4부, '세계사의 흐름 속에'는 한국과 아시아(1966),
근대 한일관계(1970), 한국의 외교문제(1964, 1966)에 관한 글들로 구성되어
있다. 5부 '한국민족주의와 근대화'는 한국 근대화의 방향과 성격에 관한
기고문들(1965)이나 학회 기조강연물(1968)들이다. 사실 『한국민족주의』는

3　독립운동가이자 『근역서화징』의 저자 오세창(吳世昌) 선생께서 제자 동주를 위해 작호하였다.
4　노재봉, 「편자의 말」, 이용희, 『한국민족주의』(서울: 서문사, 1977), p. 1.

1977년에 출간되었지만 실제 발표 및 저술은 1964년부터 1973년까지로, 서울대를 떠나기 직전의 글들로 이루어져 있다.[5] 4부 한국외교사 관련 부분을 제외하면, 전반적으로 민족주의, 사대주의, 근대화[6]를 주제로 한다.

1977년 화갑에 맞추어서 진행했던 학술대회 결실물인 『한국민족주의와 국제정치』(노재봉 편, 1982년, 민음사)이 있는데, 그 말미에는 당시 동주의 화갑기념 민족주의 강연물도 수록되어 있다. 한편 그의 민족주의에 대해서는 1998년 개최된 학술회의 〈동주 이용희와 한국 국제정치학〉[7]에서도 검토되었다. 본 해제논문은 상기 동주의 저술과 더불어 이러한 논의선상에 있다.

2. 동주의 민족주의 인식

1) 동주의 민족주의 개념

동주가 평생 헌신했던 학문분야가 국제정치학이었다면 민족주의, 특히 한국민족주의는 그의 평생 연구주제였다. 사실 한국정치학계 연구경향을 고려한다면 국제정치학과 한국민족주의는 쉽게 양립하기 어렵다. 전

---

5 그 이전의 동주의 성장과 생애에 대해서는 하영선, 『역사 속의 젊은 그들: 18세기 북학파에서 21세기 복합파까지』, 을유문화사, 2011, pp. 251-289 및 특히 지적 이력에 대해서는 〈학문 / 사상 / 현실 : 독서연대기로 돌아보는 젊은 정신의 회억〉(『이용희 저작집 1』, 민음사, 1987) 및 옥창준, 「일제하-1950년대 이용희의 학문체계 형성과 한국 국제정치학의 기원」, 『2017년 2월 연세대 국학연구원 사회인문학 포럼』 발표문, 2017년 2월 참조.
6 동주에게 있어서 근대화 문제는 민족주의의 긍정적 속성의 하나로서 한국민족주의가 추구해야 할 하나로 제시되는 변수이다. 그러나 지면의 한계상 별고를 기약하기로 한다.
7 동주기념사업회, 『동주 이용희와 한국 국제정치학』, 1998년 12월 4일, 서울대 호암교수회관 컨벤션홀.

자는 한국의 현실정치와 거리를 두는 경향이 있고, 후자는 다소 국제정치 현실과 동떨어진 측면에서의 연구를 진행하는 경향이 있었기 때문이다.[8] 하지만 동주는 이 두 학문적 범주를 한 공간에서 씨실, 날실로 교직하였다. 그에 의하면 '한국문제를 객관적으로 인식하기 위하여 국제정치학이 필요하고' 동시에 '한국의 관점에서 바라보는 국제정치학이 필요'하기에 국제정치와 민족주의의 조우가 필연적으로 요청된다. 따라서 동주의 국제정치학에 대해 "민족국가 또는 국민국가로서의 한국의 세계사적 위치의 파악과 그 지위의 확보를 위한 방안의 모색"[9]이라는 평가가 가능했다. 이러한 관점에서 동주는 국제정치학이라는 분야와 민족주의라는 주제를 조우시켰다.

　동주에게 근대 민족주의는 한국정치가 달성해야 할 목표이면서도 동시에 극복 대상이었다. 평등한 주권민주주의를 추구하는 시민민족주의 측면은 공유되어야 하지만 그것의 이면인 강권주의, 자민족중심주의 등 배타적 민족주의 성격은 기각되어야 한다는 것이다. 이러한 동주의 시각은 매우 선구적인 것으로 평가할 수 있다. 왜냐하면 이러한 시각은 당시 학계는 오직 민족주의 일변도였다면, 오늘날에 와서야 민족주의에 대한 두 시선, 곧 친민족주의론자들과 반민족주의론자들의 기본적인 논쟁이 진행되고 있는데 이때의 기본적인 인식틀이 동주의 것을 거의 벗어나지 않기 때문이다.[10]

　그리고 이는 그의 '민족주의' 개념에 기인한다. 그는 민족주의에 대해 한

8　이에 대해서는 김계수(1969, 1987); 노재봉(1988); 홍순호(1993); 김홍우(1997); 동주기념사업회(1998); 하영선·김영호·김명섭(2005); 한국국제정치학회(2006); 이완범(2007); 이원호(2007); 김영명(2009); 계승범(2009); 한국국제정치학회(2015); 한국정치외교사학회(2016) 등을, 해외의 관련 연구경향은 김성규(2009); 김진웅(2013); 강동국(2014) 등을 참조. 구체적인 논저 내용은 말미의 참고문헌 참조.
9　박상섭, 「동주 국제정치학의 성격과 현대적 의의」, 동주기념사업회(1998), 발표집, p. 3.

편으로는 대내적 국민주권 및 대외적 국가주권을 기초로 하는 평등질서라는 점도 인정하지만, 다른 한편으로는 배타성을 가진 것으로 제국주의로의 변질 가능성을 내포하고 있는 이념이라는 인식도 보유하고 있었다.[11]

먼저 동주는 '민족주의'에 대해 긍정적 측면으로는 근대주의 (nationalism)'라는 의미에서 사용함으로써 근대 주권적 시민주의와 동일시함을 확인할 수 있다. 그에게 민족주의의 한 측면은 분명 주권적 국민국가로서 근대국가가 보편적으로 실현해야 할 중요한 실현가치이기도 했다. 그에게 국민 혹은 민족은 정치, 사회, 문화적 측면에서 주권(sovereignty)을 행사하면서 국가를 형성하는 주체로서 근대적 인민을 의미하였다. 이에 따라 민족주의 역시 단순한 추상개념이 아니라 다양한 입장에서 다양한 목적을 달성하려는 고도의 정치적 개념이자 실천적인 믿음의 표현으로서 '내 나라'라고 하는 정치/경제/문화 체제의 형성과 고양을 민족/국민이라는 인적인 면에서 정당화하려는 집단의사(이용희 1977, 9).로서, 민족 혹은 국민이 특정 국가(state)의 정치체제, 경제체제, 문화체제 등의 주요 정책형성과 운영을 행하는 것을 신봉하는 이념이었다. 동주는 이를 '시민민족주의'라고 하였다(이용희 1977, 14-15). 실제 유럽 민족주의의 출발은 근대 국민국가(modern nation state) 관점에 기초하는 것으로, 자생적으로 형성되어 실재하는 집단인 민족과는 개념을 달리하였다. 대신 오늘날 '국민국가'의 '국민주의'의 의미였다. 그래서 서양 민족주의 담론의 경우도 주로 근대 국민과 그 역할, 민족과 민족문화의 새로운 인식, 18세기 영국의 애국주의 담론과 국민적 정체성의 형성, 19세기 영국의 국민 정체성, 프랑스혁명과 '국민'의 탄생, 독일 민주주의와 국민국가, 미국 국민주의의 역

---

10 각주 1번 및 21번 참조 요망.

11 이용희, 「민족주의의 개념」, 노재봉 편, 『한국민족주의와 국제정치』 (서울: 민음사, 1982), pp. 215-217 참조.

사적 특징 등을 다루어 왔던 것이다.[12] 그리고 동주는 이러한 시민권을 기초로 하는 시민민주주의의 형성과정과 궤를 같이하는 민족주의에 대해서는 보편적으로 추구되어야 할 실천대상으로 인식하기도 하였다. 그랬기에 그는 주권적 국민으로 구성된 민족을 최고의 가치로 간주하고, 이에 맞춰서 정치문화의 체계를 바로잡으려는 가치관인 민족주의, 대외적으로는 자주와 독립을 확보하고 대내적으로는 국민평등의 근거가 되는 민족주의의 구현을 추구하였다.

그러나 다른 한편 동주는 민족주의의 부정적 측면에 대해서도 직시하였다. 이러한 민족주의의 평등원리 추구는 어디까지나 모두에게 평등한 것은 아니었다. 동주는 근대 민족주의의 또 다른 본질, 곧 자와 타를 구분하는 모순적 성격을 놓치지 않았다. 그에 의하면 이념형으로서의 민족주의는 피차가 동일하게 평등한 상태이지만 현실의 그것은 결코 피/아를 구분하지 않을 수 없다.

> (민족주의는) 강렬한 명분의식인 고로 정감이 높은 가치관으로 나오기 마련이며, 또 내 나라 내 민족이라는 단일체 의식으로 집결하므로, 자연 '남'에 대한 '나' 혹은 '우리'라고 하여 '나'와 '남'을 준별하는 태도를 낳는다. (그러나) 모델 개념으로서 민족주의는 민족 집단에 골고루 타당하며 따라서 객관적으로는 '나'와 '남'이 피차 다를 것이 없는 평등 상태로되, 현실의 민족주의는 내 민족 내 나라라는 개별적 정감이 강해서 항상 내 민족 관념이 남보다 앞서게 된다(이용희 1977, 9).

그 결과 민족주의에는 배타적 성격도 강하게 띠게 되었다. 동주는 민족

---

12 예컨대 한국서양사학회, 『서양에서의 민족과 민족주의』 (서울: 까치, 1999).

주의가 지닌 이러한 배타적 속성에도 주목하였고 비판적 인식의 측면에 주목하게 되었다.

> (유럽민족주의는) 제2도식 아래에 있어서는 일단 대내적인 긴장, 곧 개아(個我) 나 구성계층 사이의 알력관계가 정지가 요구되고… 자연히 시민적 자유와 평등관념은 딛고 설 땅이 없게 된다. 이 점은 전체주의, 전통보수주의가 일 면 민족주의에 연결되고, 때로 적대감을 권력유지의 명분으로 이용함으로써 그것이 긴장 조성을 통하여 제도화하는 것을 알 수 있다. 하기는 민족주의의 프랑스어 의미에서 쇼비니즘의 뜻도 있는데, 그것은 이러한 민족주의의 대 외면과 깊이 연결되어서 일어난 것 같다(이용희 1977, 17).

동주는 민족주의에 대해 근대라는 특정 시기, 특정 지역에서 형성되어 시기마다, 지역마다 성격을 달리하는 개념으로 인식했다. 그것은 대내적 으로는 신분제를 타파하여 근대적 국민국가를 건설하는 변혁의 이념이 지만, 대외적으로는 '남'과 '우리'를 구분 지음으로써 배타성을 지니는 이 념임을 간파한 것이었다. 그 결과 그는 민족주의에 대해 식민지적 확장을 정당화하는 제국주의 이념이 되어 출발선상의 이념과는 완전히 모순되 는 것임을 인식하였던 것이다. 즉 민족주의는 유럽에서조차 대내적으로 국민국가 형성만이 아니라 특히 대외적으로는 제국주의의 전개로 변질 되는 이중성을 지닌다는 사실을 동시에 인식하였던 것이다.

이것이 가능했던 것은 동주가 '민족'과 '민족주의' 개념 그리고 그 역사 를 분리 인식할 수 있었기 때문이다. 그에 따르면 '민족'은 개별 민족이나 국가에 따라서 그 형성의 역사가 길고 짧을 수 있지만, '주권 개념과 함께 하는 민족주의'는 '민족국가(nation state)'의 출현과 역사를 함께 하기 때문 이고, 이러한 근대 민족국가 등장과 함께 하는 근대 민족주의가 이율배반적 이중성을 띠었기 때문이다.

앞에서 동주는 '민족주의'를 시공을 초월한 보편적 이념으로 이해하지 않고 '근대적 민족주의'로 상대화, 객관화시켜서 이해하였음을 살펴보았다. 지금은 이러한 인식이 너무 당연한 것 같지만 1960-70년대만 하더라도 민족주의에 대한 상대적 개념화는 쉽지 않았다. 한국사회에서 민족주의에 대한 논의는 실로 오래되었으나 동주식으로 시민권적 성격과 배제적 성격이 동시에 논의되거나 국내정치와 국제정치적 성격이 함께 조명되는 논의가 본격화 된 것은 1990년대 후반에 와서야 가능했다. 어쨌든 한국학계에서 민족주의에 대해 주권 개념과 함께 소개 또는 인식하기 시작한 것은 대부분 1990년대 후반에서 2000년대 이후인 점을 감안한다면 동주식 민족주의 인식은 매우 선구적이다.[13]

2) 근대 민족주의의 유형에 대한 인식

동주의 민족주의 인식은 동서를 넘나드는 세계사적 사례를 무대로 하고 있다. 이 점이 그로 하여금 민족주의 인식의 상대화가 가능하도록 했다. 그는 민족주의의 다양한 사례를 이해하기 위해 공간적으로는 서유럽과 동유럽, 아시아, 남미, 아프리카의 그것을, 시간적으로는 18세기부터 시작하여 1960년대까지의 민족주의 인식에서 출현과정을 추적하여 그 유형을 분류하였다.

서구의 경우 현실에서 대외적 민족주의 경향은 베스트팔렌 조약(1648) 이후 성립되었지만 대내적 민족주의 현상은 프랑스혁명(1787-1799) 이후

---

13 안쏘니 D. 스미스, 『세계화시대의 민족과 민족주의』, (서울: 남지, 1997); 한편 이러한 시각에서의 한국민족주의에 대한 논의는 신기욱, 이진준 역, 『한국 민족주의의 계보와 정치』 (서울: 창비, 2009) 참조.

전개되었다. 이러한 민족주의 전개에 대해 동주는 시기별로 다음과 같이 유형화했다.

제1유형은 시민민족주의로 제1차 세계대전 이전 중부유럽과 서부유럽에서 나타난 국민주권적 민족주의 형태이다. 그런데 동주는 이 안에서도 두 종류를 나누었다. 권역내 패권국이었던 영국과 프랑스를 중심으로 대내적 국민주의의 발현을 통하여 국민주권이 신장되었던 시민민족주의 유형과 상대적으로 신흥국이었던 독일의 경우 선진 패권국에 대한 대외적 배타주의, 곧 저항민족주의가 그것이다(이용희 1977, 15-18). 그런데 동주는 이들이 주장하는 민족주의의 보편적 적용은 유럽에 국한된다는 사실을 분명히 간파하고 그 문명적 편협성에 대해 적나라하게 비판하고 있다(이용희 1977, 19-20).

제2유형은 제1차 세계대전 이후 동유럽과 아시아, 라틴 아메리카 지역에서 나타난 격렬한 저항민족주의이다. 대개 서유럽 민족주의의 제국주의화한 변질민족주의에 대항한 식민지 지역의 저항의 성격이었다. 동주에 의하면, 이 유형은 민족적 저항과 민족주의적 저항이 혼합되기도 하고 민족적 저항이 민족주의적 혁명으로 진전되기도 하면서 민족주의 내면 논리와 외부대응 논리가 모순을 연출하기도 하였다(이용희 1977, 20-30).

제3유형은 동주가 현대 민족주의의 유형으로 분류하기도 하였던 탈식민 민족주의이다. 제2차 세계대전 이후 동남아시아/아프리카 대륙이 독립하면서 등장하였다. 이 지역 국가들은 전통적인 부족이 아닌 직전 식민지 단위로 독립국가를 형성하였기에, 단일국가 안에 다계층, 다부족, 다민족 등이 혼재하며, 따라서 민족주의의 배제적 측면인 주적 개념도 다양하게 나타날 수밖에 없었다. 그 결과 사이비민족주의, 민족자본주의, 혁명적 민족주의, 연대민족주의, 지역적 민족주의 등 다양하였다(이용희 1977, 30-47).

이러한 복합적 인식을 통해 동주가 민족주의를 영원하거나 절대화의 대상이 아니라 근대와 운명을 함께 하는 시한부적 고안물로 인식했다는 점도 그의 민족주의 인식의 중요한 특징이다. 그에 의하면 민족주의는 근대국가의 이데올로기이고, 따라서 근대국가와 그 운명을 같이 한다. 따라서 그것은 대내적으로는 근대의 보편적 성취를 이룬 토대로 기능하였다. 반면 대외적으로는 배타성을 지니고 있기에 군비경쟁, 환경오염, 다국적 기업 등 근대적 국제질서로는 더 이상 해결할 수 없는 초국가적 문제들을 노정한다. 따라서 근대와 함께 출범한 민족주의는 근대와 함께 명맥을 다한 만큼 한국민족주의는 특히 통일이라는 당면과제까지 더해져서 더 이상 편협성과 물질주의에 매몰된 배타적 민족주의 성격을 지속해서는 안 된다고 평가하였다(이용희 1977, 37-40).

동주는 이와 같이 모든 정치현상은 시공성을 띤다는 인식에 터하여 민족주의 열망 역시 어디까지나 근대적 실천에 속한 것으로 초국가적 현안들이 속출하는 이후 세계에서까지 민족주의가 대안이 되는 것은 아니라는 점을 분명히 하였다.

3) '고독한 한국민족주의'

동주가 민족주의에 그리고 바로 뒤에서 살펴볼 사대주의에 주목한 이유는 궁극적으로 한국정치의 지향노선을 어떻게 설정할 것인가라는 문제의식에 기인한다. 그의 종국적인 목표지점은 바람직한 한국민족주의를 확립하는 데 있다. 하지만 그가 보기에, 그간, 곧 이승만 시기부터 박정희 시기의 한국민족주의는 서유럽 민족주의가 근대 국민국가를 출현시키기 위해 강화했던 대내적 국민국가의 경향은 누락한 채 대외적 배타주의로만 왜곡되어 경도되면서 이른바 '사이비 근대화'의 길을 걸어왔다.

여기서 노정되는 문제를 해결하기 위해 동주는 1960-70년대 한국정치 및 한국민족주의가 구현해야 할 가장 절실한 정치목표로 '일반적인 민족주의', 곧 '대내적 시민적 민족주의'라는 과제를 설정하기도 했다.

동주의 인식은 항상 "권역과 장소, 중심과 주변 속에 존재하는 '나'라고 하는 것이 어떻게 존재할 수 있는가 라고 하는 문제"로 귀결되었다. "기존의 한국학이 나와 남을 구별하고 또는 그 보편에 대해서 개별성을 강하게 주장하려고 했던 것에 비해서 동주의 한국학 시각은 너와 나를 포섭하는 전체 속에서 나를 보면서도 또한 전체에 매몰되지 않으면서 나의 정체성을 강하게 제시"하는 것이었다. 이러한 과정은 "유교질서권에서 근대적인 국제질서권으로 변화하는 과정에서 '그 부분', '그 동안', '동안과 동안의 사이'를 구체적으로 규명하면서 서구의 문명의 전파에 의해서 서구의 힘에 압도되어서 나타난 변화를 밝히는 것"이다(장인성 1998, 63-64). 결국 동주에게 '한국민족주의'의 이상적 이념은 이러한 보편과 특수가 변증법적으로 지양되고 합일되는 것이라고 하겠다.

하지만 동주가 보기에 1970년대까지 현실에서 전개된 '한국민족주의'는 민족주의의 대내적 국민주의의 경향이 결여된 채 민족주의의 대외적 배타주의 요소만 수용된 측면이 강했다. 그 결과 그는 당시 한국민족주의의 상황을 '고독한 민족주의'라고 명명하였다.

> 현재 한국민족주의는 매우 고독한 처지에 있다. 그것은 저항민족주의의 오랜 전통아래 생장하였거니와 그것을 위요하고 있는 역사적이며 객관적인 현실을 아직도 민족주의의 성숙이라는 점에서 멀고, 또 바야흐로 전개되어 가는 새로운 국제 방향의 민족주의, 혹은 지역민족주의와도 현실적으로 서로 연결되기 어렵게 되어 있다. … 그것은 날개 잃은 (다민족시대에) 단일민족주의일 뿐 아니라 동남아나 아프리카·중남미에서와 같은 다민족주의나 지

역주의로 나갈 주변 지역의 조건도 좋지 않다. 또 제3지역의 국제적 연대의 핵심 그룹이기에는 경제적 조건이 너무나 다르다. 공업국 대 농산국이라는 경제적 의미를 내포하고 있는 남북관계에 한반도가 끼어들 장소가 그리 넓지 않다. 좌우의 형편은—섬나라다운 일본의 폐쇄적 단일민족주의가 있는가 하면, 중국 본토는 공식으로 다민족국가로되 한민족에게는 거의 단일민족주의적인 역사 관계에 서 있다. 소련 역시 한국민족주의와는 무연의 나라거니와, 도대체 이 주변의 제3국은 정치·경제의 현 세력 또는 잠재력에 있어서 강대 세력들로서 역사로 보아 한국민족주의의 도움 되는 민족들은 아니었다. 실로 고독한 민족주의들이다(이용희 1977, 48-50).

아울러 동주는 한국민족주의의 문제들을 왕조사와 민족사의 괴리, 이식민족주의, 발생시기의 문제, 민족주의 지도층의 부재, 문화와 사회의 전근대성, 정권유지를 위한 악용, 경제발전에 과몰입된 '사이비 근대화'의 위험성, 분단으로 인한 민족주의의 이데올로기적 분열 등으로 판단하였다. 아울러 이러한 과제는 탈민족주의의 경향을 보이는 세계조류에서 한국 역시 자유로울 수 없다. 따라서 자주 편협할 뿐만 아니라 물질주의에 매몰되는 한국 민족주의는 극복되어야만 한다고 보았다(이용희 1977, 77-97).

또 동주에게 이러한 '고독한' 상황을 타개하기 위한 유일한 방법은 '통일'이었다. 이를 위해 그는 남북의 이념대립 혹은 갈등을 16세기 후반 프랑스가 그랬던 것처럼 민족주의를 상위 개념에 놓고 극복할 것으로 제안하였다.

단 한 가지의 남은 길은 민족 통일이며, 그 위에 서서 자기 본연의 위치와 기능을 찾아야 된다는 것은 거의 한족의 본능적인 예지이며 정감이다. 다행히 오늘날 민족주의 대 공산주의라는 냉전방식의 도식에서 점차로 벗어나면서, 한반도에 있어서는 민족주의가 곧 단일국가의 실질적 형성에 있어 상위의 정치개념으로 인정되어 가고 있다. 이것을 카스텔리옹(Castellion) 방식이라고나 할까(이용희 1977, 50).

더 나아가 동주는 당시 앞으로의 '한국의 민족주의'에 대해 '저항적 민족주의'에서 '전진적 민족주의'로 전환하고, 단일민족주의가 아니라 다문화에도 열린 문화로, 저항적 민족주의가 아니라 지역주의/국제주의/배분의 민족주의로 변화할 것을 요구했다(이용희 1977, 51-54).

동주는 동학운동으로부터 국학운동까지의 흐름을 저항적 민족주의로 평가하고, 배타적 민족주의에 기초한 것으로 인식했다. 그는 탈냉전의 경향을 띠는 당대는 민족 내부의 민주화라는 국민주의를 강조하는 전진적 민족주의로 전환해야 한다고 보았다. 그 구체적인 과제들은 비생명주의적인 형식주의, 가부장적인 권위주의, 다방면의 의례적인 사유, 우민관에 기초한 리더십, 하나의 '우리'라고 하는 개념이 사회체제에 있는 경제적, 사회적, 문화적 혹은 세대적 모순을 덮고도 남음이 있을 만큼 강력하다고 생각하는 일종의 오해 같은 것을 청산하는 것에서 찾았다(이용희 1977, 130-131). '고독한 민족주의'의 성격을 띤 당시 '한국민족주의' 상황에서, 그리고 냉전적 국제질서의 왜곡된 세계 민족주의 경향 속에서, 동주의 이러한 전진적 민족주의관은 오늘날의 공존적 다문화사회를 추구하는 가치관에 견주어도 손색이 없을 만큼 세련되어 있다.

지금까지 민족주의에 대한 동주의 인식에 대해 살펴보았다. 그는 민족주의에 대해 근대적 산물로서 대내적으로는 시민민주주의의 성취와 대내적 통합을 성취하는 데 크게 기여하였지만 대외적으로는 제국주의와 두 차례의 유래 없는 대규모세계전쟁을 치루는 요인이 될 정도로 배타적이라고 인식하고 있었다. 뿐만 아니라 그는 1960년대 이후 지구적 무한

군비경쟁과 환경오염 등의 초국가적 위협요인들의 출현 원인에도 민족주의의 배타적 성격이 자리한다고 보았다. 따라서 이러한 국제사회의 심각한 문제를 해결하고 지구적 평화를 유지하기 위해서는 각국의 힘에 의존하는 배타적 민족주의 국제질서만으로는 어렵고 새로운 대안적 국제질서를 찾아야 한다는 인식을 갖고 있었다. 다음 절에서 살펴볼 그의 사대주의 재인식도 이러한 그의 시각의 연장선상에 있다.

3. 동주의 사대주의 인식

이 절에서는 '편견의 식민사관 혹은 근대사관'에서 벗어나, 상기의 맥락에서 사대질서 혹은 사대주의를 복권시키고, 나아가 그것을 '일종의 탈근대적 국제질서관'의 일 대안 가능성까지 모색하였던 동주의 관련 인식에 대해 살펴보기로 한다.

동주는 사대주의를 부끄러운 치욕이 아니라 합리적인 외교전통으로 인식하려는 경향이 강했다. 나아가 그는 사대주의를 근대적 민족주의 국제질서체제의 문제를 극복하는 대안으로도 제시하려는 의도도 있었던 것 같다. 그는 사대주의가 복권되어야 하는 이유로 사대주의 자체가 지닌 가치성, 혹은 규범성을 들었다. 그럼에도 불구하고 사실 동주의 이러한 주장 이후 50여년이 되어가는 지금도 크게 달라진 것이 없다.[14]

---

14 이와 달리 사대주의를 새롭게 이해하는 노력에 대해서는 김용구(1997); 강정인/안외순(2000); 김한규(2000, 2005); 김수암(2000); 권선홍(2004, 2015); 김성배(2007, 2013); 하영선(2009); 전제성(2011); 하영선·이헌미 편저(2016) 등 참조.

1) 사대주의 복권의 의의

　오랜 편견에 싸였던 사대주의에 대한 인식을 재고하고 복권시키는 것은 쉬운 작업이 아니다. 민족주의와 대비되는 사대주의는 더욱 그러하다. 그것은 오랜 시간 식민지로 전락했던 오명의 한국사의 상징이고, 서구에 주도권을 내주어야 했던 동아시아의 패배의 상징이고, 근대문명에 자리를 내주고 역사의 뒤안길로 사라져야 했던 전근대 유교문명의 상징이었기 때문이다. 당시 사대주의는 '권력 또는 강대국에 대한 굴종적인 태도' 이상도 이하도 아니었다. 일제 강점기를 거치면서 한국사를 '사대주의적'이라고 규정하려 한 식민사관의 의도가 여전히 관철되는 상황이었다.

> 어감이 고약한 사대주의라는 말을 어설피 다루다가는 뒤집어쓰기 꼭 알맞겠군요! 요새는 '사대'라는 말에서 '줏대가 없다'는 뜻으로 '사대적'이라는 말이 나오고, 또 '사대주의'에서는 사대주의적 인간형, 곧 권력을 상전으로 우러러보고 따라 다니는 하잘 것 없는 인간의 형으로까지 쓰이지 않습니까. 그것은 그렇다고 하고, 한편 역사학계에서 보면 일제시대에는 한국사의 특징을 사대주의로 보던 총독부 어용의 일본인 학자들도 있지 않았습니까. 그들의 의도야 명백한 것이 아니겠어요(이용희 1977, 137).

　사정이 이러하다보니 동주에게 사대주의를 복권시킨다는 말은 한국사 나아가 동아시아 역사를, 또 전통문명을 복권시킨다는 말과 동의어가 되는 것이기도 하고, 동아시아적 인간형에 대한 복권이라는 말도 가능하였다. 게다가 사대주의를 덫 삼아 한국사 전반을 굴종의 역사로 뒤집어씌우려던 일본식민 정권과 식민사학자들의 의도적 왜곡작업까지 더해져 있었다. 그래서 동주는 더욱더 사대주의를 복권시키는 데 사명을 느꼈던 것 같다. "그렇지 않으면 결과적으로 우리 선인들을 바보, 등신으로 돌리고 마는 엄청난 결과"(이용희 1977, 138)가 초래될 것으로 느껴졌기 때문이다. "그런 이유도 있어서 해방 이후 우리 역사학계에서도 사대주의 문제를 중요시하게 돼요, 또 그래서 일본 어용학자들의 잘못과 왜곡을 캐고 바로 잡으려 힘쓴 게 아니겠어요?"(이용희 1977, 137)

동주가 사대주의에 대한 재인식의 필요성을 인식한 또 다른 배경에는 진정한 진보란 현재의 문제를 건강한 전통으로 해결하는 '이고격금'의 자세를 필요로 한다는 판단에 기인한 바도 있다.

> 우리 선인들이 바지저고리가 아니었다면, 그들이 생각한 사대의 가치관을 그 역사의 문맥 속에서 우선 이해해 보려고 하여야겠습니다. …진정한 의미의 전진은 과거를 송두리째 부정하고 영에서 출발을 매번 하는 것이 아니라, 부정조차도 과거를 토대로 하는 하나의 축적이 되고 긍정은 전통으로 살아나는, 말하자면 과거를 살리며 그 위에서 앞으로 한 걸음 더 나아가는 방식의 전진이어야 되지 않겠습니까?(이용희 1977, 138)

동주에 의하면 한 민족의 부정적인 경험조차도 역사적 거울로서 축적되어야 하는데 하물며 긍정적인 경우 전통으로 재전유해야 하는 것은 말할 필요가 없다. 그에게 '전근대적 전통'은 일방적으로 매도당해야 할 것이 아니라 '근대성의 비판자'로서 부활해야 한다. 그의 '전통' 개념은 이승환의 전통 개념, 곧 이미 '본질적 합리성'에 의하여 철저히 비판받고 검증의 과정을 거쳐 살아남은 '가치의 결정체'와 통한다. 그리하여 그것은 현실에 대한 명확한 정세인식, 바람직한 삶과 근원적 가치에 대한 예지적 통찰, 부정의와 부조리를 향한 도덕적 분노, 그리고 주체적이고 자생적인 탐구의 열정의 노력이 충분히 어우러질 수 있는 것으로서의 전통이다(이승환 1997).

동주는 동아시아 세계의 '사대주의'를 무엇보다도 '국가 간의 엄연한 국제질서 관념이자 나아가 오랜 시간 평화를 지탱해 왔던 원리'로 인식하였다. 그는 그동안 왜곡되고, 사실상 폐기되었던, 사대(事大)와 사대주의(事大主義)를 '국제질서에 관한 일정한 가치관'이자 '국제사회에서의 예(禮)'라고 하는 일종의 외교의전이자 외교형식으로 복권시켰다. 즉 동아시아 세계에서 평화를 유지하기 위한 공식적인 외교의 의례이자 제도, 가치관으로 이해하였다.

> 사대주의를 역사의 문맥에서 보려면 우선 개념의 정리부터 해야겠습니다. 아시다시피 사대에는 현실적인 사대관계라는 사실의 면이 있고, 또 사대의 제도라는 면도 있고, 또 끝으로 사대 관계를 정당화하는 사상과 이념의 면 ─ 곧 사대주의라는 가치관이 있습니다. 일본 어용학자 중에는 사대주의를 한국 역사의 특정한 경향 또는 방식으로 보는 사람도 있는 모양입니다만 나는, 사대주의는 역사적 가치관이라는 입장에서 말씀드립니다. 사대주의의 밑바닥은 '사대'인데, 사대는 요컨대 나라 사이의 관계를 상하의 서계적 관계로 놓고 그 관계를 조공(朝貢)/빙문(聘問)의 예(禮)로 제도화하는 것입니다(이용희 1977, 140-141).

그리고, 동주에 의하면, 현실의 '사대란 국가들 간의 관계를 상하 순서적 관계로 놓고, 조공과 빙문을 예로 규정하는 일종의 국제규범'이었다. 이러한 그의 개념 이해는 현실의 외교적 사실로서 사대 측면, 이것이 실행되기 위한 제도 측면, 사대를 실천하는 규범 혹은 이념 측면이 있었다. 동주의 이러한 사대와 사대주의 이해는 지금도 마찬가지이지만 당시로서는 더더욱, 매우 도전적인 이해를 시도한 것으로 평가된다. 물론 도전적인 시도에서 그치는 것이 아니라, 지극히 정당하고 선구적이고 중요한 이해였다.

그리고 이러한 객관적 이해가 가능하기 위해서는 동주 당대의 현실이 몇 배 더 '소위 사대적'임을 지적하고 현실상의 사대의 기능과 성격에 대한 이해가 필요하다고 하였다.

> 이 한국사의 사대주의는 사실 정권에 관여된 왕조적인 것이고, 사대체제는 정권유지의 국제보장 같은 면이 있다. … 오늘날이 몇 배 더 사대적 아닌가? 요컨대 사대체제는 국가의 정권중심의 체제이지 대중에게 무연한 것일 뿐만 아니라 나아가 왕조체제를 연장시키는 데 도움이 된 셈이다. 따라서 사대의 그러한 측면을 엄밀히 검토해서 그 정치적 기능과 성격을 파악할 필요가 있다(이용희 1977, 162).

동주는 사대주의에 대한 올바른 이해를 위해서는 근대적 시각, 근대적 혹은 민족주의적 렌즈를 벗고 당대적 맥락(context) 속으로 들어갈 것을 권유하였다. "그런 의미에서도 선인들의 사상을 오랫동안 지배해 온 사대의 예라고 하는 것이 무엇이냐 하는 것을, 그 역사의 문맥에서 우선 이해해보려고 하지 않는다면, 그것은 곧 선인들의 사상, 행동의 방식을 그저 부정하는 결과가 되지 않나 하는 생각이 듭니다. 우선 이 문제를 생각하는 데에 전제할 것은 사대 또는 사대주의를 한 번, 그것이 통용되던 역사의 문맥 속에 넣어 놓고 따져 보자는 것입니다(이용희 1977, 138)." 사실 이러한 맥락적 이해는 비단 사대주의만이 아니라 어떤 사상이나 사건에 대해서도 당연히 요구된다.

동주는 여기서 그치지 않고 사대 이해를 토대로 근대 민족주의의 문제점을 극복하는 대안으로까지 제안하였다. 그는 폭력적 근대 국제질서를 극복하기 위해 사대주의 국제질서를 그 대안으로까지 탐색하였다. 동주에게 사대주의 질서는 적어도 동아시아 문명권에서는 이천 여 년 동안 국가 간 평화를 유지해 온 국제체제로 기능했던 실체로서, 힘의 질서가 아니라 상대를 상호 공경하는 예질서였기 때문이다. 즉 대국이든 소국이든 '공존적 평화 구축'이라는 목표를 추구한 사대주의, 곧 사대의 규범이나 정신 혹은 가치는 현실적 측면의 사대제도나 사대관계는 시대성과 상황성에 긴밀하게 조응한 산물이다. 따라서 오늘날 형식적으로 평등해보이지만 실제로는 불평등한 주권국가체제 하에서도 사대주의적 국제질서 원리는 여전히 재전유할 필요가 있다.

2) 사대사소의 사대주의와 예(禮), 그리고 규범성

동주는 근대국제질서상의 작동원리인 '국제법(國際法)' 혹은 '국제공법'에 유비하여 사대주의를 유교문명권의 '국제례(國際禮)'로 인식하였다. 국제정치학계에서는 대개 '국제질서'나 '문명'이란 용어에 대해 1648년 베스트팔렌조약 이후의 평등한 주권국가들 사이에서나 가능한 것으로 인식해 왔다. 하지만 이는 종교전쟁을 종식시킨 유럽지역에 국한된 것으로 결코 보편적이지 않은 현상이었다.

유럽이 자신들의 '유럽전역'을 '세계전체'라는 의미에서 '세계(world)'라고 하였다면, 그리고 그것을 비유럽인도 인정해야 한다면, 동아시아 역시 고대부터 자신들의 세계를 중심으로 '세계'라는 의미의 '천하' 혹은 '사해', '사방' 등의 용어를 사용하였으니 이를 인정해야 한다.[15] 이러한 논리에서 동주는 유럽 등장 이전, 곧 17세기 이전에도 국제질서가 엄연히 존

---

15 유사한 논쟁이 서구학계에서도 전개되었다. 월러스틴이 자본주의의 등장을 중심으로 세계체제를 설명하면서 16세기를 분기점으로 설명하자 프랑크와 길스는 1250년 이전에도 세계체제가 존재했다는 주장을 폈다. I. Wallerstein(1974); A.G. Frank and B.K. Gills(1992) 및 그 논쟁에 대해서는 강성호(2009) 참조.

재했던 것으로 인식하였다. 그는 근대 이전에도 유럽 이외의 복수 세계들에서 국제체제가 보편적으로 존재하였고, 상하적/서계적 형태가 농경사회를 토대로 하는 세계에서의 보편적인 국제관계 현상이라고 하였다. 국제정치를 일종의 무한경쟁의 무정부상태로 간주하는 유럽중심적 근대 국제질서와는 달리 중세의 유럽/이슬람/비잔틴 문화권의 경우처럼 각 권역내의 서계적 국제관계 현상이 더 보편적이었음을 지적하고 있다(이용희 1977, 184). 그에 의하면 그 대표적인 사례가 동아시아의 사대주의였다.

동주에 의하면 사대주의는 유교의 서계구조 하에 이 세계 내의 모든 나라들이 각자의 지위 속에서 공존을 확보 받았던 질서였다. 근대국제질서 체제에서 약소국의 평등한 주권이 보장받지 못했던 것과는 달랐다. 사대주의질서 안에서 주권을 상실해도 되는 국가란 존재하지 않는다.

> 군웅이 할거해서 매번 전쟁만 하고, 사회의 기강은 문란해지고, 전통적인 신분의 질서도 붕괴하던 시절에 유학도들은 세상이 무질서할수록 더 강렬히, 천자를 중심해 제후의 나라가 서로 상하 서계의 예로써 평화적으로 같이 사는 국제적인 평화 통일 세계를 꿈꾸었으니 말입니다. 이 경우 예는, 말할 것도 없이 오늘의 공법 같은 것이죠. 말하자면 왕도의 덕치로써 이룩된 질서 있는 국제 사회의 법이라는 의미죠(이용희 1977, 142).

사대질서는 국제법이 아니라 '국제적인 예(禮)'에 의해 작동하였다. 기본적으로 법은 강제력에 기초하는 반면 예는 자발성에 기초한다. 물론 현실에서는 예 역시 법의 기능을 행한 바 없지 않지만 기본적으로는 자발적 의지에 기초하는 것이다. "여말선초부터 '사대의 예(禮)', '사대의 성(誠)' 해서, 사대 관계를 가치관으로 바꾸어 놓은 예(例)가 예사(이용희 1977, 138)" 인 사대의 예와 제도, 가치관은 특히 춘추전국시대 군웅할거의 혼란 속에 평화적 통일을 위한 이데올로기로서 출현하였다. 당시 동아시아의 유교적 세계관은 '단원적 천하관'으로서 적어도 이념상으로는 유일무이한 '천하(세계 world)'가 모든 '나라(state)'를 포괄하고 있으며, 상위국가(천자)가 그 천하의 중심이라는 것, 그리고 그 세계의 질서원리인 '예(禮)'를 내면화하지 못한 지역 또는 국가는 '만이(蠻夷)'라는 세계관에 기초하고 있었지만 이 세계 안의 대소 국가들은 각각의 위치에 맞게 각각의 예를 수행하면서 이를 통해 자국의 안전과 독립적 주권을 확보했고 국제사회의 평화/공존을 추구해 왔다. "춘추전국 시대의 예를 자세히 살펴보면 조근·빙문 등등의 예는 엄밀히, 천자와 제후 간에 실시되는 것이며, 권외의 소위 '야만인' '오랑캐'에 대한 관계에서는 그것을 다만 준용할 따름이지, 굳이 엄격하게 실시하려고는 하지 않았(이용희 1977, 142)"다.

동주는 이러한 사대주의가 기본적으로 강대국의 패권이 아니라 평화적 공존을 위한 '예의 규범성'에 의해 작동하였기에 사대주의 질서는 대국에게만 유리한 것이 아니라 소국에게도 유리하였고, 그래서 대국이 사대주의를 강요한 것이라기보다는 소국의 적극적인 의지에 의해 행해진 측면이 강했다고 하였다. "그런 의미에서는 한중관계도 송말까지는, 사대의 예라는 것을 중국측이 엄격히 요구하기보다는 반도측에서 부지런히 지켜서 문화권다운 체모를 갖춘 면이 있"었고 "외국 이민족에 대하여도 사대의 예를 소상히 규정해서 적용하려한 것은, 명나라 이후의 일"로 "사대의 예라는 '예'는 요새 의미와는 달라서 오늘의 국제공법 같은 의미(이용희 1977, 142)"였다. 폭력이 기준인 세상일수록 유학자들은 천자를 중심으로 제후국들이 위계적이지만 평화적으로 공존하는 국제사회를 추구했다는 것이다. 그 평화를 유지하는 원리가 예였고, 그것은 서양으로 치면 공법, 곧 국제법의 원리였다는 것이다.

따라서 동주는 근대 국제질서는 평등을 주창하며 출범했음에도 불구하고 그것이 힘에 의한 질서이다 보니 약소국의 경우 주권이 무시되는 폭력적인 상황이 빈발하므로 이를 해결하기 위해서 평화의 정착을 전제로 고안된 예적 사대질서 원리를 적용할 필요가 있다고 보았던 것 같다. 확실히 그는 힘보다는 예(禮)에 의존하는 국제질서를 선호하였다. 유럽식 세력균형 체제의 경우 패권정치(power politics)와 군사주의에 의존하기에 결국은 일국 내 국민 복지와 경제도 파괴된다. 그리하여 때에 따라서는 국민의 기본권까지 무시되는 상황이 초래되는 반면, 평등하지는 않지만 그리하여 '소(小)를 대(大) 속에 흡수시켜서 국제질서의 유지를 도모하지만 사대질서 방식'[16]은 도래할 세계평화 지향의 국제주의 사회에도 오히려 유의미하다고 평가하였다.

기존 국제정치학에서는 흔히 국제질서는 도덕이 아니라 힘의 질서라고 인식했다. 하지만 동주는 이에 대해 근본적인 비판을 가한다. 그는 국제질서가 힘의 질서에 의거하는 한 국제사회는 평화를 확보하기 어렵고 언제든 약육강식의 무질서가 초래되기 마련이라고 보았다. 물론 이는 유교의 아성(亞聖)으로 평가받는 맹자의 강력한 국제질서관을 비롯한 유교의 질서관이자[17] 모든 이상주의 국제정치관이 공유하는 바이다.

사실 동주는 근대에 보였던 식의 군사적 힘의 대결 대신 이러한 유교적 윤리규범에 입각한 국제질서야말로 국가간 갈등과 전쟁을 피할 수 있는 수단이라고 보았다. 예에 기초하는 사대주의나 교회적 가치에 의존하는 서구중세질서는 근대 국제질서관에서는 거의 신뢰하지 않던 규범, 가치, 의례에 의거했던 것이지만 오랜 기간 국제사회의 평화를 담보했던 역사적 실체다. 일국과 달리 합법적 물리력이 불가능한 국제사회에서는 궁

---

16 사대주의를 대 속에 소를 편입시켰다는 표현보다는 대국이 이끄는 문명적 질서 속에 편입시켰다는 말이 정확할 것이다.

17 맹자의 첫 장이 그것이고, 이익과 패도정치에 대한 심한 반대가 그것이다.

극적으로 규범에 의존할 수밖에 없다. 예컨대 일국의 안전을 유지하는 기본은 자강적 안보력이겠지만 이것은 어디까지나 상대적인 것이어서 상호불가침이라는 규범에 의존하지 않는 한 늘 위험에 노출되어있기 때문이다. 그래서 그는 사대주의의 규범성을 중요한 외교적 기제로 이해했던 것이다.[18] 사실 기존의 인식 가운데 사대적 국제질서는 현실주의적 성격을 지녀서 힘의 강약에 의해 결정되고 중화적 국제질서는 관념주의적 경향이어서 규범주의/이상주의적 성격을 띠는데, 이때 전자가 후자를 극복해야 하는 대상이라고 이해한 경우도 있었다. 동주는 이러한 시각과 상이한 태도를 취했던 것이다. 실제로 사대를 현실주의적으로만 이해하는 것은 여러 가지 면에서 한계가 있다. 그것의 태생적 규범성과 현실역사전개상의 실천적 규범성을 고려할 때 특히 그렇다.[19]

요컨대 사대의 예가 적용되는 국제질서 공간, 곧 유교문명권에서는 이 예가 작동되는 국가들이 곧 문명국들(중화)이고, 이것이 작동되기 위해서는 서로간의 문명을 표상하는 외교적 의례를 준수하는 것이 의무였다. 그리고 이것이 준수되는 한 무력으로 굴종을 요구할 수는 없었다. 만약 약소국의 경우, 그들이 지켜야 할 예를 지켰는데도 대국이 대국으로서의 예를 어긴다면 이는 그 자체가 이미 '문명'인 '중화'가 아니라 그 자체가 '야만' 곧 '이(夷)'로 전락하게 되고 이웃나라들이 함께 공동정벌하게 된다. 다만 정벌 후에 그 민족구성원으로 하여금 새로운 정체를 수립하게 하고 자신들은 퇴각하였다는 점에서 근대 민족주의적 식민주의와는 상이하다.

---

[18] 중화주의는 동아시아 국제질서의 문화적 측면을, 사대주의는 현실적 측면을 반영한 것이라는 시각이다. 하지만 동주는 사대주의는 국제질서 원리로서 이 안에서 중화주의적 요소까지 내포하는 것으로 보인다.

[19] 사대의 규범성은 분명 상국으로서의 중국이 다른 약소국들을 침해를 하지 못하도록 구속하는 점이 있었다.

사대의 가치관은 본래 '자소사대' 곧 '큰 나라는 작은 나라를 사랑하고, 작은 나라는 큰 나라를 섬긴다'는 유교의 윤리관·정치관에서 이룩된 가치관인데, 이런 윤리 가치관이 현실에 그대로 타당하기야 어려울 수밖에 없죠. 애당초 사대니, 사대의 예니 하는 제도나 가치관은 출발서부터 유교적이었습니다. ……『묵자』,『국어』나『한비자』 같은 유교 계통이 아닌 문헌에는 以小事大를 힘의 강약에서 보고 있는 데에 반해서, …『좌전』,『맹자』,『주례』 같은 문헌에 보면「사대의 예」는 다시 말해 국제간의 법이며, 단순한 물리적 힘의 관계가 아니라는 가치관이 나옵니다. 적어도 선진문헌을 참고하면 사대의 이념화 혹은 가치관은 유교 계통이고.…이렇게 보면, 전국시대에 평화로운 통일천하를 꿈꾼 유교 이데올로기 같은 냄새가 나는 것도 같아요(이용희 1977, 141-142).

동주는 중국과 같은 절대대국은 마치 오늘날 국제기구의 분쟁중재와 같은 역할을 수행할 의무가 있다고 보았다. 아울러 국제사회를 구성하는 권력은 강제력과 권위로부터 나오며, 특정 권력에 있어서 강제력과 권위의 비중은 서로 반비례하는 경향이 있는데, 중화문화권의 국제질서는 근대 질서와 달리 강제력보다는 권위와 규범적 요소에 더 의존한 것이라고 평가했다. 그는 중화문화권의 경우 이러한 규범적 요소가 유럽과 달리 전쟁이 매우 적었던 동기가 되었다고 인식했다.

이러한 동주의 인식은 사대주의 국제질서관이 상호존중의 정신을 강력하게 강조한다는 점에서 큰 의의가 있다. 사대(事大)의 전제는 사소(事小)이다. 곧 사대의 예가 있으면 사소의 예도 있음이다. 이는 상호간에 상대를 존중하는 질서이고, 그것이 예라는 의전행위를 통해 준수된다. 물론 소국이 사대를 하지 않는 것은 소국의 존속을 위태롭게 하는 어리석은 짓임은 말할 것도 없다. 하지만 적어도 이념차원에서 사대질서론이 주장하는 것은 사대가 아니라 사소의 강조였다. 즉 소국이 대국을 섬기는 사대만을 강조하는 것은 대국의 패권주의 이상도 이하도 아니다. 이념적 사대질서론은 이를 극력 경계한다. 대국의 사소, 곧 대국이라 할지라도 소국을 섬길 줄 아는 인국화(仁國化)를 추구하는 것이 사대사소의 사대주의 이론이다. 그 선두가 맹자이다. 맹자는 전국시대의 전쟁을 종식시키고 평화를 구축하기 위해서 사대가 아니라 사소를 강조하였던 것이다. 요컨대 맹자가 사소론(事大事小論)에서 강조한 것은 사대가 아니고 사소였다.

> 오직 仁者만이 대국이면서도 소국을 섬길 수 있다. 그래서 湯은 葛을 섬기고, 文王은 昆夷를 섬겼다. 오직 智者만이 소국이면서 대국을 섬길 수 있다. 그래서 太王은 獯鬻을 섬기고, 勾踐은 吳를 섬겼다. 대국이면서 소국을 섬기는 것은 천리를 즐기는 자이며, 소국이면서 대국을 섬기는 것은 천리를 두려워하는 자이다. 천리를 즐기는 자는 천하를 보전할 수 있고, 천리를 두려워하는 자는 자국을 보전할 수 있다(『孟子』梁惠王 下 3).

다시 말해서 맹자의 강조는 대국이 대국으로서의 지위를 유지하고자 한다면 소국을 아끼는 인국으로서의 위상을 지켜야 한다는 데 있었다. 대국이 대국답게 사소(事小), 곧 자소(字小)를 행하는 것이 국제사회에서 무력충돌을 피하고 평화를 구축하는 근원적인 대안이라는 것이 본래 사대질서론의 취지이다.

물론 명분으로서 사대의 예가 실력에서의 강약관계에 입각한 현실적 사대관계와 부합하지 않는 경우도 종종 있었다. 중요한 것은 현실에서 사대주의적 이상을 어기는 경우가 있냐 아니냐가 아니라 어길 경우, 그리하여 힘으로 복종을 요구할 경우 사대주의 체제 내에서는 소국들이 이를 부당하며 굴욕적인 사태라고 느낀다는 사실이다. 때문에 저항의 명분도 발생한다. 당시는 명분으로서의 사대질서에 예속되는 것은 당연하다고 여긴 반면 강약관계, 힘의 관계에 의한 사대에 대해서는 크게 굴욕감을 느꼈다는 점, 곧 자발성 여부의 차이가 매우 중요하다.

동주가 볼 때 사대주의의 순기능은 이러한 대외적 역할에만 국한되지 않는다. 그는 사대주의가 대내적으로는 기존의 정권 창출과 유지의 명분을 확보하게 함으로써, 정권의 안정에 절대적 기여를 하였다고 평하였다. 물론 이는 어느 한쪽만이 아니라 쌍방 모두의 안정에 기여하였다는 것이다.[20]

> 명분으로서의 사대에 있어서 실리가 무엇이냐는 별로 강조되지 않는다. 굳이 따진다면 나라의 이익과 정권의 이익을 나누어볼 필요가 있다. 사대는 사실 국가간의 관계 이상으로 정권간의 관계의 성격이 강해서, 결국 정권의 공동유지라는 측면이 있다. 말하자면 신분사회의 상부 권력구조로서 왕조정치를 현상유지하는 명분으로, 정권의 정당성을 보장하고 정권형태를 유지하는 기제였던 것이다. (이것은) 보수정권의 현상유지라는 측면에서 프랑스혁명 이후 유럽의 메테르니히 시대와 비슷할 것이다(이용희 1977, 185-186).

동주는 유럽식, 근대식 세력균형이 민족주의와 함께 발달한 강국주의의 국제정치 원칙이라면, 사대주의는 서계적 구조를 지닌 평화적 국제정치 원리라고 인식하였다. "물론 사대의 현실적이며 역사적인 관계가 바로, 사대의 예 혹은 사대주의 가치 관념과 그대로 부합되었느냐 하면, 그것은 그렇지 않"다. "요컨대 이념과 현실은 서로 괴리되기 쉬운 법"이라는 점 동주도 잘 알고 있다(이용희 1977, 141). 그러나 그것은 현실주의 역시 마찬

---

20 물론 이러한 주장은 이후 연구들에서 모두 옳은 것으로 판명되었다. 김한규(2000, 2005) ; 정용화(2006) 참조.

가지이기에 사대주의식 이론을 모색하는 데 장애가 되는 것은 아니다.

아무튼 사대주의에 대해 대부분이 굴욕적이고 반근대적이라고 폐기를 주장하던 시점에 동주는 그 가치에 주목하고 재인식해야 할 필요성을 논하였다. 뿐만 아니라 그는 각국의 힘에 의존하는 배타적 민족주의 질서만으로는 국제사회에서 평화를 유지하기 어렵다고 보고, 지구적 차원에서 평화적 상호공존의 논리를 구축하기 위해 근대가 굴종과 불평등의 상징으로 폐기시켰던 사대주의 국제질서를 재인식, 복권시켰다고 할 수 있다. 적어도 현실적으로도 약소국의 공존을 전제로 하는 국제질서관이었고, 나아가 관념적으로는,『맹자』에서 보듯이, 강대국 중심의 패권적 국제질서에 저항하면서 약소국의 배려할 것을 요청하는 '사소'에 방점이 놓인 국제질서관이었기 때문이다.

4. 맺음말: 동주를 넘어

동주는 세계사 혹은 문명의 역사를 바라보는 데 있어서 근대 혹은 서구 중심적 인식을 넘어서 동양과 서양 전체 문명사적 접근을, 또 전통과 현대를 넘나드는 균형적 감각과 깊이를 가지고 접근하였다. 이 과정에서 그는 민족주의에 대해서는 대내적 차원에서의 근대적 주권주의, 곧 시민민주주의 확립과 궤를 같이하는 것으로 높이 평가하고 한국정치 역시 이를 적극적으로 수용해야 한다고 보았다. 하지만 민족주의의 대외적 성격은 시기마다 달랐으며, 특히 개념상 배제성을 지닌 까닭에 독일민족주의의 발흥 이후 저항민족주의, 나아가 심지어 제국주의와 신식민주의와도 손잡았다고 비판하였다. 여기서 근대 민족주의는 비유럽에 대해서는 문명과 주권론을 적용하지 않는, 철저히 유럽중심주의적 태도를 보였다. 결국은 약소국의 주권을 침탈하는 식민주의와 함께 했던 성격을 노정하였다는 점에서 민족주의의 배태된 시민민주주의 근대화 원리와 어긋난다고 평가했다. 이와 같이 동주는 근대 민족주의에 대해 대외적으로는 군사력이라는 힘의 질서에 기초하였기 때문에 궁극적으로 세계 평화를 담보할 수 없는 맹점을 지니는 것으로 평가하였다.

반면 동주는 '사대적'이란 곧 '굴종적'이라는 낙인이 따라다니던 '사대주의'에 대해 이는 일본식민사관과 자기부정의 역사학 전통이 만든 오해라며, 오히려 동아시아세계의 오랜 평화 확보를 담보하였던 전통국제질서 차원에서 접근하였다. 그 결과 중화질서의 오명을 씻는 계기일 뿐 아니라 전통 한국 국제질서에 대한 평가 역시 재평가의 기회를 제공하였다. 나아가 한국민족주의를 비롯한 근대 민족주의의 미래에 대해 그는 대내적으로는 근대 민족주의의 국민국가적 성격을 추구하지만 대외적으로는 힘에 기초하는 배타성(exclusivity)을 내포한 것으로 인식하고, 근대적 국제질서는 이런 의미에서 폭력적이었고, 그 기초는 힘에 의존하는 국제질서의 원리에 있었다고 보았다. 따라서 이러한 근대 국제법질서의 대안으로 사대질서 원리를 제안하였다. 사대질서는 힘에 의존하는 것이 아니라 위계적이긴 하지만 역지사지(易地思之), 추기급인(推己及人) 및 인서(仁恕)의 원리가 전제된 상호의 공존을 호혜적으로 도모하였던 전통으로 이해하였던 것이다.

한편 동주의 주장에 대해 약간의 의문이 제기되기도 한다. 먼저 민족주의에 관련하여 보면 다음과 같다. 첫째, 근대 민족주의와 전근대 사대주의에 대해 전자는 대내 주권적 국민국가와 짝하고 대외적으로는 필연적으로 배타성을 지니는 것으로 이해한다는 사실이다. 하지만 근대 민족주의가 반드시 국민주권과 궤를 같이 하는가의 문제이다.[21] 사실 앞에서 보

---

21 민족주의와 민주주의의 긍/부 관계에 관한 최근의 논의는 나종석(2009, 2011) 참조.

았다시피 동주는 '민족적'이라는 말과 '민족주의'를 구분하였는데 그 이유는 결국은 시민민족주의의 순수형을 고수하기 때문일 것이다. 그러나 한국의 초기 근대주의자 개화파들은 '민족주의자'로 출발했음에도 불구하고 결과적으로는 '제국주의의 주구 내지는 길잡이'가 되어버린 반면,[22] 최익현과 같은 중화적 사대주의자들은 유교문명을 보편적 문명관으로 인식함으로써 중화와 문명을 동일시하면서 '비민족주의'에서 출발하였지만, 동주에 의하면 '민족적' 투쟁에서 출발하였지만, 결과적으로는 민족주권 회복을 위한 무력투쟁의 선봉에 섰다가 순국까지 하는 등 '민족주의'적 노선을 걸었던 것이다(이상익 1997).

둘째, 동주 역시 다소 근대중심주의적 색채를 완전히 극복하지는 못한 것은 아닌가라는 점이다. 그는 기본적으로 역사적 평가에 대해 "어떤 기준에 따라서 보느냐가 문제인데 다만 한 가지 확실한 것은, 적어도 우리 선인들이 한 행적을 객관적으로 타당하게 보려면 그들이 가지고 있는 그 사회의 문맥과 조건 아래서 알아주지 않으면 안 되고, 그 틀을 알아주어야 비로소 우리가 가지고 있는 위치를 알 수 있다"고 하였지만, 그러면서도 "만약에 그 사대주의적인 국제 질서를, … 그런 사회적 질서의 기반에는 바로 계급 사회적인 농촌 구조를 기저로 하는 왕조 체제의 현상 유지책이 숨겨 있었다면, 우리 역사의 발전을 가로막은 결과"라고 인식하는 것을 보면 부지불식간에 그도 '농업사회=왕조체제=역사저발전'이라는 근대중심주의적 인식의 편린을 보유하는 것으로 보이기 때문이다(이용희 1977, 175).

사대주의 인식과 관련하여 보기로 하자. 첫째, '춘추전국시대의 동요를 막기 위해 사대질서가 나왔다'는 진술은 재고의 여지가 있다. 우선, 사대질서는 봉건질서가 수립되던 주초(周初)에 성립된 것으로 주(周)를 중심으

---

[22] 그 결과 유길준의 경우도 스스로를 '조선의 죄인'이라고 지칭하였다.

로 한 이 질서가 흔들리던 춘추전국시대에 사대질서도 흔들렸다는 사실을 들 수 있다. 또 그래서 특히 맹자의 '사대사소' 이론은 약육강식의 전국시대 현실에서 대국을 위한 것이 아니라 소국의 생존과 안전을 확보하기 위해 대국의 대국다움을 요구하는 의도에서 재강조되었기 때문이다.

둘째, '사대의 예'의 본질과 관련 대국과 소국의 쌍무호혜적 상호실천 차원의 의미를 보다 적극적으로 해명할 필요가 있다는 점이다. 앞의 본문에서 맹자의 예에서도 들었듯이 적어도 주초의 사대자소 등장 배경이나 맹자가 사대사소론을 재론한 것은 사소에 있지 사대가 역점이 아니었다. "소국이 대국을 섬기는 것은 '신(信)'이고, 대국이 소국을 보호하는 것은 '인(仁)'이며, 대국을 배반하는 것은 '불신(不信)'이고, 소국을 정벌하는 것은 '불인(不仁)'이다(『春秋左傳』 哀公 7년 8월조)" 등의 진술도 마찬가지로 해석될 수 있는 예이다.

그러나 이러한 문제는 지극히 지엽적인 것이다. 제2차 세계대전을 겪고 난 후, 민족주의가 냉전체제하 맹주의 곁방살이 민족주의로 오염되다가 탈냉전 구도 하에서는 더더욱 단일민족주의 관념의 폐쇄성, 분단민족주의, 부국강병을 국가목표로 추구함으로써 신식민주의의 모순을 인정하는 한국민족주의는 '고독한 민족주의'의 난관에 부딪쳤다. 이를 타개하기 위해 다민족주의, 개방주의, 통일민족주의, 국제주의, 지역주의적 민족주의의 노선을 취할 필요가 있었다. 이를 순조롭게 실행하기 위해서 사대주의 국제질서에서 소극적으로는 현실적으로 강대국과 약소국이 공존했던 최소한의 질서로서의 의미와, 적극적으로는 강대국이 약소국을 보호하는 사소주의의 이념을 현대 패권 중심의 국제정치질서에서 동주는 재현하고자 했다. 나 이제서야 겨우 동주라는 큰 바다를 유영할 준비운동을 마쳤다.

참고문헌

『孟子』.
『春秋左傳』.

강정인, 안외순. 2000. 「서구중심주의와 중화주의의 비교연구」. 『국제정치논총』 40(3).

계승범. 2009. 「조선시대 동아시아질서와 한중관계: 쟁점별 분석과 이해」. 동북아역사재단 (편). 『한중일학계의 한중관계사 연구와 쟁점』. 서울: 동북아역사재단.

권선홍. 2004. 「유교사상에서 본 동아시아 전통국제사회」. 권선홍 외. 『전통시대 동아시아 국제질서』. 부산: 부산외대출판부.

권선홍. 2004. 『전통시대 동아시아국제관계』. 부산: 부산외국어대학교출판부.

김계수. 1969. 『한국정치학: 현황과 경향』. 서울: 일조각.

김계수. 1977. 「한국의 정치학연구」. 『한국사회과학연구』. 서울: 범문사.

김계수. 1987. 『한국과 정치학』. 서울: 일조각.

김성규. 2009. 「미국 및 일본에서 '전통중국의 세계질서'에 관한 연구사와 그 특징비교」. 『역사문화연구』 32집.

김성배. 2013. 「청대 한국의 유교적 대중전략과 현재적 시사점」. 『한국정치학회보』 47(5).

김성배. 2007. 「19세기 조선의 유교와 근대 국제 정치: 운양 김윤식의 경우」. 『국제정치논총』 47(2).

김수암. 2000. 「세계관 충돌과 1880년대 조선의 근대외교제도 수용: 외무부서를 중심으로」. 『한국정치학회보』 34(2).

김영명. 2009. 「한국적 국제정치 연구의 주요 사례와 바람직한 방향」. 『글로벌정치연구』 2(2).

김영호. 2004. 「외교사와 국제정치 이론 사이의 학제간 연구의 쟁점과 과제: 탈냉전기 미국의 대논쟁에 관한 연구」. 『한국정치외교사논총』 25(2).

김용구. 1997.『세계관 충돌의 국제정치학: 동양 禮와 서양 公法』. 서울: 나남.

김진웅. 2013.「조공제도에 관한 서구학계의 해석 검토」.『역사교육논집』(50).

김학준. 2013.『공삼 민병태 교수의 정치학: 해방 이후 한국에서 정치학이 소생-성장-발전한 과정의 맥 에서』. 서울대학교출판문화원.

김한규. 2000.「전통시대 중국 중심의 동아시아세계질서」.『역사비평』통권50호.

김한규. 2005.『천하국가: 전통시대 동아시아 세계질서』. 서울: 소나무.

김홍우. 1997.「정치학 50년: 정치학. 외교학. 행정학을 중심으로」.『서울대학교 학문연구 50년 (1): 총괄. 인문. 사회과학』. 서울대학교.

노재봉. 1998.「한국국제정치학의 지성사적 고찰」.『국제정치논총』28(1).

동주기념사업회. 1998.『동주 이용희와 한국국제정치학』. 동주기념학술회의 발표집.

박상섭. 1988.「동주 국제정치학의 성격과 현대적 의의」. 동주기념사업회.『동주 이용희와 한국 국제정치학』. 동주기념학술회의 발표집

박충석. 1982.『한국정치사상사』. 서울: 삼영사.

안쏘니 D. 스미스. 이재석 역. 1997.『세계화시대의 민족과 민족주의』. 서울: 남지.

안외순. 2002.「유가적 군주정과 서구적 민주정에 대한 조선 실학자의 인식: 혜강 최한기를 중심으로」.『한국정치학회보』35(4).

옥창준.「일제하-1950년대 이용희의 학문체계 형성과 한국 국제정치학의 기원」. 2017년 2월 연세대 국학연구원 사회인문학 포럼 발표문. 2017년 2월.

이상익. 1997.『서구의 충격과 근대 한국사상』서울: 한울.

이승환. 1997.「누가 감히 전통을 욕되게 하는가」.『전통과 현대』. 창간호.

이완범. 2007.「한국외교사 연구의 회고와 전망: 융성-쇠퇴-반성-부흥의 궤적」.『국제정치 논총』46(S).

이용희. 1977.『한국민족주의』. 서울: 서문사.

이용희. 1987.『이용희저작집1』. 서울: 민음사.

이용희. 1982.「민족주의의 개념」. 노재봉 편.『한국민족주의와 국제정치』. 서울: 민음사.

이원호. 2007.「근대 이전 한중관계사에 대한 시각과 논점: 동아시아 국제질서의 이론을 덧붙여」.『한국사 시민강좌』40집. 일조각.

장인성. 1998.「'권역'과 '장소'에서의 '나'와 '남': 동주 이용희의 한국학 방법론」. 동주기념사업회.〈동주 이용희와 한국 국제정치학〉발표집.

전재성. 2011.『동아시아 국제정치: 역사에서 이론으로』. 서울: EAI.

정용화. 2006.「조선의 조공체제 인식과 활용」.『한국정치외교사논총』27/2.

하영선. 2009. 『근대 한국의 사회과학 개념 형성사』. 파주: 창비.

하영선, 김영호, 김명섭. 2005. 『한국외교사와 국제정치학』. 서울: 성신여대출판부.

하영선, 이헌미 편저. 2016. 『사행의 국제정치: 16-19세기 조천·연행록 분석』. 서울: 아연출판부.

한국국제정치학회. 2006. 『한국국제정치학회 50년사: 1956-2006』. 서울: 한국국제정치학회.

한국국제정치학회. 2015. 『동주 이용희와 한국국제정치』. 한국국제정치학회 자료집.

한국서양사학회. 1999. 『서양에서의 민족과 민족주의』. 서울: 까치.

한국서양사학회. 2009. 『유럽중심주의 세계사를 넘어 세계사들로』. 서울: 푸른역사.

한국정치외교사학회. 2016. 「한국의 정치외교 사학연구: 접근법과 방법론」. 2016년 한국정치외교사학회 춘계학술대회 발표 논문집.

한국정치학회. 2003. 『한국정치학회 50년사: 1953-2003』. 서울: 한국정치학회.

홍순호. 1993. 「한국외교사-국제관계사 연구의 과제와 전망: 연구사적 관점에서」. 『한국 국제관계사이론: 시대상황의 역학구조』. 서울: 대왕사.

제10장 　근대 민족주의와 한국외교사

『한국민족주의』에 나타난
이용희의 민족주의론과 한국외교사론

강상규

1. 머리말: 동주가 살다간 20세기라는 시대

동주 이용희는 1917년에서 1997년까지의 시기를 살았다. 러시아혁명
이 일어난 해에 태어나 대한민국이 IMF의 외환위기 사태에 직면한 시점
에서 영면한 셈이다. 그가 살다간 20세기는 동시대를 살았던 에릭 홉스봄
(Eric John Ernst Hobsbawm, 1917~2012)이 적절하게 표현한 것처럼 '극단의 시대'
였다(에릭 홉스봄 2009). 20세기는 대량생산과 과학기술혁명 등에 힘입어 인
류 역사상 최초로 대중의 차원에서까지 풍요로움을 구가하는 상황이 가
능해진 시대였던 반면, 다른 한편으로는 역사에서 전례를 찾아볼 수 없을
정도의 대규모의 전쟁들과 가공할 만한 핵무기의 등장, 군비경쟁의 악순
환, 내란과 학살, 집단적 광기와 이념대결, 혁명과 파괴 같은 그야말로 상

처로 얼룩진 시대이기도 했다.

이러한 시대상황은 동주의 삶을 비켜가지 않은 것으로 보인다. 일본제 국주의의 식민지 상황에서 러시아혁명이 발생한 시기에 태어난 그는 28세 의 젊은 나이에 조국의 해방과 분단을 체험했다. 33세의 나이에는 동족상 잔의 비극인 한국전쟁의 소용돌이를 겪었고 43세의 나이에는 4.19를 44세 의 나이에는 5.16을 목도했다. 그렇게 보면 동주는 두 차례의 세계대전, 일 본의 15년 전쟁과 핵무기에 의한 피폭체험, 한반도의 분단과 전쟁 그리고 분단의 고착화, 치열한 이념대립과 냉전, 중소분쟁, 월남전, 데탕트로 이어 지는 거친 현대사의 길목 위에 내내 서 있었던 셈이다.

이처럼 어지러운 시대에 배움의 길을 찾아 나선 동주의 문제의식은 매 우 원초적이고 근원적인 것이었다. "우리는 왜 이리도 취약한가? 어떻게 하면 이러한 상황을 극복할 수 있는가? 이 문제에 대한 답을 어디서 찾아 야 하며, 누가 혹은 어떤 학문이 이에 대한 답을 알려줄 수 있는 것인가?" 절박하게 답을 찾아 헤매던 그의 시선을 강하게 잡아끈 것은 정치학, 그 중에서도 국제정치학분야였던 것으로 보인다. 하지만 그렇게 그의 고민 이 해결된 것은 아니었다. 왜냐하면 "'저들'의 정치학, 국제정치학이 '우 리'에게 어떤 의미 있는 답안을 제시해주는 것 같지 않았기" 때문이다(하 영선 2011, 270). 1962년에 발간된 『일반국제정치학(상)』의 서문에서 그는 다 음과 같이 일갈하고 있다.

그들에게 있어서는 당연하고 가치 있고 유용하고 또 실질적일지언정, 강대 국도 아닌 것 같으며 남에게는 후진이라는 이름의 나라와 지역에서 사는 학 도들이 그것(강대국의 학문-필자)으로 자족하여 그 방법과 견해를 따른다면 그 야말로 자가(自家)와 그 '고장'을 망각한 국제정치적 코핑(Copying)이라는 비 판을 면하지 못할 것이다(이용희 1962, 4).

구체적인 삶의 터전에서 시작된 동주의 문제의식은 이렇게 서구중심주의, 구미중심주의적 발상에 대한 날선 비판의식과 긴장감 속에서 자신의 학문세계를 만들어가고 있었다. 그러면 국제정치학의 어디서부터 시작하여 무엇을 어떻게 건드려갈 것인가. 이 문제에 대해 동주는 같은 책의 서문에서 이렇게 밝히고 있다.

> 국제정치학은 그것이 형성되어온 고장, 시기에서 우선 고찰되지 않으면 안 된다. 그럼으로써 '우리'와의 관계가 명백하여질 것이며 또 동시에 우리가 지녀야할 학문상의 입장도 스스로 명료하게 될 것이다(이용희 1962, 4)

거듭되는 전쟁과 분단, 갈등과 대립으로 얼룩진 폐허의 땅위에서 동주의 학문적 관심은 '내' 나라, '내' 겨레의 문제를 정확히 진단하고 풀어가는 데 있었다. 하지만 그러기 위해서는 우리를 아프게 한 세계사의 흐름과 국제정치의 실체를 우선 알아야 했다. 그래야 적절한 정치적 비전 설정이 비로소 가능할 것 같았기 때문이다.

2. 근대국가와 국제정치 그리고 민족주의와 국민국가

세계사는 19세기 후반부터 새로운 국면에 접어들었다. 왜냐하면 그동안 대체로 몇 개의 문명권 단위 내부에서 개별적으로 이루어지거나 혹은 서로 영향을 주고받던 역사들이 이 시기에 바야흐로 하나의 시야 속에 들어와 전지구적 차원에서 의식되고 유기적으로 움직이게 되었기 때문이다. 동주는 한반도가 온몸으로 경험하고 있는 20세기의 국제정치가 세계사적 차원에서 매우 새로운 현상이라는 점에 주목하지 않을 수 없었다.

그의 시야에 들어온 현대의 국제정치는 19세기와 20세기에 걸친 구미(歐 美)권 세력의 전지구적 팽창과 관련되어 있었다(이용희 1962, 31-33). 따라서 국제정치를 보는 안목은 부득불 구미세계, 그중에서도 특히 유럽정치의 핵심인 근대국가와 그들 간에 생겨난 국제정치 관념을 규명하는 것으로 부터 시작해야 한다고 보았다(이용희 1962, 100). 이러한 문제의식 위에서 동 주는 유럽에서 시작된 국제정치의 실태를 이해하기 위해 국제정치 메커 니즘의 구조와 그것의 역사적 전개양상을 면밀히 관찰해가게 된다. 근대 국가와 근대국제정치를 보는 동주의 방대한 시야를 간략하게 정리한다 면 대체로 다음과 같이 요약이 가능할 것이다.

현재 국제정치의 틀을 이루는 질서체계는 '근대국제체계'라고 부를 수 있다. 그런데 이 새로운 질서를 구성하는 중심에 '경제국가(부국)'과 '군사 국가(강병)', 그리고 '식민지'를 추구하는 '근대국가'라는 — 당대로서는 매 우 생경한 — 정치적 실체가 나타났다. 근대국제질서는 곁에 있는 이슬람 문명권을 타자(他者)로 의식하고 중세유럽사회에 보편화되어 있던 기존 의 권위에 대항하는 과정, 즉 정치권력이 종교적 권력으로부터의 종속에 서 탈피하는 과정을 통해 여러 개의 국가들이 독립적이고 배타적으로 경 합하면서 가시화되기 시작했다. 그것은 지역적으로 유럽에서 탄생했지 만 과거의 중세유럽에 존재하던 질서와는 판이하게 성격이 다른 것이었 으며, 그 주인공으로 등장한 근대국가 역시 기존의 국가와는 다른 특성을 갖는 것이었다(이용희 1962, 4장).

이렇게 유럽에 처음 등장한 근대국가는 과거 유럽의 중세국가와는 달 리 영토 내에서 단일하고 배타적인 권력을 행사하고 독점적 관할권이 유 지되는 영토국가(territorial state)였으며, 서로 국경을 접하고 대치하면서 무 력으로 우열을 가려야 하는 상황에서 자국의 안전과 독립, 국익을 모든 것에 우선시 하는 의식을 가지게 된다. 근대국가의 이러한 특성은 이제 영토의 '안과 밖'의 세계가 엄밀하게 구별되는 상황이 시작되었음을 의미하는 것이었다. 이러한 역사적 배경 위에서 대내적으로는 지상(至上), 지고(至高)의 최고성, 대외적으로는 불가분(不可分), 배타적 독립성을 특징으로 하는 주권(sovereignty)이라는 관념이 처음 생겨나 근대국가의 핵심적인 속성으로 점차 정착되어 나가게 된 것이다.[1]

유럽에서 탄생한 근대국가는 본질적으로 타국과의 관계에서 피아(彼我)를 엄격히 구별한다. 따라서 영토나 국경의 안과 밖은 동질적인 공간이 아닌 이질적이고 차별화된 세계라는 의식을 갖게 된다. 아울러 대외적으로 배타적인 독립성을 지닌 근대국가간의 국제질서는 자연스럽게 국가간의 대립과 전쟁을 그 본질로 삼게 된다. 그런 점에서 근대국제질서는 형식상으로는 평등한 주권국가의 공존이라는 구조를 갖고 있지만, 독립적인 다수의 국가들이 무질서하게 존재하는 사실상의 무정부적인 세계인 것이며 지구상에는 근대국가를 넘어서는 권위를 갖는 일종의 '세계정부'라고 부를 만한 것은 구조적으로 존재할 수 없게 되어 있었다.

동주가 보기에 근대국가의 배타적이고 독립적 성격이 갖는 정치적 의미는 이러한 대외적 차원에 머무르는 것이 아니었다. 왜냐하면 이렇게 피아간의 준별(峻別)을 바탕으로 하는 근대국가, 그리고 대립과 전쟁을 본질로 삼는 근대국제질서에서 살아남으려면, 각국의 군주들은 국내의 모든 계급과 계층의 강렬한 충성심과 소속감을 만들어낼 수 있어야 했기 때문이다. 그러기 위해서는 국가 내부에 존재하는 계급이나 신분을 뛰어넘어 이들 구성원들을 '하나로 포섭해낼 수 있는 개념'이 필요하게 된다. 요컨대 중세국가의 백성들이 다원적 지배관계에 얽혀 단일성을 띠지 못했던

---

1 근대국가로서 주권국가가 갖는 매우 특별한 구조적 특성과 역사적 형성 및 진화과정에 관해서는 로버트 잭슨, 옥동석 역, 『주권이란 무엇인가』(파주: 21세기북스, 2016)을, 그리고 주권국가에 대한 개념사적인 설명으로는 박상섭, 『국가, 주권』(서울: 소화, 2008)을 참고할 수 있다.

것에 비해서, 근대국가의 구성원들은 이제 기존의 신분관계를 뛰어넘은 '국민(Nation)'으로서 단일한 지배관계 하에 놓이게 되고 영토 내에서는 적어도 형식상이라도 '균질적'인 존재로 거듭날 필요가 있게 된 것이다.

이처럼 근대국가는 밖으로는 무질서한 근대국제질서에서 살아남으려 하면서, 안으로는 기왕에 존재하던 다양한 형태의 사회신분제를 타파할 동인을 마련하게 된다. 그런데 이러한 과정은 바꿔 말하면 유럽에서 탄생한 근대국가라는 '일국 단위의 정치체'가 근대국제질서의 주요한 행위자로 확고하게 뿌리내려가는 과정이기도 했다. 그런데 동주가 보기에 근대국가가 '안과 밖'의 세계를 준별하고 불가분의 존재로서 '안'의 세계를 단단히 묶어주려면 — 즉 하나의 단단한 존재로서의 국가가 되도록 하려면 — 개인들에게 민족, 국민 혹은 국가로서의 구성원이 될 수 있도록 하는 '강력한 정체성'이 반드시 필요했다. 즉 구성원들을 묶어주는 어떤 정치적 명분이 실질적으로 필요해졌다는 것이다. 동주는 근대국가의 내용을 채워주는 정치적 명분이자 행동이념이 바로 '민족주의' 곧 '내셔널리즘(nationalism)'인 것으로 생각했다.

여기서 주의해야할 문제는 민족주의라고 하는 것이 언제 어디에서나 나타날 수 있는 민족이나 공동체, 내 고장에 대한 단순한 애정이나 사랑, 애족심과 같은 무색무취의 소박한 의식을 의미하는 것이 아니라는 점이다. 그것은 민족을 최고의 가치로 보고 그것에 맞춰서 정치 문화의 체계를 바로잡으려는 가치관을 의미하며 대외적으로는 자주와 독립을 요구하고 대내적으로는 국민평등의 근거가 되기도 하였다. 여기에서 국민주의로서의 내셔널리즘이 일국 내의 민주주의화와 서로 부합하는 지점이 생겨날 수 있는 것이다(이용희 1962, 75). 즉 독립적이고 배타적인 근대국가가 만들어져가는 과정에서 구성원들을 묶어주는 이른바 '구성원들 의식의 접착제'와 같은 역할을 수행하는 것이 다름 아닌 내셔널리즘이며, 이러한 내셔널리즘의 자타구별 내지 차별의식이 바로 근대국가의 독특한 식민지 팽창을 가능하게 하는 주요한 근거로 작용했다고 동주는 생각한 것이다. 이러한 연유로 인해 유럽 근대국가들의 팽창주의, 제국주의의 저변에는 일종의 '우월의 민족주의'가 자리하게 되었고, 반대로 구미열강의 식민지적 착취와 억압의 대상이자 근대 국제정치의 희생양으로 전락한 비(非)유럽권 국가들의 경우에는 자국의 자주와 독립을 요구하는 '저항의 민족주의'가 솟아나게 되었다는 것이다(이용희 1962, 74).

이렇게 해서 동주는 근대국가와 근대국제정치체제 그리고 민족주의가 연쇄적으로 맞물려 이어지는 메커니즘의 연결고리를 포착해냈다. 그것은 영토의 '안과 밖'의 세계에 대한 준별과 차별화를 특징으로 하는 근대국가의 메커니즘이 마치 뫼비우스의 띠처럼 이어져 역설적이게도 어떻게 국내적으로 신분차별을 넘어서는 '국민주의'로 내밀하게 연결되어 있는가를 포착하여 보여주는 작업이기도 했다(이용희 1977).[2]

3. 장소의 논리와 사대질서의 재해석 그리고 한국민족주의

동주의 문제의식이 구체적이고 실천적이며 근원적이었다는 점은 앞서 지적한 바 있다. 그는 정치학이나 국제정치학이라는 것이 마치 보편적이고 객관적 진리를 담고 있는 것처럼 거론되는 것은 여러 면에서 현실의 심층에 놓여있는 세계를 직시하지 못하게 만들 위험이 있다는 생각을 하고

---

2 이용희의 1977년 회갑기념 학술심포지움의 기념강연 「민족주의의 개념」에는 근대국제정치체계와 민족주의, 그리고 국민주의가 연결되는 내밀한 연관관계가 매우 압축적이면서도 명료하게 담겨있다. 그러나 그의 논의에서 나타나는 통찰력은 한국의 정치학, 혹은 국제정치학계에 깊숙이 확산되지는 못한 것으로 생각된다.

있었다. 따라서 어떠한 정치적 현상의 진면목에 접근하려면 그것이 놓여 있는 특정한 시기와 특정 장소를 전체적이고 유기적으로 이해하는 작업이 선행되어야만 한다고 보았다. 이처럼 어떠한 정치 관념에 포함된 특정한 태도와 의미를 이해하기 위해서는 그것이 성립하고 형성되어지는 '어떤 특정한 시공간'을 반드시 매개로 삼아 문제를 살피는 방식이 필요한데 동주는 이를 장(場, Topos) 혹은 장소의 논리라고 불렀다(이용희 1962, 2장).

동주는 만일 정치현상이 이루어진 주요한 맥락이나 혹은 장소의 논리를 무시한 채 어떤 대상을 다루게 되면, 대개 피상적인 논의수준을 넘어서는 관찰이 이루어지기 어려우며 어떤 특정한 지역의 정치 관념을 일방적으로 보편적인 것으로 간주하여 이른바 '초(超)'장소적인 기준으로 삼게 되는 오류를 범하거나 혹은 현실정치의 시녀로서 프로파간다화(化)되고 말 것이라고 경계했다. 동주가 보기에, 다른 시공간을 바라보는 시선이 박제화된 사고를 탈피하고 생생한 현장감을 확보하려면 이질적인 세계들을 구성하고 있는 다른 '기준(standard)'들을 특정한 시공간의 문맥에서 추(追)체험해가는 자세가 필수적인 셈이다(이용희 1977, 176).

동주가 한반도와 국제정치를 바라보는 시선도 바로 이러한 문제의식과 방법론의 연장선 위에 있었다. 예컨대 20세기에 현실정치공간을 메우고 있는 구미 국제정치의 구조와 작동원리에 대해 탐구해 들어가지만 그것은 오늘의 현실이 놓여있는 큰 그림을 그려가기 위해서이며 그것을 최종적인 목표로 삼으려한 것은 아니었다. 이러한 상황에서 그가 본격적으로 매달린 과제는 20세기 이후 집중적인 비판의 대상이 되고 있던 전통적인 한자문명권의 사대(事大)질서와 사대주의를 어떻게 볼 것인가 하는 문제였다. 이 문제가 한국사를 근원적으로 어떻게 해석할 것인가 하는 매우 예민한 주제라는 것은 별도로 부언할 필요가 없을 것이다. 동주가 탐구한 사대 혹은 사대주의의 핵심은 대체로 다음과 같이 요약해볼 수 있을 것이다.

사대 혹은 사대주의라는 문제는 우선 그것이 통용되던 역사적 컨텍스트 위에서 살펴보려는 자세가 전제되지 않으면 안 된다. 즉 근대국가나 근대국제질서에서 등장하는 자주와 독립 같은 핵심개념을 '기준'으로 삼아 사대질서를 그 반대되는 개념으로 몰아붙이면서 일방적으로 비난해서는 역사적 실제에 접근해 들어갈 수 없다.

> 통속적인 의미에서 사대(事大)와 자주(自主)를 대립시키는 것은, 아예 사대는 타력의존(他力依存)의 나쁜 것으로 규정하고, 그에 대하여 자주 독립이다, 라는 식의 발상(에서 기인한 것-필자)인데, 우리가 취급한 사대의 명분은 그러한 대치를 무의미하게 하는, 말하자면 전연 다른 카테고리의 얘기죠. … 아주 자연스럽게 고유의 전통과 사대주의가 병존합니다. 그런 마당에서 사대와 자주라는 대립을 생각하는 것은 의미가 없지요(이용희 1977, 181-182).

구체적인 역사 속의 사대의 예(禮)는 중화문명권 내부의 외교적 예법이자 규범이라고 할 수 있다. 사대의 예라는 것은 그 근간이 이미 선진(先秦)시대에 확립되어 이후 한(漢)나라 이래로 더욱 공고해졌다. 요컨대 동북아 사회에서 사대의 예를 적용한다는 것은 상대가 문화권에 들어온 것을 인정하고 또한 문명국으로서 대우한다는 의미를 담고 있었다. 따라서 중화문명권에 속해있던 나라들은 스스로를 문명국이라 여기고 사대의 예를 취하고 교제하고 왕래하는 사실에 오히려 긍지와 자부심을 가질 수 있었다는 것이다.

이러한 사실은 근대서구의 문화나 정치와는 발상이 전혀 다른 중화문명 혹은 천하문명이라 불려온 한자문명권의 세계를, 근대국제질서를 구성하는 독특한 역사적 시스템으로서의 근대국가 개념에 비추어 몰(沒)주체의 관점에서 일방적으로 폄하해서는 안 된다는 점을 강력하게 시사해

준다. 예컨대 조선이 중화질서에 대명사대(對明事大)라는 형태로 참여한다는 것은 '예에 입각한 질서 공간'의 운행에 능동적으로 동참한다는 이념적 의미를 갖는 행위였다. 뿐만 아니라, 중국 중심의 강력한 위계적 세계질서 안에 편입됨으로써 대외적인 안보와 대내적인 안정을 구가한다는 현실정치적 의미도 동시에 지니고 있었음을 의미한다.

하지만 동주가 보기에 사대의 관념이 현실세계에서 고차원적인 예법관념이자 명분으로만 존재하는 것은 아니었다. 현실적인 힘의 강약에서 오는, 이른바 물리적인 강권에 의한 사대는 명분을 갖지 못하는 것이라고 해서 당대인들에게 매우 굴욕적인 것이라고 여겨졌다는 것이다. 동주는 요, 금, 원, 청과 같은 나라들은 중원의 황제 노릇을 하였지만, 이들도 정국이 안정되고 나서 사대질서에 동화(同化)되면서, 역으로 자기의 고유성을 상실하게 되었고, 자기의 역사를 잃고 중국역사로만 남게 되었다는 점을 지적한다. 반면 우리의 경우에는 사대질서에 참여하면서도 변두리의 번국으로 남았기에 천하질서 내부에서 고유한 민족사가 형성될 수 있는 여지가 역설적으로 남아 있는 것일 수 있다고 생각했다. 따라서 사대나 사대주의는 일방적으로 폄하하기보다는 역사적인 맥락위에서 정교하게 입체적으로 논의해야할 문제라는 것을 동주는 강조한다. 동서양을 종횡으로 넘나드는 동주의 이야기를 따라가다 보면, '사대'는 나쁘고 '자주'는 좋은 것이라는 식의 편견이 얼마나 위험할 수 있으며, '사대'와 '자주'가 동일한 논의선상에서 이분법적, 이항대립적인 차원에서 이해될 수 있는 성격의 문제가 아니라는 사실을 간과하게 된다.

지금까지도 천하질서와 근대국제질서, 사대의 예와 국제법질서는 흔히 '위계적'인 질서공간과 '수평적'인 질서공간으로 표현되고는 한다. 그러나 이러한 표현은, 동일한 권력적 차원에서 '차별'의 공간과 '평등'의 공간이라는 식으로 평면적으로 비교되어서는 곤란하다. 동주가 지적하는 것처럼, 두 개의 질서가 근거하는 우주관이나 가치체계가 애초에 매우 다르기 때문에 이러한 전체적 맥락을 무시한 채 이분법적으로 접근해 논의하게 되면, 오히려 각각의 상황이 모두 크게 왜곡될 소지가 커질 수밖에 없기 때문이다. 사대의 예 관념에 기초한 위계적 질서공간이든, 주권과 국가 평등 관념에 입각한 수평적 질서공간이든 실제로는 둘 다 권력적 측면이 내재되어있었다. 다만 두 개의 질서 공간 모두 권력과 지식이 긴밀히 결합되어있어 상대적인 차이는 있겠지만 권력 장치의 폭력성이 잘 드러나 보이지 않는 공통점을 갖고 있었다고 말할 수 있을 것이다 (강상규 2013, 251-252).

동주는 한국사의 조류를 조망할 때 가장 뚜렷한 경향으로서 민족사와 왕조사의 괴리가 크다는 점을 지적하고 있다. 단적으로 외세의 침략에 대해서 왕조의 집권층은 정권 유지에 급급하고 주저하며 민족적 항전을 조직하지 못했던 반면 민족사적 차원에서는 민중의 자발적인 민족적 저항이 면면히 이어져왔다는 것이다. 동주는 이러한 민족사의 전통이 강인한 생활력과 자율성 등으로 이어져 후일에 한국민족주의의 기저를 형성할 수 있었다고 여겼다.

동주의 민족주의는 한국에 시선이 고정되어있지 않았다. 그렇다고 민족주의 일반에 관한 이야기에만 관심이 집중되어 있는 것도 아니다. 동주가 보기에 한반도에서 민족주의라고 부를만한 행동이념 내지 실천개념이 나타난 것은 19세기 후반 한반도가 근대국제정치체제에 어쩔 수 없이 편입되어가는 과정에서 근대국가를 지향하는 한국인의 의지가 뚜렷해지면서부터였다. 하지만 초기의 한국민족주의는 외세의 위협이 초미의 관심사인 상황이었던 터라 저항적 양상을 띠며 시작되었고 일제 치하에서는 일본의 압제와 수탈에 대한 자주독립의 주장과 저항사로 점철될 수밖에 없었다.

근대국가를 만든다고 하는 것은 저항에서만이 있는 것도 아니고 저항에서 시작되는 것도 아닙니다. 기실 저항민족주의는 근대국가 이전의 현상이며, 독특한 민족주의의 형태입니다. 역사상에 있어서 새로운 근대국가적인 발전, 혹은 그것에 따른 민족주의의 발전이라고 하는 것은 그 전단계의 저항에서부터 앞으로 나가는 건설적이고 전진적인 것입니다. 외세의 저항뿐만 아니라 그 외세에의 저항으로부터, 그 다음에는 스스로의 힘을 기르고 스스로의 민족의 발전을 꾀하는 — 곧 근대국가로서의 현대적인 체제를 자기충족적으로, 내부적으로 발전시키고 또 외부적인 조건을 만드는 그러한 전진적인 능력이 비로소 근대국가를 만드는 민족주의의 혼이고 얼이라고 생각됩니다. 그런 의미에 있어서 과거 우리의 저항사는 물론 영광에 차고 명예의 역사이기는 합니다만, 그러나 그것은, 그것만으로써는 未完의 章이요 未決의 과정이 아닐까요(이용희 1977, 63-64).

동주는 한국민족주의 최대의 비극을 강대국들에 의해 타율적으로 이루어진 국토의 분단, 그리고 민족주의의 이데올로기적인 분열이라고 생각했다(이용희 1977, 89). 동주는 빠르게 변화하는 세계의 흐름과 아울러 민족주의와 근대국제질서의 한계를 역사적으로 전망하면서 과거의 저항적 민족주의 단계를 넘어서는 '유연한 변화가 가능한 민족주의'가 앞으로 한국에 진정으로 필요하다고 보았다. 그는 이러한 민족주의를 '전진(前進)민족주의'라고 명명해 부르게 된다(이용희 1977, 2장).

4. 동주의 한국외교사 접근

동주의 한국외교사는 19세기 후반인 대원군시대로부터 시작한다. 이

때부터 조선이 전통적인 사대교린의 질서와는 다른 유럽의 근대적 국제 정치질서와 처음으로 접촉하게 되었기 때문이다. 이로써 동북아 지역에서는 사대자소(事大字小)라는 예의 관념에 입각한 위계적인 천하 질서와 명분상 국가 평등 관념을 기반으로 하면서 부국강병과 식민지를 추구하는 근대 유럽의 국제관계가 한동안 경합하는 양상을 보이다가 결국은 '고유'한 전통질서가 무너지고 '외래'의 근대국제정치 속으로 편입되는 과정을 겪게 된다. 이처럼 서로 이질적인 질서가 충돌한 동북아 지역은 가히 혁명적인 전환기로 들어가게 되었다.

동주의 근대한국외교사에 대한 논의가 필자의 관점에서 흥미로운 이유는 조선의 대외관계사를 단순히 주변 열강 간의 각축이라는 측면에 시야를 한정하지 않고 오히려 두 개의 거대하고 이질적인 질서들 간의 만남과 그에 수반하여 발생하게 되는 연쇄적인 변화라는 관점을 견지하며 접근해 들어가기 때문이다. 근대한국외교사에 대한 동주의 고민의 깊이는 그가 남긴 몇 편의 주요한 연구논문에 여실히 묻어난다. 예컨대 김옥균의 개화당 형성과 개화승 이동인의 행적의 상관관계를 실증적으로 검토하려고 시도한 논문 「東仁僧의 行蹟(上)-金玉均派 開化黨의 형성에 沿하여」(1973)나 1885년의 영국의 거문도점령을 둘러싼 외교관계를 다루는 「巨文島占領外交綜攷」(1964)는 동주가 얼마나 진지하고 깊이 있게 이 시대에 관하여 고민하고 있었는지를 잘 보여주는 것들이다(이용희 1973, 7-47; 이용희 1964, 455-499). 놀랍고도 흥미로운 사실은 지금처럼 자료의 데이터베이스화가 이루어지지 않은 상황에서 그가 활용하는 1차 자료의 범위가 한국과 중국, 일본의 외교문서와 개인문서, 구미권 외교문서 등 가히 동시대의 연구자들이 다루지 못하는 범위에 이르기까지 두루두루 미치고 있다는 점일 것이다.[3] 동주의 근대한국외교사 분야의 이 두 편의 논문은 지금까지도 관련된 주제를 다루는 사람들이 필독하지 않으면 안 되는 대표적인 연구로서, 19세기를 보는 동주의 거시적인 안목과 디테일한 미시적 사건이나 상황에 대한 이해의 정도를 짐작케 해준다.

아울러 해방 이후 한국외교사에 대한 그의 논문들도 매우 흥미로운 것들이라고 하지 않을 수 없다. 그중에서도 한반도 분단의 경위와 과정을 다루는 「38線 劃定 新攷」(1965)는 미소(美蘇)를 비롯한 주변 강대국들의 입장들이 한반도 분단에 계기적으로 맞물려 들어가는 상황을 역동적으로 포착해보여주고 있다는 점에서 여전히 신선하게 다가온다(이용희 1965; 이용희 1987, 11-63).

반면 한일 양국관계의 심리적 측면을 긴 역사적 맥락에서 통찰하고 있는 「韓日關係의 精神史的 問題」(1970)와 같은 글은 한일관계사와 비교사상사, 문명사를 종횡으로 오가는 빛바래지 않은 대가의 풍모를 드러내는 연구라고 해야 할 것이다(이용희 1970; 이용희 1977, 225-266).

하지만 이러한 동주의 한국외교사 관련 작업들을 접하면서 필자로서는 매우 아쉽게 느껴지는 부분이 있다. 그것은 동주의 시야가 갖는 거시적인 안목과 미시적인 디테일이 한국외교사에 관한 하나의 체계적인 저술로 이어져 숙성될 기회를 갖지 못했다는 점이다. 바꿔 말하면, 동주가 한국외교사의 디테일에 천착하는 모습을 보이면서도 한국외교사 전체를 가늠하고 체계화하는 작업에 직접 손을 대지 못했고, 이로 인해 동주의 한국외교사에 대한 남다른 안목이 학문적으로 뿌리내리지 못한 채 부유(浮游)하게 되는 결과를 낳게 된 것은 한국외교사 분야에서 볼 때 뼈아픈 대목이라고 여겨지는 것이다. 한국외교사 분야에서 드러난 그의 공백은 후일 그의 제자인 김용구 교수를 통해 메워지게 되었다.[4]

---

3 이용희, 『近代韓國外交文書總目 (외국편)』 (대한민국 국회도서관, 1966)은 동주의 외교사적인 지평이 얼마나 넓고 치밀한 수준에 도달해있었으며, 얼마나 오랜 시간동안 축적된 것이었는지를 가늠하게 해준다.

5. 맺음말: 동주 정치학의 매력과 과제

동주의 국제정치학은 단순하지 않다. 하나의 상황이 어떤 '계기'가 되어 다른 상황, 다른 국면으로 계속해서 이어지는 정황을 포착한다. 별개의 문제, 파편적인 방식으로 이해될 소지가 많은 각각의 사태들을 퍼즐처럼 맞춰내 전체상을 역동적으로 그려내는 힘이 뛰어나다. 각각의 서로 다른 주제들이 하나씩 연결되면서 끊어진 맥락들을 복원해낸다. 동주의 정치학에는 시대적 맥락과 구조적 세계를 엮어가는 시야가 씨줄과 날줄로 촘촘하게 엮여있다. 필자가 보기에 동주 글의 힘은 이처럼 종합적 안목에서 나온다.

예컨대 유럽 국제질서의 탄생이 어떻게 근대 민족주의의 속성을 만드는 작용을 하는지를 언급하더니, 이번에는 민족주의가 국제질서 혹은 국제정치의 현실정치적 속성을 어떻게 강화시켜 가는 것인지를 짚어낸다. 유럽의 민족주의를 다루다가도 이번에는 사회주의권, 비유럽권의 민족주의와의 연속성은 무엇이며 그 차이는 어디에 있는가를 보여준다. 민족주의와 공산주의, 제국주의와 민주주의가 어떻게 현실세계에서 결합하는지를 실타래를 풀어나가듯 차분히 들려준다. 국제정치를 다루면서도 국내정치와 권력의 문제가 자연스럽게 연결된다. 이른바 민족주의, 근대 국민국가의 '안과 밖'의 역설적인 상관성이 뫼비우스의 띠처럼 이어지는 양상을 포착해보여주는 것이다. 이러한 종합적인 안목으로 인해 동주의

---

4 한국외교사와 관련된 김용구의 저술은 대체로 다음과 같은 것들이다. 『세계관 충돌의 국제정치학: 동양 禮와 서양 公法』(서울: 나남, 1997); 『세계관충돌과 한말 외교사, 1866-1882』(서울: 문학과 지성사, 2001); 『외교사란 무엇인가』(인천: 원, 2002); 『임오군란과 갑신정변: 사대질서의 변형과 한국외교사』(인천: 원, 2004); 『세계외교사』(서울: 서울대학교출판부, 2006); 『만국공법』(서울: 소화, 2008); 『거문도와 블라디보스토크: 19세기 한반도의 파행적 세계화과정』(서울: 서강대학교 출판부, 2009); 『약탈제국주의와 한반도: 세계외교사 흐름 속의 병인 신미양요』(서울: 원, 2013)

정치학 혹은 국제정치학은 근대국가와 주권국가, 그리고 민족국가적 발상의 속성을 깊이 있게 다루면서도 여기에 매몰되지 않고 이러한 지평의 저편을 조심스러우면서도 진지하게 생각하게 만들고 이를 넘어서는 발상을 가능하게 만드는 힘이 있다.

필자가 보기에 또 다른 동주 국제정치학의 매력은 '지금, 여기'에서 출발하는 동주의 문제의식이 갖는 진정성이다. 유럽 국제정치, 민족주의의 이야기를 깊숙이 들어가 들려주다가 어느새 펜 끝이 메이지일본, 중국, 분단된 한반도의 상황으로 향하고 있음을 느낀다. 그래서 공허하고 맹목적인 독선이나 따분하고 지겨운 추상의 세계가 아니라 살아 꿈틀대는 그어떤 힘이 그의 사유에서 느껴지는 것이리라. 그래서 상당기간의 세월이 흘렀음에도 불구하고 글을 읽다보면 저자의 문제의식이 갖는 긴박감이나 절실함이 필자의 턱밑까지 전해오는 느낌을 받게 된다. 동주의 정치학에는 독자로 하여금 긴장하게 만들고 생각하게 하는 힘이 있다. 그의 국제정치학이 현실의 토양 위에서 구체적으로 숨을 쉬기에 읽을 때마다 다른 느낌의 울림을 전해주는 것이리라. 필자가 동주의 정치학을 한국의 지성계가 21세기에 계승 발전시켜야할 소중한 자산이라고 생각하는 것은 이러한 이유 때문이다.

여담이지만 동주의 연구를 접하다보면 연상되는 인물이 하나 있다. 전후 일본을 대표하는 정치사상가 마루야마 마사오(丸山眞男, 1916-1996)가 바로 그 사람이다. 두 사람은 구체적인 방법론이나 입장은 많이 달랐지만 완전히 겹치는 동시대를 살았으며 주변부지식인으로서 '보편과 특수'의 문제를 끊임없이 의식한 흔적이 연구를 통해 여실히 묻어난다는 점에서 서로 닮아 있었다. 어떠한 시공간의 전체적인 맥락을 중시하면서 상황을 추체험해 들어가는 진지한 시선이나 자신을 둘러싼 시대적인 문제의식과 고투하는 모습도 비견할 만하다. 동주가 조선의 식민지화를 초래한 근대국제질서와 민족주의, 민족분단과 한국민족주의, 근대화와 통일의 과제를 둘러싼 문제들을 섭렵하고 있었다면, 마루야마는 전후 일본의 정신적인 공백 위에서 일본의 군국주의와 초국가주의라는 사상사적 병리현상으로부터 논의를 시작하여 문화접촉에 의한 사상 변용의 문제를 심층적으로 분석하며 일본정치사상사 전반에 관한 논의를 주도해나갔다고 할 수 있다.[5]

두 사람 모두 자신이 목도한 내셔널리즘과 국가의 정체성을 고민했으며, 자기 역사와 고전문헌을 관통하는 언어능력과 다양한 학문의 경계를 넘나드는 통찰력을 지니고 있었다는 점, 그리고 거시적인 안목과 미시적인 디테일을 결합하고 종합하는 능력이 탁월하다는 점, 아울러 예술적 감수성을 겸비하고 있다는 점도 서로 닮아있어 흥미롭다.

하지만 마루야마가 일본학계의 후학들에게 끊임없이 영감을 제시하면서 논의의 토대를 제공하는 것처럼 동주의 국제정치학이나 민족주의 연구가 이후 한국학계에서 면밀하고 섬세하게 검토되거나 계승되었다고 말하기는 어려워 보인다. 이러한 상황을 극복하려면 동주의 저작에 대한 파편화된 이해와 논의방식이 후학들에 의해 좀 더 큰 그림으로 복원되어야 할 필요가 있을 것이다.

---

5 2017년 현재 한국에 번역되어 소개된 마루야마 마사오의 저작물로는 대체로 다음과 같은 것들이 있다. 『현대정치의 사상과 행동』 (서울: 한길사, 1997); 『일본정치사상사연구』 (서울: 통나무, 1998); 『충성과 반역: 전환기 일본의 정신사적 위상』 (서울: 나남, 1998); 『번역과 일본의 근대』 (서울: 이산, 2000); 『문명론의 개략을 읽는다』 (파주: 문학동네, 2007); 『전중과 전후사이』 (서울: 휴머니스트, 2011); 『일본의 사상』 (서울: 한길사, 2012)

참고문헌

강상규. 2013. 『조선정치사의 발견』. 파주: 창비.

김용구. 1997. 『세계관 충돌의 국제정치학: 동양 禮와 서양 公法』. 서울: 나남.

김용구. 2001. 『세계관충돌과 한말 외교사. 1866-1882』. 서울: 문학과 지성사.

김용구. 2002. 『외교사란 무엇인가』. 인천: 원.

김용구. 2004. 『임오군란과 갑신정변: 사대질서의 변형과 한국외교사』. 인천: 원.

김용구. 2006. 『세계외교사』. 서울: 서울대학교출판부.

김용구. 2008. 『만국공법』. 서울: 소화.

김용구. 2009. 『거문도와 블라디보스토크: 19세기 한반도의 파행적 세계화과정』. 서울: 서강대
학교 출판부.

김용구. 2013. 『약탈제국주의와 한반도: 세계외교사 흐름 속의 병인 신미양요』. 서울: 원.

로버트 잭슨. 옥동석 역. 2016. 『주권이란 무엇인가』. 파주: 21세기북스.

마루야마 마사오. 김석근역. 1997. 『현대정치의 사상과 행동』. 서울: 한길사.

마루야마 마사오. 김석근역. 1998. 『일본정치사상사연구』. 서울: 통나무.

마루야마 마사오. 김석근, 박충석역. 1998. 『충성과 반역: 전환기 일본의 정신사적 위상』. 서울:
나남.

마루야마 마사오. 임성모역. 2000. 『번역과 일본의 근대』. 서울: 이산.

마루야마 마사오. 김석근역. 2007. 『문명론의 개략을 읽는다』. 파주: 문학동네.

마루야마 마사오. 김석근역. 2011. 『전중과 전후사이』. 서울: 휴머니스트.

마루야마 마사오. 김석근역. 2012. 『일본의 사상』. 서울: 한길사.

박상섭. 2008. 『국가·주권』. 서울: 소화.

에릭 홉스봄. 이용우역. 2009. 『극단의 시대: 20세기의 역사(상·하)』. 서울: 까치.

이용희. 1962. 『일반국제정치학(상)』. 서울: 박영사.

이용희. 1964. 「거문도점령외교종고(巨文島占領外交綜考)」, 『상백(想白)이상백(李相佰)박사회
　　갑기념논총』. 서울: 을유문화사.

이용희. 1966. 『근대한국외교문서총목(외국편)』. 서울: 대한민국 국회도서관.

이용희. 1973. 「동인승(東仁僧)의 행적(상)-김옥균과 개화당의 형성에 연(沿)하여」, 『논문집』.
　　창간호. 서울대학교 국제문제연구소.

이용희. 1977. 『한국민족주의』. 서울: 서문사.

이용희. 1977. 「민족주의의 개념」. 1977년 회갑기념 학술심포지움의 기념강연.

이용희. 1987. 『이용희저작집1-한국과 세계정치』. 서울: 민음사.

하영선. 2011. 『역사 속의 젊은 그들』. 서울: 을유문화사.

제3부

한국회화의
미와 사상

이용희의 한국회화사론

제11장

동주 한국회화사론과 미술사학

『한국회화소사』 해제와 비평

조인수

1. 머리말: 미술사학자 동주

『한국회화소사』는 이용희(1917-1997)가 이동주(李東洲)라는 필명으로 1972년에 발간한 책인데, 한국의 회화사에 대한 최초의 저작으로 매우 중요한 의미를 지닌다. 처음 출판된 후 40여년이 지난 지금까지도 개정판이 서점에서 판매되고 있을 정도로 독자들의 지속적인 관심을 받고 있기도 하다.

회화사 서술은 그림에 대한 섬세한 심미안과 더불어 역사적 배경에 대한 풍부한 이해를 두루 갖추어야 가능하다. 더욱이 공사립 기관이나 개인이 소장하고 있는 작품에 대해 두루 꿰뚫고 있어야 하고, 진위를 분별할 수 있는 날카로운 감식안도 갖추어야만 한다. 국제정치학이라는 다른 전공의 학자로서, 그리고 여러 공직을 거치는 바쁜 와중에 이 책을 비롯하여 한국 회화사 방면에 여러 권의 책을 펴낸 동주의 학술적 역량은 놀랍기만 하다.

삼국시대부터 조선시대까지 한국 회화의 흐름을 통사적으로 정리한 이 책은 한국 회화사에 대한 동주의 거시적인 통찰력을 가늠해 볼 수 있게 해준다. 이 글에서는 책이 처음 출판된 사정과 이후 개정판의 변화를 설명한 후, 책의 구성과 서술 방식을 살펴보겠다. 그리고 회화 작품에 대한 분석 방법과 역사적 인식을 검토함으로써 미술사학자로서 동주의 면모를 알아보고, 이 책의 학술사적 의의를 평가해 보겠다.[1]

2. 서지학적 개괄

『한국회화소사』는 여러 차례에 걸쳐 다른 지면이나 출판사를 거치면서 출간되었기에 이에 대한 서지학적 개괄이 필요하다. 이 책은 서문당에서 서문문고 제1권으로 1972년 4월 10일에 출판되었다. 책의 앞부분에 실린 「책을 내면서」에서 동주는 "이 한국 그림의 조그만 역사는 2년 전 고려대학교 민족문화연구소에서 발간하는 『민족문화연구』 제4호에 실렸던 것이다."라고 밝히고 있다(이동주 1972, 5).[2]

---

1 동주의 미술사학자적인 면모는 이동주, 「미술사와 미술사학: 나의 한국전통한국회화연구와 관련하여」, 『미술사학보』 1호 (1988), pp. 93-118 및 유홍준, 「이동주: 전통 동양화론에 입각한 당대의 감식안」, 『한국의 미(美)를 다시 읽는다』 (서울: 돌베개, 2005), pp. 270-287을 참조. 정치학자로서의 측면은 하영선, 『역사 속의 젊은 그들: 18세기 북학파에서 21세기 복합파까지』 (서울: 을유문화사, 2011), pp. 251-303을 참조.

2 문고본에 맞도록 약간 두꺼운 종이로 표지를 삼았고, 가격은 (별 하나에 70원)이라고 표시하고 뒷표지에 붉은 별 여섯 개를 인쇄하여 420원이었음 알려준다.

실제로 같은 내용이 고려대학교 민족문화연구소(현 민족문화연구원)에서 발간하는 학술지 『민족문화연구』 제4호에 「한국 회화사」라는 제목으로 수록되어 1970년 11월 발표되었다. 이 글은 도판을 포함한 본문 분량이 149쪽에 달하여 전체 367쪽의 학술지 해당호의 거의 40%를 차지한다. 보통 40~50쪽의 다른 논문과 비교해 볼 때 지나치게 긴 것으로, 이때 함께 수록된 이두현의 「한국 연극사」는 38쪽, 최순우의 「한국 공예사(삼국, 통일신라편)」은 35쪽이었다.

동주의 논문은 분량뿐만 아니라 편집 체제도 달랐다. 다른 논문과 자료, 서평은 모두 좌철 가로쓰기에 쪽 번호는 아라비아 숫자인데, 마지막 두 논문인 「한국 회화사」와 「한국 공예사(삼국, 통일신라편)」은 우철 세로쓰기에 한자로 쪽 번호를 매겼다. 한 권의 책에서 앞뒤 양쪽으로 각각 논문들이 시작되는 셈인데, 동주의 논문부터 쪽 번호를 다시 부여해서 일(一)쪽으로 시작한다. 게다가 다른 논문에는 없는 필자 소개가 있어서 동주의 경우 〈필자, 서울대 교수〉라고 되어 있고, 최순우는 〈필자, 국립박물관 미술과장〉이라고 밝혀 놓았다. 마지막으로 다른 논문에는 덧붙여져 있는 영문 요약이 두 논문에는 없다.

『민족문화연구』 첫 호는 세로쓰기로 1단 또는 2단으로 편집하고 한자로 쪽 번호를 쓰다가, 제2호부터 가로쓰기에 아라비아 숫자의 쪽 번호로 편집을 통일했다. 따라서 제4호에 실린 두 논문이 세로쓰기와 한자 쪽 번호를 사용하면서 우철로 뒤쪽에서 거꾸로 시작되도록 한 것은 납득이 가지 않는다. 마치 다른 곳에 출판하려 했다가 여의치 않아 이 학술지에 덧붙인 듯한 인상을 준다. 당시에는 활판인쇄 기법을 사용했으므로 충분히 가능한 일이다.

흥미롭게도 1982년 이 책의 개정판이 나올 때 동주는 앞에 추가한 「개정판을 내면서」에서 이 글을 처음 싣게 된 것이 『한국문화사대계』라고 언급한다(이동주 1982, 28). 그러면서도『민족문화연구』제4호에 실렸다고 했던 초판의「책을 내면서」는 그대로 놔두어서 혼란이 생긴다.『한국문화사대계』역시 같은 고려대학교의 민족문화연구소에서 발간한 것으로 한국의 민족문화를 열 두 개의 분류로 나누고 두 부문씩 한 권으로 구성하여 총 여섯 권으로 이루어져 있다.[3] 1964년 제1권을 시작으로 1970년 12월 제6권이 출판되어 완료되었다.

그런데 1970년 2월 25일에 출판된『한국문화사대계 4권: 풍속, 예술사 (상·하)』에는 동주의 글이 수록되지 않았다. 하권에는 황수영의「한국미술사(1): 조각사」, 신영훈의「한국미술사(2): 건축사」, 김응현의「한국미술사(3): 서예사」가 실려 있을 뿐이다. 여기서 주목해보아야 할 것은『민족문화연구』에 다른 논문과는 편집 체제를 달리하여 수록된 동주와 최순우의 글이『한국문화사대계』의 편집 체제와 일치한다는 점이다. 목차에 해당하는 쪽의 편집 디자인을 보면, 제목과 필자가 나오고 아래에 상세 목차와 필자 소개가 나오는데 글자의 모양과 크기 및 배치가 일치한다. 본문 역시도 우철 세로쓰기에 한 쪽에 17줄인 점이 동일하다. 주석이 본문 중간 중간에 삽입된 것까지도 똑같다. 물론 내용과 도판 역시 거의 같다.

이것으로 미루어 볼 때 동주의 한국회화사 원고는 처음에는『한국사상사대계』를 위해 작성되었고 편집까지 되었다가 어떤 사정으로 인하여 수록되지 못했을 것이다. 얼마 후『민족문화연구』에 게재되었다가 이듬해 단행본으로 출판된 것이라고 추정할 수 있다. 어쩌면 다른 글과는 달리 도판이 많아서 이를 수록하는 것이 여의치 않았거나, 분량이 너무 많아서 함께 수록하지 못했을 가능성도 있다. 실제로 동주는「머리말」에서 "이것

---

3 실제 책수로는 1권을 제외하고는 모두 상, 하 두 책으로 이루어져 전체 11책이 된다. 각 권과 12개 분류는 1권: 민족, 국가/ 2권: 정치, 경제 (상, 하)/ 3권: 과학, 기술 (상, 하)/ 4권: 풍속, 예술(상, 하)/ 5권: 언어, 문학 (상, 하)/ 6권: 종교, 철학 (상, 하) 등이다. 발문 참조.

이 수록되는 분류사의 형편상 사진 없는 그림의 설명이 많아져서 사실상 설명이 의미 없게 되는 경우가 많이 생긴다."라고 하였다(이동주 1972, 12).

그렇다면 동주는 『한국회화소사』의 개정판에서 왜 "이 글을 처음 싣게 된 『한국문화사 대계』"라고 굳이 밝혔을까? 이에 대한 해답은 1970년 『한국문화사대계』의 발간이 완료된 후, 2년여가 흐른 뒤 1972년 5월에 추가로 출판된 『한국문화사대계 7: 증보, 색인편 (상·하)』를 살펴보면 알 수 있다. 증보편 상권에는 동주와 최순우의 글을 비롯하여 이두현의 「한국연극사」 신극편이 수록되었다. 물론 내용과 도판 역시 거의 같다. 세 글 모두 『민족문화연구』 4호에 함께 게재되었던 것이다. 동주가 단행본으로 『한국회화소사』를 펴낼 때만 하더라도 자신의 글이 곧 『한국문화사대계 7』에 수록되어 출판될 것이라는 사실을 몰랐거나 확신할 수 없었던 모양이다.

따라서 원래는 『한국문화사대계』를 위해서 동주의 글이 쓰여 졌지만 무슨 연유인지 수록되지 못하고, 『민족문화연구』에 게재되었다가, 이후 『한국문화사대계』 증보편에 다시 수록된 것임을 알 수 있다. 동주는 이후에 출판된 개정판에서는 이점을 분명히 밝혀 놓은 것이다. 이렇게 보면 『민족문화연구』에서 편집체제가 다르고 쪽 번호를 다시 일(一)로 시작한 것이 이해된다. 하지만 같이 게재되었던 이두헌의 「한국 연극사」 역시 『한국문화사대계 7』에 포함되게 되지만, 『민족문화연구』에서는 오히려 좌철 가로쓰기 편집으로 되어 있어서 아직도 동주의 논문에 어떤 일이 일어났던 것인지에 대해서는 의문은 남는다. 더군다나 저작권이나 중복게재의 문제점을 고려한다면 동주의 동일한 글이 일이년 사이로 연달아 출판된 것이 다소 납득이 가지 않지만 당시에는 가능했던 모양이다.

서문당에서 문고판으로 출판한 『한국회화소사』는 매우 인기가 높았던지 한 달여 만에 바로 재판을 찍어냈다. 동주는 3월에 초판 서문을 썼고,

다시 6월 16일에 다소 긴 재판 서문을 추가한 셈이다. 재판에서 본문을 수정하는 것은 여의치 않았지만, 3월 초순경부터 6월 중순까지 일본에서 나라의 다카마쓰고분과 가시와라의 다마테야마고분에서 한국 관련 벽화가 발견되고 학술대회까지 열린 정황에 대해 사진까지 곁들여 상세히 소개했다.

이후 10여 년이 지난 후, 1982년 4월에 같은 출판사인 서문당에서 개정판이 출판된 것이다.[4] 그사이 새롭게 알려진 자료를 기초로 고구려 고분벽화에 대해서는 완전히 새로 고치고, 고려 불화에 해당하는 내용도 손을 보았다. 중간 중간에 들어있던 컬러도판을 앞쪽으로 모아 배치했으며, 주석을 일부 추가했다. 흥미롭게도 이전에는 열람이 거의 불가능했고 언급하는 것조차 금기였던 중국과 북한의 자료를 언급했다.

작은 문고판으로 두 차례에 걸쳐 출판된 『한국회화소사』는 한동안 절판되었다가 1996년 범우사에서 다시 개정판을 냈다. 이때는 원래 책보다 두 배 넘게 크게 만들고 도판을 일부 추가해서 215개로 늘렸으며 전체를 원색도판으로 바꾸었다. 평소에 동주와 친분이 깊었던 회화사 전공자인 유홍준 교수가 교정과 각주 보완을 맡았고, 전체 편집구성은 한문영이 맡았다. 특히 한문영은 예경출판사의 『국보』 전집을 비롯하여 수많은 미술도서를 편집한 경험이 풍부했고, 『한국서화가인명사전』을 펴내기도 했다. 덕분에 가로쓰기로 읽기가 편해졌고 컬러도판은 보기 시원하게 종종 한 면 전체를 차지하고, 심지어는 양면에 걸치기도 하여 본문에서 설명하는 그림의 특징을 쉽게 확인할 수 있게 되었다.

---

4 1982년 개정판은 표지 장정을 갈색 비닐 커버로 바꾸고 금색으로 글씨와 장식을 해서 마치 서양의 고급 가죽제본 책과 같은 느낌을 준다. 판매가격은 1,800원으로 뒷표지에 표시되어 있다.

3. 구성과 서술방식

책의 구성을 살펴보면 짧은 머리말에 이은 총론으로 시작하여 「I. 삼국
시대와 통일신라시대」, 「II. 고려시대」, 「III. 조선왕조시대 전기」, 「IV. 조
선왕조시대 중기」, 「V. 조선왕조시대 후기」의 다섯 장이 이어지고 마지막
에 결론으로 마무리한다.[5] 그리고 부록으로 역대화가성명총록을 덧붙였
다. 왕조를 중심으로 삼아 시대의 순서에 따랐으며, 서술 분량에 따라 삼
국시대와 통일신라시대는 하나의 장으로 묶고, 조선시대는 세 개의 장으
로 나누었다. 이것은 남아 전하는 회화 작품의 수량과도 관계있다.

서문에 해당하는 머리말은 2쪽으로 짤막한 글인데 다음과 같은 문장으
로 시작한다.

> 이 한국 회화사는 가능한 한 그림 그 자체를 기준으로 쓰려고 힘썼다. 그림
> 의 역사는 어디까지나 그림의 역사이지 옛글·옛이야기의 역사는 아니기에,
> 과거 분들의 화평·전기를 참고로 하면서도 역사로서는 그림 그 자체가 표시
> 하는 그림의 미와, 그 그림의 미에 대한 그 시대의 기준을 중심으로 적어 보
> 려 하였다(이동주 1972, 11).

회화사는 그림이라고 하는 일차사료에 근거하여 서술하는 것이고, 그
림에 대한 문헌사료는 어디까지나 이차사료에 불과하다는 점을 밝힌 것
으로 미술사학의 입장에서 본다면 당연한 주장이다. 동주가 굳이 이 점을
책의 첫머리에서 강조한 이유는 이 당시까지만 하더라도 "그림의 미"를

---

5 1996년 개정판에서는 「I. 총론」, 「II. 삼국시대와 통일신라시대」, 「III. 고려시대」, 「IV. 조선시대
전기」, 「V. 조선시대 중기」, 「VI. 조선시대 후기」, 그리고 「결론」으로 하여 약간의 차이를 보인다.

위주로 하여 쓰여진 한국 회화사가 없었기 때문이다. 그림에 대한 아리송한 품평이나 화가에 대한 과도한 칭찬이 위주이고 정작 그림에 대한 시각적 분석은 드물었다는 것이다.

동주의 이런 태도는 서양에서 발달한 근대적 미술사학의 양식사 입장을 따른 것이다. 미술사학의 여러 방법론 중에서도 뵐플린이 체계화시킨 양식사는 이전의 전기적이고 골동취향적인 미술사를 객관적이고 과학적인 단계로 끌어올려 근대적 학문체계로 자리잡게 해주었다. 형태, 색채, 구도 같은 미술품의 형식적 특징을 분석하는 양식사는 작품의 내용과 의미를 탐구하는 도상학과 더불어 근대 미술사학의 주류를 이루었다(조인수 2010, 145).

동주는 이러한 양식사를 한국회화사에 본격적으로 적용시키려고 시도했던 것이다. 이미 1930년대부터 한국미술사에 대한 고유섭의 심도 깊은 연구가 등장했고, 김용준, 윤희순, 김원용 등도 부분적으로 양식사를 차용했지만, 회화사의 경우에는 대개 화풍의 특징과 변천을 규명하는 것에는 이르지 못했다.

이어지는 총론은 하나의 독립된 장으로 구성될 만큼 미술사학과 회화사에 대한 평소 자신의 생각을 상세히 서술했다. 이 장의 부제가 "그림의 아름다움과 시대적 미관"이다. 그림에는 자연적 미와 함께 문화적 미가 있는데, 후자로부터 시대와 장소에 따라 차이가 나는 시대적 미관이 나타난다는 것이다. 이러한 미관이 표현된 것이 양식인데, "미관과 양식은 서로 안팎이 된다."고 하였다(이동주 1972, 17). 총론은 다시 1장 회화권, 2장 한국 그림으로 나뉜다. 그림이란 것이 시대적 미관 같은 정신적 조건 못지않게 연장, 재료, 기법 같은 물질적 조건에 따라 성립되는데 이것은 문화권(文化圈)과 밀접한 관련을 갖고 있다고 한다. 그리고 문화권에 대응하는 회화권(繪畵圈)을 생각할 수 있다는 것이다. 지역성에 대비되어 회화권은 국제적 조건이 되는 것이다. 이때 국제성이나 향토성은 그 자체로 그림의 아름다움을 결정하는 것이 절대로 아니라고 강조한다. "향토애나 내셔널리즘을 은근히 내세우는 것은 그림의 아름다움의 핵심과는 인연이 먼 속견(俗見)에 불과하다."라고 일갈한다. 한 지역에서 다른 지역으로 전파가 있을 뿐인데, 이를 단순히 모방이라고 하는 것은 "아름다움이 무엇인지 모르는 망발"이라고 비판한다(이동주 1972, 20).

동주는 연희전문학교 시절부터 문학과 언어학 이외에 새로 흥미를 갖게 된 분야가 미술사학이었다. 독일 미술사학자인 빌헬름 보링거(Wilhelm Worringer, 1881-1965)의 『추상과 감정이입(Abstraktion und Einfühlung)』을 시작으로 뵐플린의 『고전미술론』, 『미술사의 기초개념』, 파노프스키의 「미술의 욕의 개념(Der Begriff des Kunstwollens)」 등을 찾아 읽었다고 한다(이용희 1974; 이용희 1987, 491; 이동주 1988, 93-118). 흥미롭게도 그는 미술사의 문화권 이론을 국제정치학에 적용시켜 권역이론, 전파이론 같은 독창적인 학설로 발전시켰다고 한다(이용희 1974, 494; 이동주 1998, 117; 유홍준 2005, 276).

회화권에는 세 가지 문제점이 있다고 한다. 첫째는 그림의 주제가 문화미와 자연미의 관계에 따라 바뀐다는 것이다. 둘째는 문화가치가 안정되면 문화미가 우세하고, 이것이 붕괴되면 자연미가 유행하는 특징이 있다는 것이다. 셋째로는 문화미는 상류계급과 관련이 깊어 감상용 그림이 많고 서민 계급의 그림은 실용적인 자연미가 선택된다는 것이다. 이렇게 그림을 사회적인 측면과 계급적 구조로 살펴보는 것은 정치학자로서의 훈련을 보여주기도 한다.

한국 그림의 경우 동아시아 회화권에 속하기 때문에 한국적인 그림의 특징을 알기 위해서는 한중관계를 깊이 천착해야 한다고 말한다. 이런 측면에서 볼 때 한국 그림은 화론이 아주 적고, 직업화가의 역할이 두드러지며, 그 결과 문인 취향보다는 감각적이고 자연미적인 그림이 많다고 본다. 결론적으로 한국 그림의 전반적인 특질을 든다면 "천연스럽고 천진스럽다"고 한다(이동주 1972. 33). 앞에서는 사회경제적 측면을 강조하고 심지어 뵐플린의 학설 인용하면서까지 형식적인 측면을 분석했지만 여기서는 갑자기 애매모호한 감상주의에 빠진다. 한국의 산수화는 온화하고, 관서의 위치에서 범연한 태도를 엿볼 수 있으며, 꾸미지 않고 친근한 소박주의를 거론한다. 이것은 당시 민족주의 사관이 강조되면서 추상적이고 관념적인 성격의 한국미를 추출하려는 시도와 닿아 있는 것이다. 이런 태도는 듣기에는 좋으나 실체가 모호한 결론에 도달하게 마련이다. 한국의 전통미가 아직 구체적으로 확인되지 않은 상태에서 포괄적이고 수사적인 방식을 취한 것으로 일종의 "야나기 신드롬"에 해당하는 것이다(조인수 2010. 144).

이렇게 본다면 총론 속의 두 절은 서로 잘 어울리지 않는다. 사회경제적 배경을 강조하는 앞부분은 마치 신미술사학을 예견하는 듯하고, 국제성을 강조하면서 전파의 방점을 찍은 것은 탈민족주의, 다문화주의에 대한 예언 같다. 반면 뒷부분은 위대하고 불변하는 한국미의 특질을 내세우는 다소 구태의연한 모습이다. 혹자가 비판하듯 명망 있는 국제정치학자가 감상자적 입장에서 미술사를 다룬 불가피한 결과일까? 이것은 이어지는 본문을 살펴보아야 제대로 판단할 수 있을 것이다.

이어지는 세 개의 장은 모두 1. 개관, 2. 기록, 3. 그림이라는 세 개의 절로 구분하여 같은 체제로 이루어져 있다. 개관에서는 해당 시기의 대략적인 특징과 중국 회화와의 관계를 설명한다. 기록은 화가, 작품, 수장가 등에 관한 중요 문헌을 소개한다. 그림은 개별 작품에 대한 분석으로 이루어져 있다. 「IV. 조선왕조시대 중기」, 「V. 조선왕조시대 후기」 두 장에서는 기록에 해당하는 절이 없는데 아마도 자료는 너무 많고 책 전체 분량은 한정되어 있어 과감하게 생략한듯하다. 대신 그림 절은 다시 산수, 인물, 사군자, 속화, 잡그림 같은 소절로 구분하였다.

그림에 대한 서술은 작가에 대한 간략한 소개와 그의 작품 경향을 설명한 후, 해당되는 사례를 드는 방식이다. 심사정의 실경산수를 설명하는 경우를 보면 다음과 같다.

현재 심사정은 겸재의 남화풍을 배웠다고 하며 현재 그림에 방불한 겸재 그림이 남아 있는 것을 보면 현재는 겸재의 초기 남종작품에서 출발하고 다시는 고치지 않은 것 같다. 따라서 그의 그림은 후기 겸재의 진경산수와는 전연 달랐다. 현재에게도 사경산수로 그린 〈해금강전도〉, 〈경구팔경첩〉 등이 있으니 그 사경은 남종화되었다고 하는 것이 특징이라고 할까, 실경을 전통 산수로 옮겨 그린 감이 있다. 이 점 현재로서는 드문 풍속미 있는 산수라고 할 수 있는 〈전가낙사도〉에 있어서도 일반이다(이동주 1972, 200-201).

이전의 품평과 동주 자신이 직접 눈으로 확인한 작품의 특징을 비교하면서 작가의 화풍을 설명한다. 하지만 거론되는 작품의 도판이 제시되지 않아 저자의 주장을 따라가기 어렵다. 다른 부분에서도 도판이 있더라도 흑백이고 작아서 제대로 보이지 않는다. 그리고 개별 작품에 대한 상세한 양식적 분석이 없다.

이 책에 앞서 그는 1969년 『아세아』라는 잡지에 한국 회화에 대한 5편의 글을 연재했다. 여기에는 정선, 김홍도, 김정희, 풍속화에 대한 글이 포함되었다.[6] 당시 사람들이 조선시대 회화에 대하여 초보적인 지식만 갖추고 있던 상황에서 동주의 글은 획기적이었다. 저항시인 김지하를 비롯하여 수많은 지식인, 학생들이 이 글에서 감명을 받았다. 그중 「겸재 일파의

---

6 이에 대해서는 이 책에 실린 장진성의 『우리나라의 옛 그림』에 대한 해제를 참조.

진경산수」,「김단원이라는 화원」 같은 논문을 보면 개별 작품에 대한 상세한 설명이 있는 것을 발견할 수 있다. 즉,『한국회화소사』에서 발견되는 다소 부족하고 불친절한 작품 설명은 이 책의 분량과 체제에 따른 불가피한 결과였다고 할 수 있다.

동주는 이 책에서 조선시대를 전기, 중기, 후기로 구분하는데 개국부터 16세기 중엽인 중종대까지의 전기, 17세기 숙종대 전반까지 중기, 숙종대 후반부터 19세기를 말기로 본다. 이것은 "그림의 특징과 대략 부합"하는데 전기는 송, 원 화풍이 잔존, 중기는 명대 원체파, 절파의 영향, 후기는 오파로 대표되는 남종문인화가 유행했다. 이미 오세창(1864-1953)은 태조에서 인종대를 상기(上期), 명종에서 현종대까지 중기(中期), 숙종에서 철종까지 하기(下期)로 구분했었다. 이것은 이전에 임진왜란을 경계로 하던 이 분기법과 차별성이 있는 것으로 동주가 계승한 셈이다(홍선표 1998, xiii).

즉 조선시대 회화사의 시대구분은 임진왜란을 경계로 전기와 후기로 구분하거나, 3기로 나누어 보는 것이다. 이에 대하여 안휘준은 조선시대 화풍의 변천과 관련해서 볼 때 동주의 3기설이 가장 타당성 있으며, 후기는 김정희 이후부터 화단의 성격이 달라지므로 한 번 더 나누어 말기로 보는 것이 적합하다고 한다(안휘준 1980, 91-92; 154-155의 각주 4).

4. 역사적 인식과 분석 방법

지금도 흥미로운 것은 동주가 미술사학 비전공자라는 점이다. 그의 본업은 정치학이었다. 그는 서울대 교수를 지내면서 1962년『일반국제정치학(上)』이란 뛰어난 저술을 펴내 명성을 날렸다. 그러나 1960년대말 한 심포지엄에서 박정희 정권을 비판했다가 학술 활동에 제한을 받게 되었고,

그 "울적함"을 달래기 위해 '이동주'라는 필명을 사용하여 한국회화사에 대한 글을 쓰기 시작했다. 박정희의 정치학 탄압이 미술사학에는 축복이 된 셈이다.

동주의 미술사학사의 위치에 대해서는 "고유섭의 학풍이 황수영, 진홍섭, 최순우, 그리고 이동주에 의해 계승되었다."라고 보기도 한다(김홍남 2005, 79). 고유섭은 문헌자료를 발굴하여 정리하고, 작품을 분석하였으며 화가에 대한 연구를 진행한 점에서 일견 동주와 비슷한 점을 발견할 수 있다. 그러나 고유섭이 쓴 회화 방면의 글은 많지 않다. 공민왕, 안견, 강희안, 정선, 김홍도 등에 대한 짧은 글이 있지만 이후 연구자들에 의해 그다지 언급되지 않고, 「고려화적에 대하여」란 글만 살짝 거론하는 정도다. 이렇게 동주 이전까지 회화사 연구는 불충분했고, 일본 학자들에 의해 한국 그림은 중국 그림의 모방에 불과하다는 학설이 널리 퍼져 있었는데, 이런 왜곡을 바로잡은 것이 바로 동주의 저서이다.

미술사를 본격적으로 배운 적이 없는 그가 어떻게 이런 연구를 할 수 있었을까? 동주의 부친인 이갑성(1886-1981)은 독립운동가로서 3.1운동 민족대표 33인의 한 사람이었다. 부친의 영향으로 동주는 젊은 시절부터 민족문화에 관심이 많았다. 또한 민족대표 33인이었으며 고서화에 정통했던 오세창으로부터 그림을 보고 감정하는 법을 배웠다. 비록 그는 체계적으로 미술사학을 배운 것은 아니지만 스스로 작품을 보고 연구하면서 한국회화사를 독학한 셈이다. 외국어에 능통했던 동주가 연희전문학교 시절부터 서양의 미술사학에 관심이 많았던 점은 이미 앞에서 살펴보았다.

이 책이 등장한 배경에는 1960년대 한국의 정치사회적 변동이 있다. 1961년의 5.16 쿠테타 후에 문화재 관련 업무는 문교부 산하에 신설된 문화재관리국에서 관장하게 되었고, 1962년에는 「문화재보호법」이 제정되었다. 박정희 정권은 문화재 보존과 수리에 많은 공을 들였다. 남대문,

동대문, 석굴암이 수리되었고, 광화문이 복원 되었다. 박정희의 개인적인 관심에 따라 신라 왕릉이 발굴되고, 경주가 관광지로 개발되었다. 박정희 정권은 민족주의를 앞세워 전체주의적 결속력을 강화함으로써 강압적 통치로 증가하는 국민의 불만을 약화시켰다. 박정희 정권은 과거 역사에서도 남성적이고 군사적인 측면을 강조했다. 반면 정체기로 간주되었던 조선시대의 왕실 문화나 선비 문화를 대변하는 회화는 크게 주목받지 못했다.

이런 상황에서 동주는 역사학자들이 식민사관을 극복하는 과정에서 실학에 대해 새로운 관심을 기울인 것에 주목했다. 조선회화 연구도 이와 무관하지 않다고 보고, 그는 18세기에 이전과는 다른 새로운 그림이 나타났음을 진경산수, 풍속화, 남종화 등의 예로 들어 설명했다.

동주가 일관되게 염두에 두었던 것은 회화사는 일차사료인 그림을 실제로 조사하고 이를 기초로 서술해야 한다는 지극히 당연한 사실이었다. 동주가 이것을 굳이 머리말에서 강조한 것은 이런 기본 원칙을 지키지 않거나 중요하게 여기지 않는 풍토가 널리 펴져 있었기에 책의 첫머리에서 분명하게 밝힌 것이다. 사실 사정이 나아진 요즈음에도 실물을 제대로 살펴보지 않고 그림 이야기를 하는 연구자가 의외로 많은 실정이다. 기본에 충실했던 동주의 자세는 지금도 본받을 만하다.

그런데 그림을 중심으로 삼아 회화사를 서술하는 것에도 문제가 생긴다. 즉 그림을 보지 않고서는 제대로 말할 수 없다. 동주도 이 점을 분명히 인식하고 있어서 "내가 스스로 보고 해석한 그림을 중심으로 엮어본 역사"를 쓰려고 했다고 밝히고 있다. 하지만 현실적으로 통사에 해당하는 모든 그림을 실견하는 것은 불가능하다. 동주는 "엄청난 곤란"을 다섯 가지로 나누어 설명했다. 첫째는 고구려 벽화나 고려 불화처럼 실물을 보는 것이 현실적으로 불가능한 경우가 많았고, 조선 중기, 후기의 경우에도

"수장가의 인색 탓으로 … 몇 점은 사진에 의거하는 불행한 사태"를 피할 수 없었던 점이다. 둘째는 옛 사람들이나 선학의 화평에 의존하지 않고 "반드시 실물로써 재평가하지 않으면 믿을 수 없다는 것이 나의 지론"이었으나 시대가 올라가는 경우는 남은 그림이 극히 적어서 불가피하게 "문헌에 의거해서 추상한다는 불유쾌한 간접적 방법"을 택한 것이다. 셋째는 그림의 역사는 사진으로 회화감을 주어야 하지만 앞서 언급했듯이 이 글이 수록되는 분류사의 사정으로 사진 없는 그림이 많아졌다는 것이다. 넷째는 지면의 제한으로 인하여 화가의 약력이나 옛날의 품평은 많이 생략한 것이다. 다섯째는 회화사에서는 그림의 소장처를 밝혀야 하는데 소장자의 허락을 얻지 못한 채 언급하여 실례를 범했을 수 있다는 것이다 (이동주 1972, 11-13).

동주는 자신이 보았던 그림에 대한 기억에 의존하는 경우가 많다. 그런데 책이나 논문 같은 문헌자료는 필요한 경우 다시 손쉽게 찾아보면 되지만, 그림은 그렇지 않다. 특히 사진 같은 이차 시각자료가 많지 않던 시절에는 그림을 직접 소유하고 있지 않는 한, 실제 작품을 볼 수 있는 것은 매우 드문 기회였다. 심사정의 〈촉잔도〉의 경우 동주가 어떻게 자신의 기억에 의존하고 이를 다시 수정하는지를 잘 보여준다.

이에 대해 『한국회화소사』에서는 "현재(심사정)의 북화의 대표작은 최말년에 그린 〈倣李唐의 蜀棧道〉 횡폭으로 북종의 진수를 체득하여 전개한 대작으로 기억한다."라고 서술했다.[7] 그 후 1972년 국립중앙박물관에서 개최한 〈한국회화근오백년전〉에 이 작품이 출품되었을 때 다시 살펴본 후, 다음과 같이 언급했다.

---

7 李東洲,『韓國繪畵小史』(瑞文堂, 1972. 4), 178.

실은 저는 이 그림을 한 30년 전에, 그러니까 위창(오세창) 선생님이 발문을 써넣기 직전에 보았는데 그 후 하도 오래되고, 또 송나라 북종의 직업화가인 이당의 〈촉잔도〉를 방했다는 기억이 있어서 『한국회화소사』라는 졸저에서는 북종풍이라고 적었습니다. 지금 보니 그것은 저의 기억 착오였습니다. 그동안 세상에 보이지 않고 수장자 손에 깊이 숨겨져 있던 이 작품을 새로 보니까 이것은 이당의 〈촉잔도〉를 방한다고 했으면서도 그림은 대체로 남종풍이고 그리고 현재의 산수 중에 원말의 대화가인 황대치(황공망)을 방해 그렸다는 산수화풍에 매우 가깝게 붓을 휘둘렀습니다(이동주 1975, 314).**8**

이후 『한국회화소사』 개정판에서는 "현재 북화의 대표작은 제명으로는 최말년에 그린 방이당의 〈촉잔도〉 횡폭으로 북종 풍이어야 될 듯하나, 실은 남종 풍의 대작으로 되어 있다."라고 수정하였다(이동주 1972, 151).

심사정의 〈촉잔도〉는 재당질 심유진(沈有鎭, 1723~1787)에게 그려준 것으로 후손에 전래되다가 골동상을 거쳐 간송미술관에 소장되었다(최완수 2014, 151-159). 그런데 보존 상태가 좋지 않아 많이 훼손이 되었던 탓으로 일본에 보내 새로 표장을 한 후, 1948년에 오세창이 발문을 적었다. 따라서 동주가 이 작품을 보았을 때는 상태가 좋지 않았고, 그림 끝에 심사정이 이당의 촉잔도를 방한다고 적어 놓았기에 북종화풍이라고 기억에 남았을 것이다. 실제로 작품은 이당이 즐겨 사용한 부벽준으로 산수를 그린 부분이 있는데, 그것은 8미터에 달하는 대작에서 일부이고 전체적으로는 남종화풍이 두드러진다. 동주가 이 그림을 처음 보았을 때는 20대 말엽의 젊은이였다. 동주는 부친이 독립운동을 했던 연유로 중앙고등보통학교

---

8 1973년 봄의 강연회에서 발표한 내용으로 『우리나라의 옛 그림』에 수록되었다. 동주는 이 특별전 위원회의 일원이었다. 『한국회화: 한국명화 근오백년전 도록』(국립중앙박물관, 1972).

를 다닐 시절에는 등록금이 없어서 학교를 그만 두려고 했다는 일화가 있을 정도로 형편이 어려웠다(하영선 2011, 295). 그 후 1940년 연희전문학교를 졸업한 후 1944년까지 만주에 체류했는데, 이때서야 비로소 조금씩 미술품을 접할 수 있는 기회가 생겼던 셈이다. 그가 어떻게 한국회화사에 정통하게 되었고 수많은 회화작품을 실견할 수 있었으며, 심지어 많은 걸작을 수장하게 되었는지는 불가사의한 일이다. 실제로 이 책에 수록된 도판 중에서 개인소장이라고 소개된 작품의 상당수는 자신의 소장품이었다. 그림을 사고팔아 보아야 제대로 알 수 있다고 언급할 정도였다. 그는 스스로 자신을 일컬어 미술사 연구에 있어서 "예외적인 존재"라고 했다고 하는데(유홍준 2005, 279), 이런 점에서는 수긍이 가는 고백이다.

5. 맺음말: 동주와 한국회화사

이 책은 최초의 한국회화사로 간주되며 "삼국시대부터 조선 말기까지의 한국회화의 흐름을 문헌기록과 작품경향으로 나누어 서술했으며, 조선시대 회화의 경우 화풍의 변천에 따라 종래의 2분기에서 3분기로 나누어 정리하였다. 한국회화사를 작품에 의거해 체계적으로 개관한 최초의 통사적 단행본으로서 의의"가 있다고 평가된다. 하지만 "중국회화와의 관계에 초점을 두고 작품의 미적 가치와 향수를 중시하는 감상자적 입장에서 조망한 한계를 지니고 있다."고 지적되기도 한다.[9]

또한 "애호가의 입장에서 감상 중심의 명품과 전통회화에 한정하여, 국

---

9 홍선표는 이 책은 한국회화사 방면 "최초의 통사적 개설서"로 보았다. 홍선표, 「한국회화사연구 30년: 일반회화」, 『미술사학연구』 188호 (1990), p. 34. 이는 이후에 홍선표, 「우리나라 최초 한국회화사의 저자, 이동주」, 『가나아트』 58 (1997) pp. 90-93 참조.

제주의와 국가주의라는 근대적 시각으로 해석하고 평가한 한계에도 불구하고, 조선시대 회화사의 경우 시기별 조류와 장르별 작품세계 및 화풍 계보 등에 대한 서술은 이 분야 연구의 길잡이로서 상당기간 절대적 역할을 했을 정도로 영향력이 컸다(홍선표 2007, 561)"고 볼 수 있다.

동주의 첫 미술사 책인 『한국회화소사』는 한국회화사 분야의 길잡이로서 큰 역할을 했으며, 한국회화사를 체계화하는 데 크게 기여했다. 하지만 그의 영향력은 제한적이었다. 그의 연구가 딜레탕티즘에 그친 이유도 있지만, 아직 한국에서 미술사학 학과, 학회, 학술지 등이 제대로 갖추어지지 않았던 탓이 컸다. 결국 "그의 높은 안목과 학문적 역량은 강단을 통해 직접 파급되지 못했기 때문에 좀 더 체계적으로 이어지지 못하고 학계 외곽에서 한정된 영향력을 발휘할 수밖에 없었다"는 아쉬움이 남는 것이다(홍선표 1996, 49).[10]

결론적으로 이 책을 통해 동주의 회화사 연구를 호사가의 취미 영역으로 보는 것보다는 나름의 기준으로 한국 회화사의 맥을 잡고 초석을 세웠다고 판단할 수 있다(이원복 2015, 114). 그는 조선시대 문인들의 서화 수집과 골동품 완상 전통을 이어 민족의 문화유산을 보존한다는 사명으로 옛 그림을 모으고, 이 과정에서 갈고 닦은 감식안과 역사 사료에 대한 폭넓은 지식을 바탕으로 한국회화사의 체계화에 크게 기여했던 것이다.

---

10 이런 점에서 앞으로 세키노 타다시, 윤희순, 김용준, 고유섭 등과 비교 검토가 필요한 실정이다.

참고문헌

김홍남. 2005. 「고유섭의 한국회화사연구」. 『미술사학연구』 248.

안휘준. 1980. 『한국회화사』 서울: 일지사.

유홍준. 2005. 「이동주: 전통 동양화론에 입각한 당대의 감식안」. 『한국의 미(美)를 다시 읽는 다』. 서울: 돌베개.

이동주. 1975, 『우리나라의 옛 그림』. 서울: 박영사.

이동주. 1982(1972). 『한국회화소사(韓國繪畵小史)』. 서울: 서문당.

이동주. 1988. 「미술사와 미술사학: 나의 한국전통한국회화연구와 관련하여」. 『미술사학보』 1.

이원복. 2015. 「고려시대 그림으로 전하는 고사인물도(故事人物圖)」. 『미술자료(美術資料)』 88.

이용희. 1987[1974]. 「독서연대기로 돌아보는 젊은 정신(精神)의 회억(回憶)」. 『서울평론』 1974. 9~11월, 『이용희저작집 1: 한국과 세계정치』. 서울: 민음사.

조인수. 2010. 「한국 전통미술의 재발견」. 임형택 외. 『전통, 근대가 만들어낸 또 하나의 권력』. 서울: 인물과 사상사.

최완수. 2014. 『간송문화: 간송문화재단 설립 기념전』. 서울: 간송문화재단.

하영선. 2011. 『역사 속의 젊은 그들: 18세기 북학파에서 21세기 복합파까지』. 서울: 을유문화사.

홍선표. 1990. 「한국회화사연구 30년: 일반회화」. 『미술사학연구』 188.

홍선표. 1996. 「해방 50년의 한국회화사 연구」. 『한국학보』 22(2).

홍선표. 1997. 「우리나라 최초 한국회화사의 저자. 이동주」. 『가나아트』 58.

홍선표. 1998. 「오세창과 『근역서화징』」. 『국역 근역서화징 상』. 서울: 시공사.

홍선표. 2007. 「한국회화사 연구동향의 변화와 쟁점」. 한국문화연구원 편. 『전통문화 연구 50년』. 서울: 혜안.

제12장

한국회화와 동주의 미술사론

동주 미술사론과 『한국회화사론』의 회화사적 의미

이선옥

1. 머리말: 글을 쓰기에 앞서

이 글을 쓰기에 앞서 『한국회화사론』의 저자 고 이용희 선생님과의 인연을 이야기하지 않을 수 없다. 필자가 책으로만 뵙던 동주 선생님을 직접 만나 뵌 것은 대우재단에서 연구원으로 일을 하게 되면서였다. 석사논문을 막 끝낸 1987년 2월 대학 은사인 이태호 교수의 부름을 받고 따라간 곳이 서울역 앞에 있는 대우재단이었다. 대우재단 이사장으로 계셨던 동주 선생님은 그 무렵 여러 지면에 실렸던 한국미술관련 글들을 모아 한 권의 책으로 만드는 일을 진행 중이었다. 책의 체제를 만들고 출판사와 조율하는 실무를 당시에는 프리랜서였던 유홍준 교수가 진행하고 있었다. 그러던 중 유홍준 교수가 1년간 미국에 가야 할 일이 생겼고, 책 만드는 일의 마무리 역할이 필자에게 주어졌다. 바로 해제를 쓰고 있는 이 책 『한국회화사론』이다.

그동안 이미 체제가 잡힌 『한국회화사론』 출판 일은 마무리 작업만이 남아 있었다. 저자와 출판사 간의 의견을 조율하고, 오탈자를 잡아내고 색인을 만드는 일이 필자의 몫이었다. 동주 선생님은 평소 하신 말씀을 옮기면 그대로 글이 될 정도로 명확하고 논리 정연하셨지만, 그림 한 장 용어 하나도 허투루 쓰지 않는 꼼꼼함도 갖추셨다. 의문 나는 부분을 여쭤보면 자세하게 설명해주셨고, 또 당시 어린 학생이나 다름없는 필자가 낸 의견에 대해서도 과감하게 수용하고 칭찬해주셨다. 그렇게 출판사 열화당을 오가며 몇 개월이 지나 책이 완성되었다.

대우재단에서 직접 뵌 동주 이용희 선생님은 명성만큼이나 근엄하면서도 품위 있는 대학자의 면모 그대로였다. 미술사뿐 아니라 본업인 정치외교학, 언어학, 역사학, 동양고전철학 등등 다방면에 해박한 동주 선생님의 말씀 한 마디 한 마디는 모두가 새롭고 놀라운 것이었다. 동주 선생님은 대우재단에 독일의 바르부르크 도서관과 같은 미술사 전문 도서관을 만들려는 계획을 갖고 계셨다. 바르부르크 관련 자료를 주면서 연구해 보라고도 하셨고, 미술사 관련 도서나 소장품 목록 작성 등 그림과 관련된 실무적인 일도 주문하셨다. 짧은 기간이지만 그 과정에서 많은 것을 배울 수 있었다. 이런 각별한 인연 때문에 『동주전집』 간행에 참여하게 되어 새삼 감회가 새롭다.

이 책이 나온 지 30여 년 가까이 지난 지금은 그 당시에 비해 한국회화사 연구자의 수도 폭발적으로 늘었을 뿐만 아니라, 새로운 회화작품도 상당 수 발굴되었고, 또 무엇보다도 한국회화에 대한 이해와 관심이 대폭 증가하였다. 그러한 배경에 여러 선학들의 노력이 있었으며, 그 중심에 동주 이용희 선생이 있었다고 할 수 있다.

저자인 동주 이용희 선생은 1969년 3월 창간된『아세아』지에「우리나라의 옛 그림」을 연재한 것을 시작으로 생의 마지막 순간까지 한국회화사 저술활동을 이어갔다. 1971년 고려대 민족문화연구소가 기획한『한국문화사대계』에 기고한「한국회화소사」는 이듬해『한국회화소사』라는 이름으로 서문당의 서문문고 제1권으로 출간되었다.『아세아』지에 연재했던「우리나라의 옛 그림」은 1975년 박영사에서『우리나라의 옛 그림』으로, 1973년에 일본에 있는 고려불화와 조선시대 회화를 조사하고 한국일보에 연재한 탐방기는 이듬해『일본 속의 한화(日本 속의 韓畵)』(서문당, 1974)라는 제목으로 간행되었다. 이후 한동안 본업인 정치학자로서의 길을 걷다가 1982년『계간미술』에서 발행한 '한국의 미' 시리즈의「고려불화」편 감수를 맡아 고려불화 전반에 관한 글을 기고하면서 다시 미술사 연구에 몰두하였다. 이후『계간미술』을 비롯한 몇몇 잡지에 기고한 글과 대담을 모아 책으로 펴낸 것이 이 글에서 다루게 될『한국회화사론(韓國繪畵史論)』(1987)이다. 그 후에도 1989년에 연세대학교 국학연구원에 설치된 다산강좌에서 한 한국회화사 공개강좌는 7년 뒤『우리 옛 그림의 아름다움』(시공사, 1996)이란 이름으로 출간되었다.

여기에 소개할『한국회화사론』을 비롯한 그의 저작들은 우리나라 회화연구 역사의 초석이 되고 있다. 이 글에서는 세 부로 나누어진 각 부의 구성과 주요 내용을 살펴본 후 이 책의 의미와 한계를 짚어보기로 한다.

2.『한국회화사론』의 구성 및 내용

저자가 1980년대 중반 경에 여러 잡지에 기고한 글 10편과 일찍이 나왔던『일본 속의 한화』를 한데 묶어 책으로 만든 것이『한국회화사론』이다. 차례는 크게 제1부 '조선시대 미술', 제2부 '고려불화', 제3부 '일본 속의 한화'로 구성되어 있다. 각각의 부에 대한 세부 목차는 다음과 같다. 편의상 각 장의 글이 실렸던 잡지의 권·호를 함께 적는다.

제1부 조선시대 미술

1. 조선왕조의 미술 (『계간미술』 38호, 1986년 여름)

2. 조선왕조의 회화 (『선미술』, 1986년 여름호)

3. 조선초 산수화풍의 도입 (『계간미술』 37호, 1986년 봄)

4. 조선중기 회화와 절파(浙派)화풍 (『계간미술』 40호, 1986년 겨울)

5. 조선중기의 화가와 작품 (『계간미술』 41호, 1987년 봄)

6. 공재(恭齋) 윤두서(尹斗緖)의 회화 (『한국학보』 10집, 1979년)

7. 송월헌(松月軒) 임득명(林得明)의 『서행일천리(西行一千里)』 장권(長卷)

(『계간미술』 15호, 1980년 가을)

제1부의 제1장인 「조선왕조의 미술」은 먼저 조선시대 미술의 시대구분 문제로부터 시작된다. 이전에 출간된 『한국회화소사』에서부터 저자는 조선시대 미술의 시대구분을 중종연간(1506~1544)까지를 전기로, 중종연간부터 숙종연간(1674~1720)의 전반기까지를 중기로, 그리고 숙종연간 후반부터 구한말까지를 후기로 나누어 보았다(이동주 1972, 99-100).[1] 이 책에서도 이를 설명하면서 조선시대의 성격을 나누는 분수령을 1592년에 일어났던 임진왜란과 정유재란으로 보고 있다. 이를 전후로 전기와 후기로 나

---

[1] 조선시대 시기 구분은 전기와 후기의 2분기, 전기와 후기 사이에 중기를 넣는 3분기, 학자에 따라 다소 다른 견해를 보였다. 『한국회화사』에서 안휘준 교수는 동주의 3분기 설을 수용하면서 후기에 김정희 이후의 화단은 이전과 성격의 차이가 크고 근대로 이어지기 때문에 후기를 한 번 더 나누어 1850년부터 구한말까지를 말기로 보는 4분기 설을 주장하였다. 안휘준, 『한국회화사』 (서울: 일지사, 1981), pp. 91-92.

눌 수 있지만, 회화·도자기·불상·건축 등 유물의 성격을 고려하여 중기라는 개념을 사이에 두었다고 설명하였다. 왕조사회였던 조선시대에 고급미술에 대한 수요층은 양반과 그 위의 왕가(王家)로 이루어진 상류 사회층으로, 이들의 수요, 명령, 혹은 후원에 의해 주요 미술품이 제작되었으며, 이들의 안목과 수요는 그 제작에 지대한 영향을 미쳤다고 하였다.

　제1부의 제2장인 「조선왕조의 회화」는 조선시대 회화를 전·중·후기의 3기로 나누어 기술하고 있다. 고려시대에는 진채화(眞彩畵)가 본류였다고 하는데, 조선시대에 오면 사대부·문인 취미에 따라 수묵담채(水墨淡彩)가 주를 이룬다. 조선 전기는 14세기 말부터 15세기 말까지 약 100년간으로, 유교가 국교가 됨에 따라 유교교양을 지닌 사대부·문인의 취미가 감상화를 지배하였고, 도화서가 설치되어 화원들의 활동이 명백하게 되었다고 하였다. 전기를 대표하는 작품으로 안견의 〈몽유도원도〉를 들고 있다. 안견의 화풍은 곽희의 운두준(雲頭皴)에서 나왔으나 더욱 섬세하고 개성화되어 속화된 전칭작과는 다른 격이 있다고 하였다. 이로써 "조선 전기의 곽희풍은 주문(周文) → 존해(尊海)가 전한 산수 → 양팽손(梁彭孫)으로 이어지는 산수와 더불어 전기 산수의 두 산맥을 이룬 것 같다."고 하였다. 이러한 견해는 안휘준 교수가 『한국회화사』에서 전 양팽손 필 〈산수도〉를 조선 후기의 안견과 화풍이 16세기까지 이어진 근거로 제시한 것과는 다소 차이를 보인다(안휘준 1981, 139). 이에 더하여 근래에는 양팽손 필 〈산수도〉에 찍힌 인장이 소장인이고, 제시의 필치가 간송미술관 소장 윤두서 필 〈심산지록(深山之鹿)〉에 쓰인 학포(學圃)라는 사람이 쓴 제시와 같다는 것을 근거로 학포는 최소한 윤두서보다는 후대에 활동한 화가로 추정되고 있다.[2] 〈산수도〉 작가에 대한 의문이 제기된 만큼 시기 또한 재고되어야 할 부분이다.

　중기는 대략 16세기 초부터 18세기 초까지 200년간으로, 화풍에 있어서는 절파풍(浙派風)이 유행하였고, 명대의 『고씨화보』 등 화보류가 수입되어 영향을 주었으며, 신사임당의 〈포도〉와 〈초충도〉, 이정의 〈대나무〉 등 일기(一技)로 이름을 얻은 사인화(士人畵)가 많이 나왔다는 점을 특징으로 기술하였다. 이 시기 불화의 명품으로 〈관음삼십이응신도(觀音三十二應神圖)〉를 들었다. 이는 1550년 인종 비인 공의왕대비가 승하한 인종의 명복을 빌기 위해 화원 이자실(李自實)을 시켜 도갑사에 봉안한 그림이다. 그런데 이 불화의 배경이 되는 산수에는 당시에 유행했던 절파풍은 보이지 않아, "고래로부터 내려오는 '사실풍(寫實風)'이 아닌가" 하는 견해를 밝혔다. '사실풍'이 실경을 염두에 둔 것인지는 분명치 않으나 당시 화풍과는 다르다는 점을 지적한 것이다.[3]

후기는 17세기 말부터 19세기 말에 이르는 이백여 년으로 보았다. 이 시기에는 18세기부터 현저하게 국력이 회복되고 정국도 안정되었다. 상공업이 발달하여 서민 간에 부가(富家)가 많이 생기고 시정취미에 따른 풍속화와 진경산수가 발달하였다. 또한 청나라와의 문화교류도 정상화되어 신문화와 화법이 도입되었는데, 즉 명대 문인화풍인 오파(吳派)화풍이나 서양화법이 들어와 화법과 서법에 영향이 있었다고 하였다.

제1부의 제3장인 「조선초 산수화풍의 도입」과 제4장 「조선중기 회화와 절파화풍」, 그리고 제5장 「조선중기의 화가와 작품」은 1986년 봄부터 1987년 봄까지 세 차례에 걸쳐 미술평론가 유홍준 씨가 동주 선생과 질문형식으로 진행한 대담을 정리한 것이다. 재치 있는 질문에 정확하면서

---

2 현재 양팽손 필로 전하는 〈산수도〉는 16세기 화원 그림에 조선 후기의 학포가 제시를 써넣은 것이라는 것이다. 강관식, 「심산지록 도판설명」, 『간송문화(澗松文華)』 65 (민족미술연구소, 2003), p. 178.

3 이후 이 불화를 연구한 유경희는 화원화가가 당대 보다는 이전시기 안견파 화풍으로 배경을 그렸기 때문으로 보기도 한다. 유경희, 「도갑사(道岬寺) 관세음보살 32응탱(應幀)의 도상 연구」, 『미술사학연구』 제240호(한국미술사학회, 2003.12), pp. 172-175.

도 솔직한 답변이 더해져 알찬 내용을 담고 있다.

「조선초 산수화풍의 도입」에서는 안견의 〈몽유도원도〉나 일본 대원사 소장 〈소상팔경도〉 등 조선 초기를 대표하는 작품에서 볼 수 있는 '이곽파 화풍(李郭派畵風)'의 실체와 전수과정 등을 유추하였다. 조선 초기에 보이는 일련의 곽희풍이라는 것은 후대에 변모된 곽희파 내지는 그것을 기반으로 한 어떤 화파의 영향이지, 이곽파라는 개념이 직접 작용한 것은 아니라는 것이다.

이어 제4장 「조선중기 회화와 절파화풍」에서는 조선중기의 성격과 절파화풍의 개념, 그리고 절파산수의 구도와 수묵법들에 관한 내용을 다루고 있다. 조선 전기가 사대부 사회로 안정·정착되는 과정이었다면 중기는 영·정조 연간에 그림이 확 달라지는 시점의 중간단계이다. 학문적으로는 대 학자들이 출현하고 문화수준이 상당했던 것에 비해 미술의 수준이 그와 잘 맞지 않는다는 질문에 "주자학이라는 학문적 성격 때문에 검소하고 단순하고 화려하지 않은 미술품이 만들어졌기 때문"이라는 대답이 이어졌다. 또한 이 시기에 유행했던 절파는 명나라에서 당시에는 사대부 취미의 문인화론 입장에서 광태사학(狂態邪學)이라고까지 불렀는데, 현대에 와서 절파에 대한 재평가작업이 이루어지고 있으며, 이는 그림 자체의 조형성에 대한 평가라고 보았다. "그림은 그림이라는 각도에서 보는 것이 옳다"는 입장이다. 편파구도에, 대부벽준(大斧劈皴)을 쓰면서 남송 하규(夏珪) 계통의 묵법을 특징으로 하며 흑백의 대비와 복잡한 준(皴)이 함께 쓰이는 것을 절파산수의 특징으로 꼽았다. 이러한 화풍은 사신이나 무역상들에 의해 들여온 그림들이 영향을 주었고, 또 화보에 의한 영향도 있었다고 보았다. 그럼에도 중기에는 그림에 대한 인식이 낮고 감식안이 없어 뛰어난 작품이 많지 않다고 평하였다.

제5장 「조선중기의 화가와 작품」은 중기화가로 유명한 김시(金禔), 이경

윤(李慶胤), 이징(李澄)을 비롯하여 이홍효(李興孝), 이정(李楨), 김명국(金明國) 그림의 특성에 대해 이야기하였다. 그중 이홍효의 '홍양에서 병중에 그렸다[洪陽病中作]'는 화기가 있는 〈한림제설도〉가 다른 작품과 다른 풍을 보인 것은 화원으로서 당시 화풍을 수용하여 그린 그림과는 달리 자신의 고단한 신세를 토로한 것이기 때문이라는 것이다. 즉 기존의 본을 의식하지 않은 때문이라고 해석하였다. 또한 익히 알려진 김명국이 조선통신사를 따라 두 번 일본에 간 것에 대한 기록은 『춘관지(春官志)』라는 예조의 기록 중 통신사조(通信使條)에 있다고도 알려준다.

다음 제6장은 「공재 윤두서의 회화」로, 이 글은 1979년 9월 13일 동주, 고 최순우 전 국립박물관장, 안휘준 서울대학교 교수 세 분의 좌담을 기록한 것이다. 녹우당(綠雨堂)에 전하는 윤두서 작품을 중심으로 그의 화풍에 대해 논한 것으로 핵심은 윤두서의 남인실학자로서의 집안 환경, 교유 등이 그의 예술의 바탕이 되었다는 것이다. 윤두서 그림의 특징은 첫째는 화보그림, 둘째는 산수와 영모, 셋째는 사실적인 그림이 있는데, 그의 그림은 불행한 일생과 연관되고 이러한 불행한 생에서 나온 실학적인 요소가 그림과 연관되어 실사구시적인 요소를 갖게 된 것으로 보았다. 『연려실기술』별집에 적힌 "공재는 자기가 득의(得意)라고 생각한 것이 아니면 남에게 안줬다"는 내용을 소개하고 까다로운 성격으로 여간해서 작품을 잘 남기지 않았던 것 같다고도 하였다. 때문에 남아 있는 작품이 화첩에 있는 소품이어서 그의 진면목을 다 보여주지 못한 것 같다고 하였다. 그러한 의견은 매우 적실한 것으로 이후 공재 윤두서에 대한 연구는 다각도로 이루어졌다.[4]

1부의 마지막 장인 「송월헌 임득명의 『서행일천리』 장권」은 임득명이라는 화가를 학계에 알린 최초의 글이다. 임득명은 오세창의 『근역서화징』과 유재건의 『이향견문록』 등에 소개된 바와 같이 여항문인화가이다.

임득명의『서행일천리』장권은 임득명 나이 46세 때인 1813년 9월 22일 서울을 출발하여 그해 10월 초순경 평안도 의주진에 속하던 용천에 이르는 기행서화권이다. 장권에 실린 실경산수가 7장, 시작(詩作)이 40여 수가 되는 대작이다. 묵죽을 포함한 7장의 그림도 훌륭하거니와 시상(詩想)도 아름답고, 글씨 또한 빼어나다. 발문에는 그가 시문(詩文), 서도(書道), 인각(印刻)의 재주 또한 갖췄다고 하며, 그의 시와 글에서는 곳곳의 역사와 명소, 그리고 그의 신분이나 행적도 알려준다.

제2부 고려불화

제2부 고려불화에 관한 글은 그간 다른 책에 수록한 짧은 글과 강연문을 모은 것이다. 이중 앞에 소개된 두 편은 고려불화에 관한 개설적인 내용을 담고 있다. 불화와 탱화로 구분하였지만, 주요 작품을 소개하고 비교하면서 불화의 조성 배경에서부터 세부 양식적 특성에 이르기까지 설명하고 있다. 세부 목차와 이전에 실렸던 책의 서지사항은 다음과 같다.

1. 고려불화 (講談社 刊, 『韓國美術』 전 3권 중 제 2,3권에 수록된 글)

2. 고려탱화 (韓國의 美 7권 『고려불화』, 중앙일보사, 1985)

3. 주야신도의 제작연대 (1978년 일본 나라시(奈良市)에 있는 야마토분카간(大和文化館) 초청 강연을 풀어쓴 글)

---

4 공재 윤두서에 대한 연구는 초상화, 풍속화, 화론 등 세부 연구와 함께 그의 서화 전반과 윤두서의 아들 손자 등 일가의 회화를 포괄적으로 다룬 연구 등이 이어졌다. 주요 논저로는 이태호, 「공재 윤두서 그 회화론에 관한 연구」, 『전남(호남)지방의 인물사 연구』 (광주: 전남지역개발협의회 연구자문위원회, 1983) pp. 71-122; 이영숙, 「윤두서의 회화연구」, 『미술사연구』 No. 1(미술사연구회, 1987), pp. 65-102; 이내옥, 『(공재) 윤두서』 (서울: 시공사, 2003); 박은순, 『공재 윤두서-조선후기 선비 그림의 선구자』 (서울: 돌베개, 2010); 차미애, 『공재 윤두서 일가의 회화 연구』 (서울: 사회평론, 2014) 등 다수.

제2부 제1장 「고려불화」에서는 당시 고려불화의 현황과 불화를 그린 화사(畵師), 그리고 발원자들에 관한 내용을 담고 있다. 당시로서는 부석사 벽화, 소칠병화(小漆屏畵), 나한도 8, 9점 외에 탱화 몇 점만이 남아 있는 실정이었으나, 국적 미상이던 불화가 우리나라 것으로 판명되면서 그 수 효가 늘어나는 추세라 하였다. 저자는 불화 자체의 양식이나 조성배경 등 불교사적인 논증을 넘어서 당시로서는 크게 관심을 갖지 않았던 화사(畵師)나 공양주(供養主)에 까지 관심을 보였다. 특히 불교행사를 같이 하는 결사체였던 향도(香徒)의 풍속은 고려시대 불화조성에 다양한 원주(願主) 혹은 공양주들이 존재했음을 알려준다.[5] 고려불화가 호화로우면서도 아름다운 것은 주요 존상(尊像), 협시(挾侍), 신장(神將) 등의 문양[衣紋]은 물론이요 관경변상의 주위까지 충만한 무늬가 휘덮고 있기 때문이라며 고려불화의 문양에 주목하였다. 이 무늬 들은 전체적으로는 복잡한 것 같으면서도 자세히 들여다보면 청초하고 산뜻한 맛이 도는 것이 특징이라 하였다.

제2부 제2장 「고려탱화」에서는 탱화에 대한 문헌상의 기록과 현존 고려불화의 현황, 고려탱화의 내용과 양식을 관음보살, 아미타여래, 지장보살, 관경변상, 미륵하생경변상 등으로 나누어 소개하였다. 남아 있는 탱화는 80여 점이나 대부분은 일본에 전할 뿐 아니라 제작 시기도 고려 후기 작품이다. 일본이나 구미에 전하는 불화가 고려시대 작품으로 단정된 데에는 명기(銘記)가 가장 중요하며 그렇게 판명된 그림은 12점 23폭이라 하였다. 그 외에도 그림의 소재, 명기 있는 작품을 기준으로 도상, 화법, 무늬 그 밖의 것이 유사한 그림, 그리고 때로는 그림으로서의 감으로 판

---

5 이후 고려불화의 발원자와 시주자에 대한 연구도 불화연구의 한 흐름을 이루었다. 김정희는 "고려시대 왕실에서 개인에 이르기까지 다양한 계층에서 불화를 조성했던 사실은, 불교가 상하 계층을 막론하고 생활 속의 종교로서 자리 잡고 있었던 것을 확인시켜 준다"고도 하였다. 김정희, 「고려불화 발원자와 시주자」, 『강좌미술사』, vol.38 (한국불교미술사학회, 2012), pp. 251-283.

단하는 경우도 있다고 하였다. 또한 위험한 방법이지만 일본 학자들이 일본 것 같지도 않고 중국 것 같지도 않은 것은 한국 것으로 보기도 한다고 하였다. 이러한 기준으로 선정된 고려 탱화는 거의 아미타불과 관음, 지장 관계로 집중된다. 이는 구복 불교적 성격을 보여주는 것으로, 고려 후기에 나오는 사찰 중수기 대부분이 미타전(彌陀殿), 관음전(觀音殿), 지장전(地藏殿)인 것과도 연결된다고 하였다.

이어 고려탱화의 양식적 특성을 설명하였다. "고려 그림에 보이는 부처 머리의 온화한 불정(佛頂)이나 계주(髻珠)는 조선시대로 오면 점차 뾰족해지고 계주는 머리 한 가운데 두정(頭頂)으로 올라간다"며, 그 원인을 명나라와의 관계가 긴밀해지면서 명나라에서 수입한 본보기를 따른 결과로 보았다. 또한 조선시대 탱화는 관음보살 암좌(巖座)에 주름이 많아지고, 고려시대 삼단화법이 점차 해이해지며, 주로 보살의 앞머리에 있었던 팔자형 머리털이 의미를 상실하는가하면, 고려불화 백의관음의 백의가 조선시대에 오면 관음경에 나오는 백의관음으로 바뀌는 등 많은 변화가 일어난다고 하였다. 이를 예로 들어 고려탱화와 사경이 화사하고 섬려하며, 아름답고 호화스러운 것은 현세의 고뇌를 잊고 내세의 영화를 그 속에 투영하려는 애절한 고려인의 정취와 신앙의 상징이었다고 하였다. 이상의 고려불화에 대한 연구는 당시로서는 독보적인 것이었다.

제3장에서는 「주야신도의 제작연대」를 추정하였다. 이 글은 1978년 10월 22일 일본 나라시(奈良市) 야마토분카간(大和文華館)에서 개최된 「고려불화 특별전시전(高麗佛畵 特別展示展)」에 초청되어 행한 강연 속기록이다. 강연은 일본말로 진행되었는데, 이를 한글로 옮긴 것이다. 이 전시에 사이후쿠지(西福寺) 소장 〈주야신도(主夜神圖)〉가 전시되어 있었고, 일본에서는 고려 때 것으로 알려져 왔는데, 이의 제작연대를 조선 초의 것으로 밝히는 내용이다. 저자는 이 〈주야신도〉에 쓰인 '공덕주함안군부인윤씨

(功德主咸安郡夫人尹氏)'라는 명기(銘記)를 따라 고려에서부터 조선시대에 이르는 군부인이라는 위계를 가진 부인들을 모두 조사하여 여러 가능성을 타진하였다. 그중 조선 태종의 손자인 옥산군(玉山君) 이제(李躋, 1429~1490)의 부인일 가능성을 제시하였다. 이로써 〈주야신도〉는 15세기 말 탱화이며 관음보살도라고 밝혔다.

제3부 일본 속의 한화

제3부 「일본속의 한화」는 앞서 설명한 것처럼 1974년에 출간되었던 서문당 『일본 속의 한화』를 약간 수정하여 이 책에 포함시킨 것이다.[6] 1974년에 발간된 『일본 속의 한화』는 그 전 해인 1973년에 나라시(奈良市) 야마토분카간(大和文華館)에서 열린 「한국회화전(韓國繪畫展)」을 기화로 2주일간 일본에 있는 한국회화 조사를 하고 쓴 탐방기에 기주(記注)를 붙여 책으로 엮은 것이다. 일본에 전해져 내려오는 우리나라 회화작품과 한·일간의 회화 관계를 중점적으로 다루고 있어 우리나라 회화를 이해하는 데 크게 도움이 된다. 그 목차는 다음과 같다.

1. 이역(異域)에서 외로운 그림
2. 고려아미타불
3. 단원(檀園) 삼제(三題)
4. 사이후쿠지(西福寺)를 찾아서
5. 일본을 왕래한 화원(畫員)들
6. 수수께끼의 화가 이수문(李秀文)

---

6 이 책에 대해서는 1976년에 쓴 안휘준 당시 홍익대학교 교수의 서평이 있다. 안휘준, 「서평: 이동주(저) 일본 속의 한화」, 『한국학보』 vol.2, no.4(서울: 일지사, 1976), pp. 242-247.

먼저 제1장 「이역에서 외로운 그림」에서는 우리나라 그림들이 일본에 다수 전해지게 된 경위와 그 대강의 내력을 개관하고 있다. 저자는 우리 나라 그림이 일본으로 건너가게 된 가장 큰 사건으로 임진왜란을 들고 있 다. 왜군은 불화를 가장 많이 탈취해 갔으며, 때문에 왜군이 왕래하였던 통로인 교토(京都)와 오사카(大阪)로부터 기타규슈(北九州)에 이르는 지역의 사찰에 우리나라 불화가 산재해 있다고 설명하였다.

제2장 「고려아미타불」은 야마토분카간 주최 〈조선의 회화(朝鮮の繪畵)〉 특별전에 출품되었던 네즈미술관(根津美術館) 소장 〈아미타여래〉와 〈여의 륜관음상〉, 마쓰오데라(松尾寺) 소장 〈아미타팔대보살〉 등을 다루고 있다. 이 장에서는 세세한 양식적 특성을 들어 이들 작품이 고려불화임을 밝히 고 있다. 네즈미술관 〈아미타여래〉는 연좌 꽃잎이 안으로 굽어 있는 모습 을 들어 고려불화적인 특색으로 보았다. 이어서 마쓰오데라 〈아미타팔대 보살〉에서 보살들의 양 어깨에 길게 늘어진 몇 가닥의 수발(垂髮)과 관음 의 굴곡진 자세, 그리고 지장보살의 무늬 있는 두건 등은 고려불의 특징

을 잘 나타낸다고 설명하고 있다.

제4장 「사이후쿠지를 찾아서」에서는 고대로부터 한반도와 인연이 깊은 절 사이후쿠지 소장 〈관경변상도〉와 〈관경서분변상도〉, 〈주야신도(晝夜神圖)〉 그리고 송대 불화로 분류된 〈운중미타영상(雲中彌陀影像)〉을 본 내력과 고려불화적인 특징들을 설명하였다.

저자의 불화에 대한 풍부한 식견과 안목은 불화를 다룬 다른 장에도 잘 나타나 있다. 제13장 「고려불화의 계보를 더듬어서」에서는 현재 전하는 고려불화에 아미타불, 지장보살, 관음보살, 정토만다라 등이 많은 것은 충렬왕 이후로 현세적인 호국불교에서 내세적인 호신불교로 기원의 방향이 바뀌었기 때문으로 보았다. 또한 현존하는 불화가 고려 후반기에 집중되어 있는 이유를 몽고침략으로 인한 이전 시기 불화의 소실로 보는 일반적인 견해에 반해, 몽고 항전기에 팔만대장경을 판각하였던 예 등을 들어 불화 제작이 지속적으로 이루어졌을 것으로 보았다. 따라서 몽고 침략 이전의 고려불화가 적은 이유는 고려 전기 불화임에도 연기(年紀)나 관서(款書), 도인(圖印) 등이 결여되어 송대의 불화와 혼동되고 있는 것은 아닌지 살펴보아야 한다고 하였다. 이에 더하여 현전 후대 불화의 양식상 특성을 참고로 아직 국적이 분명치 않은 불화들을 추정한다면 더 많은 수의 고려불화 소재를 파악할 수 있을 것으로 보았다.

이어지는 제14장 「아름답다! 고려불」에서도 고려불화의 특징으로 '몸과 발을 약간 오른편으로 비튼 인상'이나 '금니로 그려진 가사에 보이는 둥근 연꽃무늬', 그리고 '이마와 머리의 경계선에서 보이는 머리의 각진 표현' 등을 들었다. 또한 저자는 고려불화의 극도의 화려하고 섬세한 표현은 "고려 후기에 이르러 부처그림은 단순한 예배·기원의 실용물을 넘어서 궁정 취미의 감상물이 되어간 것이 아닌가."라고 추측하였다. 실제 고려 후기 불화는 매우 화려하면서도 반면 일정한 형식을 반복하여 따르고 있다.

이 밖에도 제9장「마리지천」에서는 아지랑이를 신격화 한 천신 마리지천의 도상적 특징을, 제10장「한화를 찾아 나니와에서」, 그리고 제15장「오카야마를 찾아서」등 여러 장에서 불교회화를 다루고 있다. 이 책에서 다루고 있는 불교회화는 당시까지는 잘 알려지지 않았거나 모르고 있던 우리나라 불교회화를 소개하고 이에 대한 이해의 폭을 넓혀주는 중요한 역할을 하고 있다.

불교회화뿐 아니라 일반회화에 있어서도 한·일간 회화교섭 상황을 알려주는 흥미로운 작품들을 소개하고 있다. 제7장「쇼고쿠지의 묵산수」에서는 14세기에 원(元)의 사자(使者)로서 1299년 일본에 건너가 1317년에 생을 마친 승려 잇산이치네이(一山一寧, 1247~1317)의 제찬(題讚)이 있는 〈평사낙안도〉에 대해 "고향의 감각을 뿌리칠 수 없었다."라고 술회하고 있다. 그 당시 작품으로 비교할 만한 것이 남아 있지 않아 비교하기는 어렵지만 구도나 필법, 전체적인 분위기 등에서 한국적 취향이 짙게 배어있다고 느낀 것이다. 같은 절에 전하는 〈파초야우도(芭蕉夜雨圖)〉는 1410년 봉례사(奉禮使)로 일본에 갔던 집현전 학사 양수(梁需)의 제찬(題讚)이 있는 작품으로 문청(文淸)의 산수화들과 더불어 한·일간 회화교섭의 실례를 보여준다.[7]

조선 초기 한·일간 회화교류 면에서 빼놓을 수 없는 것이 이수문으로 알려진 화가의 문제일 것이다. 제목도「수수께끼의 화가 이수문」이라 한 제6장에서는 수년 전에 발견된 수문의『묵죽화책』을 중심으로 수문이라는 화가의 국적과 일본 무로마치(室町)시대 수묵화와의 관계 등을 다각도로 다루고 있다.『묵죽화책』의 한 면에 적힌 "영락갑진이십유이세차어일본국래도북양사수문(永樂甲辰二十有二歲次於日本國來渡北陽寫秀文)"이라는 명문

---

7 이들 쇼고쿠지에 전하는 묵산수에 대해서는 국내에서도 후에 보다 자세한 연구가 이어졌다. 안휘준(1976), pp. 149-154; 안휘준『한국 회화사 연구』(서울: 시공사, 2000), pp. 338-342.

에서 가장 문제가 되는 '일본국래도북양사'를 저자는 "일본국에서 북양으로 건너와 그리다"로 풀이하였다. 이로써 "일본국에 내도하여 북양에서 그리다"라고 보는 그간의 해석과는 다른 견해를 보였다.[8]

제5장에서 다룬 「일본을 왕래한 화원들」에서는 선조 40년(1606)부터 순조 11년(1811)까지 12회에 걸쳐 일본 통신사를 따라 일본에 건너갔던 화원화가들의 이름을 열거하고 몇몇의 작품을 소개하고 있다. 앞서 소개한 쇼고쿠지의 묵산수나 이수문에 이어 조선 중기 이후 한·일간 회화교섭에 대한 이해를 증진시켜준다.

또 제3장 「단원삼제」에서는 〈송하맹호도〉, 〈수원성의식도〉, 〈출산석가도〉 등 흥미로운 작품들을 새롭게 소개하고 있다. 강세황과 김홍도 합작인 〈송하맹호도〉는 이후 호암미술관 소장품이 되었고, 작자에 대해 이견을 제시하는 논문을 포함하여 많은 연구가 뒤따랐다.[9] 제8장 「일종소만지기」에서는 일본 학자들이 우리나라 회화의 특징으로 종종 얘기하는 '소만지기'에 대해 긍정은 하면서도 "예민한 작가의 회화감각 속에 덧없이 나타나는 실수라는 의미가 아니라 화면 구성의 교치를 다하려 하지 않고, 기교와 인공미를 내세우지 않으려는 뜻"이라고 해석하였다.

마지막 장인 「끝을 맺으면서」에서는 고려불화의 아름다움을 발견한 것과 조선 초기 묵산수의 흔적을 찾은 것을 확실한 소득으로 자부하였다.

---

8 熊谷宣夫, 「秀文筆 墨竹畫冊」, 『國華』 910(1968.1), p. 32. 안휘준(2000), p. 487에서 재인용.
9 이 작품이 두 사람의 합작이 가능성에 대해 변영섭은 이 〈송하맹호도〉를 그린 시기에 표암은 절필기였다는 점을 들어 합작 가능성이 희박하다고 보았다. 변영섭, 『표암 강세황 회화연구』 (서울: 일지사, 1988), pp. 147-149. 또한 이원복도 '豹菴畵松'이란 墨書 중 '畵松'이라는 부분이 없는 사진이 있으며, '畵松' 부분의 필치가 더 굵을 뿐 '士能'이라는 글씨와 같다고도 하였다. 이원복, 「김홍도 虎圖의 一定型」, 『미술자료』 42호 (국립중앙박물관, 1988.12). 그러나 진준현은 『단원 김홍도 연구』 (서울: 일지사, 1999), pp. 529-531쪽에서 두 사람의 합작 그림에 대해 읊은 강세황의 처남 유경종의 시 「영화호(詠畵虎)」를 근거로 이 작품은 두 사람의 합작품이며, 김홍도 30대 후반의 작품으로 보았다.

차후에도 우리나라 회화사의 공백인 고려와 조선 전기의 복원과 연구를 위해서는 일본에 유존하는 한국회화의 발굴과 조사가 필요함을 강조하고, 이를 위해 그림의 소재파악과 시대별 기준 설정의 필요성을 누차 강조하고 있다. 그런 만큼 일본에 전하는 우리 그림을 조사하여 소개한「일본 속의 한화」의 의미는 매우 크다고 할 수 있다.

3. 맺음말:『한국회화사론』의 의의

앞서 동주 저『한국회화사론』의 내용을 개괄하였다. 많은 새로운 자료들이 소개되었고 훗날 회화사에서 쟁점이 된 많은 문제들이 제기되었다. 이 책이 이후 연구에 크게 도움이 된 것은 자명한 사실이다.

내용에 있어서 저자는 넓은 식견과 정확한 감식안으로 우리 그림의 아름다움을 논하고 있다. 우선 국내 학계에 비교적 잘 알려지지 않은 자료들을 풍부한 도판과 해박한 지식을 바탕으로 하여 소개함으로써 회화사의 지평을 넓힌 점이 이 책의 가장 큰 의의라 하겠다. 특히 일본에 전하는 한국회화작품을 소개한 제3부「일본 속의 한화」부분은 안휘준 교수도 지적하였듯이 임진왜란 이전의 작품이 많이 남아 있지 않은 상황에서 고려시대부터 조선시대 초기까지의 간극을 메워주는 괄목할 만한 성과를 보였다(안휘준 1981, 각주7).

이와 함께 미술과 문화를 총체적으로 바라보는 거시적 안목이 돋보인다. 역사적 사건이나 여타 문화의 흐름 뿐 만 아니라 미술 내에서도 그림과 도자기, 건축, 공예를 함께 보는 넓은 시각으로 시대를 판정하고 의미를 읽어내고 있다. 미술품 상호간의 관계뿐만이 아니라 주변국인 중국과 일본과의 관계 속에서 우리 미술의 특징과 위치를 파악하고 있다. 그러다보니 중국과 비교하여 "애국적인 입장에서는 인정하고 싶지 않지만 조선은 중국의 시골"이라며 솔직한 견해를 피력하기도 하였다. 당시 조선은 중국을 선진문명이라 생각하여 따르는 것이 유행이었다며, 이를 인정해야 우리 미술을 옳게 볼 수 있다고 하였다.

다음으로 이 책에 소개된 작품은 대부분 회화사에 이름을 남길만한 뛰어난 작품이라는 점이다. 이는 이 책의 장점이자 한계이기도 하다. 이는 저자의 그림을 대하는 자세였기 때문이다. 저자는 미술사학자이자 한 시대의 뛰어난 감식가였다. 그가 논하는 작품은 대가의 명품 위주였다고 해도 과언이 아니다. 그는 동양의 역사와 함께해 온 목록학(目錄學)의 진정한 의미는 선택적 목록작업이라 생각하였고, 그 목록 작업에 이미 미술사적 평가가 들어있음을 강조하곤 하였다. 때문에 저자가 다룬 화가는 그리 많지 않다. 19세기를 별도로 논하지도 않았을 뿐만 아니라 논함에 있어서도 추사 김정희의 문인화론을 따른 몇몇 화가에 한정하였던 것도 그러한 이유인지도 모른다.

저자는 오랜 서화 수장경험과 감상에 근거하여 작품에 대한 안목으로 그림을 평하였다. 평시에도 미술사는 실제 작품에서 출발해야만 하고 작품의 해석에는 반드시 미적 우열의 평가가 따라야 한다고 역설하였다. 작품의 우열을 가름하고 이를 판단하는 기준이 있어야 하며, 그 기준과 연관된 철학적 미학적 근거에 따라 가치의 성격을 논하는 것이 미술사의 본령이라는 것이다. 이 때문에 그의 미술사 연구를 호사취미로 평가하는 경우도 없지는 않다. 그는 다른 책 서문에서 "그림의 역사는 어디까지나 그림의 역사이지 옛 글, 옛 이야기의 역사는 아니기에, 과거 분들의 화평, 전기를 참고로 하면서도 역사로서는 그림 그 자체가 표시하는 그림의 미와 그 그림의 미에 대한 그 시대의 기준을 중심으로 적어보려 하였다(이동주 1972, 11)."라고 하였다. 이는 미술사에서 무엇에 중점을 두고 연구할 것인지에 대한 평소 그의 소신이기도 하다.

그럼에도 몇 가지 아쉬운 점은 있다. 이 책이 한 권의 완성된 책을 염두에 두고 일관되게 쓴 글이 아니기 때문에 서술의 체계 또는 순서에 일관성이 부족한 점이다. 즉 별도의 책으로 발간되었던 『일본 속의 한화』가 제3부로 들어오면서 이 책을 쓴 이후에 강연이나 기고문에 인용하였던 앞의 내용과 겹치는 경우가 있다. 그러다보니 앞에서는 간략히 지나간 부분이 뒷부분에서 더 자세하게 설명되는 경우도 있었다. 내용뿐만 아니라 같은 도판을 여러 곳에서 사용하다보니 일련번호에 의한 도판의 효율적인 활용이 어려운 점도 있다. 또 제3부의 경우 불교회화와 일반회화를 다룬 부분이 일정한 체계 없이 섞여 있어 글의 흐름이 다소 산만하게 보이기도 한다.

내용면에서는 근래 미술사연구가 확장되고 심화된 상황에서 보았을 때 다소 소홀히 다루어진 부분이 있다. 조선시대 시기구분을 전기와 중기, 후기로 나누면서 영·정조 때부터 19세기 말까지를 후기로 보다보니 19세기 화단의 색다른 미의식과 활동에 대한 언급은 없다. 18세기부터 이어져온 문인화의 연장으로서 추사 김정희와 그를 이어 문인화풍을 구사한 화가들만을 다루었을 뿐이다. 다만 김수철의 경우 "특이하고 인상파적인 산수 화훼를 그리는 화가로서 전통의 형식을 넘어 현대적 감각을 보인다."라고 평하였다. 그러면서도 결론에서 "김정희의 순수한 문인화 추구로 시대의 향방과 어긋나는 점"도 있었다며 시대의 변화를 언급하였지만, 결국 "왕조 말기의 혼란과 침체된 세태가 겹쳐 드디어 왕조 회화의 종말에 이르렀다."고 끝을 맺었다. 근래 우봉 조희룡을 비롯한 19세기 여항문인화가들의 활동에 주목하여 이들의 개성 있는 화풍과 회화활동을 조선회화의 근대적 징후로 해석하는 입장과는 다른 견해이다.[10] 19세기 회화를 왕조의 몰락이라는 정치적 흐름과 같은 시각으로 보다보니 생긴 한계로 보인다.

이『한국회화사론』은 한편으로는 한국회화사의 큰 줄기를 이야기하면서 한국회화의 특성을 논하고, 또 한편으로는 새로 조사한 작품들을 통해 그간 자료 부족으로 소홀히 다루어졌던 부분들을 치밀하게 그리고 있다. 빼어난 안목으로 한국 회화사의 중심 작가와 작품들을 선정하고, 해박한 인문학적 지식으로 작품 하나하나의 가치를 심도 있게 논하고 있다. 이렇게 함으로써 후학들로 하여금 한국미술사에서 어떤 작품을 어떻게 연구해야 하는지에 대한 분명한 가르침을 준다. 때문에 오랜 세월이 지난 지금도 늘 새롭게 읽힌다.

---

10 최열, 『화전: 근대 200년 우리 화가 이야기』 (파주: 청년사, 2004), pp. 15-31; 이선옥, 「19세기 여항화가들의 매화도」, 『전남사학』 제25집 (호남사학회, 2005년), pp. 145-185; 이선옥, 『우봉 조희룡-19세기 묵장의 영수』 (파주: 돌베개, 2017) 등.

강관식. 2003. 「심산지록 도판설명」. 『간송문화(澗松文華)』 65.

김정희. 2012. 「고려불화 발원자와 시주자」. 『강좌미술사』 38.

문명대. 1994. 「고려불화의 조성 배경과 내용」. 『고려불화』 한국의 미 7. 서울: 중앙일보사.

박은순. 2010. 『공재 윤두서-조선후기 선비 그림의 선구자』. 파주: 돌베개.

변영섭. 1988. 『표암 강세황 회화연구』. 서울: 일지사.

안휘준. 1981. 『한국회화사』. 서울: 일지사.

안휘준. 2000. 『한국 회화사 연구』. 서울: 시공사.

유경희. 2003. 「도갑사(道岬寺) 관세음보살 32응탱(應幀)의 도상 연구」. 『미술사학연구』 240.

이내옥. 2003. 『(공재) 윤두서』. 서울: 시공사.

이동주. 1987. 『한국회화사론』. 서울: 열화당.

이동주. 1972. 『한국회화소사』. 서울: 서문당.

이동주. 1975. 『우리나라의 옛 그림』. 서울: 박영사.

이동주. 1996. 『우리 옛 그림의 아름다움』. 서울: 시공사.

이선옥. 2005. 「19세기 여항화가들의 매화도」. 『전남사학』 25.

이선옥. 2017. 『우봉 조희룡-19세기 묵장의 영수』. 파주: 돌베개.

이영숙. 1987. 「윤두서의 회화연구」. 미술사연구회. 『미술사연구』 1.

이원복. 1988. 「김홍도 호도(虎圖)의 일정형(一定型)」. 『미술자료』 42.

이태호. 1983. 「공재 윤두서 그 회화론에 관한 연구」. 『전남(호남)지방의 인물사 연구』. 광주: 전남지역개발협의회 연구자문위원회.

진준현. 1999. 『단원 김홍도 연구』. 서울: 일지사.

차미애. 2014. 『공재 윤두서 일가의 회화 연구』. 서울: 사회평론.

최열. 2004. 『화전: 근대 200년 우리 화가 이야기』. 파주: 청년사.

제13장   독특한 미의 델리커시

이동주와 『우리나라의 옛 그림』

장진성

1. 머리말: 국제정치학자 이용희와 미술사가 이동주

『우리나라의 옛 그림』은 본래 국제정치학자인 이용희(李用熙, 1917-1997)
가 이동주(李東洲)라는 필명으로 1969년 2월에 창간된 잡지인 『아세아』에
연재했던 5편의 글과 『간송문화』에 게재한 글 1편 및 강연록 원고 3편을
묶어서 낸 책이다.[1] 창간을 맞이하여 『아세아』 잡지사는 동주에게 부탁하
여 전체 10회에 걸쳐 한국회화사의 역사적 개관 및 중요 이슈를 소개하는

---

1 동주의 미술사학자 및 국제정치학자로서의 생애에 대해서는 유홍준, 「이동주: 전통 동양화론
   에 입각한 당대의 감식안」, 『한국의 美를 다시 읽는다』 (서울: 돌베개, 2005), pp. 270-287; 하영
   선, 『역사 속의 젊은 그들: 18세기 북학파에서 21세기 복합파까지』 (서울: 을유문화사, 2011), pp.
   251-303; 옥창준, 「이용희의 지식 체계 형성과 한국 국제정치학의 재구성」, 『사이間SAI』22
   (2017), pp. 89-131 참조.

글을 연재하고자 하였다. 동주는 창간호에 화가 박노수(朴魯壽, 1927-2013)와의 대담형식으로「옛 그림을 보는 눈」을 게재한 후「김 단원이라는 화원」(3월호),「겸재일파의 진경산수」(4월호),「속화」(5월호),「완당바람」(6월호)을 연속적으로 발표하였다. 당시 한국의 전통 회화에 대한 학계 및 일반 대중의 수준을 감안할 때 동주가 5개월에 걸쳐 연재한 5편의 글들은 획기적이라고 평가할 수 있다. 동주는「옛 그림을 보는 눈」서두에서『아세아』에 연재하게 될 글들은 체계적인 한국회화사가 아니라 '토막글' 형식으로 화가, 그림, 그림의 정신, 다른 나라 그림과 우리 옛 그림을 비교하는 것을 목표로 하고 있다고 언급하고 있다(이동주 1995, 48).

5편의 글들은 저자가 말한바와 같이 상호 유기적으로 연결되어 있지는 않다. 그러나 글 곳곳에서 한국회화사 전체를 관통하는 거시적인 안목과 예리한 통찰이 들어있어 주목된다. 도화서(圖畫署) 화원이었던 김홍도(金弘道, 1745-1806년 이후)의 사회적 위치와 역할, 김홍도 화풍의 특징, 김홍도의 사경풍속화(寫景風俗畵)가 보여준 혁신성, 정선(鄭敾, 1676-1759)이 이룩한 진경산수화의 역사적 가치, 조선 후기라는 한 시대의 사회적 변화 속에서 당시의 현실을 현장감 있게 표현한 속화(俗畵)의 중요성, 문인 취미에 지나치게 경도된 김정희(金正喜, 1786-1856)의 회화론과 문인화로 인해 진경산수화와 속화가 퇴조하게 된 시대적 역행 현상을 동주는 다양한 사료와 작품 분석을 통해 규명하였다.

국제정치학을 전공한 학자인 동주는 미술사를 체계적으로 공부한 사람이 아니다. 그는「옛 그림을 보는 눈」에서 밝히고 있듯이 "민족주의에 빠진 소년의 자족감"과 같은 심정으로 일제 치하에서 우리 옛 그림의 가치를 발견하고자 위창(葦滄) 오세창(吳世昌, 1864-1953)을 따라 많은 그림을 보고 연구하였다(이동주 1995, 11-12; 이동주 1987, 5). 그는 체계적인 학문적 훈련을 통해 미술사적 안목을 키운 것이 아니라 스스로 그림을 보고 흥미가 생겨 우리 옛 그림에 대해 공부하였던 것이다. 즉 동주는 미술사를 독학했다고 할 수 있다. 1962년에 펴낸 『일반국제정치학』으로 명성을 날린 그가 '이동주'라는 필명으로 1969년부터 한국회화사 관련 글을 쓰기 시작한 것은 국제정치학자로서는 매우 '특별한 외도'였다. 그러나 그가 쓴 우리나라 최초의 한국회화사 통사인 『한국회화소사』(서문당, 1972), 일본에 있는 우리나라의 회화와 불화를 조사해 그 결과를 책으로 낸 『일본 속의 한화(韓畵)』(서문당, 1974)는 당시로서는 학문적인 불모지에 불과했던 한국회화사 연구에 기념비적인 성과였다고 할 수 있다. 동주는 『아세아』에 연재했던 글들을 묶어 1975년에 『우리나라의 옛 그림』(박영사)을 출간하였다. 『우리나라의 옛 그림』 초판본은 비교적 호화로운 양장본으로 당시 한국회화사 관련 서적으로는 가장 수준이 높은 책이었다. 『우리나라의 옛 그림』은 증보·보급판이 학고재에서 1995년에 출간되면서 대중적으로 널리 읽히게 되었다.

동주는 『한국회화사론(韓國繪畵史論)』(1987년)의 서문에서 자신의 한국회화사 연구의 역정(歷程)을 다음과 같이 회고하였다. 이 글은 동주가 어떤 계기로 한국회화사를 연구했으며 어떤 시각과 방법론을 통해 우리나라의 옛 그림을 연구했는가를 알려주고 있어 주목된다.

옛 그림을 매만지고 따지고 한 지 어언 50여 년이 되었다. 애초에는 젊음의 애국적 낭만으로, 기왕지사 책상머리에 그림 한 장 붙인다면 겨레의 것을 붙여야지 생각에 진적(眞蹟)인지 아닌지도 모르는 대로 손바닥만 한 겸재(謙齋) 정선(鄭敾)의 그림 한 폭을 벽에 건 것이 발단이 되었다. 그러다가 모르는 사이 옛 그림에 열을 올리고 또 여러 번 속기도 하였다. 한편, 어쩌다가 보링거(W. Worringer)나 뵐플린(H. Wölfflin) 등을 읽게 되어, 지역에 따라 또 시대에 따라 미의식도 다르고, 보는 눈에 따라 곧 소위 시형식(視形式)에 따라 양식

(樣式)의 개념을 도입하는 것도 다르다는 것을 알게 되었다. 또 한편, 위창(葦滄) 선생 댁에 오래 드나들며 내 감식안(鑑識眼)을 기르는 데 노력하였다. 그러나 내 경우는 우둔한 탓인지 매번 알 듯 하였으나 결국 안목이 생기는 데 한 20년가량이 걸린 것 같다. 그림의 세계도 이론과 지식이 그대로 안목이 될 수는 없어서 무엇보다 먼저 눈, 소위 시(視) 훈련이 필요하였다. 물론 그림을 즐기고 화론(畵論)을 읽고 미술사학을 연구하는 것은 원래 독락(獨樂)의 세계로 남에게 내세울 생각은 아예 없었다. … 그간의 생각과 지식을 정리한 것이 오늘의 『한국회화소사(韓國繪畫小史)』가 되고, 연달아 주문에 못 이겨 여기저기 적은 것이 『우리나라의 옛 그림』이란 책이 되고, 또 이번에 『한국회화사론(韓國繪畫史論)』이 되었다. 본래 혼자 즐기려던 것이 왜 이렇게 되었는지 생각하면 이상하거니와, 그러나 미술사에 대한 나의 관심이 어언간 50년이 넘게 되고 미술사에서 얻은 생각이나 개념이 나의 다른 학문에 커다란 영향을 준 것도 사실이다(이동주 1987, 5).

동주는 1930년대에 당시 가격이 쌌던 옛 사람들의 간찰(簡札), 간독(簡牘)을 수집하다가 연희전문학교에 들어간 후 본격적으로 서화에 관심을 가지고 미술관과 경매회 등에서 그림을 보고 공부하게 되었다. 동주가 산 정선의 작은 그림은 이와 같이 그가 청년 시절에 한국 회화에 대한 공부를 시작하면서 산 그림 중 하나로 생각된다. 동주는 '젊음의 애국적 낭만,' 즉 암울한 식민지시대를 살아가야 했던 한 청년의 애국적인 심정에서 우리 옛 그림 속에서 민족적인 긍지를 찾고자 노력하였다. 이후 그는 그림에 대한 안목을 기르고자 했으나 안목을 가지는 것이 결코 쉽지 않다는 것을 깨닫게 되는 데 이 과정에서 동주는 '시(視) 훈련'의 중요성을 알게 되었다. '시 훈련'은 단순히 그림을 분별하는 전통적인 감식안의 육성뿐 아니라 시대적 양식과 미감(美感)을 이해하는데 필요한 시각적 분석 능력을 획득하는 과정을 일컫는다. 동주는 전통적인 감식 방법을 오세창을 통해 공부하였다. 아울러 그는 양식이라는 개념을 보링거와 뵐플린 등 서양의 미술사학, 특히 독일 미술사학으로부터 배우게 된다. 동양의 감식학(鑑識學)과 서양의 미술사학 방법론에 대한 학습을 바탕으로 동주는 본격적으로 우리나라의 옛 그림을 공부하게 되었으며 그 결실이 『한국회화소사』등 일련의 한국회화사 연구서들이다.

동주는 근본적으로 국제정치학자였다. 그에게 한국회화사 연구는 개인적 서화 취미의 연장이었다. 그가 이야기했듯이 우리나라의 옛 그림에 대한 감상과 연구는 '독락(獨樂)'의 세계로 개인적 취미 생활에 해당했다. 그러나 그의 한국회화사 연구는 단순한 개인 취미의 추구에 그치지 않았다. 이 점은 그가 지닌 학문적 관심의 족적(足跡)을 따라가 보면 어렵지 않게 알 수 있다. 그의 한국회화사 연구의 처음 출발은 전통적인 서화감식학(書畫鑑識學)과 목록학(目錄學)적 서화사(書畫史)에 대한 지식이었다. 동주가 한국의 옛 그림을 연구하는데 중요한 역할을 한 인물은 오세창이다. 오세창은 중인 역관 집안 출신으로 서화에 정통했던 아버지 오경석(吳慶錫, 1831-1879)의 영향으로 서화 감식에 조예가 깊었다. 그는 1917년에 우리나라 역대 화가들의 전기적인 자료를 연대기적으로 집대성한 『근역서화사(槿域書畫史)』를 완성했으며 이 책을 보완하여 1928년에 『근역서화징(槿域書畫徵)』을 출간하였다. 『근역서화징』은 일종의 화가 열전으로 고대부터 조선시대까지 활동한 화가들의 전기 자료를 집대성한 것이다. 이 책은 전통적인 서화 목록학의 전형을 보여주는 것으로 동주의 한국회화사 연구는 이러한 오세창의 서화 목록학을 발판으로 시작되었다.[2] "나는

---

2 오세창의 생애 및 그의 『근역서화징』에 대해서는 홍선표, 『조선시대회화사론(朝鮮時代繪畫史論)』(서울: 문예출판사, 1999), pp. 109-116; 오세창, 「『근역서화사』의 편찬과 『근역서화징』의 출판」, 『인물미술사학』 4(2008), pp. 291-308 참조.

공교롭게도 나이 어릴 때부터 우리나라의 옛 글씨와 그림에 관심을 갖게 되었습니다. 당시 내 가정의 분위기도 그렇고, 사회적으로도 일제하에 민족주의적 기풍이 팽배해 있을 때라, 처음에는 비교적 값이 쌌던 선인의 옛 간독(簡牘)을 모으다가 그만 옛 그림에 쏠려 쫓아다녔다고 할 정도로 구경도 하고, 『근역서화징』을 길잡이로 해서 그곳에 나오는 화인(畵人)의 것을 다 알아보겠다는 계획도 세워보았습니다(이동주 1975, 11)"라는 동주의 언급을 통해 볼 때 그의 청년시절에 『근역서화징』이 옛 그림을 공부하는 데 매우 중요한 안내서(handbook)였음을 알 수 있다.

2. 권역과 회화권, 장소와 미적 감각

그러나 동주는 문헌에 안주하지 않고 그림을 직접 보고 익히면서 그림 자체가 지닌 조형성 및 미적 특질에 주목하였다. 동주에게 작품에 대한 감상은 절대적인 의미를 지니고 있었다. 그가 "작품이 문제의 근원"이라고 강조한 것은 미술사는 작품을 떠나 존재하지 않는다는 매우 뿌리 깊은 신념 때문이다(이동주 1975, 43). 전통적인 서화 목록학이 문헌 중심이었던 것을 고려해 볼 때 작품을 직접 보고 느끼고 조형적 특징을 감별해 내는 것을 미술사의 기초로 인식한 동주의 한국회화사 연구는 당시로서는 매우 진일보한 학문적 접근이었다고 할 수 있다. 그런데 동주의 한국회화사 연구를 한층 높은 단계로 이끈 계기는 다름 아닌 그의 근대 독일 미술사학과의 만남이었다. "한편, 어쩌다가 보링거나 뵐플린 등을 읽게 되어, 지역에 따라 또 시대에 따라 美意識도 다르고, 보는 눈에 따라 곧 소위 視形式에 따라 樣式의 개념을 도입하는 것도 다르다는 것을 알게 되었다"에서 살펴볼 수 있듯이 동주는 보링거(Wilhelm Worringer, 1881-1965), 뵐플린

(Heinrich Wölfflin, 1864-1945) 등의 저술을 통해 개별 미술 작품을 통괄하는 내용과 형식의 종합적 결정체인 '양식(style)' 개념을 이해하게 되었다. 이후 동주는 독일 미술사학에 대한 이해를 통해 획득한 양식 개념을 기초로 우리나라 옛 그림의 성격을 규명하게 되었다(이동주 1975, 12-17: 23-24). 동주는 보링거의 『추상과 감정이입(Abstraktion und Einfühlung)』(1908)에 나타난 추상 미술(반(反) 생명주의적 미술) 및 사실주의 미술(생명주의적 미술)의 비교 분석 및 뵐플린의 『미술사의 기초 개념(Kunstgeschichtliche Grundbegriffe)』(1915)에서 제기된 '시대 양식(period style)'에 대한 이해를 통해 미의 상대성을 발견하게 되는데 지역과 시대를 막론하고 미에는 우열이 존재하지 않는다는 인식에 도달하게 된다.[3] 특히 동주는 보링거가 제시한 원시 미술에 보이는 추상성은 결코 서구의 고전주의 및 사실주의 미술(감정이입적 미술)에 비해 열등한 것이 아니라는 '미의 상대성' 주장에 크게 감명을 받았다. 미의 상대성에 대한 발견은 동주의 한국회화사 연구에 일대 전환점이 되었는데 동주는 한국의 옛 그림이 결코 중국 그림의 아류가 아니며 미의 상대성이라는 관점에서 볼 때 한국의 그림은 한국 고유의 특색을 지니고 있으며 그 자체로 중요한 가치가 있다고 생각하게 되었다.

지역과 시대에 따라 미의식이 다르며 이러한 미의식에는 우열이 존재하지 않는다는 동주의 인식은 『한국회화소사(韓國繪畫小史)』에서 '자연미

---

3 보링거에 대한 자세한 사항은 Neil H. Donahue, *Invisible Cathedrals: The Expressionist Art History of Wilhelm Worringer* (University Park: Penn State University Press, 1995) 참조. 뵐플린의 미술사 이론 및 시대 양식 개념에 대해서는 Joan Goldhammer Hart, "Reinterpreting Wölfflin: Neo-Kantianism and Hermeneutics," *Art Journal* 42 (1982), pp. 292-300; Marshall Brown, "The Classic Is the Baroque: On the Principle of Wölfflin's Art History," *Critical Inquiry* 9 (December 1982), pp. 379-404; Martin Warnke, "On Heinrich Wölfflin," *Representations* 27 (Summer 1989), pp. 172-187; Daniel Adler, "Painterly Politics: Wölfflin, Formalism and German Academic Culture, 1885-1915," *Art History*, vol. 27, no. 3 (2004), pp. 431-477 참조.

적인 것'과 '문화미적인 것'의 구별로 구체화된다(이동주 1972, 48-57). 이러한 '자연미'와 '문화미'의 대비는 보링거가 '추상 미술'과 '사실주의 미술(감정이입적 미술)'을, 뵐플린이 르네상스 미술과 바로크 미술을 두 개의 대립 항으로 비교 분석한 것과 유사하다. 이 점은 동주의 한국회화사 인식에 끼친 보링거와 뵐플린의 영향을 보여준다. 동주는 시대적 미관(美觀)이라는 관점에서 볼 때 우리나라의 옛 그림에는 '자연미적인 것'과 '문화미적인 것'의 구분이 있다고 주장하였다. 먼저 '자연미적인 것'은 화조(花鳥), 사경산수(寫景山水), 전각(殿閣), 사녀풍속(仕女風俗), 전신(傳神) 또는 초상(肖像) 그림과 같은 사실적, 현실적, 실용적인 그림에 나타나며 이러한 그림들을 제작한 사람들은 직업화가, 즉 화공(畫工)이었다. 아울러 자연미적인 그림을 선호한 주체는 궁중(宮中)과 서민 계층이었다. 반면 '문화미적인 것'은 도석(道釋), 남북종(南北宗)의 산수, 사군자, 괴석(怪石) 그림과 같은 것에서 발견되며 주로 이러한 그림들은 문인들이 그렸다. 이 그림들은 사의(寫意)적, 정형(定型)적, 관념적 성격을 지니며 주로 감상화(鑑賞畫)들이었다. 문화미적인 것은 지식인인 문인들의 미관(美觀)으로 안정된 사회와 문화를 바탕으로 하고 있다. 동주는 우리나라의 옛 그림이 지닌 특색을 개관하면서 중국과 달리 화학(畫學)의 철리(哲理)를 다룬 화론(畫論)이 적고 따라서 문인 중심의 문화미적인 그림, 심의(心意)에 바탕을 둔 감상화는 화단의 주류가 아니었다고 평가하였다(이동주 1972, 54; 63-64). 동주는 우리나라 옛 그림의 주류는 화공들이 그린 감각적이고 자연미적인 실용화가 대세였다고 주장하였다 그 결과 한국에서는 중국과 달리 "이념화된 미관의 완벽한 표현"은 부자연스러운 것으로 간주되었으며 주로 "꾸미지 않는 구도의 풍취, 선묘(線描)의 자연미, 모티브의 친근성"에 바탕을 둔 천연스럽고, 천진스러우며, 현실 감각이 담긴 그림이 유행했다고 동주는 보았다(이동주 1972, 65-66).

동주의 이러한 이분법적 접근은 현재의 관점에서 보면 매우 조야(粗野)

한 범주 구별로 여겨진다. 그러나 그의 '자연미적인 것'과 '문화미적인 것'의 구분은 매우 심중(深重)한 함의(含意)를 지니고 있다. 앞에서 지적했듯이 동주는 보링거가 제시한 비생명적, 평면적인 원시 미술에 보이는 추상성(abstraction)과 유기적, 주관적, 감정이입(empathy)적 사실주의 미술의 차이에 주목하는 한편 뵐플린이 다섯 가지의 양식적 특징을 기준으로 르네상스 미술과 바로크 미술의 차이를 설명한 것에 큰 영향을 받았다. 아울러 동주는 '촉각적인(haptic) 미술'과 '시각적인(optical) 미술'을 범주화하여 설명한 알로이스 리글(Alois Riegl, 1858-1905)의 미술사 이론으로부터도 큰 학문적 영향을 받았다.[4] 특히 동주는 리글의 '예술의욕(藝術意慾, kunstwollen [will to create art])' 개념에 깊은 관심을 두었다. 동주는 예술의욕은 각 시대, 지역, 민족에 따라 다르며 따라서 각각의 예술의욕에 의해 창조된 예술에는 우열의 차이가 없다고 보았다. 동주는 리글을 통해 미의 표현은 시대에 따라 또 문화권에 따라 다르다는 것을 깨닫게 된 후 미술에 있어 문화적 권역(圈域)의 문제를 생각하게 되었다(이동주 1975, 15; 19-21). 동주가 미술사 및 국제정치학 연구에 적극적으로 활용한 '권역 이론'이 탄생하게 된 배경에는 그의 근대 독일 미술사학과의 만남이 있었던 것이다. 보링거에 이어 리글을 통해 동주는 '미의 상대성'에 대한 확신을 갖게 되었으며 문화적 권역에 따라 다르게 나타나는 미관(美觀)에 주목하였다. 즉 각 시대, 지역, 국가, 민족에 따라 미는 상대적이며, 아울러 문화적 권역에 따라 미는 다양하게 나타난다고 동주는 생각했다. 따라서 각 권역의 미술에 우열은 존재하지 않는다는 동주의 상대주의적 사고는 이후 그의 한국회화사

---

4 리글과 그의 미술사 이론에 대한 자세한 사항은 Margaret Olin, *Forms of Representation in Alois Riegl's Theory of Art* (University Park : Pennsylvania State University Press, 1992); Margaret Iversen, *Alois Riegl : Art History and Theory* (Cambridge, Mass. : The MIT Press, 1993); Michael Gubser, *Time's Visible Surface : Alois Riegl and the Discourse on History and Temporality in Fin-de-Siècle Vienna* (Detroit : Wayne State University Press, 2006) 참조.

연구에 절대적인 영향을 끼치게 된다.

추상과 감정이입, 르네상스와 바로크, 촉각적인 것과 시각적인 것 등 서로 대별되는 두 범주를 설정하여 비교 설명했던 보링거, 뵐플린, 리글의 범주론적 설명 방식은 동주에 이르러 '자연미적인 것'과 '문화미적인 것'으로 나타났다. 그런데 동주는 '자연미적인 것'과 '문화미적인 것'을 설명하면서 권역(圈域) 이론과 전파 이론을 활용하고 있어 주목된다. 권역 이론은 동주가 독일 미술사학에서 영감을 받아 만든 이론으로 어떤 조건을 공유한 문화권을 의미한다. 동주는 그림에 있어 동아권(東亞圈)이라는 회화권(繪畫圈)을 설정했는데 중국, 일본, 한국, 베트남, 오키나와가 이 동아권에 들어간다. 동주의 전파 이론은 중심과 주변을 설정한 후 같은 권역 내의 공유(共有) 조건이 지역적 특색에 따라 어떻게 변화된 모습으로 나타나는가를 설명한 이론이다. 같은 권역 내에 존재하는 중심과 주변은 공통된 조건을 소유한다. 그런데 이러한 공유 조건은 중심에 응집되어 있으며 이 공동의 조건은 국제적인 조건으로 기능한다. 공유 조건이 중심에서 주변으로 전파되면서 굴절 과정을 겪게 되는데 동주는 이러한 공유 조건의 변용(變容)에 주목하였다.

동아권의 경우 중국의 그림이 바로 공유 조건이자 국제적인 조건이었다. 동주는 중국의 화풍이 한국에 와서 어떻게 나타났으며 한국은 중국의 화풍에 어떻게 대응했는가에 관심을 두었다. 결국 동주는 권역으로 동아권을 설정한 후 국제적인 조건인 중국의 화풍이 향토색(鄕土色) 또는 지방색(地方色), 즉 지역적 조건과 만나면서 어떠한 변화를 겪게 되었는가에 초점을 맞추어 우리나라 옛 그림의 특징을 설명하고자 하였다. 이때 향토색, 지방색은 한국을 포함해 동아권 내에 존재하는 일본, 오키나와, 베트남 등 주변부의 문화를 지칭한다. 동주에게 '문화미적인 것'은 중국의 화풍, 문인의 화풍, 사의(寫意)라는 정신미를 의미했다. 아울러 그에게 이러한 '문화미적인 것'은 동아권 미관의 국제성을 의미했다. 그런데 흥미롭게도 이러한 국제성, 또는 동아권 미관의 공유 조건이 한국에서는 큰 반향을 일으키지 못했다. 우리나라 옛 그림의 주류는 '문화미적인 것'이 아닌 '자연미적인 것'이었다. 동주는 중국의 영향에도 불구하고 한국적인 미관이 자율적인 발전을 이룩한 것에 주목하였으며 감각적이고 사실주의적이며 현실 감각이 핵심인 '자연미적인 것'의 가치를 높게 평가하였다. 미관의 상대성 이론에 기초해서 동주는 한국(주변)의 '자연미적인 것'이 결코 중국(중심)의 '문화미적인 것'보다 열등한 것이 아니라는 점을 강조하였다. 동주는 신라시대의 솔거(率居)와 고려시대의 이녕(李寧, 12세기 전반에 활동)이 이룩한 사실주의 화풍, 정선의 사경(寫景)산수화, 김홍도의 풍속화, 조선 후기의 사실적인 초상화 등을 '감각적, 자연미적 그림'의 핵심으로 파악하였다. 이들이 이룩한 한국적 화풍은 동아권의 중심이자 국제성이었던 중국 화풍의 영향을 극복한 결과이며 따라서 우리나라의 옛 그림은 결코 중국 그림의 아류가 아니라는 것이 동주가 『한국회화소사』에서 제시한 궁극적인 결론이었다.

동주는 구체적인 작품은 국제적인 조건과 지역적인 특색(향토색)의 상호작용 속에서 만들어진다고 생각하였다. 즉, 동주는 중심과 주변의 길항(拮抗) 관계 속에서 개별 회화 작품은 생성되며 같은 회화권(권역)의 공유 조건을 바탕으로 어떻게 작가가 창조적으로 개성적인 미감을 성형화(成形化)하느냐가 작품의 아름다움을 결정한다고 보았다(이동주 1972, 53). 동주에 따르면 결국 동아권 회화의 중심이자 공유 조건인 중국의 화풍은 한국이라는 지역에 이르러 그 영향력이 감퇴했으며 한국에서는 오히려 지역적 특색이 압도적인 영향을 끼쳐 '자연미적인 것'이 발전하게 되었다고 한다. 동주가 사실적이고 감각적이며 비중국적인 화풍을 발전시킨 정선과 김홍도를 높게 평가한 것은 바로 중국 화풍의 영향에서 벗어나 우리 옛 그림의 향토적 특색을 극대화한 이들의 천재성 때문이었다. 한편 동주는 추사(秋史) 김정희의 모화(慕華)적인 화풍을 부정적으로 보았다. 동주가 볼 때 김정희가 추구한 '문화미적인 것'은 결국 동아권의 중심인 중국 화풍으로의 경도를 의미하며 이것은 정선과 김홍도가 이룩한 한국적 미관인 '자연미적인 것'에 대한 반동(反動)이자 역사적 흐름에 대한 역행(逆行)이었다(이동주 1975, 333-334; 353). 동주의 정선과 김홍도에 대한 상찬(賞讚)은 단순히 이들 화가들에 대한 애국적, 민족주의적 시각에서 나온 것이 아니다. 국제정치학자로서 동주는 권역 이론과 함께 전파 이론을 활용하여 국제적인 조건이자 회화권의 공유 조건이었던 중국의 화풍에 맞서 한국이 스스로의 정체성을 확보하고자 하였으며 그 예술적 정체성을 극대화한 인물들로 정선과 김홍도에 주목하였던 것이다. 우리나라의 옛 그림은 그가 말했듯이 중국의 문인 화가들과 달리 신분이 낮은 화공(畫工)들이 그린 것이다. 그러나 이들이 그린 그림은 동주가 볼 때 결코 열등하지 않았다. 그는 중국 화풍에 대응하여 한국적 화풍을 형성한 정선, 김홍도, 화공들의 예술적 성취는 그 자체로서 높은 가치가 있다고 보았다. 이러한 동주의 한국 회화사 전체를 보는 시각과 방법론은 결국 『우리나라의 옛 그림』에서 보다 정교화된다.

　동주는 청년 시절 일본 관학파(官學派)들에 의해 널리 퍼져있었던 한국 그림은 중국 그림의 모방 또는 아류에 불과하다는 이야기로 많은 고민의 시간을 보냈다고 한다. 그러던 중 동주는 근대 독일 미술사학 관련 서적을 탐독하게 되었다. 그는 근대 독일 미술사학을 대표하는 보링거와 리글의 저술을 통해 미는 상대적이며 문화적 권역에 따라 미는 다양하게 나타난다는 것을 알게 되었다(이동주 1975, 10-15). 동주가 독일 미술사학을 공부하면서 얻은 시대와 지역에 따라 미관은 상대적이며 미에 있어 우열은 없다는 인식은 이후 그의 한국회화사 및 국제정치학 연구에 중요한 전기로 작용하였다. 그런데 여기서 흥미로운 사실은 동주의 보링거와 리글에 대한 관심이 주로 미술에 있어 '권역의 차이'에 집중되어 있었다는 점이다. 보링거와 리글은 미술에 있어 추상과 감정이입, 촉각적인 것과 시각적인 것을 범주화하는데 집중했으며 미술 양식의 형성에 끼친 지역적 차이는 이들에게는 큰 관심의 대상이 아니었다. 그런데 동주는 보링거와 리글의 본래 의도와는 달리 미관의 상대성 및 권역별 차이에 큰 관심을 두었다(이동주 1975, 13-17). 보링거의 추상과 감정이입에 대한 이론의 핵심은 평면적이고 장식적이며, 기학학적이고 반복적인 성격을 보여주는, 아울러 정신성을 중시하는 비유기적 형태의 추상 미술이 주로 고대 이집트 등 중동(中東) 미술 및 유럽의 중세 미술에서 발견되는 반면 객관적인 세계를 과학적, 사실적으로 묘사한 유기적 형태의 미술인 '감정이입적 미술'은 고대 그리스의 고전 미술 및 이탈리아 르네상스 미술에서 볼 수 있다는 것이다.

각각의 시대 및 지역에 존재하는 '예술의욕'의 상대성에 기초해 리글이 제시한 '촉각적인 미술'과 '시각적인 미술'의 구분 역시 '권역별 차이'를 염두에 둔 것은 아니었다. 리글은 '촉각적인 미술'의 대표적인 예로 평면적인 이집트 미술을 들었다. 한편 그는 '시각적인 미술'을 후기 로마시대 미술로부터 르네상스를 거쳐 회화성이 강한 바로크 미술로 이어지는 서구의 미술 전통에서 찾고자 하였다. 리글이 비서구 미술 대 서구 미술의 차이를 양식적 차이에서 찾고자 한 것은 사실이지만 그렇다고 이러한 권역별 차이가 그의 주요 관심은 아니었다. 보링거가 북유럽의 중세 미술에서 '추상성'을, 남유럽(이탈리아 등) 미술에서 감정이입적, 사실주의적 경향을 읽은 것은 사실이다(David Morgan 1992, 238). 아울러 『고딕 양식에 있어 형태의 문제(Formprobleme der Gotik)』(1912)라는 책에서 보링거는 유럽의 북방을 대표하는 독일 미술의 형태와 양식이 어떻게 남방의 지중해 세계의 미술

형태 및 양식과 다른 지에 큰 관심을 두었다.[5] 그러나 그가 보다 더 관심을 둔 것은 지역별, 권역별 차이보다는 양식적 차이를 만들어 낸 시지각(視知覺)의 차이였다. 그런데 동주는 보링거와 리글의 미술사 이론에서 서구 대 비서구 미술 및 유럽 미술에 있어 북방과 남방 등 '권역별'로 어떻게 미술의 형태와 양식이 차이를 보이는가에 큰 관심을 두었다. 즉 그는 어떻게 보면 보링거와 리글의 미술 이론을 부분적으로 오독(誤讀) 또는 편의적으로 해석했다고도 할 수 있다.[6] 동주는 연희전문시절 독일 미술사학 관련 서적을 탐독했던 시기를 회고하면서 "나는 예술미는 문화에 따라 다르다는 인상이 그 당시 깊었습니다"라고 이야기하였다(이동주 1975, 15). 결국 보링거와 리글, 아울러 시대 양식의 차이를 제기한 뵐플린 등 독일 미술사학의 학문적 전통에서 동주가 발견한 것은 미관의 상대성과 미술에 있어 '권역별 차이'의 중요성이었다고 할 수 있다.

사실 그가 명료하게 설명한 바는 없지만 동주에게 미술 양식에 있어 권역별 차이는 국가적 차이와 다름없는 것이었다. 거대한 권역별로 상이한 미술 양식이 존재하며 같은 권역 내에서도 국가별로 미술 양식은 다르다

5 보링거의 고딕 미술 연구에 대한 자세한 사항은 Amy Knight Powell, "Late Gothic Abstractions," *Gesta*, vol. 51, no. 1 (January 2012), pp. 71-88 참조.

6 한 예로 동주는 보링거의 감정이입(einfühlung/empathy)을 "희비애락(喜悲哀樂)을 위시한 미술적 표현에 자기를 몰입시켜 감응하고 즐기는 미적 향수의 태도"로 이해했다. 이동주, 『우리나라의 옛 그림』, p. 14. 그러나 보링거의 감정이입이 지닌 개념적 함의(含意)는 매우 복잡적이고 광범위한 것이었다. 최근에 미술사학계를 위시해 심리학 등 여러 학문 분야에서 '감정이입'에 대한 논의가 다시 활성화되고 있다. 자세한 사항은 Vanessa Lux and Sigrid Weigel, eds., *Empathy: Epistemic Problems and Cultural-Historical Perspectives of a Cross-Disciplinary Concept* (New York: Palgrave Macmillan, 2017) 참조. 한편 감정이입설은 시마무라 호게츠(島村抱月, 1871-1918)에 의해 일본에 소개된 이후 근대 일본의 문학, 철학, 미술에 큰 영향을 주었다. 자세한 사항은 權藤愛順, 「明治期における感情移入美学の受容と展開-「新自然主義」から象徴主義まで」, 『日本研究』 43(2011), pp. 143-190 참조. 동주가 연희전문 시절에 이러한 일본에 소개된 감정이입설로부터 영향을 받았는지는 현재 확인되지 않지만 그 가능성은 상당하다고 생각된다.

고 동주는 생각했던 것으로 여겨진다. 그런데 20세기 초반에 독일의 문화사 및 미술사 이론 분야에서 독일의 배타적 민족주의에 기반한 '독일적인 양식론,' 즉 양식은 국가적 색채를 강하게 띨 수밖에 없다는 이론은 매우 광범위하게 확산되어 있었으며 뵈링거, 리글, 뷜플린의 미술 이론도 이 이론의 영향권 속에 있었다.[7] 동주가 청년 시절 독일 미술사학을 공부하면서 이러한 민족주의, 국가주의적 미술 이론을 접했을 가능성은 매우 높다. 그가 이후 정교화한 '권역 이론'에는 이미 민족주의적 색채가 내재되어 있었다.[8] 앞에서 살펴 본 '자연미적인 것'이 한국 회화의 특징이라고 동주가 파악한 것도 결국 동아권이라는 같은 권역에 중국과 한국이 속해 있었지만 중국과 한국이 추구한 회화미의 세계는 달랐다는 것에 대한 발견이었다. 동아권 속에서 중국이 중심이고 한국이 주변이었지만 한국은 스스로의 문화적, 예술적 정체성을 유지했으며 그 결과 중국의 '문화미적

---

7 Hans Belting, *The Germans and Their Art: A Troubled Relationship* (Chicago: University of Chicago Press, 1989); Woodruff D. Smith, *Politics and the Science of Culture in Germany 1840-1920* (New York: Oxford University Press, 1991); Evonne Levy, *Baroque and the Political Language of Formalism (1845-1945): Burckhardt, Wölfflin, Gurlitt, Brinckmann, Sedlmayr* (Basel: Schwabe Verlag, 2015) 참조.

8 동주의 권역 이론과 관련해 생각해보아야 할 것은 그의 이론이 혹시 와츠지 테츠로(和辻哲郎, 1889-1960)의 풍토(風土) 이론을 위시해 20세기 전반에 광범위하게 논의된 일본인론(日本人論 니혼진론)과 어떤 관련이 있는 것은 아닐까 하는 문제이다. 와츠지 테츠로는 그의 『風土-人間学的考察』(1935)이라는 책에서 세계의 풍토권을 몬순(Monsoon)지대, 목장(牧場)지대, 사막지대로 나눈 후 풍토에 따라 결정되는 민족의 기질과 문화적 차이를 규명하고자 하였다. 와츠지 테츠로의 풍토 이론은 거대한 권역 이론으로 이후 일본학계에 큰 반향을 일으켰다. 동주가 연희전문을 다니던 시절에 일본에서는 와츠지 테츠로의 풍토 이론이 각광을 받고 있었으며 일본 특유의 민족성 및 일본의 고유한 문화적 특질에 초점을 맞춘 일본인론도 성행하였다. 민족적·지역적 미감의 차이 및 미의 상대성에 기초한 동주의 권역 이론이 당시 이러한 일본학계의 경향과 어떤 관련성이 있었는지는 현재 알려져 있지 않다. 그러나 연희전문 시절에 이루어진 동주의 지적 편력을 이해하는데 1930-40년대 일본학계의 동향은 많은 것을 시사해 주고 있다. 선(禪)을 중심으로 광범위하게 논의된 일본 민족주의 및 제국주의 담론, 일본인론, 일본 문화의 고유성 이론 등은 당시 일본학계의 대표적인 동향 중 하나였다. 자세한 사항은 Robert H. Sharf, "The Zen of Japanese Nationalism," *History of Religions*, vol. 33, no. 1 (August 1993), pp. 1-43 참조.

인 것'에서 벗어나 '자연미적인 것'을 주체적으로 발전시켜 나갈 수 있었다고 동주는 보았다. 동주에 따르면 우리 옛 그림의 요체는 결국 한국적인 회화미이자 민족적 양식인 '자연미적인 것'이었다. 양식이 지닌 국가적, 민족적 고유성에 대한 관심은 동주의 한국회화사 연구의 핵심이라고 할 수 있다.

동주의 민족적, 국가적 고유 양식에 대한 관심은 『우리나라의 옛 그림』 초판 서문에 보이는 다음 문장들에 잘 나타나 있다.

> 우리나라 옛 그림의 친근한 아름다움은 어딘지 우리 뼈 속에 조상이 깊이 묻어 놓은 무의식의 미감과 관계가 있을 성싶다. 낯익은 내 고장의 냄새가 물씬 난다. … 아무리 곱고 멋있고 아름다워도 그것[서양 그림]은 우리 옛 그림을 대할 때 느끼는 '우리'끼리의 친근성은 찾을 길이 없다. 말하자면 같은 고장에서 오랫동안 알게 모르게 이어 내려온 — 겨레끼리 통하는 미감의 심층(深層)에서 우러나오는 느낌과는 다르다는 것이다. … 그림의 탄생지, 그 고장 사람 그리고 그 시대와 작가를 알고 나면 작품을 보는 눈이 달라지는 것을 막을 수 없다. … 그렇다고, 우리 그림은 우리 눈에 무조건 쉽게만 감상되는 것은 아니다. 그림의 아름다움은 우선 그것에 빠지고 흘려서 비로소 그 모습이 보이게 마련이다. 손쉽다는 의미는 다만 우리 그림 속에 담겨 있는 고향의 감촉이 실은 우리 뼈 속에 묻혀 있는 심층의 미감과 서로 통하는지라 한 번 그림이 좋아지자 곧 쉽게 발동된다는 것뿐이다. 그러면 어떻게 좋아지고 흘리고, 빠지느냐고 물을지 모른다. 그런데 그것은 나도 모르겠다. 아마 그림에 홀리는 것도 인연이 있어야 된다고나 말할까(이동주 1975, 4-5).

위의 인용문에서 주목해 보아야할 것은 "우리 뼈 속에 묻혀 있는 심층의 미감"이라는 언급이다. 동주는 그림에도 문화적 권역이 있으며 독특한 회화미의 세계는 특정한 지역에 한정된다고 주장하였다. 동주는 이러한 장소특정적인 독특한 회화미의 권역을 회화권(繪畫圈)이라고 하였다(이동주 1972, 51-52; 이동주, 1996, 12-13). 그는 회화권은 그 자체로 미감을 공유한 독특한 세계로 한 회화권에 속한 사람은 다른 회화권에 속한 그림들을 잘 이해할 수 없다고 하였다. 같은 회화권 내에도 문화권과 마찬가지로 중심과 주변이 존재하며 중심과 주변은 유사한 미감을 공유하지만 각각의 장소특정적 성격 때문에 중심과 주변에도 미감의 차이가 존재한다. 동주에 따르면 "회화권은 독특한 미감을 가지고 있는 독특한 세계"이다(이동주 1996, 12). 아울러 동주는 "미에 대한 공감(共感)은 장소적"인 특성을 지니고 있기 때문에 미감은 장소 혹은 지역적 특수성에 큰 영향을 받게 된다고 하였다(이동주 1975, 46). 따라서 한국인들은 회화권이 다른 서양 그림을 제대로 느끼고 이해하기 어려우며 마찬가지로 서양 사람들 또한 한국의 그림을 정확하게 감상하고 이해할 수 없다. 위에서 동주가 "우리나라 옛 그림의 친근한 아름다움은 어딘지 우리 뼈 속에 조상이 깊이 묻어 놓은 무의식의 미감과 관계가 있을 성싶다"고 한 것은 회화권이 지닌 장소 혹은 지역의 특수성 때문에 미에 대한 공감은 근본적으로 장소적 제약을 받는다는 그의 이론에 근거하고 있다.

3. 무의식의 미감

동주에 따르면 한국인들이 한국의 그림을 느끼고 이해할 수 있는 근거는 다름 아닌 "겨레끼리 통하는 미감의 심층(深層)에서 우러나오는 느낌," 즉 한국인들만이 공유하고 있는 미적 공감대(共感帶)이다. 그러나 미에 대한 공감은 장소적 제약을 지닐 수밖에 없으며 같은 회화권에 속한 사람들만이 그 권역에 존재하는 그림을 제대로 느끼고 이해할 수 있다는 동주의 주장은 한국 사람만이 한국 그림을 이해할 수 있다는 단순한 이야기는 아니다. "겨레끼리 통하는 미감의 심층(深層)"에 대한 그의 관심은 "우리 조상이 좇던 회화미의 시감(視感)"은 무엇이었는가를 규명하기 위한 첫 걸음이었다(이동주 1975, 415). 동주는 미감의 주관성, 상대성, 지역성(장소특정성)에 기초하여 유교회화권의 중심이자 보편이며 국제성이었던 중국 화풍의 영향에서 벗어나 권역의 주변이자 특수성이었던 한국이 고유의 화풍을 어떻게 형성할 수 있었으며 이러한 한국적 화풍을 만들어낸 '미감의 심층'은 무엇이었는가를 추적하고자 하였다. 한국은 중국과 '미감의 심층'이 근본적으로 달랐기 때문에 한국적인 화풍을 형성해낼 수 있었다는 것이 동주가 우리나라의 옛 그림을 해석하는 근본 시각이다. 동주의 견해에 따르면 "우리 뼈 속에 조상이 깊이 묻어 높은 무의식의 미감"을 이해하지 못하면 우리나라 옛 그림의 정수(精髓)는 결코 파악될 수 없는 것이다. 한국 그림에 대한 이해는 결국 '미감의 심층'뿐 아니라 한국 그림에 담겨있는 "자존(自存)과 내재(內在)의 가치"를 발견하는 일이라고 동주는 보았다(이동주 1975, 28). 왜 "자존과 내재의 가치"인가? 동주는 중국 화풍에서 벗어나 '자연미적인 것'을 추구했던 우리나라의 옛 그림이 지닌 고유의 가치 및 정체성에 주목하였다. 이러한 고유의 가치 및 정체성에 대한 인식은 그가 주장한 미에 대한 공감(共感)은 장소적이고 지역적이라는 사실에 대한 깨달음이다. 우리나라의 옛 그림을 이해하는 일은 결국 한국인의 시각으로 본 한국회화사에 대한 이해였다. 그러나 이때 한국인의 시각은 국수주의적 시각을 의미하는 것이 아니다. 이 시각은 한국의 그림 속에 내재되어있는 '미감의 심층'을 이해한 한국인의 시각이다.

앞에서 지적했듯이 동주가 우리나라의 옛 그림을 이해하기 위해 설정한 권역은 유교문화권이었다. 『한국회화소사』에서 동아권(東亞圈)이라고 언급한 것이 바로 중국을 중심으로 한 유교문화권이다. 동주는 같은 유교문화권 내에 있었던 중국, 한국, 일본, 월남(베트남)은 일종의 공통된 '국제성'을 지닐 수밖에 없으며 따라서 서로 상호 교류 과정에서 미술에 있어 유사성을 보여주게 되었다고 생각했다. 유럽의 각국이 유럽 화풍이라는 국제성을 공유한 것과 마찬가지로 유교문화권의 국가 간에도 화풍상의 공통점이 있다고 그는 주장하였다. 이러한 동주의 '권역 이론'은 그의 『일반 국제정치학(상)』(1962)에서 국제관계 및 국제정치를 설명하는데 활용되었다(옥창준 2017, 122-124). 한편 동주는 '권역 이론'과 함께 '전파 이론'에도 큰 관심을 두었다. 동주에 따르면 국제정치 질서는 공간적 차원을 지니고 있는데 기독교·유교·회교문화권과 같이 각각의 권역이 존재한다. 권역 간에도 또한 권역 내에서도 중심과 주변, 강약이 존재한다. 중심이 되는 강한 권역 또는 국가의 시스템이 주변 권역 또는 약한 국가로 전파된다. 이때 중요한 것은 전파된 것을 받아들이는 수용자의 대응 방식이다. 전파된 것 자체가 중요한 것이 아니라 받아들이는 측이 어떻게 전파된 것을 수용했는가가 보다 더 중요하다. 이러한 동주의 관점은 결국 국제정치학에서 중요한 것은 강대국의 시각이 아닌 '내 땅, 나의 시각'이다. 즉 동주는 수용자의 대응 방식이 가장 중요하며 따라서 국제정치학의 핵심은 늘 '장소'적인 특성을 어떻게 파악할 것인가에 있다고 주장하였다(하영선 2011, 259-260).

동주는 이러한 '전파 이론'에 근거한 국제정치학적 관점과 시각을 한국회화사 연구에 적용하였다. 결국 동주의 국제정치학 연구와 한국회화사 연구는 상보(相補)적인 관계에 있었다. 그는 미술사 연구에서 얻은 권역 이론을 국제정치학 연구에 적용했으며 국제정치학 연구의 중요한 이론이었던 전파 이론을 한국회화사 연구에 활용하였던 것이다. 동주는 중국이라는 문화적 강국에서 한국으로 주요 화풍이 전파되었지만 화풍의 전파 자체는 중요한 것으로 보지 않았다. 그는 한국의 화가들이 수용된 화풍에 어떻게 대응해 나갔는가가 보다 중요하다고 생각하였다. 중국의 화풍은 국제성을 의미한다. 이러한 국제성이 한국에 전파되었을 때 한국의 화가는 단순히 모방하였는가, 저항하였는가, 아니면 변용하였는가가 그의 학문적 관심이었다. 그런데 『한국회화소사』에서 동주가 강조하고 있듯이 한국은 중국과는 완전히 다른 미관(美觀)을 지니고 있었다. 동아권 혹은 유교문화권의 중심인 중국에서는 '문화미적인' 그림이 발전하였다. 반면 한국에서는 '자연미적인' 그림이 발달하였다. 권역의 중심이었던 중국의 '문화미적인 것'이 한국에 전파되었지만 한국에서 중국 화풍은 절대적인 영향을 끼치지 못했다. 한국에서는 화공이 자연미적인 그림을 주로 그렸으며 정선과 김홍도가 출현하여 한국적 미감이 강렬하게 나타난 진경산수화와 풍속화가 발전하였다. 동아권 혹은 유교문화권이라는 권역 내에서 중심인 중국과 주변인 한국 사이의 문화적, 예술적 길항 관계는 이와 같은 현상으로 나타났다.

동주는 바로 한국이 중국의 영향에서 벗어나 독자적인 미관에 기초해 발전시킨 정선의 사경산수화(진경산수화)와 김홍도의 속화(풍속화)에 주목하였다. 먼저 동주는 「겸재일파의 진경산수」에서 이념미(理念美)에 기반한 중국의 산수화와 달리 눈앞에 있는 실경(實景)의 시감(視感)을 회화적 공간 속에 효과적으로 구상화(具象化)한 정선의 뛰어난 화가적 능력을 높게 평가하였다. 정선 이전의 화가들은 모두 중국의 정형화된 기법과 구도를 사용하여 그림을 그렸으며 실경을 그리는데도 중국 화풍을 활용하였다. 정선은 이러한 구습에서 벗어나 중국의 화법을 초탈하여 실경의 시감을 새로운 기법으로 표현하는데 성공하였다. 그 결과 조선의 산수화는 정선을 통해 큰 변화를 겪게 되었으며 한국적인 산수화풍이 형성되었다. 동주에 따르면 산수화의 경우 눈앞에 있는 실경 속에 담겨 있는 특징을 시감(視

感)대로 충실히 그리고 개성화하는 기법의 개발이 필요한데 이 문제를 해결한 것이 정선이었다고 한다. 정선은 실경의 시감을 새로운 기법을 통하여 정식화, 화법화(畫法化)한 화가로 정선을 경계로 우리나라의 옛 그림은 새로운 시대에 돌입했다고 동주는 정선이 이룩한 '혁신'을 이와 같이 평가하였다(이동주 1975, 252). 아울러 동주는 "정선은 진경산수로서 조선시대의 옛 그림에 새 기원을 획(劃)하였다"고 하였다. 그는 정선의 진경산수를 사경(寫景)·사생(寫生)의 수준을 넘어서 회화의 독특한 화법으로 발전시킨 새로운 미감의 창조로 보았다(이동주 1975, 242).

한편 동주는 「김 단원이라는 화원」과 「단원 김홍도」라는 두 편의 논문을 통해 김홍도의 그림이 보여준 '시대를 초월한 현실적인 회화미'를 높게 평가하였다(이동주 1975, 158). 동주에 따르면 김홍도는 정선의 사경산수화를 보다 더 진전시켰으며 시정(市井)의 속태(俗態)를 사실적으로 묘사한 속화, 즉 풍속화로 한국 고유의 산수와 풍속을 감각적이고 현실적으로 표현한 대가였다. 특히 동주는 김홍도가 50대 이후 사실적인 사경과 풍속을 결합한 사경풍속화라는 특유의 장르를 개발하여 우리나라 옛 그림에 새로운 전기를 마련하였다고 평가하였다. 아울러 동주는 김홍도의 위대성은 그가 그린 그림에 나타난 '회화적 공간의 구성력'에 있다고 보았다. 동주는 김홍도가 화면의 공백과 도장, 낙관의 위치도 화면 전체의 한 부분으로 활용한 것을 두고 "한 혁명"이라고 하였다(이동주 1975, 205). 김홍도가 화제(畫題) 및 인장의 장소, 위치에 대한 예리한 고려, 도서(圖書)의 대소(大小)와 그 위치를 화면의 중요한 구성 요소로 활용한 것은 "당시로서는 위대한 발견"이었으며 옛 그림의 전통에서 일보 전진한 것으로 동주는 보았다. 김홍도를 통해 화면의 공백은 더 이상 공백이 아닌 회화적 구성의 한 부분이 된 것이다(이동주 1975, 148). 동주는 조선 후기의 사경산수화와 속화를 우리나라의 옛 그림에 일대 혁신을 가져온 그림들로 높게 평가했으며 이 두 가지에 모두 완벽했던 김홍도를 명시적으로 이야기하지는 않았지만 가장 뛰어난 화가로 평가했다고 할 수 있다.[9]

그렇다면 왜 동주는 사경산수화와 속화를 이와 같이 높게 평가한 것일까? 동주 이전에도 윤희순(尹喜淳, 1902-1947) 등에 의해 진경산수화와 풍속화는 높은 평가를 받았으며 가장 조선적인 그림으로 인식되었다.[10] 그러면 진경산수화와 풍속화에 대한 이들과 동주의 평가는 어떠한 차이가 있는 것일까? 동주는 단순한 민족주의적, 애국적 관점에서 벗어나 진경산수화와 풍속화가 동아권 또는 유교문화권의 중심인 중국의 영향을 초극(超克)하고 권역의 주변이었던 한국이 고유의 미관과 시감을 바탕으로 창조해낸 새로운 그림들로 평가하였다. 권역의 중심과 주변이라는 상관관계 속에서 주변은 늘 중심의 영향을 받게 된다. 그러나 주변이 중심의 영향을 벗어나 독자적인 행보를 시작한다는 것은 매우 의미 있는 일이다. 동주는 이 점에 주목하였다. 정선과 김홍도는 중국 화풍을 단순히 답습하던 화가들과 달리 실경과 시정 풍속을 자신들만의 독특한 화법으로 그려냄으로써 권역의 중심으로부터 완전히 벗어났다. 그 결과 이들은 한국 고유의 그림을 그려낼 수 있었다. 그런데 동주는 정선과 김홍도의 그림이 권역의 중심인 중국으로부터 벗어나게 된 주요 이유를 실경(實景)의 시감, 현실적인 미감을 바탕으로 우리나라의 산천과 인물, 풍속을 현실감 있게 아울러 현대적인 감각으로 그려낸 것에서 찾았다(이동주 1975, 426). 이러한

---

9 한국회화사 연구에서 조선 후기를 대표하는 화가로 정선과 김홍도는 동주의 두 화가에 대한 평가 이후에도 지속적으로 주목을 받아왔다. 조선 후기에 한국적 화풍을 완성한 대가로 정선과 김홍도를 다룬 대표적인 연구성과로는 최완수, 『겸재 정선』(서울: 현암사, 2009)와 오주석, 『단원 김홍도 — 조선적인, 너무나 조선적인 화가』(서울: 열화당, 1998)를 들 수 있다.

10 홍선표, 「한국회화사연구 30年: 일반회화」, 『미술사학연구』 188(1990), pp. 29-30; 홍선표, 「해방 50년의 한국회화사 연구」, 『한국학보』 83(1996), pp. 45-47; 홍선표, 「'한국회화사' 재구축의 과제 - 근대적 학문의 틀을 넘어서」, 『미술사학연구』 241(2004), pp. 111-114 참조.

평가는 한국의 국제정치학이 나아가야 할 길은 바로 '내 땅, 나의 시각'으로 본 현실에 기반한 국제정치학이라는 동주의 주장과 상통한다.

권역의 중심인 중국의 '문화미적인' 그림, 즉 이념적이고 정신적이며 문인이 주도한 그림을 조선시대의 화가들은 무비판적으로 받아들였다. 그런데 중국의 화풍은 결과적으로 내 땅, 우리의 모습을 그려낼 수 없는 근본적인 한계를 지니고 있었다. 바로 이 문제를 인식하고 내 땅, 우리의 풍속을 현실감 있게 아울러 현대적인 감각으로 그려낸 정선과 김홍도의 그림은 조선이라는 현실에 기반한 그림이었다. 따라서 이들의 그림은 권역의 중심인 중국 화풍에서 완전히 벗어날 수 있었다. 동주는 외국의 국제정치학 이론을 그대로 한국에 이식해 오는 것을 경계하고 내 땅의 현실에 맞는 국제정치학이 필요하다고 역설하였다. 우리나라의 옛 그림으로 비유하자면 외국의 국제정치학 이론은 중국 화풍이라고 할 수 있다. 중국 화풍이 아무리 훌륭해도 한국의 산천과 인물, 풍속을 그리는데 중국 화풍은 적합하지 않다. 같은 논리로 외국의 국제정치학 이론으로는 한국의 정치적 현실을 설명할 수 없다. 결국 동주가 구상한 한국적 현실에 기반한 국제정치학은 한국회화사에 비유하자면 정선과 김홍도의 진경산수화, 풍속화라고 할 수 있다.

조선 후기의 진경산수화와 풍속화를 한국적 상황에 맞는 국제정치학이라고 비유할 경우 외국의 국제정치학 이론에 해당되는 것은 추사 김정희의 모화(慕華)적 그림이라고 할 수 있다. 동주는 조선 후기에 발전한 진경산수화와 풍속화가 김정희의 출현과 함께 일거에 쇠퇴하게 된 현상에 주목하였다. 그는 김정희가 일으킨 새로운 문인화 이론과 문인 취미, 사의(寫意)적 화풍을 '완당 바람'이라고 칭하였다. 동주는 "완당이 태어난 정조 때는 마침 우리나라에서 처음으로 이른바 진경산수와 속화라는 일종의 새 화풍이 꽃봉오리같이 피어오르던 때였다"고 한 후 김정희가 "오늘의 시점에서 뒤돌아보면 한국이라는 땅에 뿌리 뻗고 자라날 그림의 꽃나무들을 모진 바람으로 꺾어버린 것 같아서 기분이 야릇해진다"고 완당 바람에 대해 깊은 아쉬움을 표하였다(이동주 1975, 352). 청나라의 고증학을 신봉하고 정통 문인화 이론을 표방했던 김정희가 일으킨 '완당 바람'은 19세기 중반에 여러 인물들에게 큰 영향을 주었다. 동주는 문자향(文字香)과 서권기(書卷氣)에 바탕을 둔 김정희의 문인 취미를 "철저한 귀족 취미"로 보았으며 '완당 바람'은 시대의 조류를 거스른 "역사의 역류"라고 평가하였다(이동주 1975, 311; 352). 동주가 '완당 바람'을 부정적으로 평가하게 된 이유는 다름 아닌 김정희의 정통 문인화론이 현실과 철저하게 유리된 것이었기 때문이다. "현실적인 미감과 유리된" 김정희의 모화적, 귀족적 문인 취미는 역사의 조류를 거스른 것으로 한국적 고유 화풍의 쇠퇴에 결정적인 역할을 하였다고 동주는 생각했다(이동주 1975, 353). 동주는 중국의 화풍을 추종했던 심사정(沈師正, 1707-1769)은 '국제파'라고 긍정적으로 평가했다(이동주 1975, 355-360). 반면 동주는 지나친 모화적 태도로 한국적 회화의 성장을 좌절시킨 인물로 김정희를 평가했다. 동주가 볼 때 심사정의 그림에 나타난 '중국 냄새'는 심사정 개인이 추종했던 중국 화풍에 대한 선호를 보여줄 뿐이다. 즉 심사정은 유교적 회화권의 중심이자 국제적 기준이었던 중국 화풍을 추구함으로써 초(超)조선적인 그림을 그리고자 했던 '국제파' 화가였다(이동주 1975, 360). 아울러 심사정은 어떤 특별한 목적의식을 가지고 중국인 화풍을 추구한 것이 아니며 그의 화단에서의 영향력은 지대한 것이 아니었다. 그러나 김정희의 경우는 달랐다. 김정희는 고관(高官)이었으며 화단에 있어 지도자적 위치에 있었다. 따라서 심사정의 중국 취향이 개인적인 기호에 불과했던 반면 김정희의 모화적 문인 취미가 지닌 사회적 파급력은 막강했다. 정선과 김홍도가 이룩한 한국 회화의 성과를 일소할 만한 위력을 김정희가 일으킨 '완당 바람'은 지니고 있었던 것이다.

한편 동주의 '완당 바람'에 대한 부정적인 평가는 김정희의 문인 취미가 매우 비현실적인 미감에 바탕을 두었다는 사실과도 관련된다. 그가 말한 "현실적인 미감"은 결국 '내 땅, 나의 시각'이 결여된 미감을 의미한다(이동주 1975, 353). 한국이라는 현실과는 아무런 관련이 없는 이념적, 철학적 그림이 '완당 바람'을 타고 유행하게 된 19세기 중반의 상황을 동주는 개탄하고 있는데 이러한 평가의 이면에는 동주 특유의 사고가 숨어있다. 동주는 김정희의 모화적 문인 취미는 결국 권역의 중심인 중국으로의 회귀를 의미한다고 보았다. 진경산수화와 풍속화의 발전은 권역의 중심인 중국으로부터의 이탈과 독립을 의미했는데 19세기 중반에 이르러 '완당 바람' 때문에 한국의 그림은 다시 권역의 중심으로 회귀하게 되었다고 그는 생각했다. 그가 볼 때 진경산수화와 풍속화의 퇴조는 단순히 화풍상의 변화에 그치는 것이 아니었다. 보다 거시적인 문화사, 예술사의 측면에서 볼 때 이러한 상황은 권역의 주변이었던 한국이 다시 권역의 중심인 중국으로 복속되어 가는 것으로 동주는 해석하였다. 한국적인 그림이었던 진경산수화와 풍속화의 몰락은 국제정치학적으로 말하면 한국적 국제정치학이 다시 외국의 국제정치학 이론으로 회귀하고 그 독자성을 상실해 가는 상황으로 비유될 수 있다. 동주가 볼 때 김정희는 한국의 현실과는 맞지 않는 외국의 국제정치학 이론을 신봉한 학자에 비견할 만한 인물이었다.

4. 맺음말: '델리커시' 읽기

동주가 한국의 고유한 그림을 평가하는 기준은 현실적 미감이었다. 그는 한국이라는 현실에 기반을 둔 미감이 아니라면 이것은 한국 고유의 그

림이라고 할 수 없다고 생각했다. 그가 정선과 김홍도를 높게 평가하게
된 것은 이들의 진경산수화와 속화가 보여준 현실적인 미감 때문이었다.
'내 땅, 나의 시각'을 바탕으로 한 그림, 중국의 화풍에서 벗어난 개성적인
그림이야말로 한국 회화의 정수라고 동주는 생각했다. 이와 관련해서 동
주의 다음 언급은 매우 주목된다.

> 우리 그림이라고 전하는 것 가운데 우리의 미감을 다른 것에 지지 않게 촉발
> 할 뿐만 아니라 어떤 경우에는 내가 이 땅에 , 한반도에 살기 때문에 그것이
> 갖는 독특한 미의 델리커시(delicacy)를 더욱더 촉발 받는 것이 있느냐 없느
> 냐 하는 것이 문제가 아닌가 생각돼요. 그런 뜻에서 다시 한국 그림에 대한
> 애정을 깊게 하는 것이죠(이동주 1975, 70).

　동주에게 한국회화사 연구는 바로 이 땅의 현실에 기반을 둔 그림에 담
겨있는 '독특한 미의 델리커시'를 발견하는 일이었다. 한국의 그림이 지
닌 '독특한 미'는 한반도에 사는 사람만이 느끼고 발견할 수 있는 것이다.
그 이유는 "미에 대한 공감은 장소적"이기 때문이다(이동주 1975, 46). 즉 한
반도에서 태어나 살고 있기 때문에 권역이 다른 사람이 느낄 수 없는 '독
특한 한국의 미'는 한국인만이 공감할 수 있는 것이다. 그리고 이 공감의
바탕에는 "겨레끼리 통하는 미감의 심층(深層)"이 존재한다(이동주 1975, 4).
동주는 "우리 뼈 속에 묻혀있는 심층의 미감"에 숨어있는 '독특한 미의
델리커시'를 발견하는 일이야말로 자신이 한국회화사 연구자로 해야 할
일로 생각했다(이동주 1975, 5). 그런데 이 작업은 단순히 한국회화사에 국한
된 것이 아니라 국제정치학자로서 그가 고민했던 복잡한 국제관계 속에
놓인 한국적 정치현실의 델리커시를 읽는 과정이기도 했다.

참고문헌

이동주. 1972. 『한국회화소사』. 서울: 서문당.

이동주. 1974. 『일본 속의 한화(韓畵)』. 서울: 서문당.

이동주. 1975. 『우리나라의 옛 그림』. 서울: 박영사.

이동주. 1987. 『한국회화사론』. 서울: 열화당.

이동주. 1996. 『우리 옛 그림의 아름다움』. 서울: 시공사.

이용희. 1962. 『일반국제정치학(상)』. 서울: 박영사.

오세창, 2008. 「『근역서화사』의 편찬과 『근역서화징』의 출판」. 『인물미술사학』 4.

오주석. 1998. 『단원 김홍도 ― 조선적인, 너무나 조선적인 화가』. 서울: 열화당.

옥창준. 2017. 「이용희의 지식 체계 형성과 한국 국제정치학의 재구성」. 『사이間SAI』 22.

유홍준. 2005. 「이동주: 전통 동양화론에 입각한 당대의 감식안」. 『한국의 美를 다시 읽는다』. 돌베개.

최완수. 2009. 『겸재 정선』. 서울: 현암사.

홍선표. 1990. 「한국회화사연구 30年: 일반회화」. 『미술사학연구』 188.

홍선표. 1996. 「해방 50년의 한국회화사 연구」. 『한국학보』 83.

홍선표, 1999. 『조선시대회화사론』. 서울: 문예출판사.

홍선표. 2004. 「'한국회화사' 재구축의 과제 ― 근대적 학문의 틀을 넘어서」. 『미술사학연구』 241.

하영선. 2011. 『역사 속의 젊은 그들: 18세기 북학파에서 21세기 복합파까지』. 을유문화사.

權藤愛順. 2011. 「明治期における感情移入美学の受容と展開-「新自然主義」から象徴主義まで」. 『日本研究』 43.

Adler, Daniel. 2004. "Painterly Politics: Wölfflin, Formalism and German Academic Culture, 1885-1915," *Art History*, Vol. 27. No. 3.

Belting, Hans. 1989. *The Germans and Their Art: A Troubled Relationship*. Chicago: University of Chicago Press.

Brown, Marshall. 1982. "The Classic Is the Baroque: On the Principle of Wölfflin's Art History," *Critical Inquiry* Vol. 9.

Donahue, Neil H. 1995. *Invisible Cathedrals: The Expressionist Art History of Wilhelm Worringer*. University Park: Penn State University Press.

Gubser, Michael. 2006. *Time's Visible Surface: Alois Riegl and the Discourse on History and Temporality in Fin-de-Siècle Vienna*. Detroit: Wayne State University Press.

Hart, Joan Goldhammer. 1982. "Reinterpreting Wölfflin: Neo-Kantianism and Hermeneutics," *Art Journal* Vol 42.

Iversen, Margaret. 1993. *Alois Riegl: Art History and Theory*. Cambridge, Mass.: The MIT Press.

Levy, Evonne. 2015. *Baroque and the Political Language of Formalism (1845-1945): Burckhardt, Wölfflin, Gurlitt, Brinckmann, Sedlmayr*. Basel: Schwabe Verlag.

Lux, Vanessa and Weigel, Sigrid. eds. 2017. *Empathy: Epistemic Problems and Cultural-Historical Perspectives of a Cross-Disciplinary Concept*. New York: Palgrave Macmillan

Morgan, David. 1992. "The Idea of Abstraction in German Theories of the Ornament from Kant to Kandinsky," *The Journal of Aesthetics and Art Criticism*. Vol. 50. No. 3.

Olin, Margaret. 1992. *Forms of Representation in Alois Riegl's Theory of Art*. University Park: Pennsylvania State University Press.

Powell, Amy Knight. 2012. "Late Gothic Abstractions," *Gesta*. Vol. 51. No. 1.

Sharf, Robert H. 1993. "The Zen of Japanese Nationalism," *History of Religions*. Vol. 33. No. 1.

Smith, Woodruff D. 1991. *Politics and the Science of Culture in Germany 1840-1920*. New York: Oxford University Press.

Warnke, Martin. 1989. "On Heinrich Wölfflin," *Representations* Vol. 27.

제14장

그림의 됨됨이는 어떻게 봐야 하는가?

『우리 옛 그림의 아름다움』해제와 비평

정병모

1. 최초의 한국회화사 대중서

원로 정치학자이자 미술사학자인 이용희 박사가 연세대 국학연구원 주최
다산기념강좌의 특별강좌로 초빙되어 오는 15일부터 1년 동안 매주 수요일
오후 2시 「한국회화사」를 강의한다(동아일보 1989. 3. 9).[1]

---

1 동아일보 외에도 한겨레와 경향신문에도 다산기념강좌를 소개하는 기사가 있다. "국학연구원
   은 89년 1학기 다산기념강좌로 이용희 전 서울대 교수의 '한국회화사 연구'를 오는 15일부터 개
   설한다. 매주 수요일 오후 2시 국학연구원 자료실(중앙도서관 505호). 문의 392-0131(교)2590."
   (한겨레 1989. 3. 10); "李用熙(이용희) 이사장 茶山(다산)기념강좌-연세대 국학연구소는 李用熙
   (이용희) 세종연 이사장(전 서울대 교수)을 초빙, 20일 연대백주년기념관 소강당에서 다산기념강
   좌를 개설한다. 강좌제목은 '한국회화사연구'. 매주 수요일마다 개설되는 이번 강좌에는 대학원
   생과 한국회화사에 관심 있는 일반인들도 참가할 수 있다."(경향신문, 1989. 9. 15)

1989년 대우학술재단의 지원으로 연세대학교 국학연구원에서 1년간 진행된 다산기념강좌는 일반인을 위한 교양강좌지만, 젊은 미술사학 및 고고학 학자들이 모여들었다. 유홍준, 오주석, 강관식, 이강근, 전호태 등. 당시 필자는 동국대학교 대학원 박사과정 학생으로 이동주 댁에서 이강근 (현 서울시립대 교수)과 함께 한국회화사 강의를 들었고, 다산기념강좌의 슬라이드 제작을 도왔다. 이 다산기념강좌는 1996년 시공사에서 신문에 공지된 이용희가 아니라 한국회화사 책을 쓸 때 사용하는 이동주란 아호로 책제목도 『한국회화사 연구』에서 『우리 옛 그림의 아름다움』이라고 바꾸어 간행되었다. 처음에는 학술서를 목표로 했다가 후에 대중서로 바꿨을 가능성이 높다. 이 책의 간행 목적에 대해 저자는 다음과 같이 밝히고 있다.

> 여기 발간하는 『우리 옛 그림의 아름다움』은 그런 의미에서 개개 작품을 위주로 해서 우리 그림 역사를 대략 훑어보자는 것이며 접근방식에서 나의 졸작인 『한국회화소사』의 보편(補篇)의 성격을 띠고 있다. 이 책은 본래 대우재단의 기금으로 연세대학교 국학연구원에 설치된 다산강좌(茶山講座)에서 1989년 실시된 공개강좌의 내용을 옮겨놓은 것이다. 다만 군데군데 장황한 부분과 녹음에서 빠진 부분은 간추리고 보충해서 체제를 갖추었다. 또 간간이 강좌 이후의 새 지견도 섞어 놓았다. 이 강좌가 공개이고 또 전문인을 상대로 한 것이 아니기에 내용은 될 수 있는 대로 평이하도록 노력하였으며, 슬라이드를 설명하는 형식을 취한 까닭으로 책으로는 약간 어색한 면이 있다(이동주 1996. 9).

이 책은 한국회화사에 관한 대중서로는 최초의 예로 기록될 것이다. 강의하는 내용 그대로 구어체로 책을 내었다. 당시 저자가 글을 쓰기 힘들 정도로 연로한 탓도 있지만, 대중을 위해 편하게 이야기하기 위한 목적이 있다. 하지만 읽기 쉽고 보기 좋은 대중용의 형식을 띠고 있음에도 불구하고, 그 내용의 깊이는 결코 대중적인 수준을 넘어서고 있다. 또한 저자가 머리말에서 "『한국회화소사』의 보편(補篇)의 성격을 띠고 있다."라고 말했듯이, 이 책은『한국회화소사』의 보완적인 성격도 함께 지니고 있다.

2. 예술성을 감상하기 위한 전제

이 책의 서론에는 작품을 감상하기 위해 필요한 이론, 개념 등을 제시했다. 그가 한국전통회화를 보는 이론과 관점을 보여줬고, 기존 저서에서 볼 수 없었던 작가에 대한 그의 전문적인 견해를 밝혔으며, 새로운 학설을 소개하여 이전 저서의 내용을 보완했다.

이 책에서 가장 주목할 말한 사항은 회화권 이론이다. 저자가 그림을 감상하는 데 있어서 필수적으로 전제한 것이 '회화권'이란 권역의 개념이다. 회화권이란 언어, 종교, 도구 등 유사한 성격을 가진 지역끼리 독특한 미감을 갖는 일종의 지역양식인 것이다.[2] 이것은 정치학자인 저자가 정치학의 권역이론을 한국회화사에 적용한 것이다. 하지만 사실은 미술사에서 제기된 양식이론을 정치학에 응용한 것이고, 이를 다시 한국회화사에 적용한 것이다.[3] 책의 서론에서 밝힌 그의 회화권에 대한 이론을 살펴보자.

이러한 회화미의 세계는 범세계적인 것같이 생각됩니다만 사실은 그런 것은 아니고, 어떤 일정한 지역에 역사적으로 있었던 것입니다. 이 말이 나타

---

2 하인리히 뵐플린 지음, 박지형 옮김,『미술사의 기초개념』, 시공사, 1994.
3 이 내용은 필자가 저자의 수업시간에 들은 내용이다.

내는 것은, 독특한 회화미의 세계는 모든 지역에 있었던 것이 아니라 특정한 지역에 한정되어 있었다는 점입니다. 예를 들자면 19세기 말까지 회화미의 독특한 세계는 소위 기독교 세계라고 하는 서양 세계, 유교 세계라고 하는 동양 세계, 이슬람·힌두라고 말할 수 있는 그런 세계로 나뉘어져 있습니다. 나뉘어져 있는 세계의 회화미는 각기 독특해서 다른 회화미에서 볼 때는 그 미감을 잘 느끼질 못합니다. 그러나 그 회화미의 세계에서 살고 있는 사람들은 오래 느끼고 감동을 받고 눈에 익혀서 독특한 회화미감을 가지게 됩니다. 이러한 독특한 회화미를 가지고 있는 지역을 회화권(繪畫圈)이라고 불러봅시다(이동주 1996, 12).

일단 모든 작품은 회화권이란 범주 안에서 그 기본적인 성격을 규정한 가운데 작품만의 독특한 미감을 밝힐 수 있다. 한국회화는 동양문화권 혹은 유교문화권에 속해 있다.[4] 여기에 속하는 나라를 들면, 중국을 비롯하여 한국, 일본, 유구, 월남 등이 있다. 이들 나라의 회화는 각기 독특한 특색을 갖고 있으면서 공통적인 보편성을 띠고 있다. 문화권에 상응하는 회화권이 있다는 것이 그의 주장이다.

회화권 이론과 더불어 내세운 이론이 '중심과 주변' 이론이다. 이 역시 정치학 이론인데, 이를 회화사에 적용한 것이다. 이 책이 정치학자가 본 한국회화사란 성격이 드러난 부분이다. 정치학자이면서 전통회화를 취미로 수집하기 시작하다 미술사학자가 되었다. 미술사는 정치학처럼 정규 과정을 통해 배운 것이 아니라 독학으로 학습한 것이지만, 이론부터 실제까지 두루 섭렵하였다. 이론은 주로 독일의 형식주의 미술사학을 받아들였고, 실제는 근대 최고의 안목이자 서예가인 오세창으로 배웠고 스

---

4 새뮤얼 헌팅턴 지음, 이희재 옮김, 『문명의 충돌』, 김영사, 1997.

스로 서화를 수집하면서 익힌 현장 경험이 밑바탕이 되었다. 회화 속 '중심과 주변의 이론'은 이런 질문으로 시작한다.

> 그러면 중심 되는 곳의 그림은 다 좋은 것이고, 주변되는 곳의 그림은 떨어지는 것이냐? 절대로 그렇지는 않습니다. 중심이라는 말은 재료, 용구, 기법 같은 것의 유행, 사용이 중심의 영향을 받는다는 의미이지, 주변이 중심의 그림 됨됨이보다 수준이 떨어진다는 의미는 아닙니다. 예를 들어, 구라파에서 르네상스 시대에는 이탈리아가 르네상스의 중심이었습니다만, 그렇다고 알프스 이북의 그림이, 이탈리아 르네상스의 중심이었던 피렌체나 다른 지역보다 떨어졌느냐 하면 절대 그렇지 않았습니다. 각기 독특한 아름다움을 가지고 있었습니다. 마찬가지로 중심과 주변이라고 하는 것은 아름다움의 우열을 이야기하는 것은 아닙니다(이동주 1996, 13-14).

　경제적, 정치적인 중심과 주변의 이론을 회화사로 끌어들인 이유는 중심과 주변의 관례적인 구분을 명료하게 하기 보다는 중심과 주변의 관계를 새롭게 설정하기 위한 것이다. 한국회화사에서 현실적으로 문제가 되는 부분이 중국과 한국 회화간의 관계이다. 같은 유교문화권으로 재료나 표현방식에서 공통된다가 새로운 회화유행 역시 대부분 중국으로부터 전래되다보니, 한국회화를 중국회화의 아류로 보는 시각도 있다. 실제 많은 미술사가들이 한국회화, 특히 조선시대 회화를 중국의 개념으로 설명했다. 예를 들면 조선 전기의 대표적인 화가인 안견의 〈몽유도원도〉를 설명하면서 북송의 곽희파(郭熙派)를 언급하고, 조선중기의 화가들의 작품에 대해서는 명나라 절파 화풍을 전제하고 구체적으로 중국 어떤 화가의 어떤 작품을 받아들였는지를 밝히는 데 주력했다. 한국회화가 중국회화의 아류라는 오명을 극복하려면, 저자의 중심과 주변 이론이 유용하다. 재료, 개념, 화풍은 작품의 외재적인 조건일 뿐 본질적인 것은 아니라는 견해다. 중심이 되는 중국의 영향을 받는데, 그렇다고 우리나라 회화가 중국의 아류가 아니라는 뜻이다. 우리가 중국 회화의 영향을 받았다하더라도 예술적으로는 중국보다 더 뛰어난 작품을 창출할 수 있다. 중심과 주변은 문화의 전파 경로일 뿐 문화의 우열을 가르는 잣대가 아니라는 뜻이다. 이러한 견해는 우리나라 회화를 볼 때 늘 그러한 인식을 그 절의 끝부분에서 다음과 같이 정리했다.

> 이런 식으로 중심과 주변이라는 문제는 간단한 문제인 것 같으면서도 간단하지 않습니다. 그러나 우리가 그림을 볼 때는 이를 주의해서 보아야 합니다. 중심에서 나온 유행이 무엇인데 그 유행을 어떻게 소화했느냐? 어느 지방에서 소화를 하면서 또 어떠한 기법으로 새로 발전시켰느냐? 어떤 화상(畵想)을 가지고 대했느냐? 하는 것들을 아는 것이 아주 중요하게 됩니다(이동주 1996, 14).

결국 중심인 중국회화의 영향을 받아 어떻게 한국화했느냐가 관건이고, 지방에서 이뤄진 재창출은 어떤 것이며, 어떻게 인식했는지를 밝히는 일이 중요하다고 했다. 단순히 중심에 주변이 흘러가는 회화로 봐서는 되지 않는다는 의견이다.

다음으로 우리나라 옛 그림을 해석하는 데 중요시 여긴 것이 미술의 공급과 수요의 관계이다. 대표적인 예가 김홍도의 속화가 출현하게 된 배경에 대한 의견이다. 대부분 학자들은 조선 성리학이나 실학과 같은 이데올로기를 내세우며 서로 논쟁을 벌이지만, 저자의 생각은 달랐다.[5] "사회의

---

5   진경산수와 속화가 출현한 배경으로 조선 성리학을 강조한 학자는 최완수이고, 실학을 이야기한 학자는 안휘준이다. 최완수 등, 『진경시대-우리 문화의 황금기, 사상과 문화』, 돌베개, 1998; 안휘준, 『한국회화사』, 일지사, 1980.

부와 미술의 수요는 아주 밀접한 관계가 있습니다."(이동주 1996, 228)라고 못 박았다. 저자는 이미 서론에서 '공급과 수요'라는 항목을 마련하고 누가 그림을 그렸고 누가 그림을 수요했는지를 주목했다. 조선후기에 등장하는 새로운 화풍인 진경산수와 속화도 조선성리학이나 실학을 내세우기에 앞서 어떤 부류의 화가가 어떤 수요에 의해 제작했는지를 밝혔다. 그는 "시정의 속인이 벌이가 좋아지니까 그림도 거기에 맞춰서 속화가 발달을 한 것입니다."라고 규정하고 그들은 어려운 그림을 잘 감상할 수 없고, 따라서 자기 주변 경치나 자기가 아는 풍습 같은 것을 그리는 것이 인기가 있었다고 보았다. 그림이라는 것은 덮어놓고 감상하는 것이 아니고 어떤 일정한 수요층에 의해서 감상이 되는 것이라고 강조했다.

정조시대에는 나전이라는 육의전 이외에 사사로운 장사꾼이 등장하면서 그들의 경제적 여유가 그림 수요를 촉진한 것이다. 아울러 이러한 수요에 맞춰 공급선인 화원들도 다양하게 활동했다. 김응환, 김득신, 김석신, 이명기, 장한종 등의 개성 김씨 집안, 김홍도, 이인문, 신윤복 등 쟁쟁한 화원들이 활발한 활동을 전개했다. 이처럼 화원들의 전성시대를 이룬 이유로는 중인들의 동향과 밀접한 관계가 있다. 그들은 계층의식을 가지고 단결하고 자기들의 문화적 활동을 내세우며 자신들의 전기까지 편찬했다.

3. 작품을 설명하는 틀

저자는 미술사의 궁극을 '작품의 예술성'에 두었다. "감상의 결론은 결국 작품에 있으며, 개개의 작품의 그 무엇을 찾아내는 것이 그 으뜸이면 그 나머지는 모두 부차적인 것에 불과하다."(이동주 1996, 9)고 말했다. 작품을 이해하는 데 있어서 종국적인 목표는 '작품의 됨됨' 또는 '작품의 그 무엇' 또는 '그림의 아름다움'을 파악하는 것이다. 작품의 예술성이 귀결점인 것이다. 머리말에서 회화권과 예술성의 관계에 대해 다음과 같이 규정했다.

> 그림의 아름다움에는 신비로운 구석이 있다. 회화적 미(美)에는 설명이 어려운 면이 있다. 작품은 그 됨됨이 중요하고 또 됨됨은 작가에서 나온다. 그러면서 그림의 됨됨은 작가의 마음대로 되지 않는다. 작가가 제아무리 그림의 됨됨을 잘 의도하려 해도 반드시 뜻대로 된다는 보장은 없다. 그림은 작가를 통해서 그 시대와 장소의 영향을 받는다. 아니 더 나아가서 작가가 속하는 문화권의 영향도 받기 마련이다.
>
> 그러나 이 모든 영향이 그림의 됨됨을 결정하지 못한다. 그림의 아름다움 곧 됨됨은 결국 시대적 양식이 아니오, 작가의 생애도 아니오, 심지어 그림의 구도, 배포만도 아니오, 색깔, 형사만도 아닌 그 무엇인데, 그 무엇이 작품의 아름다움을 결정한다. 옛사람은 이것을 때로 기운생동(氣韻生動)이라고도 불렀는데 요컨대 회화작품의 아름다움을 작품 그 자체에 있지 다른 곳에서 찾을 수 없는 것이 그 묘미요 그림의 창작요소이다. 이런 의미에서 그림의 올바른 감상은 바로 그림의 아름다움을 결정한 작품의 그 무엇을 알아내고, 그 무엇에 감동하는 데 있다. 감상의 결론은 결국 작품에 있으며, 개개의 작품의 그 무엇을 찾아내는 것이 그 으뜸이며 그 나머지는 모두 부차적인 것에 불과하다(이동주 1996, 9).

모든 작가는 그가 처한 시대와 장소와 같은 회화권의 영향을 받는다. 하지만 회화권이 작품의 예술성을 결정 짓는 결정적인 요인은 아니다. 그림의 아름다움을 결정짓는 요소는 개별 작가의 역량에 따른 것이지 시대나 작가의 생애나, 권역이나 중심과 주변 같은 요인이 아니라 작품 그 자체라고 보았다. 그렇다면 걸작은 어떻게 봐야 하는 것일까?

어느 사회의 좋은 그림이라는 것은 그 사회의 어느 계층이 좋아했느냐를 알아야 제대로 알아집니다. 예를 들자면 고려 때 불화 좋은 것은 고려 궁정을 생각하지 않으면 이해가 안 되는 것이고, 또 고려 때 불교를 뒷받침했던 귀족들을 모르면 이해를 못하듯이, 조선사회에서는 사대부라는 것을 빼놓으면, 또 사대부의 우두머리 역할을 했던 왕가를 생각하지 않으면 이해가 안 됩니다. 그런 의미에서 자연히 계층이라는 것이 문제가 됩니다. 따라서 어느 사회의 어느 그림이 대유행을 했느냐는 것을 통해 그 사회의 어느 계층이 수요자가 되어서 그림을 모으고 봤느냐를 알 수가 있습니다(이동주 1996, 27).

작품은 그것이 제작된 환경으로부터 그 의미를 파악해야 한다는 의미다. 먼저 어느 계층이 좋아했느냐를 파악하는 수요층 문제부터 따져가야 한다는 것이다. 저자는 역사적 큰 맥락 속에서 점점 좁혀가다가 궁극적으로 작품의 의미를 파악하는 데 귀결된다.

저자는 작품을 평가하는 기준으로 전통적인 용어인 '기운생동(氣韻生動)'을 꼽았다. 그가 본 기운생동이란 무엇인가?

그림의 아름다움 곧 됨됨은 결국 시대적 양식도 아니오, 작가의 생애도 아니요, 심지어 그림의 구도·배포만도 아니오, 색깔·형사만도 아닌 그 무엇인데, 그 무엇이 작품의 아픔다움을 결정한다. 옛사람은 이것을 때로 기운생동(氣韻生動)이라고도 불렀는데 요컨대 회화작품의 아름다움은 작품 그 자체에 있지 다른 곳에서 찾을 수 없는 것이 그 묘미요 그림의 창작요소이다(이동주 1996, 9).

기운생동은 남조시대 회화이론가인 사혁이 제시한 그림을 그리는 방법 6가지 중 첫머리에 든 것이다. 필자는 기운생동의 중요성을 강조하기 위해 6가지 원칙 중 맨 끝의 것부터 거꾸로 설명하고, 기운생동에 관해서는 여러 의견을 소개하면서 자세히 살폈다. 그만큼 기운생동이란 개념은 필자가 그림을 보는 가장 중요한 기준인 것이다. 저자는 기운생동의 의미를 이렇게 정리했다.

> 이러한 기운생동이라는 말은 아까 말한 육법의 다른 개념으로는 표현할 수 없는, 그림이 살았다는 개념을 가르쳐주는 것 같아서 개인적으로서는 대단히 재미있는 표현이라고 생각하고 있습니다(이동주 1996, 22).

구체적으로 장르별로 작품의 성격 및 예술성을 파악할 때 적용하는 이론이 다르다. 고구려 고분벽화를 설명할 때에는 '장면화'와 '화면화'라는 독특한 틀을 통해 바라보았다. 이는 『우리나라 옛 그림』(박영사, 1975)에서 사용했던 이론이다. 장면화란 어느 큰 테마와 관련된 여러 장면 중의 하나를 가리킨다. 화면화란 한 그림의 독자적인 꾸밈새로 다른 테마와 연관이 있는 것이 아니라 독자적인 자율적인 그림을 말한다. 고구려고분벽화 가운데 풍속도를 예로 들면, 묘주도, 육고, 마구간, 외양간, 우물, 수렵도, 대행렬도, 주악도, 무용, 곡예, 씨름, 수박, 전투도, 성곽도 등과 같은 일련의 그림들 속에서 각 그림의 의미를 파악해야 한다는 주장이다.

화면화인 일반회화의 경우, 그가 정립한 이론인 회화권 → 작가론 → 예술성의 세 가지 단계를 통해서 작품의 가치를 평가했다. 작품은 걸작을 선정했다. 걸작이란 시대의 영향을 받으면서 시대를 뛰어넘는 작품을 가리킨다. 이 책의 제목인 "우리 옛 그림의 아름다움"을 논하기 위해서는 걸작을 선정하고 그것을 감상하는 것이라 했다. 실제 어떻게 걸작을 설명하였는지, 겸제 정선의 〈인왕제색도〉를 예로 들어보자.

첫째, 회화권이다. 인왕제색도를 이해하기 위해서는 영, 정조가 출현하게 된 역사적 맥락을 먼저 짚었다. 병자호란 이후 악화된 청과의 관계를 약술하고 숙종 때 청과의 관계가 개선되면서 영, 정조 때 조선 회화가 절정을 이뤘다. 이런 시기에 꽃을 피운 이가 겸재 정선이다.

둘째, 작가론이다. 그렇다면 이 그림을 그린 정선은 어떤 화가인가? 어떤 가문에서 태어났고, 어떤 벼슬을 했으며, 어떻게 이름을 떨쳤는가? 이 부분은 최완수의 연구 성과를 받아들였고 여기서 의문사항 몇 가지를 제시하는 것으로 작가의 다큐멘터리를 정리했다.

셋째, 예술성이다. 정선의 대표작인 〈인왕제색도〉의 예술적 가치에 대해 다음과 같이 평가했다. 이 부분을 자세히 인용한다.

> 대표작은 그가 76세 되던 해에 그린 〈인왕제색도〉입니다. 〈인왕제색도〉는 정말 걸작입니다. 여러 가지 특색이 있는데 역시 화면을 꽉 채우고 있습니다. 동시에 다른 경우도 그렇지만 인왕산의 암벽을 적묵(積墨)으로 일종의 면, 묵면(墨面)을 만들어서 압도하게 합니다. 보는 사람으로 하여금 괴량감을 느끼게 하고 그림이 무게가 있습니다. 화면이 안정되어 있고 전체가 압도적으로 누르기 때문에 아래 허연 바탕과 음양도 잘 맞게 되어 있습니다(이동주 1996, 181-182).

저자는 보는 사람을 압도하는 괴량감, 그것도 안정된 화면 속에서 전체를 압도하는 무게를 〈인왕제색도〉의 뛰어난 예술성으로 보았다. 괴량감을 정선 그림의 중요한 특징으로 보고, 이를 성공적으로 표현한 작품을 걸작으로 보았다.[6] 짧은 촌평이지만, 작품의 핵심을 지적하였다.

---

6 이동주, 1996, 186.

4. 『우리 옛 그림의 아름다움』의 의의

『우리 옛 그림의 아름다움』은 한국회화의 연구서라기보다는 우리 옛 그림을 보고 느끼고 깨달은 사항을 종합한 책이다. 강의하듯 편안하게 이야기한 형식을 통해서 한국회화의 요체를 풀어줬다. 이 책은 대중서의 형식을 취하고 있지만, 단순한 대중서는 아니다. 대중서의 형식을 빌었지만, 이 책에는 저자가 연구해온 한국회화를 보는 이론과 관점이 총정리되었다. 이동주, 『한국회화소사』(서문당, 1972)를 비롯하여 『우리나라 옛 그림』, 『한국회화사론』(열화당, 1994)에서 언급된 내용을 종합화했다. 특히 '회화권'이나 '중심과 주변'처럼, 그가 정치학에서 정립한 이론을 한국회화사에 활용하여 한국회화를 보는 관점의 지평을 넓힌 점은 그의 주목할 만한 업적이다. 그런 의미에서 이 책은 그가 정치학과 더불어 연구해온 한국회화사의 결정판이라고 평가할 수 있다.

한국회화사를 다루는 저자의 관점에서 몇 가지 아쉬운 점도 있다. 첫째, 우리의 옛 그림을 고구려 고분벽화부터 시작한 점이다. 이는 지필묵으로 그린 우리 그림을 한정했기 때문이다. 그리는 매체를 확장했다면, 선사시대 바위그림부터 우리 옛 그림의 전통을 파악할 수 있을 것이다. 둘째, 조선왕조를 대표하는 일월오봉도를 비롯하여 궁중회화를 거의 다루지 않은 점이다. 조선시대 회화를 문인화적인 시각으로 축소해서 본 측면이 있다. 셋째, 민화에 대해서는 언급조차 없는 점도 아쉽다. 2008년 일본 헤이본샤(平凡社)에서 일본 학자들이 중심이 되어 간행한 『한국·조선의 회화 韓國·朝鮮の繪畫』에서는 「민화」라는 장이 따로 설정되었고, 표지 그림이나 책 속의 장식적인 캐릭터가 민화에서 따온 것으로 이뤄졌다는 점과 비교가 된다. 저자는 조선시대 회화를 사대부들의 문인화적인 감상화 위주로 편성하고 한정한 것이다.

참고문헌

새뮤얼 헌팅턴. 이희재 옮김. 1997.『문명의 충돌』. 서울: 김영사.

안휘준. 1980.『한국회화사』. 서울: 일지사.

이동주. 1972.『한국회화소사』. 서울: 서문당.

이동주. 1975.『우리나라 옛 그림』. 서울: 박영사.

이동주. 1994.『한국회화사론』. 서울: 열화당.

이동주. 1996.『우리 옛 그림의 아름다움-전통회화의 감상과 흐름』. 서울: 시공사.

최완수 등. 1998.『진경시대-우리 문화의 황금기, 사상과 문화』. 서울: 돌베개.

하인리히 뵐플린. 박지형 옮김. 1994.『미술사의 기초개념』. 서울: 시공사.

『한국·조선의 회화 韓國·朝鮮の繪畫』. 2008. 平凡社.

작성자: 옥창준

1917. 3. 24 이갑성의 장남으로 출생

1923 보통학교 입학

1929-1934 중앙고등보통학교 시절

1934-1936 중앙고보 졸업 후 난독의 시기

1936 연희전문 문과 1학년

"현대시의 주지와 주정", 『시인부락』 2권

수강과목: 수신, 성서, 국어, 조선어, 한문학, 문학개론, 영문법, 영독, 영작, 영회, 동양사, 자연과학, 음악, 체조, 성음학

1937 연희전문 문과 2학년

수강과목: 수신, 성서, 국어, 조문학, 한문, 영문법, 영독, 영작, 영회, 서양사, 사회학, 경제원론, 윤리학, 체조

1938 연희전문 문과 3학년

수강과목: 수신, 성서, 국문학, 조문학, 한문, 영독, 영작, 영회, 영문학사, 법학통론, 심리학, 체조, 제2외국어(중국어), 영문학, 동양사, 서양사

1939 연희전문 문과 4학년

수강과목: 수신, 성서, 국문학사, 조문학사, 한문, 영독, 영작, 영회, 영문학, 철학개론, 교육, 체조, 교련, 제2외국어(중국어), 영문학, 동양사, 서양사

1940-1945 연희전문 문과 졸업, 신경협회 취직 후 무역업 종사/만철 도서관에서 연구 수행

1947 **연구**

"두 개의 중국과 조선의 장래", 『신천지』 2월호(『정치와 정치사상』 수록)

"단일민족주의국가와 다민족주의국가", 『신천지』 6월호(『정치와 정치사상』 수록)

"신세대론", 『신천지』 9월호(『정치와 정치사상』 수록)

1948 서울대 문리과대학 강사

연구

"미국의 결의와 평화의 상실", 『신천지』 4-5월 합병호

"전쟁으로 가는 길", 『신천지』 9월호(『이용희 저작집』 수록)

"좌담: 세계는 어디로 가나", 『신천지』 9월호

1949 서울대 문리과대학 조교수 부임

연구

"미소위기의 의의와 군사론", 『신천지』 2월호(『이용희 저작집』 수록)

"미국극동정책의 변모", 『민성』 3월호

1950 연구

"세력균형과 국제연합", 『학풍』 1월호(『정치와 정치사상』 수록)

1951 연구

"6·25사변을 에워싼 외교", (『정치와 정치사상』 수록)

1954 연구

"시와 정치적 환경", 『서울대 문리대학보』 2권 2호(『정치와 정치사상』 수록)

1955 저작

『국제정치원론』(장왕사)

연구

"38선 획정의 시비", 『조선일보』 1월 26일자(『이용희 저작집』 수록)

"38선 획정의 시비(속)", 『서울신문』 2월 17-19일자(『이용희 저작집』 수록)

1956 서울대 문리과대학 부교수

연구

"피지배자의 지배", 『사상계』 4월호(『정치와 정치사상』 수록)

"군인과 국가, 정부", 『해군』 6월호(『이용희 저작집』 수록)

사회

하버드대학교 강연 "Alliance of non-alliance?"(여름학기 하버드대학교 파견)

웨스턴여성대학 강연 "Observation on the America Mentality"

한국국제정치학회 초대 회장

1957 연구

"대립과 통합: 영구평화의 문제", 『사상계』 4월호(『정치와 정치사상』 수록)

"신화적 지배의 세계와 그 붕괴", 『사상계』 5월호(『정치와 정치사상』 수록)

"신앙의 지배와 빈곤에서 체념된 복종", 『사상계』 6월호(『정치와 정치사상』 수록)

"미국적이라는 것", 『신태양』 7월호(『정치와 정치사상』 수록)

"전제군주사상", 『사상계』 9월호(『정치와 정치사상』 수록)

"근대국가사상의 등장", 『사상계』 10월호(『정치와 정치사상』 수록)

"근대국가사상의 등장(속)", 『사상계』 11월호(『정치와 정치사상』 수록)

사회

대한국제법학회 연구이사

언론

"동서진영에 있어서의 서독의 위치", 『대학신문』 9월 30일자

1958 연구

"계몽주의사상", 『사상계』 1월호(『정치와 정치사상』 수록)

"근대민주주의사상", 『사상계』 2월호(『정치와 정치사상』 수록)

"우리나라의 외교를 위하여", 『신태양』 2월호(『한국민족주의』 수록)

"정치학이란 학문", 『서울대학교 정치학보』 3월호(『정치와 정치사상』 수록)

"사회평등사상", 『사상계』 3월호(『정치와 정치사상』 수록)

"반혁명과 보수주의", 『사상계』 4월호(『정치와 정치사상』 수록)

"과학과 현대정치", 『사상계』 6월호(『이용희 저작집』 수록). 이는 사상계사에서 주최한 강연회 발표문이다.

"유엔거부권 문제와 그 장래", 『사조』 8월호(『이용희 저작집』 수록)

저작

『정치와 정치사상』(일조각)

사회

방콕 제4차 아시아반공대회에 참석(4월)

대한여학사협회 주최 공개강연 "국제정세에 대하여"(6월)

언론

"좌담: 바깥정치를 요리한다", 『신태양』 11월호

사회

한국국제정치학회 회장

1959 연구

"영해운항의 국제법과 정치현실", 『대학신문』 12월 14일자(『이용희 저작집』 수록)

사회

고려대학교 정경대학 창립축하 강연회(5월)

외교학과 학회 공개강연(10월)

"좌담: 국내정치의 난류와 한류", 『사상계』 5월호

"실험의 가치와 상황의 해석", 『사상계』 10월호(시드니 후크 강연 참석)

1960-1961 서울대학교 행정대학원 원장

1960 사회

후진국연구협회 초청강연 "대한국정책(12월)"

언론

"미일신방위조약론", 『대학신문』 2월 15일자(『이용희 저작집』 수록)

"소련의 외교정책을 해부한다", 『대학신문』 6월 20일자(『이용희 저작집』 수록)

1961 사회

국가재건최고회의기획위원회 고문으로 선출

중근동파견친선단장

일본에서 열린 아시아행정학회 참석

한국아주반공연맹 이사진 참여

"중근동 친선방문을 마치고 나서", 『최고회의보』 3권

"한미 행정협정에 관한 제문제"(정경협회 세미나)

언론

"의지형이 되어야 한다", 『동아일보』 1월 31일자

1962 저작

『일반국제정치학(상)』

사회

제2차 한일정치회담 관련 세미나 참석(7월)

유엔총회 한국대표로 참석(10월)

1963 연구

서울대학교 법학박사 학위 취득("유형적 의미에 있어서의 국제정치 및 그 학문의 역사적 성격과 근대유럽 질서와의 관련에 관한 이론적 및 역사적 연구")

사회

"한국학생의 정치적 역무", 국제학생회의 세미나(2월)

유엔 한국문제 관찰차 유엔 시찰(11월)

1964 연구

"거문도 점령외교 종고", 『이상백박사 회갑 기념논총』

사회

"한일회담 타결의 시기와 문제점", 국회에서 발표

"한국에의 외교적 도전", 세계자유문화회의 10월 27일자 발표(『한국민족주의』 수록)

언론

"한일회담 타결의 시기와 문제", 『대학신문』 4월 6일자

"또 유엔총회를 맞으면서", 『신동아』 10월호(『이용희 저작집』 수록)

"격동하는 세계정세를 내다본다", 『조선일보』 10월 17-18일자

"한국에의 외교적 도전", 『국회도서관보』 11월호

1965-1969 한국국제정치학회장

1965 연구

"심현재의 중국냄새", 『조선일보』 1월 26일자

"정치 명분으로서의 근대화", 고려대 아세아문제연구소 학술회의 참석

"정치명분으로서의 근대화", 『신동아』 8월호

"38선 획정 신고", 국제정치학회 정기월례발표회 9월 17일(『이용희 저작집』 수록)

사회

하기 유엔강좌 강사로 참여(7월)

황용주 필화사건 변호인으로 참석(7월)

한일협정비준반대 선언문에 이름 올림(7월)

언론

"금차총회와 한국문제", 『경향신문』 1965년 9월 18일자

1966 저작

『근대한국외교문서총목록』(국회도서관)(서문은 『한국민족주의』 수록)

연구

한국민족주의 학술대회 개최

"Problems of Korean Nationalism", *Korea Journal* 12월호

"한국민족주의의 제문제", 『신동아』 12월호(『한국민족주의』 수록)

사회

동남아와 민주주의와 발전(말레이시아) 학술대회 참석(이후 한국자유아시아협회에서 귀국 보고 5월)

고려대 아세아문제연구소 국제공산주의 학술대회 참석(6월)

언론

"아시아 속 한국의 장래", 『경향신문』 1월 1일자(『한국민족주의』 수록)

"정치의 앞날을 위하여", 『경향신문』 10월 6일자(『한국민족주의』 수록)

"송년대담", 『경향신문』 12월 21일자

1967 **연구**

"한국민족주의의 제문제", 『국제정치논총』 6호(『한국민족주의』 수록)

"38선 획정신고", 『공군』 3월호(『이용희 저작집』 수록)

사회

왕립아시아협회 이사에 선임

1968 **연구**

한국근대화 학술대회 개최

"한국근대화의 기본문제", 『신동아』 46호(『한국민족주의』 수록)

언론

"신춘정담: 68년의 시점에서 70년대를 내다본다", 『조선일보』 1월 1일자

"월남협상과 미국과 한국", 『경향신문』 4월 15일자

"아프터 베트남의 세계정국", 『월간중앙』 7월호

"대담: 체코사태를 어떻게 볼 것인가", 『신동아』 9월호

사회

하와이 동서문제연구소 전문가 취임

1969 **연구**

"한국근대화의 기본문제", 『국제정치논총』 8권

"옛 그림을 보는 눈", 『아세아』 2월호(『우리나라의 옛 그림』 수록)

"김단원이라는 화원", 『아세아』 3월호(『우리나라의 옛 그림』 수록)

"겸재일파의 진경산수", 『아세아』 4월호(『우리나라의 옛 그림』 수록)

"속화", 『아세아』 5월호(『우리나라의 옛 그림』 수록)

"완당바람", 『아세아』 6월호(『우리나라의 옛 그림』 수록)

언론

"3.1 운동 그 역사적 의의를 재평가한다", 『경향신문』 3월 1일자(『한국민족주의』 수록)

1970 **연구**

"한국회화사", 『민족문화연구』 4호(『한국회화소사』 수록)

"충청도를 빛낸 이름: 김옥균", 『월간 충청』 3월호

"한일관계사", 역사학대회 발표문(5월)

고대아세아문제연구소 한국통일 국제학술대회 참가('자유중국의 본토 회복 문제')

"한일관계의 정신사적 문제: 변경문화의식과 한국의 안보", 『신동아』 8월호(『한국민족주의』 수록)

"한국안보의 좌표: 주한미군감축과 한국의 안보", 『신동아』 9월호(『한국민족주의』 수록)

언론

"현대 한국과 동아일보", 『동아일보』 4월 1일자

"한국과 미국 시련의 전환기", 『동아일보』 7월 9일자

"혁명시대의 국제정치", 『조선일보』 1980월 12월 30일

1971 연구

"삼국의 형성과 도시국가: 한국사의 거시적 재구성과 대중화를 위한 시리즈", 『신동아』 5월호

"한국 그 세계사적 위치", 『신동아』 8월호(『한국민족주의』 수록)

"한국인식의 방법론", 『지성』 11월호(『한국민족주의』 수록)

사회

라이샤워 교수 만찬회 참석(6월 24일)

정세조사단으로 유럽 파견(이용희, 유진산, 박상두와 함께 스위스, 스웨덴, 오스트리아, 핀란드, 서독을 시찰)

언론

"유엔 재편 격론의 서장", 『동아일보』 10월 27일자

1972 저작

"한국회화사", 『한국문화사대계 7: 증보, 색인편』(『한국회화소사』 수록)

『한국회화소사』(서문당)

연구

"사대주의: 그 현대적 해석을 중심으로", 『지성』 2월-3월호(『한국민족주의』 수록)

"현대민족주의", 『신동아』 100호 특집(10월호)(『한국민족주의』 수록)

『UN을 통한 통일노력의 현황과 전망』(이는 1972년 6월 5일 서울대 문리대에서 개최된 세미나를 종합 정리한 것이다.(통일부 대외비 보고서)

『분단국 UN 동시가입 문제가 한국에 미칠 영향과 대책』(통일부 대외비 보고서)

언론

"전환기의 국제정세", 『동아일보』 3월 뒤세느 교수와의 대담

1973 연구

나라 야마토문화관 "한국회화전" 참석하며 2주간 일본의 한화 조사

"이조의 산수화"(국립중앙박물관 한국명화근오백년전)(『우리나라의 옛 그림』수록). 이용희
는 한국명화근오백년전 특별전 위원회의 일원이었다.

"단원 김홍도: 그 생애와 작품", 『간송문화』4호(『우리나라의 옛 그림』수록)

"동인승의 행적(상)", 『논문집』1호

"한국사회과학의 전통", 경북대학보 초청 발표

"韓日關係の精神史的 考察: 韓日關係 2000年", 『アジア公論』5월호

"현대민족주의: 한국민족주의의 제문제", 『신동아』9월호(『한국민족주의』수록)

"現代民族主義: 韓國民族主義の諸問題", 『アジア公論』10월호

1974 저작

『일본 속의 한화』(서문당)

연구

"한국사회과학의 전통", 『다리』1월호

"座談: 三國の形成と都市國家: 韓國史の巨視的再構成と大衆化のたぬのシリー
ズ", 『アジア公論』3월호

사회

유엔해양법회의(베네수엘라) 자문으로 참석

언론

"독서연대기로 돌아보는 젊은 정신의 회억", 『서울평론』1월(『이용희 저작집』수록)

1975 저작

『우리나라의 옛 그림』(학고재)

『한국의 민족주의』(한국일보사)

1975-1976 대통령 특별보좌관 정치담당

1976-1979 국토통일원 장관

1976 사회

타이베이 방문(1월)

1977 저작

『한국민족주의』(서문당)

사회

국토통일원 주최 "민족사 이념" 대학술회의 주재

국토통일원 산하 북한 자료 특별열람실 개방

1978 연구

나라 야마토문화관 강연("주야신도의 제작연대")(『한국회화사론』 수록)

1979 연구

"공재 윤두서의 회화",『한국학보』10집(『한국회화사론』 수록)

1980 대우문화복지재단 이사장

1980 연구

"송월간 임득명의『서행일천리』장권",『계간미술』15호(『한국회화사론』 수록)

"주야신도의 제작연대",『계간미술』16호(『한국회화사론』 수록) 본래 제목은 "여말선초 불화의 특성"

언론

"80년대는 의지자율의 시대",『동아일보』신년대담(『이용희 저작집』 수록)

"민족과 언론",『조선일보』창간 60주년 기념 논문(1980년 3월 5일)

"은사를 찾아서: 현실보다 당위 존중될 때 바른 정치가",『경향신문』1월 5일자

1981 대한민국 학술원 회원 선출

1981-1982 아주대학교 총장

1982-1987 대우재단 이사장 취임

1982 저작

『한국회화소사』 개정판(서문당) 발간

연구

"다산 서세 150주년을 준비하면서", 대우재단 학술회의

언론

"번역 빈곤하면 문화고립",『동아일보』1982년 6월 14일자

1983 저작

『한국민족주의와 국제정치: 동주 이용희 선생 사은 학술심포지움』(민음사)

연구

"정다산과 그의 시대", 대우재단 학술회의(『정다산과 그의 시대』 수록)

사회

"과학과 윤리", 대우재단 워크숍

언론

"무엇이 현대정치를 지배하는가",『신동아』1월호(『이용희 저작집』 수록)

1984 언론

"스스로 움직이는 사회가 건강하다", 『동아일보』 신년대담(『이용희 저작집』 수록)

1985 연구

"고려탱화, 고려불화", 『한국의 미』 7권(중앙일보사)

"다산사상연구 워크숍", 대우재단 학술회의

"다산국제학술대회", 대우재단 학술회의

사회

대우재단 알타이어 비교학회 개최

언론

"자율화와 획일주의", 『주간조선』 1월호(『이용희 저작집』 수록)

1986 연구

"조선 초 산수화풍의 도입", 『계간미술』 37호(『한국회화사론』 수록)

"조선왕조의 미술", 『계간미술』 38호(『한국회화사론』 수록)

"조선왕조의 회화", 『선미술』 1986년 여름호(『한국회화사론』 수록)

"조선 중기회화와 절파 화풍", 『계간미술』 40호(『한국회화사론』 수록)

"고려불화", 『한국미술』(講談社, 『한국회화사론』 수록)

"다산의 정치개념", 다산서세150주년 기념 논문 발표

언론

"큰 정치로 사회분위기 일신해야", 『조선일보』 신년대담(『이용희 저작집』 수록)

사회

"미국의 생활과 실용주의", 대우재단 학술회의 진행

1987 저작

『이용희 저작집: 한국과 세계정치』 발간

『한국회화사론』(열화당) 발간

연구

"조선중기의 화가와 작품", 『계간미술』 41호(『한국회화사론』 수록)

〈한국근대회화 백년전〉 발표(『우리 옛 그림의 아름다움』 수록)

"정다산 연구의 현황", AKSE 스톡홀름 회의에서 발표

사회

"격동기 젊은이 희생을 없게 하자", 『동아일보』 신년대담(『이용희 저작집』 수록)

언론

"조선 인터뷰: 고희 저서 2권 낸 이용희 박사",『조선일보』7월 17일자

1988 연구

"미술사와 미술사학"(한국미술사연구회 창립기념 강연,『우리나라의 옛 그림』증보판에 수록)

사회

『중국의 천하사상』(민음사) 서문

1989-1993 세종연구소 이사장

1989 연구

연세대 국학연구원 다산강좌 "한국회회사연구" 강연(『우리 옛 그림의 아름다움』의 기초가 됨)

1991 사회

대우학술총서 200권 돌파

1992 연구

월전미술관 강연 "장면과 화면"(『우리나라의 옛 그림』수록)

사회

한국국제정치학회 학회장 대담(『한국국제정치학회 60년사』수록)

1993 연구

서울대 외교학과 대학원 강의

1994 저작

『미래의 세계정치』(민음사)

사회

"미래의 세계정치 인터뷰",『동아일보』5월 4일자

1995 서울대학교 명예교수 추대

언론

"원로미술사학자 이용희씨 인터뷰",『조선일보』10월 30일자

1996 저작

『한국회화소사』(범우사) 개정판 발간

『우리나라의 옛 그림』(학고재) 증보판 발간

『우리 옛 그림의 아름다움』(시공사)

1997. 12. 4 타계

필자 소개(가나다순)

강상규

방송통신대학교 일본학과 교수. 서울대학교 외교학과에서 학부와 대학원을 졸업하고, 일본 도쿄대학교 총합문화연구과에서 국제관계론 분야로 박사학위를 취득했다. 현재 방송통신대학교 대전충남지역대학 학장. 한국과 일본의 건강하고 의미 있는 소통과 상생의 길, 동아시아 역사의 새로운 해석에 관심을 갖고 연구하고 있다. 주요 저서로는 『19세기 동아시아의 패러다임 변환과 제국 일본』(논형, 2007), 『19세기 동아시아의 패러다임 변환과 한반도』(논형, 2008), 『19세기 동아시아의 패러다임 변환과 다중거울』(논형, 2012), 『조선정치사의 발견』(창비, 2013), 『근현대 한일관계와 국제사회』(한국방송통신대학교출판문화원, 2013), 『근현대 일본 정치사』(한국방송통신대학교출판문화원, 2014) 등이 있다.

김명섭

연세대학교 정치외교학과 교수. 연세대학교 정치외교학과와 연세대 대학원 정치학과를 마쳤고, 파리1-팡테옹 소르본대학교에서 박사학위를 받았다. 연구 분야는 한국정치외교사, 역사정치학, 지정학. 주요 저서로 『해방전후사의 인식4, 6』(공저, 한길사, 1989), 『대서양문명사: 팽창, 침탈, 헤게모니』(한길사, 2001), 『전쟁과 평화: 6.25전쟁과 정전체제의 탄생』(서강대학교출판부, 2015) 등이 있다.

김성호

연세대학교 정치외교학과 교수. 서양정치사상, 특히 자유주의, 민주주의 및 입헌주의 이론에 천착하고 있다. 연세대학교 정치학사, 시카고대학교 정치학 박사. 박사학위 논문으로

American Political Science Association이 수여하는 정치철학 부문 최우수 학술상 Leo Strauss Award를 받았다. 하버드대학교 정치학과 및 게이오대학교 법학부 석좌초빙교수 등을 역임했다. 주요 저서로 *Max Weber's Politics of Civil Society*(Cambridge University Press, 2007), *Making We the People*(Cambridge University Press, 2015) 등이 있다.

김준석

가톨릭대학교 국제학부 부교수, 서울대학교 외교학과와 동 대학원 석사과정을 마쳤고, 미국 시카고대학교 정치학과에서 근세초 유럽 국가형성사에 관한 연구로 박사학위를 받았다. 연구 분야는 역사사회학, 국제관계사, 유럽정치, 유럽정치사상사. 주요 논저로는 『근대국가』(책세상, 2011), "연방적 국가의 탄생: 중세말-근세초 독일 국가형성과정의 재조명", "17세기 중반 국제관계의 변환에 관한 연구", "제1차 세계대전의 교훈과 동아시아 국제정치" 등이 있다.

민병원

이화여자대학교 정치외교학과 교수. 서울대학교 외교학과와 동 대학원 석사과정을 마쳤고, 미국 오하이오 주립대학교 정치학과에서 국제정치전공으로 박사학위를 받았다. 연구 분야는 국제정치이론, 문화의 국제정치, 사이버공간의 국제정치에 걸쳐 있다. 주요 저서로는 『복잡계로 풀어내는 국제정치』(삼성경제연구소, 2005) 외에 다수의 공저와 논문이 있다.

박건영

가톨릭대학교 국제학부 교수. 미국 콜로라도대학교 정치학 박사. Texas A&M University 조교수, The Brookings Institution, Korea Fellow. 연구 분야는 국제정치이론 및 국제관계사. 주요 저서로 『전후국제관계사: 사라예보에서 모술까지』(2018 예정), 『오바마와 한반도』(풀빛, 2009), 『현대 국제관계이론과 한국』(사회평론, 2004), 『한반도의 국제정치』(오름, 2002) 등이 있다.

박성우

서울대학교 정치외교학부 교수. 서울대학교 외교학과와 동 대학원에서 석사과정을 마쳤고, 미국 시카고대학 정치학과에서 플라톤 정치철학에 관한 연구로 박사학위를 받았다. 연구 분야는 국제정치사상, 고전정치철학. 특히 정치사상과 국제정치의 교차점, 고대정치사상과 현대정치의 교차점에 연구를 집중하고 있다. 주요 논저로는 『영혼 돌봄의 정치: 플라톤 정치철학의 기원과 전개』(인간사랑, 2014), "플라톤의 『국가』에 나타난 국제정치사상: 정의의 국제정치적 확장 가능성"(2016), "글로벌 분배적 정의의 관점에서 본 해외원조의 윤리적 기초"(2016) 등이 있다.

안외순

한서대학교 국제관계학과 교수. 이화여자대학교 정치외교학과와 동 대학원 석/박사과정을 마쳤고, 한국의 전통시기의 마지막 국면이자 근대로의 첫 이행기인 대원군 집정기 국가와 권력의 성격에 관한 연구로 박사학위를 받았다. 주요 연구 분야는 한국정치사상, 한국정치외교사, 동아시아정치사상. 주요 저역서로는 『정치이론과 현대국가』(D. 헬드 저, 역서, 학문과사상사, 1996), 『김택영의 조선시대사 한사경』(김택영 저, 공역, 태학사, 2001), 『동호문답』(이이 저, 역서, 책세상, 2005), 『정치, 함께 살다』(글항아리, 2016) 등이 있다.

이선옥

(사)호남지방문헌연구소 서화팀장. 전남대학교를 졸업하고, 서울대학교 대학원에서 미술사로 석사를, 한국학중앙연구원에서 "조선시대 매화도 연구"로 박사학위를 받았다. 연구 분야는 한국회화사이며, 사군자화를 비롯한 문인화를 주로 연구하고 있다. 대표 저서로는 『우봉 조희룡-19세기 묵장의 영수』(돌베개, 2017), 『호남의 감성으로 그리다』(전남대학교출판부, 2014), 『사군자-매란국죽으로 피어난 선비의 마음』(돌베개, 2011), 『선비의 벗 사군자』(보림출판사, 2005) 등이 있다.

장진성

서울대학교 고고미술사학과 교수. 서울대학교 고고미술사학과를 졸업하고 중국회화사로 미국 컬럼비아대학교에서 석사학위를, 예일대학교에서 박사학위를 받았다. 연구 분야는 한국 및 중국회화사. 주요 저서는 *Landscapes Clear and Radiant: The Art of Wang Hui (1632-1717)*(공저, The Metropolitan Museum of Art, 2008)가 있고, 다수의 논문이 있다.

전재성

서울대학교 정치외교학부 교수. 서울대학교 외교학과와 동 대학원 석사과정을 마쳤고, 미국 노스웨스턴대학교 정치외교학과에서 "회의주의로서 고전현실주의: E. H. 카, 한스 모겐소, 라인홀드 니버"로 박사학위를 받았다. 연구 분야는 국제정치이론, 안보론. 주요 저서로『동아시아 국제정치: 역사에서 이론으로』(동아시아연구원, 2011), 『정치는 도덕적인가: 라인홀드 니버의 초월적 국제정치사상』(한길사, 2012) 등이 있다.

정병모

경주대학교 문화재학과 교수. 한국학대학원 한국학과에서 석사과정을 마쳤고, 동국대학교 대학원에서 조선후기 풍속화 연구로 박사학위를 받았다. 연구 분야는 풍속화와 민화, 한국회화사. 주요 저서로『민화, 가장 대중적인 그리고 한국적인』(돌베개, 2012), 『무명화가들의 반란, 민화』(다할미디어, 2011), 『한국의 풍속화』(한길아트, 2000), 『한국의 채색화』(공저, 다할미디어, 2015), *Chaekgeori: The Power and Pleasure of Possessions in Korean Painted Screens*(공저, SUNY Series in Korean Studies, 2017) 등이 있다.

조인수

한국예술종합학교 미술원 교수. 서울대학교 고고미술사학과를 졸업하고 캔자스대학교 미술사학과에서 석사, 박사학위를 받았으며, 호암미술관 학예연구실장을 역임했다. 연구 분야는 중국 도교회화, 조선시대 초상화, 근대 한국화, 미술사 방법론이다. 주요 저서로『그림에게 물은 사대부의 생활과 풍류』(공저, 두산동아, 2007), 『군자의 삶, 그림으로 배우다』(다섯수레, 2013), 『클릭, 아시아미술사』(공저, 예경, 2015) 등이 있다.

조홍식

숭실대학교 정치외교학과 부교수. 파리정치대학교 정치경제·정치사회과와 동 대학원 석사 및 박사과정을 마쳤고, 유럽공동체의 대 일본정책 연구로 박사학위를 받았다. 연구 분야는 국제정치경제, 유럽통합, 정체성의 정치. 주요 저서로『하나의 유럽: 유럽연합의 역사와 정책』(공저, 푸른길, 2009), 『유럽 통합과 '민족'의 미래』(푸른길, 2006), 『유럽의 부활: EU의 발전과 전망』(공저, 푸른길, 1999), 『유럽의 대일본정책』(서울대출판부, 1995) 등이 있다.